AGENT SPÉCIAL DU FBI

J'AI TRAQUÉ DES SERIAL KILLERS

JOHN DOUGLAS
MARK OLSHAKER

AGENT SPÉCIAL DU FBI

J'AI TRAQUÉ DES SERIAL KILLERS

Traduit de l'américain
par Agathe Fournier de Launay

ÉDITIONS DU ROCHER
Jean-Paul Bertrand

Ce livre a été originellement publié aux États-Unis par Scribner sous le titre
Mindhunter

ISBN 2 268 02720 1

Aux hommes et aux femmes
des Unités de Sciences du Comportement et d'Aide aux
Enquêtes du FBI,
de Quantico, Virginie,
camarades d'exploration, partenaires du voyage,
d'hier et d'aujourd'hui.

Même recouverts par la terre entière,
les crimes finissent par venir au jour.

William Shakespeare,
Hamlet, Acte I, scène II.

NOTE DES AUTEURS

Ce livre est le fruit d'un travail d'équipe et il n'aurait pas pu être écrit sans le talent immense et le dévouement de chacun. Nous tenons à remercier avant tout notre éditeur, Lisa Drew, ainsi que notre coordinatrice de projet et « producteur exécutif » (qui est aussi la femme de Mark), Carolyn Olshaker. Elles ont dès le début partagé notre vision et nous ont donné la force, la confiance, l'amour et les conseils avisés qui nous ont soutenus et encouragés dans nos efforts pour la réaliser. Nous souhaitons également exprimer notre profonde gratitude et notre admiration à Ann Hennigan, notre documentaliste talentueuse, à Marysue Rucci, l'assistante compétente, infatigable et gaie de Lisa, ainsi qu'à notre agent, Jay Acton, le premier à reconnaître la portée de ce que nous voulions entreprendre et à nous aider ensuite à l'accomplir.

Nos remerciements tout particuliers vont au père de John, Jack Douglas. Il nous a rappelé ses souvenirs et il a si soigneusement conservé les documents concernant la carrière de son fils que notre organisation en a été grandement facilitée. Ils s'adressent aussi au père de Mark, le Dr Bennett Olshaker pour tous ses conseils dans les domaines de la médecine et de la psychiatrie légales et du droit. Nous avons tous deux beaucoup de chance d'avoir nos familles. Leur amour et leur générosité nous accompagnent toujours.

Nous souhaitons enfin exprimer notre reconnaissance et notre admiration à tous les collègues de John, de l'Académie du FBI à Quantico. C'est leur personnalité et leur contribution qui ont rendu possible le travail exposé dans ce livre. C'est pourquoi il leur est dédié.

John Douglas et Mark Olshaker,
juillet 1995.

Prologue

CELA DOIT ÊTRE L'ENFER

Cela doit être l'enfer.

C'était la seule explication logique. J'étais nu et attaché. La douleur était insoutenable. Mes bras et mes jambes étaient lacérés par une sorte de lame. On avait pénétré dans tous les orifices de mon corps et enfoncé dans ma gorge quelque chose qui me faisait suffoquer et hoqueter. Des objets tranchants avaient été plantés dans mon pénis et mon rectum et j'avais l'impression qu'ils me déchiraient les entrailles. Je baignais dans ma sueur. Puis j'ai compris ce qui se passait : j'étais en train d'être torturé à mort par tous les assassins, les violeurs et les pédophiles que j'avais bouclés au cours de ma carrière. C'était désormais moi la victime et je ne pouvais pas me défendre.

Je savais comment procédaient ces gars-là. Je l'avais vu maintes et maintes fois. Un besoin viscéral de manipuler et de dominer leur proie les habitait. Ils voulaient pouvoir décider si leur victime vivrait ou non et si elle devait mourir, comment elle mourrait. Ils me garderaient en vie tant que mon corps tiendrait le coup, me ranimant chaque fois que je m'évanouirais ou que ma mort approcherait, en m'infligeant toujours toutes les souffrances possibles. Certains d'entre eux, je le savais, ne s'en lassaient pas pendant des jours.

Ils voulaient me montrer qu'ils dirigeaient tout et que j'étais entièrement à leur merci. Plus je criais et les implorais, plus j'entretenais leurs fantasmes sordides. Quand je les suppliais ou que je régressais en appelant ma maman ou mon papa à l'aide, alors là, ils prenaient leur pied.

C'était le prix à payer pour mes six années passées à poursuivre les pires individus que la terre ait portés.

Mon cœur battait la chamade. Je me consumais. J'ai soudain eu l'impression qu'on enfonçait brutalement la lame plus avant à l'intérieur de mon pénis. Tout mon corps s'est alors tordu d'agonie.

Mon Dieu, je t'en prie, si je suis encore vivant, laisse-moi mourir rapidement. Et si je suis mort, délivre-moi vite des tortures de l'enfer.

Puis j'ai aperçu une lumière blanche intense comme de nombreuses personnes rapportent en avoir vu au moment de leur mort. Je m'attendais à voir le Christ, des anges ou le Diable, ça aussi, j'en avais entendu parler. Mais je ne voyais que cette lumière crue.

Enfin j'ai perçu une voix, une voix rassurante, le son le plus doux que j'aie jamais entendu.

« John, ne vous inquiétez pas. On s'occupe de vous. »

C'est la dernière chose dont je me souvienne.

« John, m'entendez-vous ? Ne vous inquiétez pas. Vous êtes à l'hôpital. Vous êtes très malade et on s'occupe de vous » : voilà ce que l'infirmière m'a réellement dit. Elle ne savait pas si je l'entendais mais elle le répétait doucement, sans cesse.

J'ignorais que je me trouvais dans l'unité de soins intensifs de l'hôpital suédois à Seattle, que j'étais dans le coma, sous assistance complète. J'avais les bras et les jambes attachés et des sondes, des tuyaux et des perfusions partout. On pensait que je ne survivrais pas. C'était au début du mois de décembre 1983. J'avais alors trente-huit ans.

L'histoire avait commencé trois semaines plus tôt à l'autre bout du pays. J'étais à New York pour un exposé sur l'établissement des profils des criminels, devant un auditoire composé de trois cent cinquante membres des polices de New York, du métro, du comté de Nassau, du Suffolk et de Long Island. J'avais déjà fait ce discours cent fois et je pouvais donc presque brancher mon pilotage automatique.

Mon esprit s'est soudain mis à vagabonder. Pendant que je parlais, je me disais : *« Comment diable vais-je m'y prendre avec tous ces dossiers ? »* et une sueur froide coulait dans mon dos. J'étais en train de boucler l'affaire Wayne Williams, autrement appelée l'affaire du Tueur d'Enfants à Atlanta et celle des « meurtres racistes au calibre 22 » de Buffalo. On m'avait aussi appelé pour celle du Tueur des Sentiers près de San Francisco. Je collaborais à l'enquête sur l'Éventreur du Yorkshire avec Scotland Yard, en Angleterre. Je faisais des allers et retours en Alaska pour travailler sur le dossier Robert Hansen. Ce boulanger d'Anchorage ramassait des prostituées, les obligeait à monter dans son avion et les emmenait dans des lieux inhabités pour les traquer ensuite comme des bêtes. J'avais aussi sur les bras un incendiaire qui s'attaquait aux synagogues à Hartford, dans le Connecticut. Je devais en plus m'envoler pour Seattle la semaine d'après pour conseiller la police de Green River sur l'affaire du « tueur de prostituées et de voyageurs » dans le corridor Seattle-Tacoma, affaire de meurtres en série qui apparaissait comme l'une des plus importantes de l'histoire des États-Unis.

Au cours de ces six dernières années, j'avais mis au point une nouvelle technique d'analyse des crimes. J'étais le seul au sein de l'Unité de Sciences du Comportement à me consacrer entièrement à ces enquêtes. Les autres étaient avant tout des instructeurs. Je m'occupais de cent cinquante dossiers en même temps sans aucune aide et j'étais sur la route cent vingt-cinq jours par an. Mon bureau se trouvait à l'Académie du FBI à Quantico, en Virginie. La police locale, soucieuse de résoudre ces énigmes, exerçait sur nous une pression considérable. Elle était elle-même soumise à celle de la population et des familles des victimes pour lesquelles j'ai toujours éprouvé beaucoup de sympathie. J'essayais de sérier les priorités mais de nouvelles demandes affluaient chaque jour. Mes collaborateurs à Quantico me disaient souvent que je ressemblais à une prostituée masculine : je ne pouvais pas dire non à mes clients.

Pendant que je parlais des types de personnalités criminelles, mon esprit ne cessait de revenir à Seattle. Je savais qu'il y avait des gens dans l'auditoire qui ne voulaient pas que je sois là et il fallait s'y attendre. Dans chaque nouvelle affaire, et c'était le cas là aussi, l'on me demandait d'apporter une aide différente, aide que la plupart des policiers et des officiels considéraient comme frisant la sorcellerie. Je devais être persuasif sans pour autant me montrer prétentieux ou trop sûr de moi et leur faire comprendre que je pensais qu'ils avaient fait du bon boulot tout en essayant de convaincre les sceptiques que le FBI pourrait les aider. Le plus difficile était que, contrairement aux agents classiques qui n'avaient affaire qu'aux faits, moi, je devais aussi tenir compte des *opinions*. Je vivais avec l'idée que si je me trompais, je risquais de conduire l'enquête dans le fossé et de nouvelles victimes seraient alors à déplorer. Cela pouvait en plus torpiller le séminaire d'analyse des crimes et d'établissement des profils des criminels que j'essayais de mettre sur pied.

Et puis, il y avait aussi les voyages. Je m'étais déjà rendu à plusieurs reprises en Alaska, traversant quatre fuseaux horaires, sautant dans de petits avions qui frôlaient l'eau et atterrissaient dans la nuit noire. À peine étais-je arrivé et avais-je rencontré la police locale que j'avais dû reprendre l'avion pour Seattle.

Cette crise d'angoisse diffuse a peut-être duré une minute. Je ne cessais de me dire : *« Douglas, reprends-toi ! Ressaisis-toi ! »* Et c'est ce que j'ai fait. Je pense que personne ne s'est douté dans la salle que quelque chose n'allait pas. Mais je ne parvenais pas à chasser l'idée qu'un événement tragique allait m'arriver.

Ce sentiment était si fort que dès mon retour à Quantico, je suis allé au service du personnel pour contracter une nouvelle assurance-vie ainsi qu'une assurance-invalidité. Je ne sais pas pourquoi j'ai fait cela en dehors de cette crainte vague mais puissante. J'étais épuisé physiquement. Je prenais trop d'exercice et buvais probablement plus que de raison pour supporter le stress. Je souffrais de difficultés d'endormissement et j'étais bien souvent réveillé au milieu de la nuit par des gens qui avaient immédiatement besoin de mon aide. Quand je me recouchais enfin, je m'efforçais de rêver de cette nouvelle affaire avec l'espoir que je trouverais ainsi des solutions. Il est facile avec le recul de voir où cela allait me conduire, mais à cette époque, je ne pouvais rien y faire.

Avant de partir pour l'aéroport, quelque chose m'a poussé à m'arrêter à l'école où ma femme Pam enseignait la lecture à des enfants handicapés. Je voulais lui parler des assurances que j'avais contractées.

« Pourquoi me dis-tu cela ? » m'a-t-elle demandé très inquiète. J'avais une migraine tenace du côté droit et elle a remarqué que mes yeux étaient injectés de sang et bizarres.

« Je voulais simplement que tu sois au courant de tout avant mon départ », lui ai-je répondu. Nos deux filles, Erika et Lauren, étaient à l'époque âgées respectivement de huit et trois ans.

Deux nouveaux agents spéciaux, Blaine McIlwain et Ron Walker m'accompagnaient à Seattle. J'avais l'intention de les brancher sur ce dossier. Arrivés le soir même, nous sommes descendus à l'hôtel Hilton en centre ville. En défaisant ma valise, je me suis rendu compte que je n'avais qu'une seule chaussure noire. Soit j'avais oublié l'autre, soit je l'avais perdue en route. Je devais faire un exposé le lendemain devant la police du comté de King. Je ne pouvais pas m'y rendre sans chaussures noires. J'ai toujours fait grand cas de mes vêtements et la fatigue et le stress aidant, je suis devenu obsédé par l'idée de porter des chaussures noires avec mon costume. Je me suis alors précipité dans les rues du centre ville pour trouver un magasin ouvert. Je suis rentré à l'hôtel encore plus épuisé, mais avec une paire de chaussures convenable.

Le lendemain matin, c'était un mercredi, j'ai fait mon exposé devant la police et une équipe comprenant des représentants du port de Seattle et deux psychologues locaux sollicités pour cette enquête. Ils se sont tous montrés intéressés par le profil que j'ai tracé du ou des criminels et je leur ai expliqué que dans ce genre d'affaire, ce n'était pas le plus important. J'étais sûr que ma description était juste mais je savais aussi que bon nombre de types pourraient correspondre à ce profil.

Le plus important face à ces séries de meurtres, leur ai-je dit, est de devenir *proactif*, c'est-à-dire d'attirer le type dans un piège. J'ai ainsi suggéré à la police d'organiser dans le quartier des réunions sur ces crimes. J'étais à peu près sûr que le meurtrier y ferait au moins une apparition. Je pensais que de cette façon, nous pourrions savoir ainsi si nous avions affaire à un ou plusieurs assassins. Je voulais aussi que la police annonce à la presse qu'elle avait un témoin de l'un des enlèvements. Cela pousserait selon moi le tueur à tenter sa propre « stratégie proactive » et à le faire venir pour expliquer pourquoi il aurait été vu dans le voisinage tout en étant, bien entendu, innocent des faits en question. La seule chose dont j'étais sûr était que l'auteur de ces crimes n'allait pas s'arrêter.

J'ai ensuite donné des conseils à l'équipe sur la manière de mener les interrogatoires des suspects potentiels – de ceux qu'ils trouveraient de leur côté et des pauvres bougres qui se manifestent toujours dans ce genre d'affaire sensationnelle. McIlwain, Walker et moi avons passé le reste de la journée à faire le tour des lieux où les corps avaient été retrouvés. J'étais sur les rotules en rentrant à l'hôtel ce soir-là.

Pendant que nous prenions un verre au bar pour nous détendre, j'ai dit à Blaine et à Ron que je ne me sentais pas bien. J'avais toujours mal à la tête et je pensais couver une grippe. Je leur ai demandé de prendre les choses en main le lendemain. Si je passais une journée au lit, je me sentirais mieux. Alors, après nous être souhaité bonne nuit, j'ai accroché la pancarte « Ne pas déranger » sur ma porte et dit à mes deux collaborateurs que je les rejoindrais le surlendemain matin.

Je me souviens seulement de m'être senti épouvantablement mal et de m'être assis sur le bord du lit pour me déshabiller. Mes deux collègues sont retournés au palais de justice le lendemain pour poursuivre l'exposé de la stratégie que j'avais esquissée. Comme je le leur avais demandé, ils m'ont laissé seul toute la journée pour que je me débarrasse de cette grippe dans les bras de Morphée.

Mais lorsque je ne suis pas descendu prendre mon petit déjeuner le surlendemain, ils ont commencé à s'inquiéter. Ils ont appelé ma chambre. Pas de réponse. Ils sont montés puis ont frappé à ma porte. Rien.

Ils se sont précipités à la réception pour demander une clé au gérant. Ils sont remontés, ont ouvert la porte et sont tombés sur la chaîne de sûreté. Des gémissements sourds provenaient de l'intérieur de la chambre.

Ils sont entrés après avoir donné un coup de pied dans la porte. Ils m'ont trouvé par terre en « position de grenouille », à moitié vêtu et essayant apparemment d'attraper le téléphone. La partie gauche de mon corps était prise de convulsions. Blaine a dit que je me « consumais ».

L'hôtel a appelé l'hôpital suédois qui a immédiatement envoyé une ambulance. Pendant ce temps-là, Blaine et Ron sont restés en contact avec le service des urgences pour tenir les médecins informés de l'évolution de mon état. J'avais 41,6 °C de température et mon cœur battait à 220. J'étais paralysé du côté gauche et dans l'ambulance, j'ai continué à avoir des convulsions. Il est dit dans le rapport médical que j'avais des « yeux de poupée » : ouverts et fixant le vide.

Dès que nous sommes arrivés à l'hôpital, on m'a enveloppé dans de la glace et on a commencé à m'injecter des doses massives de phénobarbital pour arrêter les convulsions. Le médecin a dit à Blaine et Ron qu'il aurait pu endormir toute la ville de Seattle avec ce qu'il était en train de m'administrer.

Il leur a aussi confié que malgré tous les efforts de chacun, j'allais probablement mourir. Le scanner montrait que la fièvre avait provoqué une hémorragie qui avait envahi la partie droite de mon cerveau.

« En d'autres termes, leur a-t-il dit, son cerveau a grillé. »

On était le 2 décembre 1983. Mon assurance avait pris effet la veille.

Le chef de mon unité, Roger Depue, s'est rendu à l'école de Pam pour lui annoncer personnellement la nouvelle. Mon père et elle ont sauté dans un avion pour Seattle pour être auprès de moi tandis que ma mère, Dolores, gardait nos filles. Deux agents du FBI de Seattle, Rick Mathers et John Biners, sont allés les chercher à l'aéroport et les ont conduits directement à l'hôpital. C'est à ce moment-là qu'ils ont appris la gravité de mon état. Le médecin a essayé de préparer Pam à ma mort. Si je vivais, lui a-t-il dit, je serais probablement aveugle et dans un état végétatif. Étant catholique, elle a appelé un prêtre pour qu'il me donne les derniers sacrements, mais quand il a su que j'étais protestant, il a refusé. Blaine et Ron l'ont alors renvoyé, puis ils ont trouvé un autre prêtre qui n'avait pas ce genre d'état d'âme. Ils lui ont demandé de prier pour moi.

J'ai oscillé entre la vie et la mort pendant toute la semaine. Seuls les membres de ma famille étaient autorisés à venir me voir, aussi mes collègues de Quantico et ceux de Seattle sont-ils soudain devenus de proches parents. « Vous avez vraiment une grande famille », a dit une des infirmières à Pam avec un sourire forcé.

Cette idée de grande famille n'était pas une blague en un sens. De retour à Quantico, des collègues, avec en tête Bill Hagmaier de l'Unité de Sciences du Comportement et Tom Columbell de l'Académie Nationale ont organisé une collecte pour que Pam et mon père puissent rester à mon chevet à Seattle. Ils ont très vite reçu la contribution d'autres officiers de police des quatre coins du pays. Au même moment, des dispositions étaient prises pour ramener mon corps en Virginie afin que je sois enterré au cimetière militaire de Quantico.

Vers la fin de la première semaine, Pam, mon père, les agents et le prêtre ont formé un cercle autour de mon lit. Ils ont joint leurs mains et pris la mienne dans les leurs en priant pour moi. Tard, cette nuit-là, je suis sorti du coma.

Je me rappelle avoir été surpris de voir Pam et mon père et m'être demandé où je me trouvais. Au départ, je ne pouvais pas parler. La partie inférieure gauche de mon visage tombait un peu et j'étais toujours paralysé du côté gauche. Je me suis progressivement remis à parler, en bredouillant au début. Au bout d'un moment, j'ai vu que je pouvais bouger une jambe, puis accomplir d'autres mouvements. J'avais mal à la gorge à cause des tubes qu'on y avait enfoncés pour me maintenir en vie. On m'a passé du phénobarbital au Dilantin afin d'arrêter les convulsions. Après de nombreux examens, scanners et ponctions lombaires, on m'a finalement dit de quoi je souffrais : c'était une encéphalite virale provoquée ou aggravée par le stress et par un mauvais état général. J'avais de la chance d'être encore en vie.

Ma guérison a été douloureuse et difficile. J'ai dû réapprendre à marcher. J'avais des troubles de la mémoire. Pour m'aider à me souvenir du nom de mon médecin, le Dr Siegal, Pam m'a apporté une figurine de mouette [1] faite de coquillages et posée sur un socle en liège. Lorsque le médecin est venu m'examiner pour voir où j'en étais sur le plan intellectuel, il m'a demandé si je me souvenais de son nom. J'ai bredouillé : « Bien sûr, Dr Seagull. »

Malgré le soutien extraordinaire que l'on me prodiguait, la rééducation me frustrait terriblement. Je n'ai jamais su rester assis et

1. *N.d.T.* Siegal se prononce presque de la même manière que « seagull », qui veut dire mouette en anglais.

prendre mon temps. Le directeur du FBI, William Webster, m'a appelé pour m'encourager. Je lui ai dit que je pensais ne plus être en mesure de me servir de mon revolver.

« Ne vous inquiétez pas pour ça, m'a-t-il répondu. Ce qui nous intéresse, ce sont vos facultés intellectuelles. » Je ne lui ai pas dit que je craignais qu'il n'en reste pas grand-chose non plus.

J'ai finalement quitté l'hôpital suédois et je suis rentré chez moi deux jours avant Noël. Avant de partir, j'ai offert des plaques gravées à l'équipe des soins intensifs leur exprimant à tous ma profonde gratitude pour m'avoir sauvé la vie.

Roger Depue est venu nous chercher à l'aéroport de Dulles et nous a conduits chez nous à Fredericksburg, où un drapeau américain et un panneau gigantesque « Bienvenue à la maison, John » m'attendaient. J'étais passé de 100 kilos à 80. Mes filles, Erika et Lauren ont été si perturbées par mon apparence physique et mon fauteuil roulant, que pendant longtemps, elles se sont inquiétées à chacun de mes départs en voyage.

Noël a été plutôt triste. Je n'ai pas vu beaucoup d'amis, seulement Ron Walker, Blaine McIlwain, Bill Hagmaier et un autre agent de Quantico, Jim Horn. J'avais quitté mon fauteuil roulant mais je me déplaçais encore avec difficulté. Je n'arrivais pas à suivre une conversation. Je pleurais facilement et je ne pouvais me fier à ma mémoire. Quand Pam ou mon père m'emmenaient faire un tour en ville, je ne me rappelais pas si telle ou telle construction était récente ou non. J'avais l'impression d'avoir été foudroyé et je me demandais si je pourrais jamais retravailler.

J'en voulais également au Bureau pour ce qu'on m'avait fait endurer. Au mois de février de cette année-là, j'avais en effet dit à un adjoint du directeur, Jim McKenzie, que je pensais ne pas pouvoir tenir la cadence et je lui avais demandé de me donner du renfort.

McKenzie s'était montré compréhensif mais réaliste. « Vous savez comment marche le système, m'avait-il répondu. On ne reconnaît ce que vous avez fait que le jour où vous vous écroulez. »

Non seulement j'avais l'impression de ne pas être soutenu, mais j'avais aussi le sentiment de ne pas être apprécié à ma juste valeur. C'était d'ailleurs plutôt le contraire. L'année d'avant, après m'être décarcassé à Atlanta pour résoudre l'affaire du Tueur d'Enfants, j'avais reçu un blâme officiel à cause d'une histoire qui était parue dans un journal de Newport News en Virginie, juste après l'arrestation de Wayne Williams. Le journaliste m'avait demandé ce que je pensais de Williams comme suspect et je lui avais répondu qu'il me semblait « bon » et que s'il s'avérait que c'était vraiment lui, alors il serait bon aussi pour un certain nombre d'autres affaires.

Bien que le FBI m'ait demandé de donner ces interviews, il m'a été reproché d'avoir inopportunément parlé d'un dossier en cours. On m'a dit que l'on m'avait déjà prévenu deux mois auparavant quand j'avais été interrogé par le magazine *People*. C'était typique de la bureaucratie gouvernementale. J'ai dû comparaître devant la Commission des Responsabilités Professionnelles au quartier général à Washington et après six mois de tergiversations bureaucratiques, j'ai reçu un blâme par écrit. Plus tard, le Bureau m'a fait parvenir une lettre d'éloges pour cette même affaire. Mais à cette époque, c'était là toute la reconnaissance qu'il me témoignait pour l'avoir aidé à résoudre ce que la presse appelait alors « le crime du siècle ».

Il est difficile de parler de ce que nous faisons, y compris à notre conjoint. Quand on passe ses journées à voir des morts ou des corps mutilés, surtout s'il s'agit d'enfants, on essaie de mettre cela de côté quand on rentre chez soi. On ne peut pas dire à table « J'ai vu un crime sexuel fascinant, aujourd'hui. Tiens, je vais te le raconter... » C'est pourquoi les policiers sont souvent attirés par les infirmières et réciproquement. En un sens, leurs jobs ont des points communs.

Et pourtant, lorsque je me promenais dans le parc ou dans les bois avec mes filles, il m'arrivait souvent de me dire en voyant certaines choses : « *Tiens, ça ressemble à telle ou telle scène, celle où nous avons trouvé ce gosse de huit ans.* » Bien qu'étant inquiet pour leur sécurité à cause de tout ce que je voyais, il m'était difficile de me sentir préoccupé par les écorchures et les petits maux qui sont le lot de l'enfance, même si je reconnaissais leur importance réelle. Si Pam me disait à mon retour à la maison qu'une des filles était tombée de bicyclette et avait eu besoin de points de suture, l'image de l'autopsie d'une enfant de son âge surgissait dans mon esprit et je pensais à tous les points que le médecin légiste avait dû lui faire pour fermer ses plaies avant son enterrement.

Pam avait son propre cercle d'amis qui faisaient de la politique ce qui ne m'intéressait pas du tout. Et à cause de tous mes déplacements, elle a assumé la plus grande part de l'éducation de nos filles, elle a payé les factures et s'est aussi occupée de toute l'intendance. C'était l'une des nombreuses difficultés que rencontrait notre couple à cette époque et je sais que notre fille aînée Erika était consciente de la tension qui régnait.

J'en voulais encore au Bureau de ce qui m'était arrivé. Un mois après mon retour chez moi, alors que je brûlais des feuilles dans le jardin, je suis soudain rentré pour rassembler toutes les copies des profils que j'avais à la maison ainsi que tous les articles que j'avais rédigés et je les ai jetés dans le feu. Me débarrasser de tout ça a représenté pour moi une catharsis.

Quelques semaines après, comme je pouvais de nouveau conduire, je suis allé au cimetière de Quantico pour voir où l'on m'aurait enterré. Les tombes sont ordonnées selon la date du décès et si j'étais mort vers le 1er ou le 2 décembre, je me serais retrouvé dans un endroit assez laid. J'ai remarqué qu'il jouxtait la tombe d'une jeune fille qui avait été poignardée à mort dans l'allée conduisant à son domicile, pas très loin de chez moi. J'avais travaillé sur son cas mais le meurtre n'était toujours pas élucidé. Pendant que je me tenais là en train de ruminer, je me suis rappelé toutes les fois que j'avais conseillé à la police de surveiller les tombes au cas où les tueurs se manifesteraient. Je me disais que cela serait drôle si des policiers étaient justement postés là à m'observer et s'ils m'arrêtaient comme suspect.

J'étais encore en arrêt de travail quatre mois après mon coma à Seattle. J'avais des caillots de sang dans les jambes et les poumons à cause de la maladie et de mon alitement prolongé. Je devais m'accrocher pour pouvoir tenir jusqu'au soir. Je ne savais pas si je serais physiquement capable de retravailler un jour et même si tel était le cas, j'ignorais si j'aurais suffisamment confiance en moi pour reprendre mon activité. Pendant ce temps-là, Roy Hazelwood, du département de pédagogie de l'Unité de Sciences du Comportement, mettait les bouchées doubles et avait repris mes dossiers en cours.

C'est en avril 1984 que je suis retourné pour la première fois à Quantico afin de prendre la parole devant un groupe de membres du FBI qui élaboraient des profils psychologiques de criminels. Lorsque je suis entré dans la salle en portant des pantoufles, les pieds encore gonflés par les caillots de sang, ces agents venus des quatre coins du pays se sont tous levés pour m'acclamer. Leur réaction a été spontanée et authentique. Eux, mieux que quiconque, savaient ce que j'avais accompli et ce que j'essayais d'instituer au sein du Bureau. Et pour la première fois depuis des mois, je me suis senti soutenu et apprécié. J'étais enfin à la maison.

J'ai repris mon travail à plein temps un mois plus tard.

1

DANS LA TÊTE D'UN TUEUR

Se mettre à la place du tueur.

Voilà ce que je dois faire. Nous avons tous vu des documentaires sur la nature. Un lion, dans une plaine, observe, par exemple, une horde d'antilopes à un point d'eau. Et pourtant – on le voit dans son regard –, il n'en fixe qu'une seule, une parmi des milliers. Il est entraîné à déceler la faiblesse et la vulnérabilité, c'est-à-dire ce qui fera d'une antilope particulière sa proie la plus probable au sein d'un groupe gigantesque.

Certaines personnes fonctionnent ainsi. Si je suis l'une d'elles, je suis constamment à l'affût, à la recherche d'une victime, celle de l'opportunité. Imaginons que je sois dans un centre commercial au milieu de milliers de gens. J'entre dans un magasin de jeux vidéo, et en regardant la foule d'enfants qui jouent, je dois me comporter en chasseur, je dois être capable de tracer un profil, celui de ma proie future. Il faut que j'arrive à déterminer lequel d'entre eux est le plus vulnérable, lequel sera ma victime potentielle. Je dois observer son habillement, je dois m'entraîner à relever les indices non verbaux de son comportement. Et tout cela, il faut que je le fasse en une fraction de seconde et que je sois donc un maître en la matière. Puis, une fois que je me suis décidé, je dois avoir une idée de la manière dont je vais entraîner cet enfant hors du centre commercial sans attirer l'attention de ses parents qui sont probablement dans la boutique d'à côté. Je n'ai donc pas droit à l'erreur.

C'est dans l'excitation de la traque que ces gars-là trouvent leur raison de vivre. Je suis sûr qu'elle est du même ordre que celle du lion à l'affût dans la savane. Et c'est vrai, qu'il s'agisse de ceux qui traquent les enfants, les jeunes femmes, les personnes âgées, les prostituées ou tout autre groupe d'individus ou de ceux qui n'ont pas de victimes de prédilection. D'une certaine façon, ils sont tous pareils.

Mais ce sont les moyens qui diffèrent et les indices qu'ils laissent derrière eux trahissent leur personnalité. Cela nous a conduits à mettre au point une nouvelle arme permettant l'interprétation de certains types de crimes violents et la poursuite, l'arrestation et le jugement de leurs auteurs. J'ai passé la plus grande partie de ma carrière d'agent spécial du FBI à la perfectionner et c'est tout le sujet de ce livre. Les crimes effroyables ont toujours soulevé la même question fondamentale : quel genre de personne aurait pu accomplir un tel acte ? C'est par une analyse du lieu du crime et par l'établissement du profil du criminel que nous tentons de répondre à cette question à l'Unité d'Aide aux Enquêtes du FBI.

Car le comportement est le reflet de la personnalité.

Il n'est jamais aisé ni agréable de se mettre à la place de ces gars-là ou de penser comme eux. Mais c'est ce que mes collaborateurs et moi-même devons faire. Nous essayons de ressentir ce que chacun d'eux a ressenti.

Tout ce que nous voyons sur les lieux du crime nous apporte des informations sur l'auteur de celui-ci. En étudiant le plus grand nombre de crimes possible, puis en discutant avec les experts – c'est-à-dire ceux qui les avaient commis –, nous avons appris à interpréter ces indices un peu comme un médecin établit un diagnostic à partir de l'évaluation de différents symptômes. Et de la même manière qu'il peut poser un diagnostic après avoir reconnu certains aspects d'une maladie qu'il a déjà vue auparavant, nous pouvons tirer quelques conclusions quand différents éléments cohérents entre eux commencent à apparaître.

Au début des années 80, j'ai interrogé des assassins incarcérés pour notre étude approfondie. Je me trouvais pour cela dans le pénitencier ancien et de style gothique du Maryland à Baltimore, assis au milieu d'un groupe de criminels violents. Chacun d'eux constituait un cas intéressant – il y avait un tueur de flic, un tueur d'enfants, des dealers et des hommes de main – mais je voulais surtout discuter avec un violeur qui avait assassiné ses victimes. C'était son mode opératoire qui m'importait. J'ai alors demandé à ces détenus s'ils en connaissaient un que je pourrais rencontrer.

« Il y a bien Charlie Davis », m'a dit l'un d'eux, mais les autres ont rétorqué qu'il n'accepterait vraisemblablement pas de parler à un agent du FBI. Quelqu'un est allé le chercher dans la cour de la prison. À la surprise générale, il s'est joint au cercle probablement autant par curiosité, par ennui que pour toute autre raison. Un de nos atouts dans cette étude approfondie était que les détenus avaient beaucoup de temps et pas grand-chose à faire.

Lorsque nous menons des entretiens en prison – et cela a été le cas dès le début –, nous essayons d'en savoir le plus possible avant de rencontrer les détenus. Nous consultons les rapports de police et d'autopsie, les photographies des lieux, les minutes du procès, tout ce qui peut nous éclairer sur les mobiles ou la personnalité du criminel. C'est aussi le meilleur moyen de s'assurer qu'il ne se fait pas mousser et qu'il ne nous mène pas en bateau. Mais dans ce cas précis, je n'étais évidemment pas préparé alors je l'ai admis et j'ai essayé d'en tirer parti.

Davis était un type gigantesque et balourd d'un mètre quatre-vingt-quinze, âgé d'une trentaine d'années, bien rasé et soigné de sa personne. J'ai commencé en lui disant : « J'ai un désavantage sur toi. Je ne sais pas ce que tu as fait. »

« J'ai tué cinq personnes », m'a-t-il répondu.

Je lui ai demandé de décrire ces crimes et ce qu'il avait fait avec ses victimes. Davis était conducteur d'ambulance à temps partiel. Il procédait ainsi : il étranglait une femme, plaçait son corps sur le bas-côté d'une autoroute dans son secteur d'intervention, passait un coup de fil anonyme signalant la présence d'un blessé, puis répondait à l'appel de son central et partait récupérer le corps avec son ambulance. Personne, parmi les différents intervenants arrivés sur les lieux, n'imaginait une seconde que le tueur se trouvait juste parmi eux. Ce niveau de contrôle et d'orchestration, c'était ça qui l'excitait et lui procurait les sensations les plus intenses. Tout ce que j'ai ainsi appris sur les techniques des criminels s'est toujours avéré extrêmement utile par la suite.

Le fait qu'il étranglait ses victimes me laissait penser que le meurtre n'était pas prémédité et que l'essentiel pour lui était le viol.

« Tu es vraiment fasciné par la police. Tu aurais aimé être policier, avoir du pouvoir au lieu d'occuper des emplois très en dessous de tes capacités », lui ai-je dit. Il a ri et m'a répondu que son père avait été lieutenant de police.

Je lui ai demandé de me décrire son mode opératoire : il se mettait à suivre une belle jeune femme. Si elle garait, par exemple, sa voiture devant un restaurant, Davis, muni de son numéro de plaque minéralogique et grâce aux relations que son père avait dans la police, obtenait facilement l'identité de celle-ci. Puis, il lui téléphonait au restaurant et lui faisait savoir que ses phares étaient restés allumés. Quand elle sortait, il la poussait dans sa voiture ou dans la sienne, lui passait les menottes et démarrait.

Il a décrit ses cinq meurtres dans l'ordre, comme s'il les revivait. Quand il en est arrivé au dernier, il a mentionné qu'il avait recouvert sa victime. C'était la première fois que ce détail lui revenait à l'esprit.

Arrivé à ce point de la conversation, j'ai changé de tactique. Je lui ai dit : « Permets-moi de te parler de toi. Tu souffrais de problèmes relationnels avec les femmes. Tu avais des difficultés financières quand tu as commis ton premier meurtre. Tu approchais de la trentaine et tu savais que tu étais sous-employé ; alors ta vie n'était que frustration et sentiment d'impuissance. »

Il a acquiescé. Je ne m'étais pas trompé jusque-là. Je n'avais rien dit de particulièrement difficile à prédire ou à imaginer.

« Tu buvais beaucoup, ai-je continué. Tu avais des dettes. Tu te disputais avec la femme avec laquelle tu vivais. (Il ne m'avait pas dit s'il vivait avec quelqu'un mais j'étais presque sûr que c'était le cas.) Et les soirs où les choses allaient vraiment mal, tu partais en chasse. Comme tu ne pouvais pas t'en prendre à ta bonne femme, il fallait que ça tombe sur quelqu'un d'autre. »

J'ai observé que l'attitude de Davis se modifiait progressivement, il s'ouvrait. Puis j'ai continué avec le peu d'informations dont je disposais. « Mais cette dernière victime, tu l'as tuée beaucoup plus doucement. Elle était différente des autres. Tu l'as laissée se rhabiller après l'avoir violée. Tu as couvert sa tête. Tu n'avais pas fait cela pour les quatre précédentes. Tu n'étais pas très fier de toi cette fois-là. »

Quand ils commencent à écouter attentivement, vous savez que vous êtes sur la bonne voie. J'ai appris cela au cours de ces enquêtes en prison et je l'ai utilisé maintes et maintes fois par la suite lors des interrogatoires de suspects. Là, j'avais réussi à capter toute son attention. « Elle t'a dit quelque chose et tu t'es senti coupable à l'idée de la tuer, mais tu l'as quand même fait. »

Il est soudain devenu rouge comme une tomate. On aurait dit qu'il était en transe et j'ai pu voir dans ses yeux qu'il revivait la scène. Cette femme, m'a-t-il dit, le ton hésitant, lui avait confié que son mari avait de gros problèmes de santé et qu'elle s'inquiétait. Il était très malade et probablement mourant. C'était peut-être une ruse de la part de celle-ci. Je n'avais aucun moyen de le savoir. Mais cela avait manifestement touché Davis.

« Je ne m'étais pas déguisé. Elle savait qui j'étais, alors j'ai été obligé de la tuer. »

Je me suis tu un instant puis je lui ai dit : « Tu lui as pris quelque chose, n'est-ce pas ? »

Il a acquiescé puis a reconnu qu'il avait fouillé dans son portefeuille. Il avait pris une photographie d'elle avec son mari et leur enfant à Noël, et il l'avait gardée.

Je n'avais jamais rencontré ce type auparavant mais je commençais à m'en faire une idée assez nette, alors je lui ai dit : « Tu es allé sur sa tombe, Charlie, n'est-ce pas ? » Il a rougi, ce qui m'a également confirmé qu'il avait suivi la presse pour savoir où sa victime était enterrée. « Tu y es allé parce que tu te sentais coupable. Et tu as apporté quelque chose au cimetière que tu as posé sur la tombe. »

Les autres détenus étaient totalement silencieux et écoutaient avec la plus grande attention. Ils n'avaient jamais vu Davis ainsi. J'ai répété : « Tu as apporté quelque chose sur cette tombe. Qu'est-ce que c'était, Charlie ? Tu as apporté la photo, hein ? » Il a acquiescé de nouveau puis baissé la tête.

Ce n'était ni de la prestidigitation, ni de la sorcellerie contrairement à ce que pouvaient penser les autres prisonniers. Il était évident que je devinais, mais mes hypothèses étaient fondées sur ce que nous avions appris dans nos recherches et sur l'expérience que mes collaborateurs et moi-même avions accumulée au cours des enquêtes précédentes. Nous continuons d'ailleurs à développer ces acquis. Nous avons, par exemple, appris que le vieux cliché selon lequel « l'assassin revient toujours sur les lieux du crime » est vrai mais pas forcément pour les raisons que nous imaginions au départ.

Le comportement est le reflet de la personnalité.

Notre travail est nécessaire en partie à cause du changement de nature des crimes violents. Je m'explique : les crimes liés à la drogue sont aujourd'hui un fléau qui touche la plupart des villes. Les meurtres par armes à feu sont devenus quotidiens et constituent une honte pour la nation. Autrefois, en revanche, surtout dans le cas des crimes violents, les victimes n'étaient pas prises au hasard : elles connaissaient le plus souvent leur futur bourreau avant les faits.

Les choses ont changé. Jusque dans les années soixante, on élucidait plus de quatre-vingt-dix pour cent des affaires de meurtre. Cela aussi a changé. Aujourd'hui, bien que des progrès considérables aient été accomplis en science, en technologie et en informatique et bien que les officiers de police soient mieux formés et disposent de plus de moyens, le taux d'homicides a augmenté, tandis que le pourcentage d'élucidation des affaires a diminué. De plus en plus souvent, les bourreaux ne connaissent pas leur victime avant les faits et la plupart du temps nous n'avons pas de mobile pour expliquer leur geste, ou en tout cas, pas de mobile évident ou logique.

La majorité des meurtres et des crimes violents étaient autrefois assez faciles à comprendre. Ils étaient le fruit de l'exacerbation de certains sentiments que nous connaissons tous : la colère, la cupidité, la jalousie, le profit ou la revanche. Une fois que le criminel s'était débarrassé de son problème psychologique, la pulsion criminelle s'arrêtait. Il y avait un mort, la police savait généralement qui en était l'auteur et ce qu'elle devait rechercher.

Mais une nouvelle sorte de criminel violent a émergé ces dernières années : le criminel en série qui souvent continue jusqu'à ce qu'il soit appréhendé ou tué, qui apprend par l'expérience et peaufine son scénario crime après crime. J'ai dit « émergé » parce qu'il a toujours plus ou moins existé, même avant 1880, lorsque sévissait Jack l'Éventreur à Londres. Celui-ci est considéré comme étant le premier tueur en série de l'ère moderne. Je dis « il » car pour des raisons que nous verrons ensuite, les tueurs en série sont pratiquement tous des hommes.

Le meurtre en série est probablement un phénomène plus ancien que nous le pensons. Les histoires et les légendes de sorcières, de loups-garous et de vampires ont peut-être permis autrefois d'expliquer des actes tellement odieux que personne dans les villages d'Europe ou de la jeune Amérique ne pouvait en saisir la perversité sous-jacente, perversité que nous tenons aujourd'hui pour acquise. Les monstres devaient être des créatures surnaturelles. Ils ne pouvaient en aucun cas nous ressembler.

Les tueurs et les violeurs en série sont de tous les criminels violents les plus surprenants, les plus perturbants et les plus difficiles à appréhender et ce, en partie parce qu'ils sont généralement motivés par des facteurs bien plus complexes que ceux que je viens d'énumérer. Cela les rend plus ou moins étrangers à des sentiments normaux tels que la compassion, la culpabilité ou le remords, aussi leur schéma de comportement est-il plus difficile à comprendre.

La seule façon de les appréhender est parfois d'apprendre à penser comme eux.

Ne craignez pas que je divulgue ainsi des secrets qui pourraient être utilisés par de futurs criminels. Ce que je vais relater ici est la manière dont nous avons mis au point une technique d'analyse du crime et de la personnalité du criminel à partir de son comportement, ainsi qu'une stratégie permettant ensuite d'obtenir la condamnation de celui-ci. Je ne pourrais pas enseigner la manière d'accomplir le crime parfait même si je le voulais. D'abord parce qu'il faut au moins deux ans pour former les agents déjà très expérimentés qui ont été sélectionnés pour venir dans mon unité. Ensuite, parce que plus il en fait pour nous échapper et nous conduire sur une fausse piste, plus le criminel nous fournit des indices sur son comportement, indices qui nous serviront dans notre enquête.

Comme le disait il y a plusieurs dizaines d'années, Sir Arthur Conan Doyle par la bouche de Sherlock Holmes : « La singularité constitue presque toujours un indice. Plus un crime manque de caractéristiques, plus il est banal et plus il est difficile de l'élucider. » En d'autres termes, plus nous avons d'éléments comportementaux, plus le profil et l'analyse que nous fournirons à la police locale seront précis et plus celle-ci pourra réduire le nombre de suspects potentiels et trouver enfin le coupable.

Ceci me conduit à apporter un démenti concernant notre travail. Dans l'Unité d'Aide aux Enquêtes au sein du Centre National d'Analyse des Crimes Violents du FBI à Quantico, nous n'appréhendons pas les criminels. Je le répète : *nous n'appréhendons pas les criminels.* C'est la police locale qui les arrête, et quand on voit toute la pression que ces policiers subissent, on se dit qu'ils font du bon boulot. Nous, nous les *aidons* à concentrer leurs recherches, puis nous leur suggérons des techniques proactives destinées à attirer le criminel dans un piège. Quand la police locale l'arrête – *elle*, pas *nous*, j'insiste –, nous essayons ensuite d'élaborer une stratégie qui permettra au procureur de faire ressortir la véritable personnalité de l'accusé au cours du procès.

C'est grâce à notre expérience et aux recherches que nous avons menées que nous sommes en mesure de le faire. Quand une unité de police locale est confrontée à une enquête de meurtres en série, c'est bien souvent la première fois qu'elle voit de telles horreurs, alors que mon groupe a travaillé sur des centaines si ce n'est des milliers de crimes similaires. Je dis toujours à mes agents : « Si vous voulez comprendre l'artiste, vous devez regarder sa peinture. » Nous avons regardé de nombreuses « peintures » au cours de toutes ces années et parlé longuement avec les « artistes » les plus accomplis.

C'est à la fin des années soixante-dix et au début des années quatre-vingts que nous avons commencé à approfondir méthodiquement le travail effectué par l'Unité de Sciences du Comportement du FBI qui est ensuite devenue l'Unité d'Aide aux Enquêtes. Bien que la plupart des livres qui relatent et glorifient notre travail, comme le célèbre *Silence des Agneaux* de Tom Harris, soient quelque peu fantaisistes et sujets à des exagérations, il est clair que nos origines remontent aux romans policiers plutôt qu'aux crimes réels. C. August Dupin, le détective amateur mis en scène par Edgar Allan Poe dans *Double assassinat dans la rue Morgue* a probablement été le premier à esquisser un profil comportemental du criminel. Cela a aussi été la première fois que l'on a utilisé une technique proactive pour dénicher le réel coupable et défendre un innocent emprisonné à tort.

Poe a compris cent cinquante ans avant nous l'importance du profil psychologique quand les preuves manquent pour élucider un crime particulièrement brutal et sans motivation apparente. Il a ainsi écrit : « Privé de ressources ordinaires, l'analyste entre dans l'esprit de son adversaire, s'identifie avec lui, et souvent découvre d'un seul coup d'œil l'unique moyen – un moyen quelquefois absurdement simple – de l'attirer dans une faute ou de le précipiter dans un faux calcul [1]. »

Il y a un autre petit point commun qui mérite d'être signalé. M. Dupin préférait travailler seul dans sa chambre, les fenêtres fermées et les rideaux tirés pour se protéger de la lumière du soleil et de l'intrusion du monde extérieur. Mes collègues et moi n'avons pas eu le choix : nos bureaux à Quantico se trouvent plusieurs étages sous terre, dans un lieu évidemment dépourvu de fenêtres, destiné au départ au quartier général des autorités fédérales en cas de catastrophe nationale. Nous disons parfois que nous sommes la Cave [2] Nationale d'Analyse des Crimes Violents. À soixante pieds sous terre, nous sommes enterrés dix fois plus bas que les morts.

Le romancier anglais Wilkie Collins a repris cette idée des profils psychologiques dans des œuvres pionnières comme *The Woman in White* (fondée sur une histoire réelle) et *The Moonstone*. Mais c'est Sherlock Holmes, le personnage de Sir Arthur Conan Doyle, qui a donné sa renommée mondiale à cette forme d'analyse désormais utilisée dans les enquêtes criminelles. Le plus beau compliment que l'on puisse nous faire est de nous comparer à ce personnage de roman. Cela a été un grand honneur pour moi quand, il y a des années de cela, alors que je travaillais sur une affaire de meurtre dans le Missouri, j'ai fait les gros titres du *St Louis Globe-Democrat* qui m'a qualifié de « Sherlock Holmes moderne du FBI ».

Il est intéressant de noter qu'au moment même où Holmes travaillait sur ses affaires compliquées et déconcertantes, le véritable

1. Traduction de Charles Baudelaire, in Edgar Allan Poe, *Contes, Essais, Poèmes,* Paris, Robert Laffont.

2. *N.d.T.* L'auteur fait un jeu de mots sur « Center for the Analysis of Violent Crime » (Centre d'Analyse des Crimes Violents) en remplaçant Center par Cellar, qui veut dire cave en anglais.

Jack l'Éventreur tuait des prostituées dans l'East End de Londres. Ces deux personnages situés de part et d'autre de la loi, l'un dans l'imaginaire et l'autre dans la réalité, ont tellement captivé le public que des admirateurs de Conan Doyle ont écrit des histoires mettant en scène Sherlock Holmes dans l'affaire des meurtres non élucidés de Whitechapel.

En 1988, on m'a demandé d'analyser les meurtres de Jack l'Éventreur pour une émission de télévision nationale. Je relaterai mes conclusions un peu plus loin.

Ce n'est que plus d'un siècle après la « Rue Morgue » et cinquante ans après Sherlock Holmes que la technique du profil psychologique a quitté la littérature pour entrer dans la réalité. Dans les années cinquante, la ville de New York a été secouée par une série d'explosions. Leur auteur, surnommé le « poseur de bombes fou », a été responsable de plus d'une trentaine d'explosions sur une période de quinze ans. Il a frappé des lieux publics célèbres tels que les gares de Grand Central et de Pennsylvanie et la maison de la radio. J'étais enfant à l'époque et je me souviens très bien de cette affaire.

Ne sachant plus quoi faire, la police a contacté en 1957 un psychiatre de Greenwich Village, le Dr James A. Brussel. Il a étudié les photographies des lieux où les bombes avaient explosé et analysé les lettres sarcastiques que leur auteur avait adressées aux journaux. Il est arrivé à un certain nombre de conclusions détaillées à partir du schéma de comportement général qu'il a perçu chez celui-ci : le poseur de bombes était paranoïaque, détestait son père, avait une passion pour sa mère et vivait dans une ville du Connecticut. Voici ce que le Dr Brussel a conseillé à la police à la fin de son rapport :

> Recherchez un homme lourd. Âge moyen. Né à l'étranger. Catholique. Célibataire. Vit avec un frère ou une sœur. Quand vous le trouverez, il est très probable qu'il porte un veston croisé, boutonné.

On pouvait sans prendre trop de risques déduire de certaines de ses lettres que le poseur de bombes avait été ou était encore un employé mécontent de Consolidated Edison, la compagnie d'électricité alimentant la ville. Cette « population cible » a été passée au crible. Seul George Metesky qui avait travaillé chez Con Ed dans les années quarante, avant l'épisode des bombes, correspondait au profil. Les policiers se sont rendus un soir à Waterbury dans le Connecticut pour l'arrêter. C'était un homme lourd, célibataire, d'un âge moyen, né à l'étranger et catholique. La seule différence avec le profil établi par le Dr Brussel était qu'il vivait non pas avec un frère ou une sœur mais avec deux sœurs célibataires. Un officier de police lui a demandé de s'habiller pour aller au poste. Quand il est sorti de sa chambre quelques minutes plus tard, il portait un veston croisé et boutonné.

Interrogé sur la manière dont il était arrivé à des conclusions aussi précises, le Dr Brussel a expliqué que d'habitude, un psychiatre examinait un individu puis essayait de prédire comment celui-ci réagirait dans une situation particulière. En esquissant son profil, Brussel a inversé le processus en essayant de « prédire » l'individu à partir des éléments de son comportement.

Aujourd'hui, quarante ans après, cette « affaire du poseur de bombes fou » paraît assez simple à résoudre. Mais à l'époque, c'était une avancée considérable dans ce que nous appelons désormais « la science du comportement appliquée aux enquêtes criminelles ». Le Dr Brussel a ensuite collaboré avec la police de Boston sur l'affaire de l'Étrangleur de Boston et s'est montré un véritable pionnier dans ce domaine.

Ce que faisaient Dupin et Holmes dans les romans, puis Brussel et nous-mêmes dans la réalité, est souvent appelé *déduction* alors que c'est plutôt de l'*induction*, c'est-à-dire l'observation des éléments particuliers d'un crime pour en tirer des conclusions plus larges. Quand je suis arrivé à Quantico en 1977, les instructeurs de l'Unité de Sciences du Comportement, tels que Howard Teten (l'un des tout premiers), commençaient à appliquer les idées du Dr Brussel aux cas que leur soumettaient les policiers durant leurs cours à l'Académie Nationale. Mais à cette époque, tout cela relevait de l'anecdote et n'était pas encore fondé sur des recherches sérieuses. Voilà où on en était.

J'ai déjà dit combien il était important pour nous de nous mettre à la place du criminel et de penser comme lui. Au cours de nos recherches et grâce à l'expérience que nous avons acquise, nous avons découvert qu'il était également important – aussi pénible et déchirant que cela puisse être – d'être capable de nous identifier à la victime. Ce n'est que lorsque nous avons une idée claire de la manière dont celle-ci a réagi aux choses horribles que le criminel était en train de lui infliger que nous pouvons réellement comprendre le comportement et les réactions de celui-ci.

Pour découvrir le criminel, il faut regarder le crime.

Au début des années quatre-vingts, une affaire troublante m'a été soumise par la police d'une petite ville rurale de Georgie. Une jolie jeune fille de douze ans, majorette du lycée local avait été enlevée à l'arrêt du bus de l'école à une centaine de mètres de chez elle. Son corps à moitié dévêtu avait été découvert quelques jours plus tard dans une allée bordée d'arbres, lieu de promenade des amoureux, à une quinzaine de kilomètres de là. Elle avait été violée puis tuée par un coup très brutal porté à sa tête. Une grosse pierre tachée de sang se trouvait d'ailleurs à proximité du corps.

Avant de pouvoir proposer une analyse, il fallait que j'en apprenne le plus possible sur cette jeune fille. J'ai découvert qu'elle était très jolie. C'était une gamine de douze ans qui paraissait son âge et pas davantage, contrairement à certaines adolescentes. Tous ceux qui la connaissaient m'ont assuré qu'elle ne flirtait pas et qu'elle ne touchait ni à la drogue ni à l'alcool. Elle se montrait sympathique et amicale avec ceux qui l'approchaient. Son autopsie a révélé qu'elle était vierge au moment de son viol.

C'étaient des informations capitales pour moi parce qu'elles m'ont permis de comprendre comment elle avait pu réagir pendant et après son enlèvement et donc comment son agresseur avait pu réagir à son tour dans la situation où ils se trouvaient tous deux. J'en ai conclu que le meurtre n'avait pas été *prémédité*. C'était plutôt une réaction de panique due à la surprise (si on se place dans le système délirant de l'agresseur) parce que la jeune fille ne l'avait pas accueilli à bras ouverts. Ceci m'a conduit à esquisser le profil du tueur, profil qui a permis à la police de se focaliser sur un homme déjà suspecté dans une affaire de viol qui avait eu lieu dans une ville voisine plus importante l'année précédente. Comprendre la victime m'a aussi aidé à élaborer une stratégie que la police a pu utiliser pour interroger ce suspect, qui, comme je l'avais prédit, avait déjà passé avec succès l'épreuve du détecteur de mensonges.

Je reparlerai de cette affaire déchirante et incroyable plus en détail par la suite. Il suffit de dire pour l'instant que l'individu en question a fini par avouer le meurtre de la jeune fille ainsi que le viol de l'année précédente. Il a été condamné puis exécuté sur la chaise électrique de l'État de Georgie, le 18 mai 1995.

Quand nous enseignons les bases de l'analyse des lieux du crime et de la personnalité du criminel aux agents du FBI et aux policiers, nous les encourageons à imaginer le déroulement entier de l'histoire. Mon collègue Roy Hazelwood qui a été chargé de ces cours pendant plusieurs années avant de prendre sa retraite en 1993, avait pour habitude de diviser l'analyse en trois phases répondant aux questions suivantes : Que s'est-il passé ? Pourquoi ? Qui ?

Que s'est-il passé ? Ceci inclut tous les éléments comportementaux qui pourraient être significatifs dans ce crime.

Pourquoi les choses se sont-elles passées ainsi ? Pourquoi, par exemple, y a-t-il eu mutilation après le décès ? Pourquoi aucun objet de valeur n'a-t-il été dérobé ? Pourquoi l'entrée n'a-t-elle pas été forcée ? Comment peut-on expliquer tous les éléments comportementaux significatifs ?

Et tout cela nous conduit ensuite à :

Qui aurait pu commettre ce crime pour toutes ces raisons ?

C'est la tâche que nous nous sommes fixée.

2

MA MÈRE S'APPELAIT HOLMES

Le nom de jeune fille de ma mère était Holmes et a failli être mon deuxième prénom, au lieu d'Edward qui est plus prosaïque.

À part cela, rien dans mon enfance n'indiquait que j'allais devenir spécialiste dans l'établissement des profils psychologiques des criminels.

Je suis né à Brooklyn, un quartier de New York, à la limite du Queens. Mon père, Jack, était typographe au *Brooklyn Eagle*. Quand j'ai eu huit ans, nous avons déménagé à Hempstead, sur Long Island, parce qu'il s'inquiétait de voir la criminalité augmenter dans notre quartier. Là, il est devenu président de l'Union Typographique de Long Island. J'ai une sœur de quatre ans mon aînée. Dès son plus jeune âge, elle a toujours été la vedette de la famille, sur le plan scolaire comme sur le plan sportif.

Je n'étais pas un crack en classe – mes notes tournaient autour de B – et C + – mais je me montrais poli, facile à vivre et les instituteurs de l'école primaire de Ludlum m'appréciaient malgré mes performances médiocres. Je m'intéressais surtout aux animaux et à des époques différentes, j'ai eu des chiens, des chats, des lapins, des hamsters et des serpents, que ma mère tolérait parce que je lui disais que je voulais devenir vétérinaire. Comme cette passion était la promesse d'une belle situation, elle m'encourageait dans cette voie.

Un des domaines scolaires dans lesquels je montrais quelques prédispositions était la narration, ce qui a pu d'une certaine façon contribuer à ce que je devienne enquêteur criminel. Les détectives et les analystes criminels doivent réunir un ensemble d'indices disparates et sans liens en apparence et les transformer en une histoire cohérente, aussi la capacité à raconter des histoires est-elle importante, en particulier dans les enquêtes de meurtre où la victime ne peut relater ce qui lui est arrivé.

J'utilisais de toute façon mon petit talent pour échapper à mes devoirs. Je me souviens qu'une fois, en troisième, j'avais eu la flemme de lire un roman pour un exposé oral en classe. Alors quand mon tour est venu – je n'arrive toujours pas à croire que j'aie eu le courage de faire ça –, j'ai inventé un titre, un nom d'auteur et j'ai commencé à raconter une histoire de campeurs assis autour d'un feu, la nuit.

J'inventais au fur et à mesure tout en pensant : *« Combien de temps vais-je encore pouvoir tenir ? »* J'avais mis en scène un ours qui s'avançait et était sur le point de fondre sur les campeurs, et arrivé là, je suis tombé en panne d'inspiration. Je me suis mis à rire et j'ai été obligé d'avouer au prof que j'avais tout inventé. Cela prouve que je me sentais coupable et que j'avais quand même un semblant de conscience morale. J'étais sur l'estrade, avouant ma supercherie et je savais que j'allais ramasser un zéro et être ridiculisé devant tous mes camarades. Je pouvais déjà imaginer ce que ma mère dirait en l'apprenant.

Mais à ma grande surprise, le prof et les autres élèves captivés par mon histoire se sont écriés : « Continue. Dis-nous ce qui s'est passé ensuite. » C'est ce que j'ai fait et j'ai décroché un dix-huit. Je n'ai pas osé raconter cet épisode à mes enfants pendant très longtemps parce que je ne voulais pas qu'ils pensent que le crime paie parfois. En tout cas, j'ai appris ainsi que si l'on parvenait à vendre ses idées aux gens et à les intéresser suffisamment, on pouvait arriver à obtenir leur soutien. Ceci m'a souvent aidé dans mon travail quand j'ai dû « vendre » la valeur de nos services à nos propres supérieurs ou aux polices locales. Mais je dois reconnaître que jusqu'à un certain point, les chasseurs de criminels et les arnaqueurs ont cette aptitude en commun.

Au fait, mes campeurs imaginaires ont fini par s'échapper ce qui était loin d'être couru d'avance étant donné que ma véritable passion était les animaux. Alors pour me préparer à devenir vétérinaire, j'ai passé trois étés dans des fermes appartenant à l'Université de Cornell qui finançait un programme d'enseignement pour les jeunes. C'était une occasion extraordinaire pour des gamins de la ville de sortir de chez eux et de vivre dans la nature, et en échange de ce privilège, j'ai travaillé soixante-dix à quatre-vingts heures par semaine pour quinze dollars de l'heure, pendant que mes camarades de classe se doraient à la plage ! Si je n'ai jamais de nouveau l'occasion de traire une vache, croyez-moi, je n'en mourrai pas !

Grâce à ce travail, j'ai acquis une bonne condition physique nécessaire à la pratique du sport, l'autre passion dévorante de ma vie. Au lycée d'Hempstead, j'étais lanceur dans l'équipe de base-ball et au football américain, je jouais en défense. Quand j'y repense, c'est là que mon intérêt pour l'étude des profils de personnalité a commencé à apparaître.

Sur le monticule, je me suis rapidement rendu compte que lancer des balles de manière précise et puissante ne suffisait pas pour gagner. J'avais une balle puissante et je « slidais » bien, mais je n'étais pas le seul. J'ai compris que le secret était de déconcentrer le batteur adverse en lui donnant l'impression d'avoir une grande confiance en soi et en le faisant flipper le plus possible. J'ai procédé de manière tout à fait analogue des années plus tard en mettant au point mes techniques d'interrogatoire.

Au lycée, je mesurais déjà un mètre quatre-vingt-cinq et je tirais parti de ma grande taille. Question talent, nous étions une équipe moyenne sans plus et je savais que c'était au lanceur de jouer les meneurs sur le terrain et de stimuler ses camarades. Je me contrôlais très bien pour un lycéen, mais je ne voulais pas que les batteurs adverses le sachent. Il fallait, pour qu'ils n'atteignent pas la quatrième base, qu'ils croient que j'étais irréfléchi et imprévisible. Je voulais qu'ils pensent que s'ils s'y aventuraient, ils risquaient d'être balayés par ce fou qui se tenait à cent quatre-vingts mètres d'eux.

Hempstead avait une bonne équipe de football américain. Avec mes quatre-vingt-dix kilos, je jouais en défense. J'ai compris de nouveau qu'en manœuvrant psychologiquement, on pouvait avoir le dessus. J'étais convaincu de pouvoir battre des adversaires plus costauds si je me mettais à grogner, à gémir et à me comporter comme un dingue. J'ai très rapidement obtenu de mes camarades qu'ils fassent de même. C'est grâce à cette expérience que j'ai appris que ce n'est pas parce que l'on se comporte comme un fou que l'on ne sait pas exactement ce que l'on est en train de faire. Des années après, cela m'a beaucoup servi quand j'ai travaillé sur des affaires de meurtre dans lesquelles l'accusé utilisait la folie comme argument pour sa défense.

En 1962, nous avons dû jouer contre le lycée de Wantagh pour gagner le Thorpe Award, le trophée de la meilleure équipe lycéenne de football américain de Long Island. Nos adversaires pesaient tous vingt kilos de plus que nous et nous savions que cela allait être la piquette. Alors, avant la partie, nous avons mis au point une série d'exercices d'échauffement ayant pour unique objectif de déconcentrer et de terrifier nos adversaires. Nous avons formé deux lignes. Le premier type de la ligne plaquait pratiquement celui de l'autre ligne. Tout ceci était bien entendu accompagné de grognements et de gémissements ainsi que de cris de douleur. Rien qu'à la tête des joueurs de Wantagh, nous avons su que nous avions fait mouche. Ils devaient se dire : « Si ces types sont assez tarés pour s'infliger cela, Dieu seul sait ce qu'on va prendre ! »

En réalité, tout ce cinéma était soigneusement programmé. Nous luttions et tombions sur le sol de manière brutale en apparence... mais sans nous blesser. Pendant le jeu, nous avons maintenu le niveau global de folie pour faire croire qu'on nous avait juste laissé sortir de l'hôpital psychiatrique pour l'après-midi et que nous allions y retourner dès la fin de la partie. Le score a été serré mais nous avons fini par gagner 14 à 13 et nous avons ainsi décroché le Thorpe Award de l'année 1962.

Ma première véritable expérience dans le domaine de l'application de la loi et de l'établissement de profils psychologiques, je l'ai eue à dix-huit ans en devenant videur dans un bar et un club d'Hempstead appelé le *Gaslight East*. J'étais bon dans ce job et c'est comme cela que j'ai pu ensuite travailler au *Surf Club* de Long Beach. Dans ces deux endroits, mes responsabilités principales étaient de refuser l'entrée à ceux qui n'avaient pas atteint l'âge légal pour boire de l'alcool – c'est-à-dire tous ceux qui étaient plus jeunes que moi – et de court-circuiter ou d'interrompre les bagarres qui surviennent inévitablement dans les lieux où l'on consomme de l'alcool.

Debout près de la porte d'entrée, j'exigeais la carte d'identité de tous ceux dont l'âge me semblait limite. Je leur demandais leur date de naissance et je vérifiais si cela collait avec celle qui était sur leurs papiers. C'est une procédure classique à laquelle tout le monde s'attendait et se préparait. Il est très rare en effet qu'un jeune qui prend la peine de se pointer avec une carte bidon oublie de mémoriser la date de naissance qui est inscrite dessus. Parfois, je les regardais droit dans les yeux en les interrogeant et ça marchait avec certaines personnes, surtout avec les filles qui sont généralement plus respectueuses des règles de la société à cet âge. Ceux qui voulaient vraiment entrer pouvaient y arriver s'ils jouaient bien la comédie pendant quelques instants.

Alors j'ai mis au point une technique pour les détecter : pendant que je questionnais le groupe de jeunes arrivés à ma hauteur, je regardais discrètement ceux qui étaient trois ou quatre rangées derrière eux, alors qu'ils se préparaient à être interrogés. J'observais leur comportement et je voyais s'ils semblaient nerveux ou hésitants.

Interrompre les bagarres était une tout autre affaire et pour cela, je m'en remettais à mon expérience sportive. S'ils perçoivent dans votre regard quelque chose qui leur dit que vous n'êtes pas vraiment prévisible et si vous vous comportez un peu comme un dingue, alors parfois, même les gars baraqués réfléchiront à deux fois avant de venir se frotter à vous. S'ils pensent que vous êtes suffisamment cinglé pour ne pas vous soucier de votre propre sécurité, vous devenez à leurs yeux un adversaire beaucoup plus dangereux. Nous avons appris vingt ans plus tard, quand nous menions des entretiens pour notre enquête sur les tueurs en série, que l'assassin typique est d'une certaine façon généralement beaucoup plus dangereux qu'un tueur en série. Pourquoi ? Parce que contrairement au tueur en série qui ne choisit que des victimes qu'il pense pouvoir dominer facilement et qui fera tout pour éviter d'être pris, l'assassin, lui, est obsédé par sa « mission » et prêt à mourir pour l'accomplir.

Pour amener les gens à se forger une opinion particulière de vous – par exemple que vous êtes illogique ou suffisamment fou pour agir de manière imprévisible – il faut jouer la comédie en permanence et pas seulement quand vous croyez que l'on vous observe.

Quand j'ai interrogé Gary Trapnell, un braqueur et pirate de l'air célèbre, à la prison fédérale de Marion dans l'Illinois, il m'a affirmé pouvoir simuler n'importe quelle maladie mentale et berner le psychiatre qui l'examinerait. « Le secret, m'a-t-il dit, est de vous comporter de cette manière tout le temps, même seul dans votre cellule, pour ne pas avoir à réfléchir à votre comportement lorsque vous serez interrogé, ce qui vous trahirait automatiquement. » C'est ainsi que bien avant de bénéficier de l'avis d'un « expert », j'avais déjà l'instinct de penser comme un criminel.

Quand je ne parvenais pas à effrayer les gens suffisamment pour qu'ils ne se battent pas dans mon bar, j'utilisais mes techniques d'amateur pour tracer le profil psychologique des gars afin de court-circuiter les choses avant qu'elles ne tournent vraiment mal. Je me suis rendu compte qu'avec un peu d'expérience, en observant le comportement et le langage du corps des gens, je pouvais établir des corrélations entre différentes attitudes et le déclenchement ultérieur de bagarres, ce qui m'a permis de prévoir ensuite si quelqu'un était sur le point d'en provoquer une. Si c'était le cas ou dans le doute, je bondissais le premier, profitant de l'effet de surprise pour mettre le type potentiellement dangereux dehors avant qu'il ne se rende compte de ce qui se passait. Je dis toujours que la plupart des tueurs sexuels et des violeurs en série deviennent experts en domination, manipulation et contrôle. Ces aptitudes, j'essayais moi aussi de les acquérir dans un contexte différent. Mais, au moins, j'apprenais.

Quand j'ai eu mon bac, je souhaitais toujours devenir vétérinaire mais mes notes n'étaient pas assez élevées pour entrer à l'Université de Cornell. Pour suivre le même cursus, le mieux était d'aller à l'Université d'État du Montana. Alors, en septembre 1963, le gamin de Brooklyn et de Long Island que j'étais a pris la route du Montana.

Le choc culturel à mon arrivée à Bozeman n'aurait pas pu être plus grand.

« Bonjour du Montana, ai-je écrit à mes parents, là où les hommes sont des hommes et les moutons nerveux. » Le Montana me paraissait représenter l'ensemble des stéréotypes et des clichés de la vie dans l'Ouest américain. De la même façon, j'étais aussi pour ceux que je rencontrais le symbole des habitants de la côte Est. J'ai adhéré au club Sigma Phi Epsilon, essentiellement composé de garçons du coin. Je détonnais. Je me suis mis à porter un chapeau noir, des vêtements noirs et de longs favoris, tel un personnage issu de *West Side Story*. C'était ainsi que les New-Yorkais comme moi étaient perçus à l'époque.

Alors j'en ai profité. Lors des soirées, les gens de la région portaient des vêtements typiques de l'Ouest et dansaient le pas de deux, alors qu'ayant passé un temps considérable à regarder religieusement Chubby Checker [1] à la télévision, je connaissais toutes les variantes possibles du twist. J'étais depuis longtemps le partenaire de répétition attitré de ma sœur Arlene qui avait quatre ans de plus que moi, aussi suis-je rapidement devenu le professeur de danse de toute l'université. J'avais l'impression d'être un missionnaire se rendant dans une région reculée où personne n'aurait jamais entendu parler l'anglais.

Je n'ai jamais eu la réputation d'être un érudit, mais là, mes notes ont carrément dégringolé parce que je m'intéressais à tout, sauf à mes études. J'avais déjà travaillé comme videur dans un bar à New York, mais l'âge légal pour boire de l'alcool était de vingt et un ans dans le Montana. Une vraie catastrophe pour mes affaires ! Je n'ai malheureusement pas laissé cela m'arrêter.

J'ai eu mes premiers problèmes avec la police lorsque l'un de mes camarades et moi-même avons sorti deux superbes filles que nous avions rencontrées dans un foyer de jeunes mères célibataires. Elles étaient mûres pour leur âge. Nous nous sommes arrêtés et je suis entré dans un bar pour acheter un pack de bière. Le barman m'a demandé mes papiers. Alors je lui ai montré une carte d'identité bidon. Grâce à mon expérience de videur, je savais quels étaient les pièges à éviter.

Le type l'a regardée et dit : « Brooklyn ? Vous les gars de l'Est, vous êtes de gros salauds ! » J'ai eu un petit rire forcé et tout le monde dans le bar s'est retourné. Je savais qu'il y avait désormais des témoins. Je suis sorti et mes amis et moi sommes repartis en buvant la bière que je venais d'acheter. À mon insu, une des filles a posé les canettes sur le coffre de la voiture.

J'ai soudain entendu une sirène de police. Un policier nous a arrêtés et il nous a ordonné de sortir de la voiture.

---

1. *N.d.T.* Chanteur américain.

Il a commencé à nous fouiller. Je savais déjà à cette époque que c'était illégal mais je n'allais sûrement pas commencer à l'ouvrir. Il s'est baissé et j'ai vu son arme et sa matraque. Je me suis dit pendant une fraction de seconde que je pourrais m'emparer de sa matraque, lui fracasser la tête, prendre son arme et filer. Heureusement pour moi, je ne l'ai pas fait. Mais voyant que mon tour arrivait, j'ai sorti ma fausse carte de mon portefeuille et je l'ai fourrée dans mon slip.

Il nous a alors emmenés au poste puis il nous a séparés. J'ai commencé à flipper parce que je savais ce qu'ils étaient en train de faire et que je craignais que mon camarade ne flanche.

Un des officiers de police m'a alors dit : « Raconte-nous tout, petit. Si le type du bar là-bas ne vous a pas demandé vos papiers, nous allons y retourner. On a déjà eu des problèmes avec lui. »

Je lui ai répondu : « Chez moi, on n'est pas des balances. Ça ne se fait pas. » Je me suis pris pour George Raft [1] tout en pensant : « *Bien sûr qu'il m'a demandé ma carte, mais je lui en ai donné une fausse.* » Elle avait entre-temps glissé et commençait à me pincer le sexe. Je ne savais pas s'ils allaient nous obliger à nous déshabiller. On était près de la frontière et Dieu seul savait ce qu'ils allaient faire. Alors j'ai rapidement évalué la situation et je leur ai dit que je ne me sentais pas bien et que je devais aller aux toilettes.

Ils m'ont laissé m'y rendre tout seul, mais comme j'avais vu trop de films, j'ai eu peur que les policiers soient en train de m'observer à travers le miroir au-dessus du lavabo. Alors je suis allé à l'autre bout de la pièce, j'ai glissé mes mains sous mon pantalon et repêché la carte d'identité. Puis je me suis dirigé vers le lavabo et j'ai fait comme si je vomissais au cas où ils auraient été en train de me surveiller. J'ai ensuite jeté la carte dans les toilettes et tiré la chasse. Je suis revenu vers les policiers beaucoup plus sûr de moi. Ils m'ont relâché après m'avoir collé quarante dollars d'amende et une mise à l'épreuve.

Ma seconde « prise de contact » avec la police de Bozeman a eu lieu en deuxième année. Et ça a été pire.

Nous partions pour assister à un rodéo, deux copains de la côte Est, un du Montana et moi. Nous roulions en buvant une bière. Il

1. *N.d.T.* Acteur américain.

neigeait à gros flocons. Le type qui conduisait était de Boston, j'étais devant et celui du Montana était assis entre nous. Le gars qui était au volant a brûlé un stop et – ça ne s'invente pas ! – il y avait un flic juste là. On dit souvent que les flics ne sont jamais là quand on a besoin d'eux : ce n'était pas vrai à Bozeman en 1965, je vous le garantis !

Alors, mon camarade, cet idiot – je n'arrive toujours pas à le croire –, ne s'est pas arrêté ! Il a filé avec le flic aux fesses.

Nous avons pris plusieurs virages pour échapper à la vue du flic et à chaque fois, j'en ai profité pour jeter les canettes de bière par la vitre ouverte. Nous avons continué à rouler et nous sommes arrivés dans un quartier résidentiel. Nous avons heurté de nombreux dos d'âne et soudain : un barrage. Le flic avait sûrement donné l'alerte. Nous avons contourné le barrage en passant sur une pelouse. Je criais pendant tout ce temps : « Arrête cette putain de bagnole ! Je veux sortir ! » Mais cet idiot continuait. La voiture s'est mise à tourner sur elle-même. Il neigeait encore beaucoup. Nous avons soudain entendu des sirènes derrière nous.

Nous sommes arrivés à un croisement. Il a freiné brutalement et la voiture a décrit un cercle de 360 degrés, la portière s'est ouverte en grand et j'ai été éjecté. Je m'accrochais à la poignée et j'avais les fesses qui raclaient la neige. Soudain, quelqu'un a hurlé : « Courez ! »

Alors nous avons couru chacun dans une direction différente. Je me suis retrouvé dans une allée. J'ai aperçu une camionnette vide et je me suis glissé à l'intérieur. Je m'étais débarrassé de mon chapeau noir en courant et comme je portais une veste noir et or réversible, je l'ai retournée pour égarer les soupçons. Je transpirais et j'étais en train de couvrir les fenêtres de buée. Je pensais : « *Ils vont finir par me voir.* » Je me disais que les propriétaires de la camionnette risquaient de revenir d'une minute à l'autre et que les flics étaient probablement armés. Alors j'ai essuyé un petit coin de la vitre pour voir dehors. Il y avait une grande effervescence autour de la voiture que nous avions abandonnée : des bagnoles de flics, des chiens, tout le tremblement. Ils se sont mis à remonter l'allée, leurs phares éclairant la camionnette. J'étais sur le point de faire dans mon froc. Mais ils sont passés devant moi et n'ont rien vu ! Je n'arrivais pas à le croire !

Je suis rentré à la fac en catimini. Tout le monde était au courant de l'affaire. J'ai appris que mes deux camarades de la côte Est avaient réussi à s'échapper mais que le gars du Montana avait été appréhendé et qu'il avait tout raconté. Les flics sont venus nous arrêter. Je leur ai dit que ce n'était pas moi qui conduisais, que j'avais eu peur et que j'avais supplié le type de s'arrêter. Le conducteur a été jeté dans une cellule avec un sommier sans matelas, mis au pain et à l'eau et tout le toutim. Ma chance incroyable, elle, ne m'a pas lâché et je me suis retrouvé avec une nouvelle amende de quarante dollars pour détention d'alcool et une mise à l'épreuve.

Mais la fac a été prévenue, nos parents aussi et ils étaient furieux. Sur le plan scolaire, ça n'allait guère mieux. J'avais 6 de moyenne, j'avais raté l'examen d'élocution en public parce que je n'allais jamais en cours – ce qui était le comble car j'avais toujours pensé que mon meilleur atout était justement de pouvoir parler en public – et je ne voyais pas comment me tirer de ce bourbier. Il était clair avant même la fin de la deuxième année que mon aventure dans l'Ouest touchait à sa fin.

Tous mes souvenirs de cette époque ne sont qu'une suite de désagréments et d'échecs personnels. Je suis rentré à la maison et j'ai dû affronter le regard désapprobateur de mes parents. Ma mère était particulièrement inquiète parce qu'elle savait que je ne deviendrais jamais vétérinaire. À chaque fois que je n'ai pas su quoi faire dans ma vie, je me suis toujours rabattu sur le sport. Je me suis donc fait embaucher comme maître nageur sauveteur au cours de l'été 1965. À la fin de la saison, je n'ai pas repris mes cours. J'ai alors trouvé un job de gérant d'un club de gym à l'Holiday Inn de Patchogue.

Peu après avoir commencé à travailler là, j'ai rencontré Sandy, qui était barmaid. C'était une belle jeune femme. Elle avait un fils et je suis tout de suite devenu dingue d'elle. Elle était superbe dans sa petite robe de cocktail. Moi, j'étais encore très en forme physiquement grâce au sport et à mon boulot au grand air. Je lui plaisais aussi. Je vivais chez mes parents et elle me téléphonait tout le temps. Mon père me disait : « Mais qui t'appelle donc sans arrêt ? On entend toujours un gosse pleurer et des cris. »

Vivre à la maison ne facilitait pas les choses. Sandy m'a appris que si on travaillait à l'hôtel, on pouvait prendre une chambre pour pas cher. Alors, un jour, c'est ce que nous avons fait.

Le lendemain matin très tôt, le téléphone a sonné. Elle a répondu et j'ai entendu : « Non ! Non ! Je ne veux pas lui parler ! »

Je lui ai demandé, à moitié endormi : « Qui est-ce ? »

Elle m'a répondu : « La réception. On me dit que mon mari est là et qu'il est en train de monter. »

Là, je me suis vraiment réveillé. « Ton mari ? Que veux-tu dire par là ? Tu ne m'as jamais dit que tu étais toujours mariée ! »

Elle m'a fait remarquer qu'elle ne m'avait jamais dit le contraire, puis elle m'a expliqué qu'ils étaient séparés.

« La belle affaire », me suis-je dit en entendant ce malade courir dans le couloir.

Il s'est mis à tambouriner contre la porte en hurlant : « Sandy, je sais que tu es là ! »

Dans la chambre, une lucarne de verre donnait sur le couloir. Il a entrepris de la desceller. Pendant ce temps-là, je cherchais un moyen de m'enfuir – nous étions au premier étage –, mais il n'y avait pas de fenêtre donnant sur l'extérieur.

J'ai demandé à Sandy : « Est-ce qu'il a une arme ? »

Elle m'a répondu : « Quelquefois, il a un couteau sur lui.

– Super ! Je dois sortir de là. Ouvre la porte ! »

J'ai adopté la posture d'un boxeur. Elle a ouvert la porte. Son mari est entré comme une furie, tout droit sur moi. Puis, il a vu l'ombre de ma silhouette et je devais avoir l'air grand et costaud, alors il a changé d'avis et s'est arrêté.

Il criait encore : « Espèce de salaud ! Tire-toi de là ! »

Pensant que j'avais suffisamment joué les gros durs pour la journée – et il était encore tôt –, je lui ai dit très poliment : « Bien sûr, monsieur. J'allais partir. » J'ai encore eu du bol, car je m'en suis sorti sans une égratignure. Mais j'ai été bien obligé de reconnaître que rien ne marchait dans ma vie. J'avais en plus réussi à casser l'essieu avant de la voiture de mon père en faisant la course avec mon ami Bill Turner.

Un samedi matin, ma mère est entrée dans ma chambre, une convocation de l'armée entre les mains. J'ai dû me rendre à Whitehall Place, dans Manhattan, pour un bilan de santé avec trois cents autres types. On m'a demandé de plier les genoux. On pouvait les entendre craquer. Il faut dire que l'on m'avait opéré pour me retirer un morceau de cartilage. C'était à cause du football, comme Joe

Namath, sauf que son avocat devait être meilleur que le mien. L'armée ne s'est pas décidée tout de suite. J'ai ensuite été informé que l'Oncle Sam me réclamait. Plutôt que de prendre le risque d'entrer dans l'armée de terre, j'ai rapidement signé avec l'armée de l'air, même si j'en prenais pour quatre ans, parce que je pensais qu'elle offrait davantage de possibilités de formation. C'était peut-être ce qu'il me fallait. Je n'avais pas profité de l'occasion à New York et dans le Montana, ça c'était sûr.

J'avais aussi une autre raison d'entrer dans l'armée de l'air. On était en 1966 et le conflit au Vietnam prenait de l'ampleur. Je n'étais pas particulièrement intéressé par la politique. Je me considérais comme démocrate parce que mon père était un responsable de l'Union Syndicale des Imprimeurs de Long Island. Mais l'idée de me faire trouer la peau pour une cause que je ne comprenais que vaguement ne m'enchantait pas du tout. Je me suis rappelé qu'un mécanicien m'avait dit que l'armée de l'air était la seule arme dans laquelle les officiers – les pilotes – allaient au combat tandis que les hommes de troupe restaient en arrière pour le soutien logistique. N'ayant pas l'intention de devenir pilote, je me suis dit que cela me convenait tout à fait.

On m'a envoyé à Amarillo dans le Texas pour suivre un entraînement de base. Nous étions cinquante dans mon escadron. La moitié venait de New York comme moi et l'autre moitié était composée de types de Louisiane, un État du sud des États-Unis. Le sergent instructeur s'en prenait souvent à ceux du Nord et la plupart du temps je pensais que c'était justifié. Je traînais surtout avec ceux de Louisiane parce que je les trouvais plus sympathiques que mes camarades new-yorkais.

L'entraînement de base est pour la plupart des jeunes gens une expérience stressante. Mais par comparaison avec toute la discipline que m'avaient imposée mes entraîneurs quand je faisais du sport, je trouvais que le cinéma du sergent instructeur était presque une plaisanterie. Je comprenais très bien ses stratagèmes et je le perçais à jour et comme j'étais en bonne condition physique, cet entraînement était quasiment un jeu d'enfant pour moi. Je suis rapidement devenu un excellent tireur au M16, grâce à mon avis aux qualités que j'avais acquises en étant lanceur au base-ball. Ma seule expérience des armes à feu remontait à l'adolescence, quand je m'amusais à tirer sur des réverbères avec un fusil à air comprimé.

Au cours de l'entraînement, j'ai commencé à acquérir une réputation de gros dur. Comme j'étais musclé à force de soulever des poids et que j'avais la tête rasée, on m'a surnommé « l'Ours russe ». Un type dans un autre escadron jouissait de la même réputation. Quelqu'un a alors eu l'idée géniale d'organiser un combat de boxe entre nous deux pour remonter le moral des troupes.

La passe d'armes a été un grand événement dans la base. Nous étions de la même force et aucun de nous n'a accepté de céder un centimètre. Cela s'est terminé par un véritable pugilat au cours duquel mon nez a été cassé pour la troisième fois (les deux fois précédentes, c'était à cause du football).

J'ai terminé troisième sur cinquante dans mon escadron, pour autant que cela signifie quelque chose. Après cela, j'ai dû passer une batterie de tests et l'on m'a dit que j'avais les capacités pour entrer à l'école d'interception des messages radios. Mais il n'y avait plus de places disponibles et comme je ne me voyais pas attendre jusqu'à la prochaine session, je suis devenu dactylo alors que je ne savais pas taper à la machine. Un poste se trouvait vacant dans le service du personnel à la base aérienne de Cannon, à cent cinquante kilomètres de là, près de Clovis, au Nouveau Mexique.

Alors c'est là que j'ai atterri. J'ai passé des journées entières à taper des ordres de démobilisation avec deux doigts, pour un sergent idiot, tout en me disant « *Il faut que je me tire de là.* »

C'est là que ma chance est à nouveau réapparue ! Le bureau voisin du mien était celui des Services Spéciaux. Quand je dis cela, les gens pensent toujours aux Forces Spéciales comme les Bérets Verts. Non, c'étaient les sports ! Avec mon acquis dans ce domaine, voilà qui était un bon moyen de défendre ma patrie en ces temps de besoin !

J'ai commencé à traîner dans le coin, à écouter aux portes et j'ai soudain entendu quelqu'un dire : « Ce programme ne tourne pas ! On n'a pas déniché le bon type. »

J'ai pensé que c'était pour moi. Alors j'ai frappé à la porte et j'ai dit : « Bonjour, je m'appelle John Douglas. Permettez-moi de vous dire ce que je sais faire. »

Pendant ce temps-là, j'ai observé leurs réactions en essayant d'imaginer le profil du type qu'ils voulaient. J'ai senti que j'avais fait mouche parce qu'ils se sont regardés comme s'ils pensaient : « C'est un miracle ! C'est exactement celui qu'il nous faut. » Alors ils m'ont fait muter. Dès lors, je n'ai plus porté d'uniforme, j'ai été mieux payé parce que j'organisais le programme des sports et j'ai eu en plus le droit de participer à l'Opération Bootstrap dans laquelle le gouvernement payait soixante-quinze pour cent de notre formation. J'en ai donc profité pour reprendre mes études le soir et les week-ends à l'Université d'Eastern New Mexico à Portales, à quarante kilomètres de là. Comme j'avais eu des notes déplorables en fac, il fallait que je compense cela par un 16 de moyenne si je voulais être en mesure de poursuivre le cursus. Pour la première fois, j'ai eu l'impression que je pouvais concentrer tous mes efforts sur quelque chose.

J'ai fait du si bon boulot en représentant l'armée de l'air dans des sports aussi rigoureux que le tennis, le football américain et le badminton que l'on m'a confié la responsabilité du magasin de sport et du parcours de golf de la base alors que je n'y avais jamais joué. Mais j'avais de l'allure quand j'organisais les tournois vêtu d'un pull Arnold Palmer [1].

Un jour, le commandant de la base est entré pour me demander quel genre de balle il devait utiliser pour un tournoi particulier. Je n'avais pas la moindre idée de ce dont il me parlait et j'ai été démasqué comme je l'avais été dix ans plus tôt lors de mon exposé en classe.

« Comment diable en êtes-vous arrivé à vous occuper de tout cela ? » m'a-t-il demandé. J'ai immédiatement été transféré au lapidaire des femmes. C'était pour moi une perspective plutôt agréable jusqu'au moment où j'ai compris qu'il s'agissait du travail de la pierre. Je suis aussi devenu responsable de l'atelier de céramiques des femmes et de la piscine du club des officiers. Je pensais : « Voici des officiers qui vont se faire canarder au Vietnam pendant que je m'occupe des serviettes de bain et des transats de leurs femmes qui jouent les coquettes et que j'apprends à leurs enfants à nager. Ils me paient davantage pour tout cela et en plus je peux passer mes examens ! »

1. *N.d.T.* Golfeur américain né en 1929. Le premier à gagner quatre Masters.

Mon autre responsabilité m'a rappelé l'époque où j'étais videur. La piscine était attenante au bar des officiers. Celui-ci était souvent plein de jeunes pilotes qui s'entraînaient avec le Tactical Air Command. Plus d'une fois, j'ai dû séparer des pilotes ivres morts qui se battaient ou les repousser quand ils s'en prenaient à moi.

Deux ans après être entré dans l'armée de l'air, pendant que je continuais mes études, j'ai découvert une association locale qui aidait des enfants handicapés. Elle avait besoin de bénévoles pour organiser leurs sorties, alors je me suis porté volontaire. Une fois par semaine, accompagné de deux civils, j'ai emmené une quinzaine d'enfants faire du patin à roulettes, jouer au golf miniature ou au bowling ou pratiquer tout autre sport leur permettant de développer leurs capacités personnelles.

La plupart de ces jeunes avaient de sérieuses difficultés, certains étaient aveugles ou souffraient du syndrome de Down ou de problèmes moteurs. Après un après-midi passé à faire des tours de patinoire, un gosse sous chaque bras en veillant à ce qu'ils ne se blessent pas, j'étais épuisé mais j'adorais ça. Peu de choses dans la vie m'ont procuré autant de plaisir.

Quand j'arrivais en voiture devant leur école, chaque semaine, les enfants se précipitaient pour m'accueillir, s'attroupaient autour de moi et on s'embrassait. Ils étaient toujours tristes de me voir partir. J'avais tellement l'impression de m'enrichir à leur contact et ils me témoignaient tant d'affection à une époque de ma vie où je n'en recevais pas par ailleurs, que j'ai commencé à venir leur lire des histoires le soir.

Quel contraste avec les enfants bien portants et « normaux » que je voyais à la base ! Ces derniers étaient habitués à être l'objet de l'attention constante de leurs parents et à obtenir tout ce qu'ils voulaient. Mes enfants « spéciaux », eux, appréciaient bien davantage tout ce que l'on faisait pour eux et malgré leurs handicaps se montraient toujours gentils et prêts pour l'aventure.

J'étais observé sans le savoir quand j'étais avec eux et je ne m'en suis jamais rendu compte. Voilà qui en dit long sur mes capacités d'observation ! Mes « performances » étaient évaluées par des membres du département de psychologie de l'Université d'Eastern New Mexico. Ils m'ont ensuite offert une bourse de quatre ans pour poursuivre une formation dans l'éducation spécialisée.

Bien qu'ayant d'abord songé à la psychologie industrielle, j'aimais les enfants et je me suis dit que c'était une voie qui me convenait. Je pouvais rester dans l'armée de l'air et devenir officier tout en poursuivant cette carrière. J'ai soumis l'offre de l'université au service du personnel de la base qui, après réflexion, a décidé que l'armée de l'air n'avait besoin de personne ayant un diplôme d'éducation spécialisée. J'ai pensé que c'était curieux vu le nombre de familles habitant sur la base mais telle était leur décision. Alors j'ai laissé tomber l'idée de faire carrière dans l'éducation spécialisée mais j'ai continué le travail que j'aimais tellement avec les enfants.

Noël 1969, j'avais prévu de rentrer chez moi pour voir ma famille. Ma Coccinelle n'était pas dans un état fantastique pour effectuer les cinq cents kilomètres jusqu'à la base d'Amarillo où je devais sauter dans un avion pour New York. Mon meilleur ami de l'armée de l'air, Robert LaFond, m'a alors prêté sa voiture en échange de la mienne. Je ne voulais pas manquer la fête de Noël à la base, mais c'était le seul moyen d'arriver à l'heure à Amarillo.

Quand je suis descendu de l'avion à New York, mes parents m'attendaient. Ils avaient très mauvaise mine, comme s'ils étaient commotionnés, et j'ignorais pourquoi. Après tout, j'étais en train de prendre ma vie en main et je leur donnais enfin des raisons d'être contents de moi.

Ils venaient d'apprendre qu'un conducteur non identifié avait été tué près de la base dans une Coccinelle qui correspondait à la description de la mienne. Ils n'ont su que j'étais vivant que lorsque je suis descendu de l'avion.

Il s'est avéré que Robert LaFond, comme beaucoup d'autres, s'était soûlé puis évanoui à la fête de Noël. Des personnes présentes à ce moment-là m'ont dit que des officiers l'avaient transporté jusque dans ma voiture et l'avaient laissé là avec la clé sur le contact. Après être revenu à lui, il avait démarré et quitté la base. Il neigeait et il gelait. Il avait alors percuté un break de plein fouet. Une femme d'officier et son enfant se trouvaient à l'intérieur. Dieu merci, ils n'avaient pas été blessés mais Robert, lui, dans ma petite voiture, avait percuté le volant, traversé le pare-brise et il avait été tué.

Cela m'a hanté longtemps. Nous étions très proches et j'étais tourmenté par l'idée que cela ne se serait pas produit s'il ne m'avait pas prêté sa voiture. Quand je suis revenu à la base, j'ai dû réclamer tous ses effets personnels, les mettre dans des boîtes pour les expédier à sa famille. J'allais sans cesse regarder ma voiture qui était devenue une épave, je rêvais de Robert et de l'accident. Je me trouvais avec lui à Pensacola en Floride, le jour où il avait acheté un cadeau de Noël pour ses parents. Et ce cadeau, ils l'ont reçu par la poste le jour même où l'armée est venue leur annoncer la mort de leur fils.

Mais je n'étais pas seulement rongé par le chagrin, j'étais aussi fou de rage. Comme l'enquêteur que je suis devenu plus tard, je n'ai cessé de poser des questions jusqu'au moment où j'ai fini par trouver les deux hommes que je tenais pour responsables de la mort de Robert. Je suis entré dans leur bureau, je les ai empoignés et jetés contre le mur. J'ai commencé à les tabasser. On a dû m'arrêter. J'étais tellement fou de rage que je m'en fichais si cela me conduisait tout droit en cour martiale. Pour moi, ils avaient tué mon meilleur ami.

Un procès en cour martiale aurait fait désordre, d'autant plus qu'on aurait dû prendre en compte l'accusation que je portais contre ces deux hommes. Les Américains commençaient à se retirer du Vietnam et on démobilisait les engagés auxquels il ne restait que quelques mois à faire. Alors pour aplanir tout cela le plus possible, on m'a démobilisé plus tôt que prévu.

Pendant que j'étais encore à l'armée, j'ai terminé mon diplôme de troisième année et entamé une maîtrise de psychologie industrielle. Je vivais désormais d'une pension de l'armée dans un appartement à sept dollars la semaine, sans fenêtres et en sous-sol et je me battais contre des armées de punaises qui se mettaient en formation d'attaque dès que je rentrais et que j'allumais la lumière. N'ayant plus accès aux installations de la base, je me suis inscrit dans un club de gym pas cher et mal entretenu dont l'atmosphère et le décor correspondaient à ceux de mon appartement.

Au cours de l'automne 1970, j'ai rencontré au club un type nommé Frank Haines. C'était un agent du FBI. Il gérait une agence à Clovis. Nous avons sympathisé. Ayant entendu parler de moi par le commandant de la base qui était désormais à la retraite, il m'a entrepris pour que je pose ma candidature au Bureau. Je n'avais franchement jamais songé à cela. J'avais à l'époque l'intention de faire carrière dans la psychologie industrielle une fois que j'aurais passé mon diplôme. Travailler dans une grande entreprise, gérer les problèmes humains, le stress au travail, me semblaient être la promesse d'un avenir solide et sans surprises. Je n'avais eu affaire au FBI qu'une seule fois, quand j'avais envoyé une malle du Montana chez mes parents et qu'elle avait été volée. Un agent local m'avait alors interrogé en pensant que c'était une escroquerie à l'assurance. Mais cela n'avait rien donné et si c'était ça le genre d'enquêtes dont s'occupait le FBI, je ne voyais pas très bien l'intérêt que cela pouvait avoir pour moi.

Mais Frank était persuadé que je serais un bon agent spécial et il a continué à m'inciter à entrer au FBI. Il m'a invité chez lui pour dîner à plusieurs reprises et m'a présenté sa femme et son fils. Il m'a montré son arme et sa fiche de paie dont le montant dépassait nettement celui de la mienne. Je devais reconnaître que comparé à moi, Frank vivait comme un roi. Alors j'ai décidé de tenter ma chance.

Frank est resté au Nouveau Mexique. Des années plus tard, nos chemins se sont à nouveau croisés quand j'ai témoigné au procès concernant une affaire d'homicide qu'il avait traitée, affaire dans laquelle une femme avait été sauvagement assassinée puis brûlée pour effacer toutes les traces. Mais à l'automne 1970, tout cela était bien loin de mon esprit.

Frank a envoyé mon dossier au bureau d'Albuquerque. On m'a fait passer un test de logique. Malgré ma condition physique et ma carrure d'athlète, avec mes cent-dix kilos, je dépassais de douze kilos la norme du FBI pour 1,85 m. Le *seul* qui en avait le droit était son directeur légendaire, J. Edgar Hoover lui-même. J'ai donc passé deux semaines à ne manger que de la gélatine et des œufs durs pour maigrir. Il m'a aussi fallu trois coupes de cheveux pour être enfin présentable.

En novembre, on m'a proposé une affectation temporaire avec un salaire de départ de 10 869 dollars. Je sortais enfin de ma chambre sinistre sans fenêtres. Je me demande ce que j'aurais pensé à l'époque si j'avais su que j'allais passer la plus grande partie de ma vie professionnelle dans une autre pièce sans fenêtres, dans un sous-sol, en enquêtant sur des histoires encore bien plus sinistres.

3

PARIER SUR LES GOUTTES DE PLUIE

Il y a beaucoup de candidats et peu d'élus.

C'était ce que l'on nous assénait, à nous, les nouvelles recrues. Presque tous ceux qui souhaitent faire carrière dans le domaine de l'application de la loi aspirent à devenir agents spéciaux du Federal Bureau of Investigation des États-Unis, mais seuls les meilleurs des meilleurs peuvent espérer y arriver. Les origines du FBI remontent à 1924, quand un obscur conseiller juridique du gouvernement nommé John Edgar Hoover a repris une agence corrompue, mal organisée et manquant de fonds. Et c'est ce même M. Hoover – âgé de soixante-quinze ans quand je suis entré au Bureau – qui présidait encore d'une main de fer l'organisme révéré qu'elle était devenue. Alors mieux valait ne pas le décevoir.

Un télégramme du directeur m'a demandé de me présenter à neuf heures, le 14 décembre 1970, salle 625, dans l'immeuble de la Vieille Poste sur Pennsylvania Avenue à Washington. Je devais entamer la formation de quatorze semaines qui allait transformer le citoyen ordinaire que j'étais en agent spécial du FBI. Mais avant cela, je suis passé chez mes parents à Long Island. Mon père était si fier qu'il avait déployé le drapeau des États-Unis devant la maison. Étant donné ce que j'avais fait au cours des dernières années, je ne possédais aucun vêtement civil convenable, aussi mon père m'a-t-il offert trois costumes réglementaires sombres – un bleu, un noir et un marron –, des chemises blanches et deux paires de chaussures à fleurons, une noire et une marron. Il m'a ensuite conduit à Washington pour s'assurer que je serais à l'heure pour mon premier jour de travail.

Il ne m'a pas fallu longtemps pour être initié au rituel et aux traditions du FBI. L'agent spécial animant notre cérémonie de prestation de serment nous a demandé de prendre notre insigne en or et de le regarder pendant que nous récitions le serment. Nous avons tous parlé à l'unisson, tout en fixant la femme aux yeux bandés qui tenait la balance, emblème de la Justice, et juré solennellement de soutenir et de protéger la Constitution des États-Unis contre tout ennemi de l'extérieur et de l'intérieur. « Plus près, plus près ! » nous a ordonné l'agent spécial jusqu'à ce que nous louchions sur nos insignes.

Il n'y avait que des hommes blancs dans ma classe. En 1970, on comptait peu d'agents noirs et aucune femme au FBI. Cela a vraiment commencé à changer après le départ de Hoover qui a continué à exercer une influence considérable par-delà sa mort. La plupart des hommes avaient entre vingt-neuf et trente-cinq ans, aussi avec mes vingt-cinq ans étais-je dans les plus jeunes.

On nous a très sérieusement mis en garde contre les agents soviétiques qui, nous disait-on, essaieraient de nous compromettre pour nous soutirer des informations confidentielles. Ces agents pouvaient se trouver n'importe où et il fallait surtout nous méfier des femmes ! Le bourrage de crâne a été si efficace que j'ai annulé un rendez-vous avec une très jolie femme qui travaillait dans le même immeuble que moi et m'avait invité à dîner. J'ai eu peur que cela soit un coup monté pour me tester.

L'Académie du FBI sur la base des Marines de Quantico, en Virginie, n'étant pas encore opérationnelle car il restait des travaux à terminer, nous avons suivi notre formation au tir et effectué notre entraînement physique là-bas, tandis que les cours théoriques se déroulaient dans l'immeuble de la Vieille Poste à Washington.

L'une des premières choses que l'on enseigne aux nouvelles recrues est qu'un agent du FBI ne tire que pour tuer. La raison à cela est à la fois rigoureuse et logique : si vous sortez votre arme, c'est que vous avez déjà pris la décision de tirer. Et si vous avez décidé que la situation était suffisamment grave pour tirer, c'est que vous avez décidé qu'elle l'était suffisamment pour ôter une vie. Dans la fièvre de l'instant, on n'a ni la latitude de bien préparer son tir, ni le temps de se poser des questions. Quant à essayer d'arrêter quelqu'un ou de le faire tomber, c'est trop dangereux. On ne prend pas des risques inutiles pour soi ou pour les passants.

On nous a enseigné avec la même rigueur le droit pénal, l'analyse des empreintes digitales, la criminalité violente ou en col blanc, les techniques d'arrestation, les armes, le combat à mains nues et l'histoire du rôle du Bureau dans la justice des États-Unis. Un des cours dont je me souviens le mieux nous a été dispensé en début de formation. Nous l'avions surnommé « l'enseignement des mots cochons ».

« Les portes sont bien fermées ? » nous avait demandé notre instructeur. Puis il nous avait distribué une liste en nous disant : « Je veux que vous appreniez ces mots. » La liste contenait des perles de notre langue telles que « merde, putain, cunnilingus, fellation, con et tête de nœud ». Nous étions censés apprendre la liste par cœur. Si nous entendions de tels mots au cours d'un interrogatoire, par exemple, nous devions ensuite nous assurer que tous les rapports les contenant avaient bien été confiés à la « sténo des mots obscènes » – je ne plaisante pas ! – plutôt qu'à une secrétaire normale. La « sténo des mots obscènes » était généralement une femme plus âgée, plus mûre et plus avertie et donc plus capable de faire face au choc provoqué par la vue de ces mots-là. Rappelez-vous qu'il n'y avait que des hommes à cette époque et que la sensibilité était différente de ce qu'elle est aujourd'hui, en tout cas au sein du FBI de Hoover. Nous avions ensuite eu une interrogation écrite, après quoi nos feuilles d'examen avaient été ramassées et – j'imagine – notées avant d'être brûlées.

Malgré ce genre de sottises, nous étions très idéalistes dans notre lutte contre le crime et nous pensions tous que nous avions un rôle important à jouer. J'étais arrivé à la moitié de ma formation quand j'ai été convoqué dans le bureau du directeur adjoint pour la formation, Joe Casper, l'un des hommes de confiance de Hoover. Les gens du Bureau le surnommaient le Fantôme Amical, c'était plus ironique que gentil. Casper m'a dit que je me débrouillais bien généralement mais que j'étais en dessous de la moyenne dans le domaine des « Communications du Bureau », c'est-à-dire la méthodologie et la nomenclature servant à la communication entre les différents éléments de l'organisation.

« Je veux être le meilleur, monsieur », lui ai-je répondu. On disait des types si ambitieux qu'ils avaient des flammes bleues qui leur sortaient du fondement. Cela pouvait être utile pour passer devant mais aussi faire de vous un homme marqué. Si vous réussissiez, vous étiez bien parti pour atteindre les sommets. Mais si vous vous plantiez, alors votre crash et l'incendie qui suivait étaient très longs et très publics.

Casper était peut-être dur mais il n'était pas sot et il avait sûrement vu plus d'un ambitieux. « Vous voulez être le meilleur ? Alors, tenez ! » Et il m'a lancé l'énorme manuel contenant tous les termes de la nomenclature en me disant qu'il fallait que je les aie tous appris pour mon retour des congés de Noël.

Chuck Lundsford, l'un des deux conseillers de l'Académie chargés de notre classe, a entendu dire ce qui m'était arrivé et il est venu me voir. « Qu'as-tu dit quand tu es entré là-dedans ? » m'a-t-il demandé. Je lui ai répondu. Il a ouvert de grands yeux. Nous savions tous deux que j'avais du pain sur la planche.

J'ai passé Noël chez mes parents. Pendant que le reste de la famille faisait la fête, j'étais plongé dans mon manuel de communications. Ce n'étaient pas des vacances.

Quand je suis rentré à Washington au début du mois de janvier, en payant encore le prix de ma « performance » d'avant les vacances, j'ai dû passer un test écrit. Je ne saurais dire mon soulagement quand notre autre conseiller, Charlie Price, m'a annoncé que j'avais eu 99 sur 100. « En fait, tu as eu 100, m'a-t-il confié, mais M. Hoover dit que personne n'est parfait. »

Arrivés à la moitié de la formation, on nous a demandé quels étaient nos souhaits pour notre première affectation. Le FBI, c'était surtout cinquante-neuf bureaux répartis sur l'ensemble du territoire. J'ai senti qu'il devait y avoir une espèce de finasserie dans la sélection – comme une énorme partie d'échecs entre les nouvelles recrues et le quartier général – et comme toujours, j'ai essayé de penser comme ceux d'en face. J'étais de New York et cela ne m'intéressait pas vraiment d'y retourner. J'ai pensé que les affectations les plus briguées seraient Los Angeles, San Francisco, Miami et peut-être Seattle et San Diego. Alors, si je choisissais une ville moins demandée, j'aurais plus de chance de l'obtenir.

J'ai choisi Atlanta. J'ai eu Détroit.

En nous remettant notre diplôme, on nous a également donné notre carte d'agent du FBI, un revolver Smith & Wesson calibre 38, six balles et l'ordre de quitter la ville le plus vite possible. Le quartier général était toujours terrifié à l'idée que de nouveaux agents aient des problèmes à Washington juste sous le nez de M. Hoover, ce qui aurait nui à la réputation de tout le monde.

On m'a également confié une brochure intitulée « Comment survivre à Détroit ». C'était l'une des villes les plus touchées par le racisme et qui souffrait encore des retombées des émeutes de 1967. Elle pouvait se flatter d'être la capitale du crime avec plus de huit cents assassinats par an. Dans le bureau, nous faisions d'ailleurs des paris macabres sur le nombre de meurtres que l'on atteindrait à la fin de l'année. Comme la plupart des nouveaux agents, j'ai commencé par être idéaliste et énergique, mais j'ai rapidement pris conscience de ce à quoi nous étions confrontés. J'avais passé quatre années dans l'armée de l'air mais le plus proche que j'avais été du combat, c'était quand je m'étais retrouvé à l'hôpital de la base avec des vétérans blessés au Vietnam pour me faire opérer du nez à la suite de blessures que je m'étais faites à la boxe et au football. Avant mon arrivée à Détroit, je n'avais donc jamais été dans la position de l'ennemi. Le FBI était détesté dans de nombreux quartiers. Il avait infiltré les campus d'universités et créé des réseaux d'informateurs urbains. Nos voitures noires nous faisaient repérer. Dans certains endroits, des gens nous jetaient des pierres. Leurs bergers allemands et leurs dobermans ne nous aimaient pas beaucoup non plus. On nous avait donné l'ordre de ne pas nous rendre dans certains quartiers sans renforts importants et sans artillerie lourde.

La police locale ne nous aimait pas davantage. Elle accusait le Bureau de tirer la couverture à lui en fournissant des informations à la presse avant que les affaires ne soient complètement élucidées, puis de comptabiliser dans ses propres statistiques de réussite des dossiers qui avaient été, en réalité, résolus par la police. À l'époque où j'ai commencé ma carrière, en 1971, un millier d'agents ont été embauchés. Il est amusant de constater que notre formation pratique sur le terrain a été assurée non par le Bureau, mais par des policiers qui nous ont pris sous leur aile. La réussite de ma génération d'agents spéciaux est en grande partie due au professionnalisme et à la générosité de tous ces officiers de police des quatre coins des États-Unis.

Les hold-up étaient particulièrement fréquents. Le vendredi, les banques étaient approvisionnées en espèces car c'était le jour de la paie et là, on atteignait une moyenne de deux à trois attaques à main armée. Parfois, cela allait jusqu'à cinq. De nombreux employés ont été blessés ou tués jusqu'au jour où des vitres pare-balles ont été installées dans les banques. Un hold-up a même été filmé par une caméra de surveillance : un directeur de banque a été tué assis à son bureau devant un couple venu demander un prêt par un malfaiteur, furieux parce que celui-ci ne pouvait ouvrir le coffre qui était commandé par une horloge. Ce n'étaient pas seulement les employés de banque ayant accès à des dizaines de milliers de dollars qui risquaient leur peau. Dans certains quartiers, des personnes travaillant dans des endroits tels que McDonald couraient les mêmes dangers.

J'ai été affecté à l'Unité de Réaction aux Crimes dans laquelle, comme son nom l'indique, on réagissait aux crimes qui s'étaient déjà produits, par exemple, braquages de banques ou racket. Au sein de cette unité, je travaillais avec l'escadron de recherche des UFAP. On désignait sous ce nom les personnes qui s'étaient enfuies pour échapper à la justice. Il y avait beaucoup d'action ce qui, à la fin du compte, a constitué une très bonne expérience pour moi. En plus du pari sur le nombre d'homicides atteint dans l'année, c'était à celui qui réaliserait le plus d'arrestations au cours d'une même journée. Nous étions un peu comme des vendeurs de voitures qui essaient de voir lequel d'entre eux en vendra le plus grand nombre dans un temps donné.

Une de nos activités les plus importantes à l'époque était ce que l'on appelait « la classification n° 42 », en d'autres termes, les déserteurs. Le Vietnam avait divisé le pays en deux et à la fin de leur permission, la plupart des appelés n'avaient pas la moindre envie d'y retourner. Ce sont eux qui parmi tous les fugitifs nous agressaient le plus souvent.

J'ai un jour remonté la trace d'un déserteur jusqu'au garage où il travaillait. C'était la première fois que j'avais affaire à un UFAP. Je me suis présenté en croyant qu'il allait me suivre bien gentiment. Soudain, il a dégainé un couteau de fortune. J'ai reculé et c'est de justesse que j'ai évité d'être poignardé. Je lui ai allongé un coup de poing, puis je l'ai jeté contre la porte du garage et obligé à se mettre par terre en lui collant mon genou dans le dos et mon arme sur la nuque. Pendant ce temps-là, le garagiste me faisait une scène parce que j'embarquais un bon employé. Et moi, je me demandais : « *Mais où diable me suis-je fourré ?* » Était-ce vraiment la carrière que j'avais envisagée ? Ramener ce genre d'individu minable valait-il la peine de risquer ma vie continuellement ? La psychologie industrielle avait soudain un attrait nouveau.

Faire la chasse aux déserteurs était perturbant sur le plan psychologique et source de rancœur entre l'armée et le FBI. Quand un mandat d'arrêt était lancé, nous localisions les fugitifs et nous les appréhendions parfois en pleine rue. Mais il nous est souvent arrivé que, rendu furieux, l'un d'eux se mette à donner des coups secs avec son poing sur sa jambe artificielle en nous disant qu'elle lui avait valu une décoration au Vietnam. Les déserteurs qui revenaient volontairement ou qui étaient retrouvés par l'armée étaient systématiquement renvoyés au Vietnam. C'était leur punition. Nombre d'entre eux se distinguaient ensuite au combat mais l'armée ne nous en avertissait pas. Aussi restaient-ils toujours fichés chez nous comme déserteurs.

Le pire était quand nous nous rendions chez l'un d'eux et que nous apprenions par des parents ou des épouses en larmes et furieuses à juste raison que l'intéressé était mort en héros. Nous traquions des individus morts au feu et l'armée ne prenait pas la peine de nous prévenir.

Quelle que soit la profession que vous exercez, c'est en entrant sur le terrain que vous prenez conscience de toutes les choses, petites et grandes, que l'on ne vous a pas enseignées à l'école ou pendant votre formation. Par exemple, que faire de votre arme dans certaines situations, comme lorsque vous utilisez les toilettes publiques ? Est-ce que vous l'accrochez au portemanteau ? Pendant un moment, j'ai essayé de la poser sur mes genoux mais cela me mettait mal à l'aise. C'est le genre de choses auxquelles nous sommes tous confrontés mais qu'il est difficile d'aborder avec des collègues plus expérimentés. Au bout d'un mois, c'était devenu un problème.

Quand je me suis installé à Détroit, j'ai acheté une nouvelle Coccinelle de Volkswagen. Coïncidence amusante, c'était aussi devenu le véhicule de prédilection des tueurs en série ! Ted Bundy en avait une et c'est en partie grâce à elle qu'il a été identifié. Passons. Un jour, je me suis arrêté devant un centre commercial pour aller m'acheter un complet. Sachant que j'allais devoir essayer des vêtements, je me suis dit qu'il fallait que je laisse mon arme dans un endroit sûr. Alors je l'ai fourrée dans la boîte à gants et je me suis dirigé vers le magasin.

La Coccinelle avait deux caractéristiques intéressantes : le moteur se trouvant à l'arrière, le pneu de rechange était devant. Comme c'était une voiture très répandue – sans parler du fait qu'il était facile de la forcer –, les pneus de rechange étaient très souvent volés. Tout le monde ou presque en avait besoin ! Et ajoutons pour finir que le coffre de devant s'ouvrait en appuyant sur un bouton qui se trouvait dans la boîte à gants.

Vous imaginez la suite. Je suis sorti du magasin et j'ai trouvé la vitre cassée. Le pneu était toujours là, mais pas mon arme. J'en ai déduit que le voleur de pneus avait pénétré dans la voiture, ouvert la boîte à gants pour appuyer sur le bouton commandant l'ouverture du coffre et qu'il avait soudain vu quelque chose de bien plus intéressant.

« Cela fait à peine un mois que je suis là et voilà que je fournis déjà des armes à l'ennemi ! » me suis-je dit. Je savais aussi que perdre son revolver ou sa carte du FBI entraînait un blâme immédiat. Alors, je suis allé voir mon chef, Bob Fitzpatrick. C'était un grand type, une véritable figure paternelle. Il était toujours tiré à quatre épingles. C'était une légende vivante au sein du Bureau. Il savait que j'étais sur la sellette et combien cela me perturbait. La perte de mon arme devait être signalée au Bureau du Directeur, ce qui allait constituer le premier rapport figurant dans mon dossier. Génial ! Il m'a dit qu'il fallait que l'on trouve un truc vraiment créatif pour expliquer cela, quelque chose du genre : « J'étais tellement soucieux de maintenir la sécurité publique que je ne voulais pas courir le risque d'affoler les gens s'ils s'apercevaient soudain que je portais une arme. Ils auraient pu croire que je voulais les dévaliser. » Fitzpatrick m'a rassuré. Comme il n'était pas prévu que j'aie une promotion dans les deux années à venir, ce blâme ne pourrait pas me faire beaucoup de tort tant que je me tiendrais à carreau.

Alors c'est ce que j'ai essayé de faire, mais cet épisode m'a hanté pendant des années. Le Smith & Wesson que j'ai rendu à l'armurerie de Quantico quelque vingt-cinq ans plus tard quand j'ai pris ma retraite du Bureau, était celui qui avait remplacé ma première arme. Celle-ci, Dieu merci, n'a jamais été utilisée pour commettre un crime. Elle s'est simplement volatilisée.

J'habitais avec deux agents célibataires, Bob McGonigel et Jack Kunst, dans une maison meublée de la banlieue sud de Détroit. Nous étions de grands amis. Bob a d'ailleurs été témoin à mon mariage quelques années plus tard. C'était aussi un obsédé des fringues. Il portait des costumes de velours et des chemises mauves même lors des inspections. On aurait dit qu'il était le seul au sein du FBI à ne pas avoir peur de Hoover. Il est ensuite devenu agent en civil et n'a plus été obligé de porter de costume.

Il était entré au Bureau comme employé et avait emprunté la voie interne pour devenir agent spécial. D'éminents membres du FBI ont commencé par être des employés, y compris de nombreux agents que j'ai ensuite recrutés pour l'Unité d'Aide aux Enquêtes. Mais dans certains cercles, on ne les appréciait guère car on les soupçonnait d'être devenus agents spéciaux grâce à des traitements de faveur.

Bob excellait dans le domaine des « appels prétextes ». C'était une technique proactive que nous avions mise au point pour appréhender les criminels et qui s'avérait particulièrement efficace quand l'élément de surprise était essentiel.

Bob avait un don pour imiter les accents. Si le suspect appartenait à la mafia, il prenait l'accent italien. Pour les Black Panthers, il arrivait à se faire passer pour un gars des rues. Il avait aussi dans son répertoire l'accent arabe, l'accent irlandais, celui des immigrants juifs et celui de la bonne société protestante. Non seulement il pouvait imiter les voix, mais il arrivait aussi à adapter sa diction et son vocabulaire au personnage qu'il incarnait. Il était si doué qu'il a un jour téléphoné à Joe Del Campo – un autre agent dont je vous parlerai dans le prochain chapitre – et l'a convaincu qu'il était un militant noir souhaitant devenir informateur du FBI. À l'époque, on nous encourageait vivement à multiplier nos sources de renseignements sur le terrain. Bob a pris rendez-vous avec Joe qui pensait être sur un gros coup. Personne ne s'est présenté. Le lendemain, au bureau, Bob a salué Joe en prenant le faux accent. Ce dernier était furieux !

Appréhender les criminels était une chose, mais je me suis rapidement intéressé à leurs processus de pensée. Chaque fois que j'arrêtais quelqu'un, je lui posais des questions, comme : pourquoi avoir choisi cette banque plutôt qu'une autre, ou pourquoi avoir sélectionné cette victime en particulier ? Nous savions tous que les braqueurs préféraient frapper le vendredi après-midi en raison de la paie des employés, mais au-delà de cela, je voulais découvrir comment ils avaient décidé d'organiser et d'exécuter leur coup.

Je ne devais pas les intimider beaucoup car, comme à l'école, les gens s'ouvraient facilement à moi. Plus j'en ai interrogé, plus je me suis rendu compte que les criminels qui réussissaient leur braquage étaient doués pour établir des profils. Ils avaient tous bien réfléchi et enquêté pour savoir quel « profil » de banque ils préféraient. Certains avaient une prédilection pour celles se trouvant à proximité des grandes artères ou des autoroutes parce que leur fuite en était facilitée et qu'ils étaient déjà loin quand on se lançait à leur poursuite. D'autres aimaient les petites agences isolées comme celles qui étaient temporairement installées dans des caravanes. D'autres encore examinaient les lieux à l'avance pour en avoir les plans, savoir combien d'employés y travaillaient et combien de clients en moyenne se trouvaient dans le hall selon l'heure. Ils visitaient parfois des agences jusqu'à ce qu'ils en dénichent une où aucun homme ne travaillait. Celle-ci devenait alors leur cible. Ils préféraient les locaux sans fenêtres donnant sur la rue pour ne pas être vus de l'extérieur et pour que les témoins présents à l'intérieur ne puissent pas identifier la voiture servant à leur fuite. Les plus entraînés avaient remarqué qu'une pancarte signalant le hold-up était préférable à une annonce à haute voix, l'arme à la main. Ils n'oubliaient pas de récupérer celle-ci avant de partir pour ne laisser aucune trace derrière eux. Le mieux était de voler une voiture et de la garer quelque temps avant pour qu'on ne la voie pas s'arrêter. Ils arrivaient à la banque puis repartaient en voiture aussitôt leur boulot terminé. Un malfaiteur ayant bien réussi son coup une première fois dans une banque continuait parfois à la surveiller et si les circonstances demeuraient favorables, il frappait de nouveau quelques mois plus tard.

Les banques sont, de tous les lieux publics, les mieux protégées contre le vol. Au cours de mes enquêtes, j'ai pourtant été constamment stupéfait de constater qu'on oubliait souvent de recharger la caméra de surveillance. D'autres fois, c'était l'alarme qui était débranchée par mégarde et personne n'avait songé à la réenclencher. Ou encore, on l'avait déclenchée si souvent que la police ne se pressait pas, croyant que c'était encore une fausse alerte. C'était un peu comme si on s'accrochait un panneau « Dévalisez-moi ! » dans le dos.

Mais si on traçait le profil des différentes affaires, – je n'utilisais pas encore le terme de « profil » à l'époque – on voyait apparaître des schémas types. On pouvait alors mettre au point des techniques proactives pour appréhender les criminels. Si, par exemple, on observait une montée en flèche des hold-up dans un endroit, s'ils étaient de nature identique et si on avait discuté avec suffisamment de criminels pour savoir quels critères avaient guidé leurs choix à chaque fois, on pouvait ensuite protéger de manière importante et visible toutes les banques possédant ces mêmes caractéristiques, sauf une d'entre elles. Celle-ci était bien entendu placée sous la surveillance constante d'agents en civil de la police et/ou du FBI. On pouvait ainsi forcer le voleur à sélectionner la banque que l'on avait choisie et être prêt à l'accueillir. Quand nous nous sommes mis à utiliser ce genre de technique proactive, le taux d'élucidation des affaires de hold-up a très nettement augmenté.

Tout ce que nous accomplissions dans ce temps-là, nous le faisions sous la pression omniprésente de J. Edgar Hoover, tout comme nos prédécesseurs depuis 1924. Il est difficile, à une époque comme la nôtre, où les nominations rappellent le jeu des chaises musicales et où l'opinion publique a un certain pouvoir, de décrire l'ampleur de l'influence et du contrôle qu'exerçait Hoover, non seulement sur le FBI mais aussi sur les dirigeants politiques, les médias et le public en général. Si vous vouliez écrire un livre ou un scénario sur le Bureau, comme le best-seller de Don Whitehead intitulé *The FBI Story* paru en 1950 ou le célèbre film de James

Stewart qui en est tiré, ou produire des séries de télévision comme celle de Efrem Zimbalist Jr, *The FBI*, il fallait obtenir l'autorisation personnelle de M. Hoover. De même, si vous étiez un haut dignitaire du gouvernement, vous pouviez craindre que le directeur ait « quelque chose » sur vous, surtout s'il vous téléphonait en prenant un ton amical pour vous dire que le FBI avait « découvert » une vilaine rumeur et qu'il ferait tout son possible pour qu'elle ne fasse pas irruption sur la place publique.

Nulle part ailleurs l'aura de M. Hoover n'était aussi forte que dans les différents bureaux du FBI et parmi les membres de la direction. Le FBI jouissait d'un tel prestige et d'une telle admiration grâce à Hoover. C'était un fait accepté. Il avait fait du Bureau ce qu'il était et il se battait sans relâche pour obtenir des crédits supplémentaires et des augmentations de salaire. Il était à la fois vénéré et craint et si vous aviez piètre opinion de lui, vous le gardiez pour vous. La discipline était féroce et les inspections se terminaient en bains de sang. Si les inspecteurs ne trouvaient pas suffisamment de choses à améliorer, Hoover les suspectait de ne pas faire leur travail convenablement. Aussi leur fallait-il atteindre un certain nombre de blâmes à chaque inspection, que ceux-ci fussent justifiés ou non. Cela a pris une telle ampleur que nos chefs ont dû trouver des agneaux à sacrifier, c'est-à-dire des agents qui n'entraient pas en lice pour la prochaine promotion et qui ne verraient donc pas leur carrière entravée par ces blâmes injustifiés.

Un jour, un Bureau du FBI a reçu une menace de bombe par téléphone juste après une inspection. Cette histoire n'a plus la même tonalité humoristique depuis l'attentat commis en 1995 contre l'immeuble du FBI à Oklahoma City. L'appel provenait d'une cabine téléphonique située juste à côté de ce bureau. Des responsables du quartier général arrivés sur place se sont dépêchés d'enlever la cabine téléphonique dans l'intention de comparer les empreintes digitales trouvées sur les pièces de monnaie avec celles des trois cent cinquante employés du bureau. Heureusement pour nous tous, la raison l'a emporté et cet examen n'a jamais eu lieu. C'était là un exemple de la tension que la politique de M. Hoover pouvait engendrer.

Il y avait des procédures standard pour tout. Bien que n'ayant jamais eu l'occasion de rencontrer M. Hoover en tête-à-tête, j'ai eu (et j'ai toujours) une photographie de lui dédicacée dans mon bureau. Il y avait même une procédure standard pour l'obtenir quand on était un jeune agent. Il fallait que la secrétaire de votre supérieur écrive une lettre bien ampoulée disant combien vous étiez fier d'être un agent spécial du FBI et combien vous admiriez M. Hoover et tout et tout. Si votre lettre était bien tournée, vous receviez alors une photographie avec ses meilleurs vœux, qui témoignait de la relation personnelle que vous aviez avec le directeur et impressionnerait tout le monde.

Il y avait d'autres procédures dont nous ne connaissions pas très bien l'origine. Nous ignorions si c'étaient les directives personnelles de Hoover ou une interprétation trop zélée de ses souhaits. Nous étions tous censés faire plus d'heures supplémentaires que la moyenne. Vous voyez le problème. Mois après mois, c'était l'escalade. Des agents qui étaient entrés au Bureau avec des principes moraux très élevés se voyaient obligés d'apprendre à gonfler artificiellement leur feuille d'heures de présence. Il était interdit de fumer ou de boire du café. Et comme pour les démarcheurs à domicile, il était mal vu de traîner au bureau, même pour téléphoner. Aussi chacun d'entre nous avait-il créé ses propres habitudes de travail pour contourner tout cela. Je passais, pour ma part, beaucoup de temps sur mes dossiers à la bibliothèque municipale.

L'un de ceux qui suivaient le plus les préceptes de l'Évangile selon saint Edgar était notre chef, Neil Welch, que nous avions surnommé « le Raisin [1] ». C'était un grand type d'environ un mètre quatre-vingt-douze qui portait de lourdes lunettes à monture en corne. Il était dur et stoïque et pas du tout chaleureux. Il a mené une belle carrière au FBI et a occupé des postes aux sièges de Philadelphie et de New York entre autres. Certains disaient qu'il prendrait la place de Hoover quand *(ou devrais-je dire, si)* le jour inévitable finirait par arriver. À New York, Welch a ensuite constitué un groupe qui a été le premier à utiliser avec efficacité la loi antimafia contre le crime organisé. Mais avant cela, quand il était à Détroit, il suivait les règles à la lettre.

Il était inévitable et naturel qu'un affrontement survienne un jour

1. *N.d.T.* La marque Welch commercialisait une gelée au raisin, d'où le surnom donné à Neil Welch.

entre Welch et Bob McGonigel. C'était un samedi et nous étions à la maison. Bob a reçu un appel lui disant que le Raisin voulait le voir immédiatement ainsi que notre chef d'équipe, Bob Fitzpatrick. Quand McGonigel est entré dans son bureau, Welch lui a dit que quelqu'un avait utilisé le téléphone pour appeler le New Jersey. Il était interdit de téléphoner du bureau pour des motifs personnels. On aurait pu en fait interpréter ce qu'il avait fait d'une autre façon mais au FBI, on jouait la carte de la prudence.

Welch qui pouvait se montrer féroce a commencé en utilisant une bonne technique d'interrogatoire classique qui plonge immédiatement la personne dans le vif du sujet. « Alors, McGonigel, qu'avez-vous à me dire concernant ces appels téléphoniques ? »

Alors Bob a parlé de tous les appels auxquels il pouvait penser parce qu'il craignait que Welch ait des choses plus graves à lui reprocher et il se disait que ces petites choses pourraient peut-être apaiser sa colère.

Welch s'est soudain dressé de toute sa hauteur, puis il s'est appuyé sur son bureau en pointant son doigt de manière menaçante. « McGonigel, lui a-t-il dit, laissez-moi vous dire quelque chose : vous avez deux mauvais points à votre passif. D'abord, vous êtes un ancien employé. J'ai horreur des employés ! Deuxièmement, si jamais je vous revois portant une chemise mauve, en particulier au cours d'une inspection, je vous botterai les fesses. Et si je vous surprends à nouveau près d'un téléphone, je vous garantis que je vous passerai par la fenêtre ! Maintenant, dégagez ! »

Bob est rentré à la maison très abattu et convaincu qu'il allait être viré. Jack Kunst et moi étions navrés pour lui. Mais le lendemain, Fitzpatrick m'a dit qu'après le départ de McGonigel, Welch et lui avaient éclaté de rire.

Des années plus tard, alors que je dirigeais l'Unité d'Aide aux Enquêtes, on m'a demandé si grâce à tout ce que nous savions sur le comportement des criminels et sur l'analyse des lieux des crimes, nous pourrions commettre le crime parfait. J'ai toujours répondu non. Malgré notre expérience en la matière, notre comportement après les faits nous trahirait de toute façon. Je pense que l'incident entre McGonigel et Welch prouve bien que même un excellent agent du FBI cède à la pression exercée par un bon enquêteur.

Après avoir quitté le bureau de l'inspecteur, ce samedi-là, Bob s'est mis à porter les chemises les plus blanches qui soient... jusqu'au jour où Neil Welch a été muté à Philadelphie.

Hoover arrivait à faire passer ses demandes de subvention au Congrès en grande partie grâce à ses résultats. Et pour avoir de tels résultats, il fallait bien que tout le monde soit efficace sur le terrain.

Au début de l'année 1972, Welch a promis au patron cent cinquante arrestations pour jeu. Le nombre d'arrestations dans cette catégorie avait manifestement besoin d'augmenter. Alors nous avons mis au point un plan très élaboré, avec des informateurs, des tables d'écoute et une organisation quasi militaire en prévision du dimanche du Super Bowl, c'est-à-dire du jour où il y a le plus de paris clandestins. Les Dallas Cowboys qui avaient perdu contre les Baltimore Colts l'année d'avant jouaient contre les Miami Dolphins à la Nouvelle-Orléans.

Les arrestations de bookmakers doivent être rapides et précises parce qu'ils utilisent du papier flash (qui se consume instantanément) ou du papier de pomme de terre (qui se dissout dans l'eau). L'opération promettait d'être une catastrophe parce qu'il avait plu par intermittence toute la journée.

Nous avons pris plus de deux cents joueurs au piège au cours de cet après-midi pluvieux. J'en ai ramené un les menottes aux poignets à l'arrière de ma voiture jusqu'à la salle d'exercice où nous dressions les P.V. pour l'occasion. C'était un gars sympathique. Il était aussi bel homme et ressemblait à Paul Newman. Il m'a dit : « Quand tout ça sera fini, on devrait se faire une petite partie de squash. »

Comme il avait le contact facile, j'ai commencé à lui poser des questions comme je l'avais fait avec les braqueurs de banque. « Pourquoi fais-tu ça ? lui ai-je demandé.

– J'adore ça, m'a-t-il répondu, vous pouvez tous nous arrêter aujourd'hui, John. Cela n'y changera rien du tout.

– Mais un type intelligent comme toi pourrait gagner pas mal d'argent de manière légale. »

Il a hoché la tête de droite à gauche comme si je ne comprenais toujours pas. Il pleuvait plus dru. Il a attiré mon attention sur la vitre de la voiture et il m'a dit : « Vous voyez ces gouttes de pluie ? Je vous parie que celle de gauche arrivera en bas de la vitre avant celle de droite. Nous n'avons pas besoin du Super Bowl. Nous n'avons besoin que de deux petites gouttes de pluie. Vous ne pourrez pas nous arrêter John, quoi que vous fassiez. Nous sommes ainsi. »

Cette brève rencontre a été pour moi comme une révélation, comme si j'avais soudain cessé d'être ignorant. Cela peut sembler naïf rétrospectivement, mais tout d'un coup, toutes les questions que je me posais sur les braqueurs de banques et les autres criminels ont trouvé une réponse.

Nous sommes ainsi.

Quelque chose d'inhérent à la psyché du criminel l'oblige à faire les choses d'une certaine manière. Plus tard, lorsque j'ai entrepris des études sur le fonctionnement mental et les motivations des tueurs en série, puis quand j'ai commencé à analyser les scènes des crimes pour trouver des indices comportementaux, j'ai systématiquement recherché l'élément ou les éléments qui faisaient ressortir le crime et le criminel, *ceux qui le représentaient.*

J'en suis arrivé à employer le terme de *signature* pour décrire cet élément et cette compulsion personnelle uniques qui demeuraient immuables. C'est différent du concept classique de mode opératoire qui, lui, est fluctuant. Ceci est au cœur de tout ce que nous faisons dans l'Unité d'Aide aux Enquêtes.

Les centaines de joueurs qui ont été arrêtés ce dimanche du Super Bowl ont été relaxés pour vice de procédure. Un Assistant Attorney General au lieu de l'Attorney General lui-même avait en effet signé les mandats dans la précipitation générale. Mais l'inspecteur Welch avait tenu sa promesse et permis à Hoover d'obtenir le nombre d'arrestations qu'il désirait, et même si les joueurs ont été rapidement relaxés, leur détention a duré suffisamment longtemps pour avoir l'impact souhaité au Congrès. Et moi, j'ai découvert quelque chose d'essentiel pour la suite de ma carrière d'agent spécial, simplement en pariant sur des gouttes de pluie.

4

ENTRE DEUX MONDES

Nous avions été chargés d'une affaire concernant deux États, au cours de laquelle un camion chargé de 100 000 $ de whisky J & B avait été braqué. Nous étions au printemps de l'année 1971 et cela faisait six mois que je travaillais à Détroit. Le chef de l'entrepôt nous avait tuyautés sur l'endroit où l'argent devait être échangé contre l'alcool volé.

C'était une opération conjointe entre le FBI et la police de Détroit, mais les membres de chaque organisme s'étaient rencontrés chacun de leur côté. Seuls leurs dirigeants s'étaient concertés et rien de ce qu'ils avaient décidé n'était descendu jusqu'à nous. Alors, quand le moment de procéder à des arrestations est venu, personne ne savait vraiment ce que faisaient les autres.

C'était la nuit, en banlieue, près d'un aiguillage. Je conduisais l'une des voitures du FBI. Mon chef Bob Fitzpatrick était assis à côté de moi. L'informateur était le sien. McGonigel était responsable des opérations.

Soudain, on a entendu à la radio : « Coffrez-les ! Coffrez-les ! » Nous nous sommes tous arrêtés autour du semi-remorque dans un crissement de pneus. Le chauffeur a ouvert la portière du camion, a sauté dehors et s'est mis à courir. Un agent d'une autre voiture et moi avons bondi, notre arme à la main et nous nous sommes lancés à sa poursuite.

Il faisait nuit, nous n'étions pas en complet-cravate et je n'oublierai jamais le blanc des yeux du policier en uniforme qui a pointé son arme sur moi en hurlant : « Arrêtez-vous ! Police ! Jetez votre arme ! » Nous étions à moins de deux mètres l'un de l'autre et je me suis soudain rendu compte que ce type était sur le point de me tirer dessus. Je suis resté figé sur place tout en pensant que si je faisais un mouvement de trop, c'en était fini pour moi.

J'allais jeter mon arme et lever les bras quand j'ai entendu Bob Fitzpatrick, affolé, crier : « Il est du FBI ! C'est un agent du FBI ! »

Le flic a baissé son arme et j'ai instinctivement repris ma course derrière le chauffeur de camion, l'adrénaline à son maximum, essayant de rattraper le retard que j'avais accumulé. L'autre agent et moi l'avons rejoint en même temps. Nous l'avons coincé par terre puis nous lui avons passé les menottes avec plus de brutalité qu'il n'en fallait. J'étais très tendu. Les quelques secondes pendant lesquelles j'ai cru que j'allais être descendu constituent l'une des expériences les plus terrifiantes de ma vie. Depuis lors, chaque fois que j'ai essayé de me mettre à la place des victimes de viol ou de meurtre, chaque fois que je me suis obligé à imaginer ce qu'elles avaient pensé ou ressenti au moment de leur agression, je me suis rappelé ma propre peur et cela m'a aidé à voir les choses de leur point de vue.

Pendant que nous, les jeunes, nous nous crevions à essayer de procéder au maximum d'arrestations, beaucoup d'anciens donnaient l'impression de penser qu'il était inutile de faire des vagues, que leur salaire demeurerait le même quoi qu'ils fassent et que les initiatives, c'était bon pour les représentants de commerce. Comme l'on nous encourageait à passer le plus clair de notre temps hors du bureau, le lèche-vitrines, les promenades au parc et la lecture du *Wall Street Journal* sont devenus l'occupation favorite d'une partie des agents.

Comme j'étais ambitieux, j'ai pris sur moi d'écrire une note suggérant un système de rémunération au mérite pour encourager ceux qui étaient les plus productifs. Je l'ai confiée à l'adjoint de mon chef, Tom Naly.

Tom m'a appelé dans son bureau. Il a fermé la porte derrière moi, il a pris ma note entre les mains en me souriant avec bienveillance. « Qu'est-ce qui t'inquiète, John ? Tu obtiendras ton GS-11 », m'a-t-il dit en la déchirant en deux.

« Tu auras ton GS-12 » a-t-il ajouté en la déchirant à nouveau en deux. « Tu auras ton GS-13. » Là, il riait vraiment. « Ne fais pas de remous, Douglas », m'a-t-il finalement conseillé en jetant les morceaux de papier dans la corbeille.

Quinze ans plus tard, longtemps après la mort de J. Edgar Hoover, le FBI a mis au point un système de rémunération au mérite. Mais ils n'ont de toute évidence pas eu besoin de moi pour cela.

Un soir de mai – en fait, je me souviens, pour des raisons qui deviendront claires dans un moment, que c'était le vendredi après le 17 – je me trouvais avec Bob McGonigel et Jack Kunst dans un bar en face du bureau, où nous avions nos habitudes, appelé *Jim's garage*. Un orchestre jouait du rock and roll. Nous avions tous bu quelques bières de trop, quand, soudain, une séduisante jeune femme est entrée en compagnie d'une de ses amies. Elle ressemblait à Sophia Loren. Elle était habillée à la mode de l'époque d'une jupe courte bleue et de bottes qui lui arrivaient à l'aine.

Je l'ai appelée : « Hé, toi en bleu ! Viens par ici ! » Et à ma grande surprise, elle et sa copine nous ont rejoints. Elle s'appelait Pam Modica. Nous avons commencé à plaisanter et à sympathiser. C'était son vingt et unième anniversaire. Elle venait d'atteindre l'âge légal pour boire de l'alcool, ce qu'elle célébrait ce soir-là avec son amie. Elle avait le même sens de l'humour que moi. J'ai appris plus tard qu'elle m'avait trouvé beau mais un peu coincé avec ma « coupe de cheveux bureaucratique ». Nous sommes sortis de chez Jim et nous avons passé le reste de la soirée à faire la tournée des bars.

Les semaines suivantes, nous avons appris à mieux nous connaître. Elle habitait à Détroit même et avait fait ses études à Pershing High, un lycée où presque tous les élèves étaient noirs. (C'est aussi là que le célèbre joueur de basket Elvin Hayes est allé.) Quand je l'ai rencontrée, elle suivait les cours de l'Université d'Eastern Michigan à Ypsilanti.

Tout est allé très vite entre nous et non sans heurts pour Pam sur le plan social. On était en 1971, la guerre du Vietnam n'était pas terminée et la méfiance à l'égard du FBI était très forte sur les campus d'université. Beaucoup de ses amis refusaient de se joindre à nous, convaincus que j'étais un informateur infiltré parmi eux. Croire que ces gamins étaient importants au point d'être espionnés était une idée grotesque, sauf qu'à l'époque, le FBI faisait encore ce genre de choses.

Je me rappelle avoir accompagné Pam à un cours de sociologie. Je m'étais assis au fond de la classe pour écouter la chargée de TD qui était une jeune assistante radicale. Elle la jouait cool, très dans le ton de l'époque. En l'observant, je me suis rendu compte que son regard revenait toujours sur moi. Il était évident que ma présence la dérangeait. Un agent du FBI était forcément un ennemi, même si c'était le petit ami d'une de ses élèves. Quand je repense à cet incident, je vois le trouble que l'on peut parfois provoquer en étant simplement soi-même. Mon unité et moi avons souvent utilisé cela à notre avantage. Lors d'une affaire de meurtres en série particulièrement atroce en Alaska, mon collègue Jud Ray, qui est noir, s'est assis à côté de la petite amie de l'accusé qu'il savait raciste et a sympathisé avec elle. Il a ainsi réussi à faire perdre ses moyens à l'accusé pendant son interrogatoire.

Un tueur en série sévissait à cette époque sur le campus de l'université de Pam (on n'utilisait pas encore cette terminologie-là). Il avait frappé pour la première fois en juillet 1967. Une jeune femme nommée Mary Fleszar avait disparu du campus. On avait retrouvé son corps décomposé un mois plus tard. Elle avait été poignardée à mort, ses pieds et ses mains avaient été tranchés. Un an après, le corps d'une étudiante de l'Université du Michigan nommée Joan Schell avait été découvert non loin de là. Elle avait été violée et poignardée une cinquantaine de fois au moins. Puis un autre corps avait été trouvé à Ypsilanti.

Les meurtres avaient continué, aussi les étudiantes des deux universités vivaient-elles dans la terreur. Tous les corps portaient des traces de violences épouvantables. Six étudiantes et une jeune fille de treize ans ont été tuées sauvagement avant qu'un étudiant de l'Université du Michigan nommé John Norman Collins ne soit arrêté en 1969, presque par hasard, par son oncle officier de police.

Collins a été reconnu coupable et condamné à la perpétuité trois mois avant que j'entre au Bureau. Je me suis souvent demandé si l'on aurait appréhendé ce tueur avant qu'il ne commette tous ces meurtres si l'on avait su à l'époque ce que nous savons désormais.

Son spectre a continué à hanter les deux campus même après son arrestation, comme Ted Bundy dans d'autres universités quelques années plus tard. Le souvenir de ces crimes faisait tellement partie de la vie récente de Pam que cela m'affectait également. Je pense que lorsque j'ai commencé à étudier et à traquer les tueurs en série, les victimes innocentes de John Norman Collins étaient présentes à mon esprit, au moins inconsciemment.

J'avais cinq ans de plus que Pam, mais comme elle était encore à l'université alors que je travaillais au FBI, j'avais parfois l'impression qu'une génération nous séparait. Elle se montrait silencieuse et paraissait passive quand elle se trouvait en compagnie de mes amis et moi et je crains que nous en ayons parfois un peu profité.

Un jour, Bob McGonigel et moi avons déjeuné avec Pam dans le restaurant d'un hôtel surplombant le centre ville. Nous portions tous les deux un costume sombre et des chaussures à fleurons et Pam était habillée de manière décontractée, comme les étudiants. Après notre repas, nous avons pris l'ascenseur pour redescendre à la réception. Il s'arrêtait à tous les étages et à chaque fois, il se remplissait davantage.

À mi-chemin, Bob s'est tourné vers Pam et il lui a dit : « Nous avons passé un très bon moment. La prochaine fois que nous reviendrons, nous vous appellerons. »

Pam avait les yeux rivés au plancher et essayait de ne pas réagir quand j'ai ajouté : « Et la prochaine fois, *j*'apporterai la crème fouettée et *toi*, les cerises. » Les autres personnes se sont regardées, mal à l'aise. Pam a éclaté de rire. Puis, elles nous ont dévisagés comme si nous étions de gros pervers.

Pam avait prévu de faire un échange avec un étudiant de Coventry en Angleterre pour le trimestre d'automne. Quand elle est partie fin août, je savais que c'était la fille que je voulais épouser. Il ne m'était jamais venu à l'esprit de lui demander si elle éprouvait la même chose que moi. J'imaginais que oui.

Nous nous sommes constamment écrit. Je passais beaucoup de temps dans sa famille au 622 Alameda Street. Le père de Pam était mort quand elle était petite. Je profitais de l'hospitalité de sa mère, Rosalie, en dînant chez elle plusieurs fois par semaine et je la sondais, comme je sondais ses frères et sœurs pour apprendre à mieux connaître Pam.

J'ai rencontré une autre femme que Pam a ensuite surnommée la « fille au golf », bien qu'elle ne l'ait jamais vue. Nous avons fait connaissance dans un bar et quand j'y repense, je me dis que je passais pas mal de temps dans ce genre d'endroit. Âgée d'une vingtaine d'années, elle était assez belle et venait de terminer ses études. Elle a rapidement insisté pour m'inviter à dîner chez elle.

Elle habitait à Dearborn qui se trouvait être le siège de Ford pour le monde entier. Son père y était cadre supérieur. Ils vivaient au milieu de tableaux et de meubles de luxe dans une demeure en pierre avec une piscine. Son père approchait la cinquantaine et incarnait la réussite sociale. Sa mère était agréable et élégante. Nous nous sommes attablés avec son frère et sa sœur cadets. Alors que j'essayais d'évaluer leurs revenus, eux aussi, de leur côté, s'efforçaient de me jauger.

Tout se déroulait très bien. Mon statut d'agent du FBI semblait les impressionner. Cela me changeait agréablement des camarades de Pam. Mais bien entendu, on ne pouvait pas être plus conventionnel que ces gens-là. Je commençais à me sentir mal à l'aise et j'ai soudain réalisé que c'était parce qu'ils m'avaient dans leur esprit déjà marié avec leur fille.

Le père m'a posé des questions sur ma famille, mon milieu, mon service militaire. Je lui ai alors parlé de l'époque où j'étais responsable des installations sportives dans l'armée de l'air. Il m'a dit à ce moment-là qu'il possédait un parcours de golf près de Détroit avec un associé. Pendant qu'il le décrivait, moi, je rajoutais des zéros à ma première estimation de son compte en banque.

« John, jouez-vous au golf ? m'a-t-il demandé.

– Non, père, lui ai-je répondu du tac au tac, mais j'aimerais bien apprendre. »

Voilà tout. Nous nous sommes séparés. J'ai couché sur le canapé dans la salle de jeux. En plein milieu de la nuit, j'ai reçu la visite de la fille qui avait réussi à venir jusqu'à moi en « somnambulant ». Peut-être était-ce à cause de tout ce luxe ou de ma peur instinctive des coups montés depuis que j'étais entré au Bureau, toujours est-il que son côté entreprenant, semblable à celui de sa famille, m'a terrifié. Je suis parti le lendemain matin après avoir apprécié leur hospitalité et un somptueux dîner. Mais je savais que j'avais raté l'occasion de vivre la belle vie.

Pam est revenue d'Angleterre quelques jours avant Noël 1971. J'avais décidé de la demander en mariage et j'avais acheté une bague de fiançailles serties de diamants. À cette époque, le Bureau avait des tuyaux pour tout ce que l'on voulait. La bijouterie où j'avais acheté la bague faisait de très bons prix aux agents du FBI parce que ses directeurs nous étaient reconnaissants d'avoir pu récupérer la marchandise qui leur avait été volée.

Même avec la remise, la plus grosse bague que je pouvais lui offrir n'était que de 1,25 carat. Je me suis dit que si elle la voyait pour la première fois au fond d'une flûte de champagne, non seulement, elle penserait que j'étais follement intelligent, mais elle aurait en plus l'impression que la bague valait trois carats. Je l'ai emmenée dans un restaurant italien près de chez elle. J'avais l'intention de glisser la bague dans son verre lorsqu'elle irait se rafraîchir.

Mais elle n'a pas quitté la table. Alors le soir suivant, je l'ai réinvitée. Même résultat. J'avais à l'époque déjà passé des heures à planquer dans une voiture sans pouvoir uriner, ce qui était un véritable problème dans notre métier, alors je ne pouvais que l'admirer ! C'était peut-être aussi le signe que je n'étais pas prêt pour le mariage.

Le soir suivant était la veille de Noël. Nous nous trouvions chez sa mère au milieu de toute sa famille. C'était le moment ou jamais pour moi. Nous avions bu de l'*asti spumante* qu'elle adorait. Elle a fini par sortir quelques instants pour aller à la cuisine. Quand elle est revenue, elle s'est assise sur mes genoux. Nous avons porté un toast et si je ne l'avais pas arrêtée, elle aurait avalé la bague. Tant pis pour l'effet trois carats ! Elle ne l'a vue que lorsque je la lui ai montrée ! Je me suis demandé si ce n'était pas un signe.

L'important est que j'avais bien planifié mon « interrogatoire » pour obtenir l'effet désiré. Avec sa mère et ses frères et sœurs qui m'adoraient, présents autour d'elle, je ne lui ai pas laissé beaucoup le choix. Elle a dit oui. Nous nous sommes mariés au mois de juin suivant.

En deuxième année, la plupart des agents célibataires étaient mutés soit à New York, soit à Chicago, l'idée étant que cela serait moins dur pour eux que pour ceux qui étaient mariés. Je n'avais pas de préférence particulière et je me suis retrouvé affecté à Milwaukee.

Bien que n'ayant jamais mis les pieds dans cette ville et ne sachant pas très bien où elle se trouvait, je me suis dit que cela me convenait. Je déménagerais en janvier pour m'y installer et Pam me rejoindrait après le mariage.

J'ai trouvé un appartement dans l'avenue Juneau, pas très loin du bureau. C'était une erreur tactique, je m'en suis rendu compte après, parce que dès qu'il se passait quelque chose, on disait : « Allez chercher Douglas. Il habite à cinq minutes d'ici. »

Avant même mon arrivée à Milwaukee, tout le personnel féminin du bureau savait qui j'étais : l'un des deux seuls célibataires. Elles se sont toutes battues les premières semaines pour que je leur confie du travail, même si j'avais peu à faire. Elles voulaient toutes être auprès de moi. Mais au bout de quelques semaines, quand le mot est passé que j'étais fiancé, elles se sont rapidement détournées.

L'atmosphère du bureau de Milwaukee était la réplique de celle de Détroit, en pire. Mon premier chef s'appelait Ed Hays et tout le monde le surnommait Eddie le Rapide. Il était toujours rouge comme une tomate (et il est d'ailleurs mort d'hypertension artérielle peu de temps après sa mise à la retraite) et il parcourait les bureaux en claquant des doigts et en hurlant : « Ne traînez pas ici ! Sortez ! »

Un jour, je lui ai répondu : « Où dois-je aller ? Je viens d'arriver. Je n'ai pas de voiture. Je ne suis sur aucune affaire. »

Il a répliqué d'un ton sec : « Je me fous de savoir où vous allez. Sortez d'ici ! »

Alors je suis sorti. Dans ce temps-là, il n'était pas rare de voir des agents faire du lèche-vitrines près du bureau quand on descendait l'avenue Wisconsin. Ils n'avaient nulle part d'autre où aller. C'est à cette époque que j'ai acheté ma deuxième voiture, chez un concessionnaire qui était en contact avec nous.

Notre chef suivant, Herb Hoxie, venait du bureau de Little Rock, dans l'Arkansas. Le recrutement était toujours un sujet crucial pour les chefs, aussi dès son arrivée, Hoxie a-t-il immédiatement été mis sous pression. Chaque bureau avait un quota mensuel de recrutement d'agents et de personnel non administratif.

Hoxie m'a convoqué dans son bureau et il m'a confié la charge du recrutement. Cette mission était généralement confiée à un célibataire parce qu'elle impliquait de nombreux déplacements.

« Pourquoi moi ? lui ai-je demandé.

– Parce que nous avons dû en décharger le gars qui en était responsable et il a eu bien de la chance de ne pas être viré. » Il faisait le tour des lycées pour recruter de futures employées du bureau. (Hoover vivait encore et à cette époque, il n'y avait pas de femmes chez les agents spéciaux.) Il leur posait des questions comme si elles faisaient partie d'une liste standard. L'une d'elles était : « Êtes-vous vierge ? » Si la réponse était non, il invitait la fille à sortir avec lui. Des parents s'étaient plaints et le chef avait dû l'affecter ailleurs.

J'ai commencé à parcourir l'État et j'ai rapidement recruté quatre fois plus de personnes que le nombre exigé. J'étais le recruteur le plus efficace du pays. Le problème, c'était que j'étais trop performant, aussi mes chefs ne voulaient-ils pas me changer d'affectation. Quand j'ai dit à Herb que je ne souhaitais plus m'en occuper et que je n'étais pas entré au FBI pour travailler au service du personnel, il m'a menacé de m'envoyer à l'inspection des services où j'aurais eu à m'occuper des enquêtes qui étaient déclenchées quand des policiers ou des agents du FBI étaient accusés de brutalité envers des suspects ou des prisonniers ou de discrimination vis-à-vis des minorités. Ce n'était pas franchement le poste le plus populaire. J'ai trouvé que c'était une façon très injuste de me récompenser pour mon efficacité.

Alors j'ai proposé un marché à Hoxie. J'acceptais de continuer à recruter sur une large échelle s'il me nommait son premier assistant, si l'on me confiait une voiture de fonction et s'il m'écrivait une lettre de recommandation pour que je puisse décrocher une bourse afin de poursuivre mes études. Je savais qu'il me fallait une maîtrise si je ne voulais pas passer le restant de mes jours sur le terrain.

J'étais déjà un peu suspect au bureau. Quelqu'un voulant atteindre un tel niveau d'instruction devait être un libéral enragé. À l'Université du Wisconsin à Milwaukee où j'ai commencé à suivre un cursus de psychologie de l'éducation le soir et le week-end, c'était tout le contraire. La plupart des enseignants se méfiaient de moi parce que j'étais un agent du FBI. En plus, je n'ai jamais vraiment supporté tout ce discours tarabiscoté qui était typique de la psychologie, du style : « John, je voudrais que tu te présentes à ton voisin et que tu lui dises qui est vraiment John Douglas. »

Un jour, nous étions assis en cercle (les cercles étaient grands à cette époque) et je me suis progressivement rendu compte que personne ne m'adressait la parole. J'essayais en vain de me joindre à la conversation. Alors soudain, j'ai dit : « Mais qu'est-ce qui se passe ? » Un peigne avec un manche en métal dépassait de ma poche. Ils croyaient tous que c'était une antenne et que j'étais en train d'enregistrer ce qu'ils disaient pour le transmettre à mon « quartier général ». La suffisance de ces gens qui les conduisait à cette parano ridicule n'a jamais cessé de m'amuser.

Au début du mois de mai 1972, J. Edgar Hoover est mort tranquillement dans son sommeil, chez lui à Washington. Des téléscripteurs ont été envoyés dès le matin très tôt du quartier général à tous les bureaux du pays. À Milwaukee, notre chef nous a tous convoqués pour nous apprendre la nouvelle. Hoover avait largement plus de soixante-dix ans et il avait toujours été là, aussi personne n'avait-il jamais envisagé qu'il mourrait un jour. Le roi était mort et nous nous demandions qui serait le suivant. L. Patrick Gray, un Attorney General adjoint et un fidèle de Nixon, a été nommé directeur provisoire. Il a d'abord été apprécié pour ses innovations telles que le recrutement d'agents spéciaux féminins. Ce n'est que lorsque ses engagements vis-à-vis de son administration ont commencé à entrer en conflit avec les besoins du Bureau qu'il s'est mis à décliner.

J'étais en train de recruter à Green Bay quelques semaines après la mort de Hoover lorsque j'ai reçu un appel de Pam. Elle m'a dit que le prêtre voulait nous rencontrer avant notre mariage. J'étais convaincu qu'il pensait pouvoir me convertir au catholicisme et gagner des points auprès de l'évêché. Mais Pam, en bonne catholique, avait appris à respecter les prêtres et à obéir à leurs injonctions. Je savais qu'elle me tuerait si je ne cédais pas sans faire d'histoires.

Nous sommes arrivés ensemble à l'église Sainte-Rita. Elle est allée voir le prêtre seule quelques instants. Cela m'a rappelé l'épisode avec la police dans le Montana où l'on nous avait tous séparés pour voir si nos versions coïncidaient. J'étais sûr qu'ils étaient en train de mettre au point une stratégie pour me convertir. Quand ils m'ont appelé, la première chose que j'aie dite a été : « Alors, à quelle sauce allez-vous manger le petit protestant ? »

Le prêtre, âgé d'une trentaine d'années, était jeune et sympathique. Il m'a posé des questions d'ordre général telles que : « Qu'est-ce que l'amour ? » J'essayais de le jauger et d'imaginer s'il y avait une bonne réponse à ses questions. Ces entretiens me font penser aux examens d'entrée à l'université : on n'est jamais sûr d'être suffisamment préparé.

Nous avons parlé de la contraception, de la manière dont les enfants seraient élevés, ce genre de choses. Je lui ai demandé quelle impression cela lui faisait d'être prêtre, de devoir rester célibataire et de ne pas fonder sa propre famille. Pam m'avait dit que Sainte-Rita était une église stricte et traditionnelle. Je le trouvais sympathique mais il semblait mal à l'aise avec moi. Peut-être était-ce parce que je n'étais pas catholique. Quand il nous a demandé où nous nous étions rencontrés, je me suis dit qu'il essayait de briser la glace.

J'ai toujours réagi aux situations stressantes par la plaisanterie afin de détendre l'atmosphère. C'était l'occasion rêvée et je n'ai pas pu y résister. Je me suis rapproché de lui et je lui ai dit : « Mon père, vous savez que je suis un agent du FBI. Je ne sais pas si Pam vous a parlé de son milieu. »

Je ne cessais de me rapprocher de lui en lui parlant. Je fixais son regard comme j'avais appris à le faire pendant les interrogatoires. Je ne voulais surtout pas qu'il regarde Pam parce que je ne savais pas comment elle réagissait. « Nous nous sommes rencontrés dans un endroit appelé *Jim's garage*, c'est un bar avec des danseuses aux seins nus. Pam y travaillait. Elle avait beaucoup de talent. Ce qui a attiré mon attention, c'était qu'elle dansait avec des pompons sur chaque sein qu'elle faisait tournoyer dans des directions opposées. Il fallait voir ça, croyez-moi ! »

Pam restait totalement silencieuse, ne sachant pas s'il fallait se taire ou dire quelque chose. Le prêtre m'écoutait attentivement.

« Vous voyez mon père, elle les a fait tournoyer de plus en plus vite et, soudain, l'un d'eux s'est envolé dans le public. Tout le monde a essayé de le récupérer. J'ai sauté, je l'ai attrapé et je le lui ai rapporté. Et nous voici aujourd'hui. »

Il est resté bouche bée. J'avais réussi à convaincre cet homme quand j'ai éclaté de rire, exactement comme je l'avais fait lors de mon exposé bidon en classe. « Vous voulez dire que ce n'est pas vrai ? » m'a-t-il demandé. Pam riait désormais elle aussi. Nous avons tous deux hoché la tête de gauche à droite. J'ignorais si le prêtre était soulagé ou déçu.

Bob McGonigel était mon témoin. Le matin du jour de mon mariage, le temps était pluvieux et sinistre. Je brûlais d'impatience. J'ai demandé à Bob de téléphoner à Pam chez sa mère et de lui demander si elle avait eu de mes nouvelles. Elle a bien sûr répondu que non. Bob lui a alors confié que je n'étais pas rentré de la nuit et qu'il craignait que j'aie changé d'avis et que je me défile. Quand j'y repense aujourd'hui, je suis stupéfait par la perversité de mon sens de l'humour. Bob a finalement explosé de rire et il nous a trahis. J'étais un peu déçu de n'avoir pas réussi à la faire réagir davantage. Elle m'a dit plus tard qu'elle avait été si angoissée par les derniers préparatifs et par ses cheveux qui allaient se mettre à friser à cause de l'humidité ambiante que la simple disparition du marié ne lui avait semblé qu'un problème annexe.

Quand nous avons échangé nos consentements à l'église cet après midi-là et que le prêtre nous a déclarés mari et femme, j'ai été surpris qu'il prononce quelques paroles bienveillantes à mon sujet.

« J'ai rencontré John Douglas pour la première fois il y a quelques jours. Il m'a fait réfléchir longuement à mes propres convictions religieuses. »

Dieu seul sait ce que j'ai pu lui dire pour qu'il réfléchisse si profondément, mais Il agit parfois de manière mystérieuse. J'ai raconté cette histoire des pompons pour la deuxième fois au prêtre que Pam avait appelé à mon chevet à Seattle. Et j'ai réussi à le convaincre, lui aussi.

Nous avons passé notre brève lune de miel à Ponocos avec baignoire en forme de cœur et miroirs au plafond, puis nous sommes allés chez mes parents à Long Island. Ils avaient organisé une fête en notre honneur car seule une petite partie de ma famille avait pu assister à la cérémonie.

Après notre mariage, Pam s'est installée à Milwaukee. Elle avait passé son diplôme et était devenue professeur. Les nouveaux enseignants étaient toujours nommés dans les écoles et les lycées les plus difficiles. Un collège était particulièrement dangereux. Les professeurs y étaient fréquemment bousculés et recevaient des coups de pieds. De jeunes enseignantes avaient aussi été victimes de tentatives de viol. On m'avait finalement déchargé du recrutement et je passais désormais le plus clair de mon temps sur des affaires de braquage de banque. Malgré le danger inhérent à mon travail, je m'inquiétais davantage pour Pam. Moi, au moins, j'avais une arme pour me défendre. Une fois, des élèves l'ont poussée dans une classe vide, l'ont tripotée et ont essayé de la violenter. Elle a réussi à crier et à se dégager. J'étais tellement furieux que j'ai eu très envie de faire une descente dans l'école accompagné de mes collègues.

Mon meilleur ami à l'époque était un agent nommé Joe Del Campo. Il travaillait avec moi sur les affaires de hold-up. Nous avions nos habitudes dans un café servant des *bagels* sur Oakland Avenue près du campus de l'Université du Wisconsin à Milwaukee. Un couple, Sarah et David Goldberg, le gérait et nous sommes rapidement devenus amis. Ils se sont mis à nous traiter comme leurs fils.

Certains matins, nous arrivions très tôt et nous les aidions à mettre les *bagels* au four. Nous prenions notre petit déjeuner, nous ressortions, attrapions un fugitif, nous suivions quelques pistes dans d'autres affaires puis nous revenions pour le déjeuner. Joe et moi nous entraînions au Centre de la Communauté Juive, et au moment de Noël et de Hanouka, nous leur avons offert une carte de membre. D'autres agents ont aussi pris l'habitude de venir « chez les Goldberg » et nous y avons même organisé une soirée à laquelle nos chefs ont assisté.

Joe Del Campo était un type intelligent, polyglotte et excellent tireur. Il a joué un rôle capital dans l'histoire la plus bizarre et la plus déconcertante que j'aie vécue.

Un jour d'hiver, Joe et moi étions en train d'interroger un fugitif que nous avions appréhendé le matin même, quand nous avons reçu un appel nous disant que la police de Milwaukee était confrontée à une prise d'otage. Bien que Joe ait été de garde la nuit précédente, nous avons laissé notre prisonnier mariner pour nous rendre sur les lieux.

Il y avait là une demeure ancienne de style Tudor. Nous avons appris que le suspect, Jacob Cohen, était un fugitif accusé d'avoir tué un officier de police à Chicago. Il venait de tirer sur un agent du FBI, Richard Carr, qui avait tenté de l'approcher dans sa résidence alors cernée par le SWAT [1] du FBI (c'était une équipe toute nouvelle). Il avait ensuite traversé en courant le périmètre du SWAT et

---

1. *N.d.T.* Le SWAT est une brigade antiterroriste.

pris deux salves dans les fesses. Il avait empoigné un jeune garçon qui déblayait de la neige et s'était précipité dans la maison de style Tudor. Il avait détenu à ce moment-là trois otages, deux enfants et un adulte, puis avait fini par relâcher l'adulte et un des enfants. Il avait gardé le jeune garçon qui était âgé, selon nous, de dix à douze ans.

Tout le monde était furieux. Il faisait un froid glacial. Cohen était fou comme un lapin et le fait qu'il avait les fesses bourrées de plomb n'arrangeait rien. Le FBI et la police de Milwaukee s'en voulaient mutuellement d'avoir laissé la situation dégénérer. Le SWAT était également furieux parce que c'était sa première grosse affaire et que le fugitif avait réussi à lui échapper. Le FBI, à cran parce que Cohen avait blessé l'un des siens, voulait désormais voir la couleur de son sang. La police de Chicago a fait passer le mot qu'elle avait l'intention de l'avoir et que si quelqu'un devait tirer sur le suspect, c'était à elle qu'en revenait le droit.

Notre chef, Herb Hoxie, est arrivé sur les lieux et a fait deux erreurs de mon point de vue, erreurs qui sont venues s'ajouter à celles déjà commises par tout le monde. D'abord, il a utilisé un mégaphone, ce qui donne un ton trop autoritaire. Mieux vaut se parler par téléphone. On communique mieux et cela vous permet en outre de négocier en privé. Puis, deuxième erreur, il s'est proposé comme otage en échange du garçon.

Hoxie a donc pris le volant d'une voiture du FBI. La police a formé un cercle autour du véhicule alors qu'il reculait dans l'allée menant à la maison. Pendant ce temps-là, Del Campo m'a demandé de lui donner un coup de main sur le toit de la maison. Rappelez-vous qu'étant de style Tudor, son toit était très incliné et rendu glissant par la glace. En plus, Joe avait passé la nuit debout. Sa seule arme était un 357 magnum.

Cohen est sorti de la maison, son bras entourant la tête du garçon qu'il tenait plaqué contre son corps. Le détective Beasley, de la police de Milwaukee, s'est détaché du cercle formé par les policiers et il lui a dit : « Jack, nous avons ce que vous voulez. Relâchez le gosse ! » Del Campo était toujours en train de se faufiler sur le toit. Les policiers l'ont vu et ont compris ce qu'il allait faire.

Le fugitif et son otage se rapprochaient de la voiture. Tout était recouvert de neige et de glace. Soudain, le gamin a glissé, échappant ainsi sans le vouloir à l'emprise de Cohen. Del Campo est passé de l'autre côté du toit. Pensant qu'avec un canon aussi court, la balle risquait d'être déviée vers le haut, il a visé le cou du fugitif.

Cela a été un coup direct, un coup surprenant qui a touché Cohen en plein milieu de la nuque. Il est tombé à terre, mais personne à ce moment-là n'était en mesure de dire si c'était lui qui avait été blessé ou le gamin.

Trois secondes plus tard exactement, tout le monde s'est mis à tirer et la voiture a été criblée de balles. Dans le feu croisé, le détective Beasley a été touché au tendon d'Achille. Le garçon a couru à quatre pattes jusque devant la voiture qui s'est mise à rouler dans sa direction parce qu'Hoxie avait été blessé par des éclats de verre et qu'il avait perdu le contrôle du véhicule. Le gamin n'a heureusement pas été gravement blessé.

Selon l'habitude du FBI, le journal télévisé local a montré l'agent spécial Herbert Hoxie transporté sur un brancard aux urgences, du sang dégoulinant de ses oreilles. Il a dit ceci à la presse : « Tout d'un coup, j'ai entendu un bruit d'armes à feu, les balles fusaient dans tous les sens. J'ai pensé que j'avais été touché mais que ça allait, etc. »

Mais ce n'était pas fini. Des bagarres ont éclaté et la police a presque démoli Del Campo en lui reprochant de lui avoir volé la vedette. Ceux du SWAT n'étaient pas très contents non plus parce qu'il les avait fait passer pour des incapables. Ils sont allés se plaindre auprès d'un de nos chefs, Ed Best, mais celui-ci a pris le parti de Del Campo en disant qu'il avait sauvé la situation qu'ils avaient laissé pourrir.

Cohen avait entre trente et quarante points d'impact dans le corps, mais il était toujours vivant quand on l'a mis dans l'ambulance. Heureusement pour tout le monde, il est mort à son arrivée à l'hôpital.

L'agent spécial Carr a miraculeusement survécu. La balle de Cohen avait traversé son imperméable, pénétré dans son épaule, ricoché sur sa trachée pour venir se loger dans son poumon. Carr a conservé son imperméable avec le trou provoqué par la balle et il le porte avec fierté depuis ce jour.

Del Campo et moi avons formé une super équipe pendant un temps sauf quand nous partions dans des fous rires impossibles à arrêter. Une fois, nous nous sommes rendus dans un bar gay afin de glâner des renseignements sur le meurtrier d'un homosexuel. Il nous a fallu quelque temps pour nous accoutumer à l'obscurité qui régnait. Nous avons soudain vu tous ces regards braqués sur nous et nous avons commencé à nous chamailler pour savoir qui de nous deux était l'objet du désir. Puis nous avons aperçu une pancarte au-dessus du bar sur laquelle on pouvait lire : « Il fait bon trouver un homme dur » et nous avons explosé de rire comme deux tarés.

Il n'en fallait jamais beaucoup. Nous avons craqué une fois alors que nous étions en train de parler à un vieil homme en fauteuil roulant dans une maison de retraite, puis à une autre occasion en interrogeant un chef d'entreprise tiré à quatre épingles, âgé d'une quarantaine d'années, dont le toupet avait glissé sur le front. Peu importait. S'il y avait de l'humour dans une situation, Joe et moi le trouvions rapidement. C'était nécessaire à notre survie. Quand vous passez votre temps à voir des cadavres, en particulier quand il s'agit d'enfants, quand vous avez parlé à des centaines puis à des milliers de victimes et à leur famille, quand vous avez vu ce que certains humains arrivent à infliger à d'autres, mieux vaut pour vous que vous soyez capable de rire de choses insignifiantes. Sinon, vous risquez de devenir fou.

Contrairement à beaucoup de types qui entrent dans la police ou au FBI, je n'ai jamais été un passionné des armes à feu, mais depuis mon passage dans l'armée de l'air, j'ai toujours été bon tireur. J'ai pensé qu'il serait intéressant pour moi de faire partie du SWAT pendant quelque temps. Il y en avait un dans chaque bureau. C'était un job à temps partiel. Les cinq membres de l'équipe n'étaient appelés qu'en cas de nécessité. J'ai créé l'équipe et j'ai été désigné comme *sniper*. C'est celui qui reste le plus en arrière et qui tire de loin. Les autres avaient tous une solide formation militaire – c'étaient d'anciens Bérets Verts ou des Rangers – alors que moi, j'avais enseigné la natation aux femmes des pilotes et à leurs enfants ! Le chef de l'équipe, David Kohl, est ensuite devenu assistant directeur adjoint de Quantico et c'est lui qui m'a demandé de diriger l'Unité d'Aide aux Enquêtes.

Au cours d'une affaire beaucoup plus simple que l'escapade de Cohen, un type a commis un hold-up dans une banque puis il a entraîné la police dans une poursuite effrénée. Il s'est finalement barricadé dans un entrepôt. C'est à ce moment-là que l'on nous a appelés. Il a commencé par enlever tous ses vêtements puis il les a remis. Il avait l'air fou à lier. Puis il a demandé que l'on fasse venir sa femme, ce qui a été fait.

Des années plus tard, après avoir mené des recherches sur ce type de personnalité, nous avons compris que c'était la dernière chose à faire. On n'accède pas à ce genre de demande parce que la personne que ces forcenés exigent de voir est généralement celle qu'ils considèrent comme ayant engendré le problème. Si vous le faites, vous courez le risque d'assister à un meurtre suivi d'un suicide.

Heureusement dans ce cas précis, les policiers n'ont pas amené sa femme à l'intérieur de l'entrepôt. Elle a parlé à son mari par téléphone. Et bien sûr, à la minute où ils ont raccroché, il s'est tiré une balle dans la tête.

Cela faisait des heures que nous attendions tous en position et soudain tout a été fini. Mais on ne se détend pas pour autant sur-le-champ. C'est ce qui nous conduit généralement à raconter de mauvaises blagues. « Mais pourquoi diable a-t-il fait ça ? » a ainsi remarqué l'un d'entre nous. « Douglas est un excellent tireur. Il aurait pu lui rendre ce service. »

Je suis resté à Milwaukee pendant un peu plus de cinq ans. Pam et moi avons quitté notre appartement pour une maison plus éloignée du bureau près de la limite nord de la ville. Je passais la plupart de mon temps sur des affaires de braquage de banque et j'ai acquis une bonne réputation dans ce domaine. Je me suis rendu compte que j'étais encore plus efficace quand j'arrivais à trouver une « signature » commune à plusieurs crimes, facteur qui est ensuite devenu la pierre angulaire de nos analyses des meurtres en série.

J'ai commis ma seule grosse bourde après l'arrivée de Jerry Hogan, qui a remplacé Herb Hoxie. Il n'y avait pas beaucoup d'avantages attachés au poste qu'il occupait si ce n'est une voiture de fonction dont il était très fier. J'ai un jour eu besoin d'un véhicule pour une enquête mais aucun n'était disponible. Hogan assistait à une réunion, aussi ai-je demandé à son assistant, Arthur Fulton, si je pouvais emprunter la voiture de Hogan. Il a accepté à contrecœur.

La seule chose que je sache ensuite, c'est que Jerry m'a convoqué dans son bureau, furieux parce que j'avais pris sa voiture, que je l'avais salie et que – et c'était ça le pire – je la lui avais rendue avec un pneu à plat. Je ne m'en étais pas rendu compte. Jerry et moi nous entendions bien, alors je n'ai pas pu m'empêcher de rire pendant qu'il hurlait. Grosse erreur.

Plus tard ce jour-là, mon chef Ray Byrne m'a dit : « Tu sais, John, Jerry Hogan t'apprécie vraiment beaucoup mais il doit te donner une bonne leçon. Il te charge de la réserve indienne. »

C'était à l'époque des incidents de Wounded Knee et de la reconnaissance des droits des Indiens. Nous étions autant détestés dans les réserves que dans les ghettos de Détroit. Les Indiens avaient été très mal traités par le gouvernement. Quand je suis arrivé pour la première fois dans la réserve des Menominee à Green Bay, je ne pouvais pas imaginer que des gens puissent vivre dans une pauvreté, une saleté et une misère pareilles. Ils avaient été dépouillés de leur culture au point de paraître engourdis. En grande partie à cause de ces conditions de vie déplorables et de l'indifférence et de l'hostilité de l'État, on relevait dans de nombreuses réserves une incidence élevée de l'alcoolisme, de la violence conjugale et des mauvais traitements des enfants, des agressions et des meurtres. Mais la méfiance qui régnait envers le gouvernement faisait qu'il était quasiment impossible à un agent du FBI d'obtenir une quelconque coopération de la part des témoins.

Les représentants du Bureau des Affaires Indiennes local ne m'étaient d'aucune utilité. Même les familles des victimes refusaient de s'impliquer par peur d'être vues en train de collaborer avec l'ennemi. Parfois, quand on apprenait qu'un meurtre avait eu lieu, on s'apercevait en arrivant sur place que le corps était là depuis plusieurs jours et qu'il était déjà infesté de larves d'insectes.

J'ai passé plus d'un mois dans la réserve, temps pendant lequel j'ai conduit six enquêtes de meurtre. J'étais constamment déprimé en raison de la détresse que je percevais chez ces gens. Et pourtant, j'avais la chance de rentrer chez moi tous les soirs. C'était la première fois que je rencontrais une communauté ayant à se battre sur tant de fronts à la fois. Cela a été ma première expérience « concentrée » d'enquêtes criminelles et bien que risquée et sinistre, elle s'est avérée extrêmement formatrice.

La meilleure chose qui me soit arrivée à Milwaukee est sans conteste la naissance de notre premier enfant, Erika, en novembre 1975. Nous devions dîner pour Thanksgiving au country club local avec des amis, Sam et Esther Ruskin, quand Pam a dû partir pour la clinique. Erika est née le jour suivant.

Je passais beaucoup de temps à enquêter sur des braquages de banques tout en terminant ma maîtrise et ce nouveau bébé signifiait pour moi des heures de sommeil en moins. Mais inutile de le dire, c'était Pam qui payait le plus de sa personne. Ma nouvelle paternité m'a fait prendre encore plus conscience de mes responsabilités familiales. J'adorais voir Erika grandir. Heureusement pour nous tous, je n'avais pas encore commencé à travailler sur des affaires d'enlèvements et de meurtres d'enfants. Si cela avait été le cas, si je m'étais arrêté pour réfléchir à tout cela, je ne sais pas si j'aurais pu m'adapter à mon rôle de père aussi facilement. En 1980, en revanche, lorsque notre deuxième fille, Lauren, est née, j'étais complètement plongé dedans.

Je crois que devenir père m'a aussi davantage poussé à exploiter mes possibilités. Je savais que je ne tenais pas à occuper le même poste toute ma carrière. Jerry Hogan m'a conseillé de passer dix ans sur le terrain avant de penser à demander une autre affectation. J'acquerrais de l'expérience et monterais en grade, puis je pourrais peut-être entrer au quartier général. Mais avec un enfant et d'autres à venir je l'espérais, la vie d'agent sur le terrain, muté de bureau en bureau ne m'emballait pas vraiment.

À mesure que le temps a passé, d'autres perspectives professionnelles se sont présentées. L'entraînement de *sniper* et les exercices avec mes camarades du SWAT avaient perdu de leur attrait. Avec ma formation et mon intérêt pour la psychologie – j'avais ma maîtrise – il me semblait que le nouveau défi qui s'offrait à nous était d'essayer de gérer les situations avant qu'elles ne dégénèrent et que l'on soit obligé de faire parler les armes. Mon chef m'a recommandé pour un stage de deux semaines sur « la négociation lors des prises d'otages » à l'Académie du FBI à Quantico qui n'était opérationnelle que depuis deux ans.

Là, sous la tutelle d'agents légendaires tels que Howard Teten et Pat Mullany, j'ai eu mon premier contact avec ce que l'on désignait déjà sous le nom de Sciences du Comportement. Et cela a transformé ma carrière.

5

LES SCIENCES DU COMPORTEMENT

Cela faisait cinq ans, depuis ma formation de base, que je n'étais pas retourné à Quantico. L'endroit avait beaucoup changé. Depuis le printemps de l'année 1975, l'Académie du FBI était devenue complètement autonome, construite dans une partie de la base de la marine américaine, au milieu des bois et des collines de Virginie, à une heure de route au sud de Washington.

Mais certaines choses n'avaient pas changé. Les unités tactiques étaient toujours aussi prestigieuses et respectées et l'Unité de Tir en était la vedette. Elle était dirigée par George Zeiss, l'agent spécial qui avait été chargé de ramener James Earl Ray d'Angleterre pour être présenté à la justice américaine après l'assassinat du Dr Martin Luther King Jr en 1968. Zeiss était un colosse qui brisait les menottes à mains nues pour épater la galerie. Une fois, des types sur le champ de tir en ont pris une paire dont ils ont soudé la chaîne puis ils les ont données à Zeiss pour qu'il fasse sa démonstration. Il les a tordues si fort qu'il s'est cassé le poignet et a dû porter un plâtre pendant plusieurs semaines.

La négociation lors des prises d'otages était enseignée à l'Unité de Sciences du Comportement, unité qui comptait entre sept et neuf agents instructeurs. Comme Hoover et son entourage n'attachaient pas d'importance aux sciences humaines, cela a été jusqu'à sa mort une entreprise en sous-main.

Une grande partie du FBI et du monde de la justice en général considérait en effet à l'époque que la psychologie et la science du comportement appliquées à la criminologie n'étaient qu'une vaste fumisterie. Bien que n'étant pas d'accord là-dessus, je devais admettre que ce que l'on savait et enseignait alors dans ce domaine ne permettait en rien de comprendre et d'appréhender les criminels. Certains d'entre nous ont plus tard entrepris de remédier à cela. Quand je suis devenu responsable de l'aspect opérationnel de l'Unité de Sciences du Comportement, j'ai désormais appelé celle-ci Unité d'Aide aux Enquêtes. Lorsque l'on me demande pourquoi, je réponds franchement que je voulais nous débarrasser de tout le fatras inutile et sans intérêt pour notre travail qui encombrait alors les sciences du comportement.

L'Unité de Sciences du Comportement, sous la direction de Jack Pfaff à l'époque où j'ai suivi mon stage de négociation, était dominée par deux fortes et fines personnalités : Howard Teten et Patrick Mullany. Teten mesurait un mètre quatre-vingt-dix environ. Il avait un regard pénétrant derrière des lunettes cerclées de métal. Bien qu'ancien Marine, il était du genre contemplatif – toujours très digne – le type même du professeur. Il était entré au Bureau en 1962 après avoir servi dans la police de San Leandro près de San Francisco. En 1969, il avait commencé à enseigner la Criminologie Appliquée, ce qui constitue un événement marquant dans notre histoire. Ce cours a ensuite changé de nom (je soupçonne que c'est après la mort de Hoover) et s'est intitulé Psychologie Criminelle Appliquée. Avant même 1972, Teten s'était rendu à New York pour rencontrer le Dr James Brussel, le psychiatre qui avait élucidé l'affaire du poseur de bombes fou. Celui-ci avait accepté de lui enseigner sa technique d'établissement des profils psychologiques.

L'approche de Teten, une avancée majeure à l'époque, consistait à se focaliser sur les éléments de la scène du crime pour en tirer le maximum d'informations sur le comportement du criminel et sur son mobile. D'une certaine façon, tout ce que nous avons fait depuis lors en sciences du comportement et en analyse d'investigation criminelle a été fondé là-dessus.

Pat Mullany m'a toujours fait penser à un lutin. Avec un mètre soixante-quinze, c'était un type grassouillet à l'esprit vif et débordant d'énergie. Un diplôme de psychologie en poche, il avait été muté du bureau de New York pour venir à Quantico en 1972. Il s'est distingué vers la fin de son séjour à Quantico en venant à bout avec succès de plusieurs prises d'otages célèbres : à Washington, quand la secte musulmane Hanafi avait envahi les quartiers généraux du B'nai B'rith, et à Warrensville Heights dans l'Ohio lorsque Cory Moore, un vétéran noir du Vietnam, avait pris en otage un capitaine de police et sa secrétaire dans leur commissariat. Teten et Mullany ont réalisé tous deux la première avancée dans la science moderne du comportement et ils ont constitué une paire inoubliable.

Les autres instructeurs de l'Unité participaient également au cours de négociation. Il y avait parmi eux Dick Ault et Robert Ressler qui venaient d'arriver à Quantico. Après Teten et Mullany, Ault et Ressler ont fait progresser notre discipline et lui ont permis de devenir véritablement utile aux polices des États-Unis et du monde entier. À l'époque, Bob Ressler et moi-même ne nous connaissions qu'en tant que professeur et élève mais nous avons rapidement travaillé ensemble sur l'étude des tueurs en série qui a ensuite conduit à ce que nous faisons aujourd'hui.

Nous étions une cinquantaine dans ce stage. Il était d'une certaine façon plus distrayant que formateur, mais quinze jours de répit loin du terrain étaient les bienvenus. Nous avons étudié les trois sortes de preneurs d'otages : le criminel professionnel, le malade mental et le fanatique. Nous avons aussi abordé certains des phénomènes particuliers qui s'étaient produits à la suite de prises d'otages, tels que le syndrome de Stockholm. Deux années auparavant, en 1973, un hold-up raté dans une banque à Stockholm s'était transformé en drame atroce avec prise en otage des employés et des clients. Ceux-ci avaient fini par s'identifier aux braqueurs auxquels ils avaient prêté main-forte contre la police.

Nous avons aussi visionné le film de Sidney Lumet intitulé *Un après-midi de chien* qui venait de sortir, avec Al Pacino dans le rôle d'un homme qui dévalisait une banque pour payer une opération à son petit ami lui permettant de changer de sexe. Ce film est tiré d'une véritable histoire de prise d'otages à New York. Cette affaire avec ses négociations prolongées a conduit le FBI à inviter à

Quantico le capitaine Frank Bolz et le détective Harvey Schlossberg de la police de New York qui était la plus en avance dans le domaine de la négociation lors des prises d'otages.

Nous avons étudié les principes de la négociation. Certains étaient évidents, comme celui de minimiser les pertes en vies humaines. Nous avions la chance de pouvoir écouter des cassettes de prises d'otages réelles mais ce n'est que plusieurs années après avec la nouvelle génération d'instructeurs, que les étudiants ont pu participer à des jeux de rôles. C'est en effet dans ces simulations que l'on est au plus près de la situation réelle. Une bonne partie du matériel provenait des cours de psychologie criminelle et n'était pas adaptée au sujet. On nous donnait, par exemple, des photos et des dossiers de pédophiles et de tueurs sexuels et nous réfléchissions ensemble à la manière dont ce genre de personnalité réagirait dans une situation de prise d'otage. Il y avait enfin de l'entraînement au tir, comme toujours à Quantico.

Tout ce que nous avons finalement enseigné dans le domaine des prises d'otages, nous l'avons appris sur le terrain et non en classe. Comme je l'ai dit plus haut, l'une des affaires qui a contribué à la réputation de Pat Mullany a été celle de Cory Moore. Moore, reconnu schizophrène, avait formulé un certain nombre d'exigences après avoir pris en otage le capitaine de police et sa secrétaire dans leur commissariat de Warrensville Heights, dans l'Ohio. L'une d'elles était qu'il fallait que toutes les personnes de race blanche quittent la Terre immédiatement.

Lors d'une négociation, on essaie autant que possible de refuser de céder aux exigences des criminels. Certaines ne peuvent de toute façon pas être satisfaites. Celle-là en faisait bien entendu partie. Cette affaire a eu un tel retentissement, que le Président des États-Unis, Jimmy Carter a proposé de parler à Moore. Son intention était louable et témoignait de la même bonne volonté que celle dont il a fait preuve lors d'autres conflits graves dans le monde entier. Mais ce n'était pas la stratégie à adopter et je n'aurais pas aimé me trouver dans cette situation si j'avais eu la responsabilité des négociations. Pat Mullany, non plus. Le problème, quand on fait intervenir le « grand patron » (en dehors du fait que cela risque d'encourager d'autres personnes désespérées à tenter la même chose), est qu'on perd toute marge de manœuvre. Il faut toujours négocier en utilisant des intermédiaires, ce qui permet de gagner du temps et d'éviter de faire des promesses que l'on n'a pas l'intention de tenir. Si vous mettez le preneur d'otages en relation directe avec une personne qu'il perçoit comme étant celle qui décide, tout le monde se retrouvera le dos au mur et si vous ne cédez pas à ses exigences, vous risquerez de voir la situation vous échapper. Plus vous le ferez parler, mieux cela sera.

Quand j'enseignais la négociation lors des prises d'otages, à Quantico, au début des années quatre-vingts, nous utilisions à l'époque une vidéo troublante qui avait été tournée à Saint-Louis quelques années auparavant. Nous avons fini par cesser de la montrer, car la police de Saint-Louis en était malade. On y voit en effet un jeune Noir tenir une barre en l'air. Son braquage est un échec, il se retrouve coincé à l'intérieur, la police cerne les lieux. Il détient un groupe d'otages.

Une équipe composée d'officiers blancs et noirs est constituée afin de parlementer. Mais comme le montre la cassette, plutôt que d'essayer de discuter avec lui sur un plan objectif, les policiers s'adressent à lui en employant le langage de la rue et essaient de descendre à son niveau. Ils parlent tous en même temps, l'interrompent sans cesse, ne l'écoutent pas et ne tentent pas de savoir ce qu'il veut obtenir de la situation.

La caméra se détourne au moment où le chef de la police arrive sur les lieux. Là encore, je n'aurais pas laissé cela se produire. Une fois qu'il est là, il « ignore » officiellement les exigences du preneur d'otages, après quoi le type pointe son arme sur sa propre tempe et se fait sauter la cervelle devant tout le monde.

La manière dont Pat Mullany a géré l'affaire Cory Moore est radicalement différente de celle-ci. Il était évident que Moore était fou et que tous les Blancs n'allaient pas quitter la planète Terre. Mais en l'écoutant attentivement, Mullany a pu comprendre ce que Moore voulait vraiment. C'est ainsi qu'il lui a proposé de donner une conférence de presse dans laquelle il pourrait exposer ses idées. Moore a alors libéré les otages sans effusion de sang.

Pendant mon séjour à Quantico, mon nom a été cité à l'Unité de Sciences du Comportement. Pat Mullany, Dick Ault et Bob Ressler m'ont recommandé auprès de Jack Pfaff. Avant mon départ, le directeur de l'Unité m'a convoqué dans son bureau au sous-sol pour un entretien. Pfaff était quelqu'un de sympathique. Brun et fumeur invétéré, il ressemblait beaucoup à Victor Mature [1]. Il m'a dit que j'avais fait très bonne impression à mes instructeurs puis il m'a proposé de revenir à Quantico comme conseiller pour le cursus de l'Académie Nationale du FBI. J'ai été flatté par son offre et je lui ai répondu que cela m'intéressait beaucoup.

À Milwaukee, tout en étant toujours dans l'unité de réaction aux crimes et au SWAT, je passais une grande partie de mon temps à parcourir l'État pour former les hommes d'affaires à gérer les menaces d'enlèvement et de racket. J'apprenais aussi au personnel des banques comment prévenir les hold-up et comment réagir dans le cas où ils se produiraient. À cette époque, les hold-up par des gangs ou des personnes seules étaient en effet la plaie des succursales rurales.

Il était stupéfiant de voir combien ces hommes d'affaires intelligents se montraient naïfs quand il s'agissait de leur sécurité personnelle : ils laissaient, par exemple, leur emploi du temps, y compris leurs projets de vacances, être publiés dans des journaux locaux et dans les bulletins internes à leur entreprise. C'étaient des proies faciles pour des kidnappeurs ou des racketteurs. Je leur ai appris ainsi qu'à leurs subordonnés et à leurs secrétaires comment évaluer les appels et les demandes d'information et comment savoir si une demande de rançon avait un fondement réel. Il n'était pas rare, en effet, qu'un cadre reçoive un appel lui disant que sa femme ou son enfant avait été enlevé et qu'il fallait qu'il dépose telle somme d'argent à tel endroit. En réalité, l'escroc qui lui avait téléphoné ne détenait personne, mais il avait appris qu'il serait impossible à celui-ci de joindre sa famille juste à ce moment-là pour une raison ou une autre. S'il disposait d'une ou deux informations suffisamment convaincantes, il parvenait à persuader le cadre affolé d'accéder à ses exigences.

De la même manière, nous avons réussi à réduire le nombre de braquages de banques en obtenant des directeurs l'instauration de procédures simples. Une des techniques fréquentes utilisées par les

1. *N.d.T.* Victor Mature est un acteur américain célèbre, de type très latin. Il a joué dans de nombreuses fresques historiques.

braqueurs consistait à attendre l'arrivée du directeur qui était chargé de l'ouverture de l'agence. Ils l'empoignaient puis ils en faisaient de même avec les employés au fur et à mesure de leur entrée dans la banque. C'est ainsi que vous vous retrouvez avec une agence remplie d'otages et un gros problème sur les bras.

J'ai obtenu de certaines agences qu'elles instituent un code de base. Quand la première personne arrivait et qu'elle constatait que la voie était libre, elle devait faire une chose – ouvrir un rideau, bouger une plante, allumer une lampe, peu importe – pour signaler aux suivantes que tout allait bien. Si ce signal était absent quand la deuxième personne arrivait, elle ne devait pas entrer dans la banque mais appeler la police immédiatement.

Nous avons aussi formé les caissiers car ils sont la clé de voûte de la sécurité dans les agences. Nous leur avons montré quels indices rechercher et quoi faire en cas de panique tout en ne risquant pas leur vie inutilement. Nous leur avons expliqué comment manipuler les paquets d'argent explosifs qui étaient très fréquemment utilisés à l'époque. Et puis, grâce à ce que j'avais appris lors de mes nombreux entretiens avec des braqueurs professionnels, j'ai conseillé aux caissiers de prendre les pancartes signalant le hold-up quand elles leur étaient présentées et de les laisser malencontreusement tomber par terre de leur côté de la grille, « sous le coup de l'émotion », au lieu de les rendre. Nous pourrions ainsi récupérer de précieux indices.

Je savais par expérience que les braqueurs n'aimaient pas se lancer à l'aveuglette. Aussi était-il très utile de demander aux employés des guichets de noter systématiquement le nom des individus qu'ils n'avaient jamais vus auparavant, surtout quand ceux-ci avaient des questions ou des demandes simples telles que l'échange de billets contre des rouleaux de pièces. Quand un employé avait ainsi pu noter les numéros de permis de conduire ou de cartes d'identité, les braquages qui survenaient ensuite étaient facilement élucidés.

J'avais commencé à rencontrer les policiers chargés des homicides et les médecins légistes. Ils vous diront tous que le corps de la victime est l'élément capital dans toute enquête de meurtre. Je voulais en apprendre le plus possible. Je suis persuadé que cette fascination remontait en partie à ma jeunesse, quand je voulais devenir vétérinaire et comprendre les rapports existant entre les structures et les fonctions du corps d'un côté, et la vie de l'autre. J'aimais travailler avec les policiers et les médecins légistes mais c'était l'aspect psychologique qui me captivait le plus : que recherche un tueur ? Qu'est-ce qui le pousse à commettre le crime dans ces circonstances particulières ?

Pendant les semaines que j'avais passées à Quantico, j'avais été confronté à certaines des affaires de meurtres les plus bizarres, et la plus étrange d'entre elles s'était pratiquement déroulée dans mon jardin – en réalité à près de 230 kilomètres de chez moi – mais c'était déjà assez proche !

Edward Gein était, dans les années cinquante, un reclus vivant dans une communauté de fermiers de Plainfield, dans le Wisconsin. Celle-ci comptait six cent quarante-deux habitants. Il avait entamé sa « carrière » criminelle sans bruit, comme pilleur de tombes. Il s'intéressait en particulier à la peau des corps qu'il dépeçait. Il la tannait ensuite et s'en enveloppait. Il en habillait également un mannequin de tailleur et s'en servait pour embellir certains meubles. Il avait songé à changer de sexe à une époque – c'était encore révolutionnaire au milieu des années cinquante, au fin fond du Middle West – et quand cela lui avait semblé irréalisable, il avait décidé que le mieux pour lui était alors de se faire un costume de femme à partir de femmes réelles. Certains spéculent en disant qu'il voulait ainsi devenir sa mère, une femme dominatrice qui était décédée. Cette affaire vous rappelle peut-être quelque chose, car certains de ses aspects ont été repris par Robert Bloch dans son roman *Psychose* (d'où a été tiré le classique de Hitchcock) et par Thomas Harris dans *Le Silence des Agneaux.* Harris s'est inspiré d'un cas réel qui lui avait été exposé pendant nos cours à Quantico.

Gein aurait probablement pu continuer à vivre dans l'anonymat si ses besoins ne s'étaient pas accrus au point de devoir « créer » lui-même davantage de corps à dépecer. Quand nous avons entrepris notre étude sur les tueurs en série, nous avons presque à chaque fois retrouvé cette escalade. Gein a été inculpé pour le meurtre de deux femmes d'âge mûr, bien qu'il en ait très certainement tué davantage. En janvier 1958, il a été reconnu comme malade mental et il a passé le restant de ses jours à l'hôpital de Waupun et à l'Institut de Santé Mentale de Mendota où il a toujours été qualifié de prisonnier modèle. Il est mort tranquillement en 1984, à l'âge de soixante-dix-sept ans, dans le service gériatrique de Mendota.

Il est inutile de dire que l'on rencontre peu ce genre de cas quand on est policier ou agent spécial sur le terrain. Quand je suis rentré à Milwaukee, j'ai voulu en apprendre le plus possible sur cette affaire. Mais lorsque j'ai demandé à avoir accès au dossier, on m'a répondu que tout était sous scellés en raison de l'état mental du condamné.

Quand j'ai dit que j'étais un agent du FBI et que cela m'intéressait pour des raisons d'enseignement, j'ai enfin obtenu gain de cause. Je suis allé avec l'employé chercher les boîtes qui reposaient sur d'immenses étagères et j'ai dû briser un scellé pour les ouvrir. Je n'oublierai jamais cet instant. À l'intérieur, je suis tombé sur des photographies qui se sont immédiatement gravées dans mon esprit : des corps de femmes nues, sans tête, suspendus à l'envers par des cordes et des poulies, incisés devant, de haut en bas, du sternum jusqu'à la région vaginale et des organes génitaux complètement découpés. D'autres photos montraient des têtes tranchées posées sur une table avec leurs yeux ouverts et vides fixant le néant. Malgré l'horreur que ces images m'inspiraient, je me suis mis à me demander quelles informations elles nous apportaient sur le criminel et comment celles-ci auraient pu nous aider à l'appréhender.

À la fin du mois de septembre 1976, j'ai quitté Milwaukee temporairement pour être conseiller de la cent-septième session de l'Académie Nationale à Quantico. Pam a dû rester à Milwaukee pour tenir la maison et s'occuper de notre fille, Erika, âgée d'un an, tout en continuant d'enseigner. Cela a été la première d'une longue série d'absences pour raisons professionnelles et je crains que bon nombre d'entre nous au Bureau, dans l'armée et aux affaires étrangères, n'aient pas vraiment réfléchi à la charge considérable que cela représentait pour leur épouse.

Le programme de l'Académie Nationale du FBI est un cursus difficile de onze semaines conçu pour les fonctionnaires américains ou étrangers ayant déjà une solide expérience dans le domaine du maintien de l'ordre et de l'application de la loi. Dans de nombreux cas, les étudiants de l'Académie sont formés avec les agents du FBI. On les différencie par la couleur de leur chemise. Les agents du FBI sont en bleu tandis que les élèves de l'Académie Nationale sont en rouge. Ces derniers sont aussi, généralement, plus âgés et plus expérimentés. Pour être admis, il faut avoir été recommandé par son commandant et accepté par les instructeurs de Quantico. Non seulement l'Académie Nationale enseigne les connaissances et les techniques les plus récentes, mais elle permet en plus aux agents du FBI de nouer des relations personnelles de manière informelle avec les fonctionnaires des polices locales. Ceci s'est avéré extrêmement utile à maintes reprises. Le directeur du programme s'appelait Jim Cotter, une véritable institution. Les policiers l'adoraient.

J'étais, en tant que conseiller, responsable d'une section – la Section B – comprenant cinquante hommes. Bien que la politique du directeur Patrick Gray puis celle de Clarence Kelley aient été de sortir le Bureau du carcan de l'époque Hoover, aucune femme n'était encore admise à l'Académie Nationale. En plus des Américains, j'avais des stagiaires anglais, canadiens et égyptiens. On partageait le même foyer et nous, les conseillers, étions censés jouer tous les rôles, de celui d'instructeur, d'organisateur de loisirs, de thérapeute à celui de mère poule. C'était un moyen pour les membres de l'Unité de Sciences du Comportement de voir comment vous vous comportiez avec les policiers, si vous aimiez l'atmosphère de Quantico et comment vous gériez le stress.

Et ça, il y en avait ! Les étudiants se retrouvaient loin de leur famille, ils couchaient dans un foyer pour la première fois de leur vie adulte, ils n'avaient pas le droit de boire dans leur chambre et ils partageaient leur salle de bains avec des inconnus. En plus, ils étaient soumis à un entraînement physique intensif qu'ils n'avaient plus subi depuis leur entrée dans la police. Ils recevaient une excellente formation, mais à quel prix ! Au bout de la sixième semaine, la plupart des flics devenaient dingues et se tapaient la tête contre les murs.

Et cela, bien entendu, avait des répercussions sur les conseillers. Chacun gérait sa mission à sa façon. Comme toujours dans ma vie, je me suis dit que si nous voulions traverser cette période sans trop de dommages, mieux valait que j'aie de l'humour. D'autres conseillers adoptaient une approche différente. L'un d'eux étaient si strict et exigeant qu'il empoisonnait sans cesse ses gars, même en dehors de leur temps de formation. À la fin de la troisième semaine, ils en ont eu tellement assez qu'ils lui ont offert une valise. Le message symbolique était clair : « Dégage ! »

Un autre conseiller était agent spécial. Je l'appellerai Fred. Il n'avait jamais eu de problème avec l'alcool avant de venir à Quantico, mais là, c'est sûr qu'il a commencé à en avoir.

Les conseillers devaient observer leurs étudiants pour déceler chez eux tout signe de dépression. Fred avait pris l'habitude de s'enfermer dans sa chambre pour fumer et boire jusqu'à l'oubli. Quand vous avez affaire à des flics endurcis à l'école de la rue, c'est le plus fort qui l'emporte. Aucune faiblesse ne vous sera pardonnée. Fred était un type vraiment chouette mais il était si sensible, si compréhensif et si facile à duper qu'il n'avait aucune chance avec ses gars.

Les femmes n'étaient pas admises dans les chambres, c'était la règle. Un soir, un des flics est venu voir Fred en lui disant « qu'il n'en pouvait plus ». Ce n'est pas le genre de choses qu'un conseiller a envie d'entendre. Il lui a confié que son camarade de chambrée avait une femme différente dans son lit chaque soir et que cela l'empêchait de dormir. Alors Fred l'a suivi jusqu'à sa chambre et s'est aperçu qu'une demi-douzaine de types attendaient leur tour devant la porte en tenant de l'argent dans leurs mains moites. Fred a flippé. Il a fait irruption dans la chambre et a empoigné le type qui était au-dessus d'une blonde aux cheveux longs pour s'apercevoir que la dame en question était une poupée gonflable.

Une semaine plus tard, un autre flic est venu en pleine nuit prévenir Fred qu'un camarade, déprimé, avait sauté par la fenêtre. Les fenêtres de la caserne ne s'ouvrent pas. Fred s'est donc précipité dans le couloir, puis dans la chambre. Par la fenêtre ouverte, il a aperçu Harry couvert de sang qui gisait sur l'herbe. Fred a dévalé les escaliers pour se rendre sur les lieux du suicide. À ce moment-là, Harry s'est brusquement relevé et lui a fait une peur bleue. Une bouteille de ketchup avait été chapardée à la cafétéria ce soir-là ! Fred a commencé à perdre ses cheveux avant la fin du cursus. Il ne se lavait plus, il n'avait plus de sensibilité dans une jambe et il s'était mis à boiter. Un neurologue ne lui a rien trouvé. Une année plus tard, alors qu'il avait réintégré son bureau, il a été licencié pour inaptitude physique. Cela m'a fait de la peine pour lui. On peut dire que sur un point, les flics ressemblent beaucoup aux criminels : vous devez faire vos preuves avec chacun d'eux.

Malgré mon attitude cool et pleine d'humour, je n'ai pas été épargné non plus. Mais heureusement pour moi, c'était plutôt des farces de potache. Un jour, des gars de ma section ont enlevé tous les meubles qui se trouvaient dans ma chambre. Une autre fois, on m'a fait un lit en portefeuille et un film de cellophane a été tendu sur le siège de mes toilettes. Il faut bien évacuer la tension d'une manière ou d'une autre.

Ils ont fini par me faire tourner en bourrique. J'ai eu soudain très envie de m'éloigner quelque temps pour changer d'air. Et comme c'étaient de bons policiers, ils l'ont rapidement senti. Ils ont soulevé ma voiture à l'aide de briques, juste assez pour que les roues ne touchent plus terre. Je suis monté dedans – c'était une MGB de couleur verte –, j'ai mis le contact, débrayé, passé une vitesse et appuyé sur l'accélérateur. Mais impossible de comprendre pourquoi je n'avançais pas ! Je suis sorti de la voiture en maudissant les ingénieurs britanniques. J'ai soulevé le capot puis, de rage, j'ai donné des coups de pied dans les pneus. Je me suis enfin baissé pour regarder le châssis. Et soudain, le parking s'est illuminé. Ils étaient tous dans leur voiture, leurs phares braqués sur moi. Comme ils éprouvaient de la sympathie pour moi, ils ont reposé la voiture sur la terre ferme après avoir bien rigolé à mes dépens.

Les étudiants étrangers n'étaient pas épargnés non plus. Nombre d'entre eux arrivaient avec des valises vides puis se ruinaient en achats à l'économat. Je me rappelle surtout un colonel égyptien. Il avait demandé à un flic de Détroit ce que « putain » voulait dire. (Grosse erreur.) Le flic lui avait répondu, et d'une certaine façon il avait raison, que c'était un mot qui servait à tout, dont l'emploi dépendait de la situation mais qu'il était presque toujours adapté. L'une de ses significations était « beau » ou « élégant ».

Après cela, l'étudiant est allé au rayon photographie de l'économat et, pointant du doigt un appareil, il a dit : « Je voudrais acheter ce putain d'appareil photo.

– Pardon ? lui a répondu la jeune vendeuse horrifiée.

– Je veux acheter ce putain d'appareil photo ! »

Ses camarades se sont précipités pour lui dire que bien que ce terme eût de nombreux usages, on ne l'employait pas devant les femmes et les enfants.

Dans le même genre, un fonctionnaire de police japonais a un jour demandé à un flic comment saluer un instructeur pour lequel on avait le plus grand respect. Ensuite, chaque fois que je l'ai rencontré dans le couloir, il m'a souri, s'est incliné et m'a salué en disant : « Allez vous faire foutre, M. Douglas. »

Plutôt que de tout compliquer, je m'inclinais à mon tour, je souriais et je lui répondais : « Allez vous faire foutre, vous aussi. »

Quand les Japonais nous envoyaient quelqu'un, ils insistaient généralement pour qu'ils viennent à deux. Au bout de quelque temps, il apparaissait clairement que l'un était un officier supérieur et que l'autre était un subordonné qui avait pour fonction de cirer les chaussures de son aîné, de faire son lit et le ménage, en bref d'être son serviteur. Un jour, des étudiants sont allés voir Jim Cotter pour lui signaler qu'un officier supérieur s'entraînait au karaté et aux arts martiaux en se servant de son subordonné comme sparring-partner et qu'il lui cassait régulièrement la figure. Cotter a pris le gars à part pour lui expliquer que tous les étudiants étaient égaux à l'Académie et il lui a bien fait comprendre que ce genre de comportement ne serait pas toléré plus longtemps. Tout cela pour vous montrer le genre de barrières culturelles qu'il fallait surmonter.

J'assistais aux cours pour me faire une idée de la manière dont on enseignait. Avant même la fin de la session en décembre, l'Unité de Sciences du Comportement et l'Unité d'Éducation m'avaient chacune proposé un poste. Le directeur de l'Unité d'Éducation m'a offert de me financer une formation supplémentaire à l'université, mais les Sciences du Comportement m'intéressaient davantage.

Je suis rentré à Milwaukee une semaine avant Noël. J'étais tellement persuadé que j'allais être muté à Quantico que Pam et moi avons acheté un terrain tout près de là. En janvier 1977, le Bureau a annoncé qu'une étude portant sur l'ensemble des effectifs était prévue et que toutes les mutations seraient suspendues pendant sa durée. Je pouvais dire adieu à mon nouveau job ! J'étais coincé avec ce terrain en Virginie sur les bras et j'avais dû emprunter de l'argent à mon père pour effectuer le premier versement. Pour couronner le tout, j'ignorais ce qu'allait être mon avenir au Bureau.

Quelques semaines plus tard, alors que j'étais sur une affaire avec un agent nommé Henry McCaslin, j'ai reçu un appel du quartier général m'informant que j'allais être muté à Quantico en juin et affecté au département des Sciences du Comportement.

J'allais, à trente-deux ans, prendre la place de Pat Mullany qui partait pour le département de l'inspection du personnel au quartier général. Je reprenais un poste lourd et c'était pour moi un défi que j'attendais avec impatience. J'étais inquiet parce que je savais combien les étudiants pouvaient « bizuter » les conseillers, y compris ceux qu'ils appréciaient. J'imaginais très bien qu'ils se montreraient durs avec les instructeurs qui essaieraient de leur apprendre leur métier. Je connaissais désormais la musique mais je n'étais pas sûr de connaître toutes les paroles. Si ma mission était de leur enseigner les Sciences du Comportement, il allait falloir que je trouve un moyen de me débarrasser de tout le fatras qui les encombrait encore. Et si je comptais apprendre des choses utiles à un officier de police quinze ou vingt ans plus âgé que moi, j'avais intérêt à savoir de quoi je parlais.

C'est cette crainte qui m'a conduit à l'étape suivante de mon aventure.

6

EN TOURNÉE

Neuf agents spéciaux étaient affectés à l'Unité de Sciences du Comportement quand j'y suis entré en juin 1977. Ils étaient tous instructeurs. L'enseignement principal proposé aux membres du FBI et aux étudiants de l'Académie Nationale était la psychologie criminelle appliquée. Howard Teten en avait été le promoteur dès 1972 et s'était surtout attaché à ce qui intéressait le plus les policiers : le mobile. Son but était de faire comprendre aux étudiants pourquoi les criminels pensaient et agissaient comme ils le faisaient. Seulement, ce cours, bien qu'utile et remportant un vif succès, s'appuyait sur les recherches et sur l'enseignement classique de la psychologie tel qu'il est dispensé à l'université. Quelques cas provenaient de l'expérience même de Teten. (Par la suite, d'autres instructeurs en ont apporté de leur côté.) À cette époque, seuls les universitaires disposaient d'études menées de manière rigoureuse et méthodique sur une large échelle. Nous avons commencé à prendre conscience, de notre côté, que ces recherches et cette approche professionnelle n'avaient qu'une application limitée dans le domaine qui nous intéressait, à savoir l'application de la loi et la poursuite des criminels.

D'autres enseignements étaient également dispensés : celui des « problèmes de police actuels », qui traitait des questions professionnelles, des difficultés dans la gestion du personnel, des relations entre les communautés et de sujets connexes ; celui de la « sociologie et la psychologie », qui correspondait à celui des premières années d'université ; celui des « crimes sexuels », cours qui bien souvent était malheureusement plus divertissant qu'utile. Le sérieux que l'on accordait à cet enseignement dépendait de celui qui le dispensait. L'un des instructeurs a donné le ton en apportant une poupée masculine vêtue d'un imperméable. Quand on appuyait sur sa tête, l'imper s'ouvrait et un pénis apparaissait. On montrait aussi des centaines de photographies de gens atteints de ce que l'on appelle aujourd'hui des paraphilies et que l'on qualifiait tout simplement, à l'époque, de perversions : transvestisme, fétichisme, exhibitionnisme, etc. Cela provoquait souvent des éclats de rire dans l'assistance, surtout quand il s'agissait de cas de voyeurisme ou d'hommes habillés en femme. Mais quand on est confronté aux extrêmes du sadomasochisme ou à la pédophilie, si on continue de rire, c'est qu'il y a quelque chose qui ne va pas chez soi ou chez l'instructeur, ou chez les deux. Il a fallu de nombreuses années de sensibilisation avant l'arrivée de Roy Hazelwood et de Ken Lanning pour que ceux-ci puissent aborder l'étude de sujets tels que le viol et l'exploitation sexuelle des enfants à un niveau sérieux et professionnel. Hazelwood a maintenant pris sa retraite mais c'est toujours un consultant très actif. Lanning, lui aussi, va bientôt prendre la sienne. Ils comptent tous deux parmi les experts mondiaux dans leur domaine.

Mais à l'époque de Hoover où l'on ne s'attachait encore qu'aux faits, aucun responsable ne considérait l'établissement d'un « profil psychologique » comme un outil valable dans l'élucidation des crimes. Le terme même de Sciences du Comportement aurait été perçu comme une contradiction et ses défenseurs se seraient faits les avocats de la sorcellerie ou de la parapsychologie que cela n'aurait pas été pire. Aussi, tous ceux qui s'y intéressaient le faisaient-ils de manière informelle, sans trace écrite. Quand Teten et Mullany ont commencé à proposer des profils de personnalité, ils l'ont fait oralement. « Ne pas embarrasser le Bureau », telle était la règle d'or, et personne n'avait envie de consigner par écrit des choses qui auraient pu exploser à la figure de tout le monde, à commencer par la sienne.

Grâce à l'initiative de Teten et à ce que le Dr Brussel de New York nous avait appris, des consultations informelles ont été données aux fonctionnaires de police qui le demandaient. Aucun cursus organisé n'existait cependant et personne ne considérait cela comme la mission de l'Unité de Sciences du Comportement. D'anciens étudiants de l'Académie Nationale téléphonaient à Teten ou à Mullany pour leur parler d'une affaire qui leur posait problème. C'était ainsi que les choses se passaient en pratique.

Un des premiers cas nous a été soumis par un fonctionnaire de police de Californie. Une femme avait été sauvagement tuée de plusieurs coups de couteau. En dehors cet élément-là, il n'y avait rien de particulier. Pas grand-chose non plus sur le plan médical. Quand le policier lui a décrit les quelques faits dont il disposait, Teten lui a conseillé de rechercher dans le voisinage de la victime un jeune homme solitaire âgé de dix-huit ans environ, relativement frêle et peu séduisant qui l'avait tuée, selon lui, de manière impulsive. Il était désormais en proie à une culpabilité intense et à la terreur d'être démasqué. « Quand vous irez chez lui et qu'il vous ouvrira la porte, lui avait suggéré Teten, restez devant lui, fixez-le du regard en lui disant : “Vous savez pourquoi je suis là.” Il ne devrait pas être très difficile d'obtenir des aveux. »

Deux jours plus tard, le policier a rappelé et lui a raconté qu'avec son équipe, il avait commencé à frapper à toutes les portes du voisinage de la victime. Quand un jeune homme correspondant au profil établi par Teten avait ouvert la sienne, avant même que le flic ait pu dire sa petite phrase, celui-ci avait lâché : « Bon, vous m'avez trouvé ! »

À l'époque, Teten donnait l'impression de faire sortir des lapins de son chapeau mais il y avait bien sûr une logique dans sa description du meurtrier. Au cours des années qui ont suivi, nous avons essayé de la systématiser et de transformer cet outil, dont Pat Mullany et lui-même se servaient à leurs moments perdus, en une arme importante dans notre lutte contre le crime violent.

Comme c'est souvent le cas quand des avancées sont réalisées dans un domaine particulier, celle-ci est en grande partie survenue de manière heureuse et inattendue. Je pensais à l'époque que je manquais de connaissances dans le domaine que j'enseignais à l'Unité de Sciences du Comportement et je me suis dit qu'il fallait que j'obtienne davantage d'informations de première main.

Quand je suis arrivé à Quantico, Mullany était sur le point de partir et Teten était alors le gourou des lieux. La responsabilité de ma formation a été confiée à deux hommes qui étaient le plus proches de moi en âge et en ancienneté : Dick Ault et Bob Ressler. Dick avait environ six ans de plus que moi et Bob, huit. Ils avaient tous deux été chargés de missions de police dans l'armée avant d'entrer au Bureau. « La psychologie criminelle appliquée » représentait quarante heures de cours sur les onze semaines que comptait la formation à l'Académie Nationale. Les instructeurs de Quantico reprenaient ces cours sous une forme extrêmement condensée dans les académies et les commissariats de police locaux à travers tout le pays. Aussi le meilleur moyen d'initier un nouveau était-il de l'emmener dans ces « tournées ». Ces sessions étant très appréciées, il y avait généralement une liste d'attente assez longue de demandes qui émanaient pour la plupart d'officiers de police seniors ayant déjà suivi l'ensemble de la formation de l'Académie Nationale. Accompagner un instructeur chevronné pendant deux semaines constituait un excellent moyen d'apprendre rapidement son travail. C'est comme cela que j'ai commencé à voyager avec Bob.

Le programme était standard. On partait de chez soi le dimanche soir, on enseignait du lundi matin au vendredi midi puis on recommençait le lundi suivant ailleurs. Au bout d'un moment, on avait l'impression d'être Lucky Luke : on arrivait dans une ville, on apportait de l'aide à ses habitants puis on repartait sans bruit une fois la tâche achevée. J'ai parfois eu envie de leur laisser en cadeau une balle en argent pour qu'ils se souviennent de notre passage.

Dès le départ, je me suis senti mal à l'aise à l'idée d'enseigner ce qui se ramenait finalement à des ouï-dire. La plupart des instructeurs – et moi, en particulier – n'avaient en général pas travaillé en direct sur les affaires qu'ils exposaient. C'était un peu comme ces cours de criminologie à l'université dispensés par des professeurs qui, n'étant la plupart du temps jamais descendus dans la rue, n'ont que des informations de seconde main. L'enseignement s'était transformé en un recueil « d'histoires d'anciens combattants » racontées à l'origine par les policiers qui avaient eu la charge de ces dossiers puis reprises et embellies avec le temps, au point qu'elles n'avaient plus rien à voir avec les faits réels. Il arrivait qu'un instructeur expose une affaire et qu'il soit contredit par un étudiant qui avait, lui, travaillé sur le dossier ! Le pire était que l'enseignant refusait parfois de reconnaître son erreur, même en présence de quelqu'un qui en savait manifestement plus que lui sur cette affaire. Ce genre de technique et d'attitude risquait de vous faire perdre tout crédit auprès de votre classe, que les étudiants aient ou non une connaissance personnelle des dossiers traités.

Mon autre problème était que je venais d'avoir trente-deux ans et que j'en paraissais encore moins. J'étais censé enseigner à des flics expérimentés et bon nombre d'entre eux avaient dix à quinze ans de plus que moi. Comment allais-je pouvoir m'imposer et leur apprendre quoi que ce soit ? J'avais acquis la plupart de mon expérience directe dans le domaine des enquêtes criminelles en travaillant sous la houlette de policiers aguerris à Détroit et à Milwaukee et voilà que je me retrouvais à expliquer à des types comme eux comment ils devaient faire leur travail ! Alors je me suis dit que j'avais intérêt à connaître mon affaire avant de me lancer et à apprendre rapidement tout ce que j'ignorais encore.

Je préparais tout cela très soigneusement. Avant de commencer mon cours, je demandais si quelqu'un dans la classe avait travaillé directement sur une des affaires que j'allais exposer ce jour-là. Si j'avais l'intention de parler de Charles Manson, par exemple, je demandais : « Y a-t-il parmi vous quelqu'un de la police de Los Angeles ? Quelqu'un a-t-il travaillé sur ce dossier ? » Et si quelqu'un se manifestait, je lui proposais de nous exposer l'affaire en détail. Comme cela, j'étais sûr de ne pas commettre d'erreurs.

Et même si je n'avais que trente-deux ans et que je venais de quitter un des bureaux sur le terrain, quand on enseignait à Quantico ou que l'on en était détaché, on était investi de l'autorité de l'Académie du FBI et de tous ses moyens colossaux. Des policiers me posaient des questions pendant la pause et m'appelaient le soir à mon hôtel quand j'étais en tournée. Ils me demandaient des conseils pour résoudre des dossiers dont ils avaient la charge : « John, je travaille sur une affaire qui ressemble à celle que vous nous avez exposée aujourd'hui. Qu'en pensez-vous ? » Je ne m'arrêtais jamais. Et puis, il me fallait de l'autorité pour accomplir ma tâche. Pas l'autorité du Bureau, mais de l'autorité personnelle.

Il arrive un moment, quand on est en tournée – en tout cas pour moi –, où on prend conscience que l'on a fait le tour de la question et que l'on recherche autre chose. Ce moment est arrivé pour moi alors que je me trouvais à la réception d'un hôtel en Californie, au début de 1978. Bob Ressler et moi-même donnions un cours à Sacramento. Le lendemain, après avoir terminé, je lui ai dit que tous les criminels dont nous parlions étaient encore vivants et que la plupart d'entre eux allaient rester en prison jusqu'à leur mort. « Pourquoi ne pas les rencontrer ? Demandons-leur pourquoi ils ont commis leur crime et essayons de savoir ce qu'ils ont *personnellement* ressenti alors », lui ai-je suggéré. « Nous n'avons qu'à tenter notre chance. Et si ça ne marche pas, tant pis. »

Cela faisait longtemps que j'avais une réputation d'ambitieux et c'est sûr qu'elle n'a pas diminué aux yeux de Bob quand je lui ai fait part de mon idée. Mais il a tout de même accepté de me suivre sur cette voie insensée. Sa devise a toujours été : « Mieux vaut demander pardon après une autorisation qu'avant » et elle s'appliquait parfaitement à notre affaire. Nous savions que si nous demandions l'accord du quartier général, nous ne l'obtiendrions jamais. Non seulement cela, mais en plus, tout ce que nous aurions fait à l'avenir aurait été examiné à la loupe. Les bureaucraties gardent les arrivistes à l'œil.

La Californie avait toujours eu plus que sa part de crimes spectaculaires et bizarres, alors elle nous a semblé un bon point de départ. John Conway, un agent spécial affecté au FBI de San Rafael, au nord de San Francisco, avait suivi l'enseignement de Bob et noué d'excellentes relations avec l'administration pénitentiaire. Il a accepté de jouer le rôle d'agent de liaison et de tout organiser pour nous. Nous savions que nous avions besoin de quelqu'un de confiance qui se fierait également à nous, car si notre petit projet nous avait explosé à la figure, cela aurait fait beaucoup de dégâts.

Le premier détenu que nous avons choisi était Ed Kemper, qui purgeait à l'époque plusieurs peines d'emprisonnement à vie à la prison médicalisée de Vacaville, à mi-chemin entre San Francisco et Sacramento. Nous avions exposé son cas à l'Académie Nationale sans l'avoir jamais rencontré, aussi nous a-t-il semblé intéressant de commencer par lui. Nous ne savions cependant pas s'il accepterait de nous parler.

Son affaire était bien documentée. Edmund Emil Kemper troisième du nom est né le 18 décembre 1948 à Burbank en Californie.

Il a grandi avec ses deux sœurs cadettes dans une famille désunie. Sa mère, Clarnell et son père, Ed junior, se disputaient sans cesse et ont fini par divorcer. Un jour, Ed a démembré deux chats de la famille. Il a également eu avec sa sœur aînée Susan des jeux à base de rituels de mort et il a manifesté d'autres comportements bizarres, à la suite desquels sa mère l'a envoyé chez son père. Quand il s'est sauvé pour retourner chez sa mère, elle l'a expédié chez ses grands-parents paternels dans une ferme isolée au pied des Sierras. S'ennuyant ferme, il s'est senti très seul, coupé de sa famille et de son école dont la fréquentation était source de réconfort pour lui. Et là, par un après-midi d'août 1963, ce grand adolescent balourd de quatorze ans a tiré sur sa grand-mère Maude avec un 22 long rifle puis il l'a poignardée à plusieurs reprises avec un couteau de cuisine. Elle avait insisté pour qu'il reste avec elle pour l'aider dans les tâches domestiques au lieu d'accompagner son grand-père qu'il préférait dans les champs. Comme il savait que celui-ci n'approuverait pas ce qu'il venait de faire, il lui a tiré dessus quand il est rentré à la maison, puis il a laissé le corps gisant dans la cour. Quand la police l'a ensuite interrogé, il a haussé les épaules et dit : « Je me demandais simplement quel effet cela ferait de tuer grand-mère. »

En raison de ce double meurtre sans mobile apparent, Ed a été diagnostiqué comme ayant « des troubles de la personnalité de type passif-agressif » et il a été enfermé à l'Hôpital d'État d'Atascadero pour les malades mentaux ayant commis des actes criminels. Il a été libéré en 1969 à l'âge de vingt et un ans, malgré l'objection des psychiatres et placé sous la garde de sa mère qui avait quitté son troisième mari et travaillait désormais comme secrétaire à l'Université de Californie récemment inaugurée à Santa Cruz. Ed Kemper mesurait plus de deux mètres et pesait dans les cent quarante kilos.

Il a fait des petits boulots pendant deux ans. Il a aussi parcouru les rues et les autoroutes dans sa voiture et s'est mis à prendre des auto-stoppeuses. Santa Cruz et ses environs attiraient les jolies étudiantes californiennes et Kemper avait du retard à rattraper dans ce domaine. Bien que sa candidature ait été refusée à la patrouille de l'autoroute, il a été engagé par le département des autoroutes de l'État.

Le 7 mai 1972, il a pris en stop deux étudiantes de l'Université d'État de Fresno, nommées Mary Ann Pesce et Anita Luchessa. Il les a conduites dans un endroit désert et les a poignardées à mort. Il a ensuite transporté leurs corps chez sa mère puis il les a photographiés avec un polaroïd. Après les avoir disséqués, il a joué avec différents organes. Il a ensuite mis ce qui restait dans des sacs en plastique, enterré les corps dans les montagnes de Santa Cruz et jeté leurs têtes dans le ravin profond qui longeait la route.

Le 14 septembre, Kemper a pris une lycéenne de quinze ans nommée Aiko Koo dans sa voiture. Il l'a étouffée, puis il a eu un rapport sexuel avec son cadavre avant de le rapporter chez lui pour le disséquer. Le lendemain matin, il s'est rendu à son rendez-vous régulier avec les psychiatres de l'État chargés de le suivre, alors que la tête de Koo se trouvait dans le coffre de sa voiture. L'entretien s'est bien passé et les psychiatres ont déclaré qu'il ne représentait plus un danger pour lui-même ou pour la société et ont demandé que son dossier de mineur soit mis sous scellés. Kemper s'est délecté de cet acte brillamment symbolique. Il montrait par là son mépris du système et sa supériorité par rapport à celui-ci. Il est retourné dans les montagnes où il a enseveli les morceaux du corps de Koo près de Boulder Creek.

(À l'époque où sévissait Kemper, Santa Cruz pouvait se vanter d'avoir le titre peu enviable de capitale mondiale des meurtres en série. Herbert Mullin, un homme vif et beau reconnu comme schizophrène, tuait des hommes et des femmes sous l'impulsion, disait-il, de voix qui lui ordonnaient de les aider à sauvegarder l'environnement. Sur un thème similaire, un mécanicien reclus de vingt-quatre ans, nommé John Linley Frazier, qui vivait dans les bois en dehors de la ville, avait incendié une maison et tué une famille de six personnes comme un avertissement à tous ceux qui détruiraient la nature. « Le matérialisme doit mourir ou l'humanité doit s'arrêter », avait-il écrit sur un billet coincé sous l'essuie-glace de la Rolls-Royce familiale. Chaque semaine, un nouveau crime épouvantable survenait.)

Le 9 janvier 1973, Kemper a pris une auto-stoppeuse nommée Cindy Schall, étudiante à Santa Cruz. Il l'a obligée à entrer dans le coffre de sa voiture en la menaçant d'une arme puis il lui a tiré dessus. Comme à son habitude, il a ramené le corps chez sa mère et a eu des rapports sexuels avec le cadavre dans son lit. Il l'a ensuite disséqué dans la baignoire et a mis les restes dans des sacs qu'il a jetés du haut d'une falaise dans l'océan, à Carmel. Son « innovation » cette fois-là, a été d'enterrer la tête de Schall dans le jardin, le visage tourné vers le haut en direction de la chambre de sa mère parce que, disait-il, celle-ci « voulait toujours regarder les autres de haut ».

Santa Cruz vivait désormais dans la terreur du Tueur d'Étudiantes. On recommandait aux jeunes filles de ne pas accepter de monter en voiture avec des inconnus surtout s'ils n'appartenaient pas à la communauté universitaire car on partait à l'époque du principe que le campus était un lieu sûr. Mais comme la mère de Kemper y travaillait, celui-ci avait un autocollant de l'université sur son pare-brise.

Moins d'un mois plus tard, Kemper a pris Rosalind Thorpe et Alice Liu en auto-stop. Il les a toutes deux tuées par balles puis il les a mises dans son coffre. Il les a transportées chez lui et elles ont subi le même traitement que ses précédentes victimes. Il a ensuite jeté leurs corps mutilés dans Eden Canyon près de San Francisco où ils ont été retrouvés une semaine plus tard.

Son besoin de tuer augmentait de manière alarmante, y compris à ses yeux. Il a un moment songé à tuer tous les habitants de son pâté de maison puis il s'est ravisé. Il avait une meilleure idée et il s'est rendu compte que c'était en fait cela qu'il avait voulu faire depuis le début. Lors du week-end de Pâques, pendant que sa mère dormait dans son lit, Kemper est entré dans sa chambre et l'a frappée à plusieurs reprises avec un marteau à dent jusqu'à ce qu'elle en meure. Puis il l'a décapitée et a violé son corps sans tête. Dans une touche d'inspiration finale, il a découpé son larynx et l'a jeté dans le broyeur de l'évier. « Cela m'a semblé une bonne idée, a-t-il ensuite dit aux policiers, vu qu'elle râlait tout le temps contre moi et qu'elle me criait après. »

Mais lorsqu'il l'a mis en marche, le broyeur s'est coincé et le larynx sanguinolent a été projeté sur lui. « Même morte, elle râlait encore contre moi. Je ne pouvais pas la faire taire ! »

Puis il a appelé Sally Hallett, une amie de sa mère qu'il a invitée à un dîner « surprise ». Quand elle est arrivée, il l'a assommée et étranglée. Il lui a coupé la tête et a laissé son corps dans son propre lit puis il s'est couché dans celui de sa mère. Le dimanche matin, il est parti en voiture sans but, vers l'est. Il a écouté sans cesse la radio en espérant être devenu une célébrité nationale. Mais rien.

À la sortie de Pueblo dans le Colorado, étourdi et épuisé par le manque de sommeil, déçu que son geste grandiose n'ait pas eu le moindre impact, il s'est arrêté à une cabine téléphonique au bord de la route et il a appelé la police de Santa Cruz. Après avoir réussi à convaincre les policiers qu'il disait la vérité, il a avoué les autres meurtres et a dit être le Tueur d'Étudiantes qu'ils recherchaient. Puis il a attendu patiemment que la police locale vienne l'arrêter.

Kemper a été condamné pour huit meurtres avec préméditation. Quand on lui a demandé quelle était selon lui la sanction appropriée, il a répondu : « La mort sous la torture. »

John Conway avait pris les premières dispositions avec la direction de la prison mais j'ai décidé qu'il serait préférable de demander son autorisation au prisonnier « à froid » quand nous arriverions sur les lieux, même si cela signifiait entreprendre un voyage sans avoir la certitude d'obtenir sa coopération. Rien ne demeure secret en prison et si le mot était passé qu'Untel s'entretenait avec le FBI, il aurait pu être perçu comme un cafteur ou pire. Si nous nous pointions sans être annoncés, il serait clair pour tout le monde que nous enquêtions sur une chose ou une autre et que nous n'avions pas conclu d'arrangement ou de marché au préalable. J'ai été un peu surpris qu'Ed Kemper accepte de nous parler facilement. Cela faisait apparemment un bon moment qu'on ne l'avait pas interrogé sur ses crimes et ce que nous faisions l'intriguait.

Entrer dans un établissement pénitentiaire de haute sécurité est une expérience angoissante même pour un agent du FBI. Nous devions d'abord déposer notre revolver. Pas question de laisser pénétrer des armes dans l'enceinte de la prison. Il fallait ensuite signer un document déchargeant la prison de toute responsabilité si nous étions pris en otage. Il stipulait en outre que nous admettions dans cette éventualité qu'aucun marché ne soit conclu pour obtenir notre libération. Avoir entre ses mains un agent du FBI pouvait en effet être une formidable monnaie d'échange. Ces formalités achevées, Bob Ressler, John Conway et moi-même avons été conduits dans une pièce meublée d'une table et de plusieurs chaises pour attendre l'arrivée d'Ed Kemper.

La première chose qui m'a frappé quand il est entré, c'était sa taille gigantesque. Je savais qu'il était grand et qu'à l'école et dans son quartier, on l'avait traité comme un paria en raison de sa taille, mais vu de près, il semblait énorme. Il aurait pu aisément briser en deux n'importe lequel d'entre nous. Il avait des cheveux noirs un peu trop longs et une moustache fournie et portait une chemise de travail ouverte sur un T-shirt blanc qui laissait paraître un ventre considérable.

Nous nous sommes aussi rapidement rendu compte que Kemper était intelligent. Il était inscrit dans son dossier qu'il avait 145 de QI et pendant les nombreuses heures que nous avons passées avec lui, Bob et moi nous sommes dit qu'il était nettement plus vif que nous. Il avait eu beaucoup de temps pour réfléchir à sa vie et aux crimes qu'il avait commis. Quand il a compris que nous avions soigneusement étudié son dossier et que nous saurions s'il nous menait en bateau, il s'est ouvert à nous et il nous a parlé de lui pendant des heures.

Il ne s'est montré ni suffisant et arrogant, ni contrit et repentant. Il était plutôt calme et doucereux, analytique et un peu en retrait. Il nous a été difficile au cours de notre entretien de l'interrompre pour lui poser une question. Les larmes lui sont montées aux yeux une seule fois, quand il nous a relaté comment sa mère l'avait traité.

Ayant enseigné la psychologie criminelle appliquée sans être sûr que tout ce que je disais était vrai, je me posais la sempiternelle question de savoir si les criminels étaient nés criminels ou l'étaient devenus. Il n'y a toujours pas de réponse définitive à cette interrogation et il n'y en aura peut-être jamais ; néanmoins, écouter Kemper en a soulevé d'autres tout aussi fascinantes.

Il est incontestable que l'union des parents d'Ed avait été désastreuse. Il nous a dit que sa mère l'avait détesté dès son plus jeune âge en raison de sa grande ressemblance avec son père. Puis sa taille était devenue un problème. À dix ans, c'était déjà un géant pour son âge et Clarnell, sa mère, a craint qu'il ne frappe sa sœur, Susan. Alors elle l'a fait dormir dans une chambre au sous-sol, sans fenêtres, près de la chaudière. Chaque soir, elle refermait la porte du sous-sol sur lui tandis que Susan et elle allaient se coucher au premier dans leurs chambres. Il était terrifié et il en a conçu une haine tenace pour ces deux femmes. Cette période a aussi coïncidé avec la séparation définitive de ses parents. Sa taille, sa timidité et le manque de modèle identificatoire à la maison avaient fait d'Ed un être en retrait et « différent ». Une fois qu'il a été enfermé comme un prisonnier dans le sous-sol et qu'il s'est senti perçu comme sale et dangereux sans avoir commis quoi que ce fût de répréhensible, ses pensées hostiles et meurtrières se sont mises à se développer. C'est à ce moment-là qu'il a tué et mutilé les deux chats de la famille, l'un avec un canif et l'autre avec une machette. Nous avons appris plus tard que la cruauté envers les petits animaux dans l'enfance ainsi que l'énurésie (« pipi au lit ») au-delà de l'âge normal et le déclenchement d'incendies volontaires constituaient la clé de voûte de ce que nous avons ensuite appelé « la triade meurtrière ».

La mère d'Ed était appréciée des administrateurs et des étudiants de l'université, aussi triste et ironique que cela puisse paraître. Ils trouvaient que c'était une personne douce et attentive aux autres vers laquelle on pouvait se tourner si on avait un problème ou si on avait simplement besoin de parler. Et pourtant, à la maison, elle traitait son fils timide comme s'il était un monstre.

Elle lui faisait bien comprendre qu'il n'avait aucune chance de sortir avec une étudiante de l'université et encore moins de se marier. « Elles sont tellement mieux que toi », lui disait-elle. Ayant à subir cela sans cesse, Ed a fini par décider de satisfaire ses attentes.

Il faut reconnaître qu'à sa façon, elle a essayé de prendre soin de lui. Quand il a exprimé le souhait d'entrer dans la patrouille de l'autoroute de Californie, elle s'est efforcée d'obtenir que son casier judiciaire de mineur soit épuré pour que le double meurtre de ses grands-parents n'entrave pas sa vie d'adulte.

Son désir de travailler avec la police est également un élément intéressant. C'est quelque chose que nous avons retrouvé à maintes reprises dans notre étude sur les tueurs en série. Les trois motivations les plus courantes des violeurs et des tueurs en série sont, nous l'avons constaté, la domination, la manipulation et le contrôle. La plupart de ces types éprouvent une haine tenace. Ce sont des « ratés » qui ont le sentiment d'avoir été eus par la vie. Ils ont généralement subi des mauvais traitements sur le plan physique ou psychologique, comme c'était le cas pour Ed Kemper. Quand on voit tout cela, on n'est pas surpris qu'ils rêvent de devenir policier.

Un policier représente le pouvoir et impose le respect. Si son devoir l'exige, il est autorisé à faire du mal aux criminels pour le bien de tous. Dans notre enquête, nous avons découvert que peu de policiers commettaient des crimes violents mais qu'en revanche, très souvent les tueurs ou les violeurs en série n'avaient pas réussi à entrer dans la police et travaillaient dans des domaines voisins, comme vigile ou veilleur de nuit, par exemple. Nous avons commencé à mentionner dans certains profils que le criminel devait conduire un véhicule ressemblant à une voiture de police, comme une Ford Crown Victoria ou une Chevrolet Caprice. Parfois, comme dans le cas du Tueur d'Enfants d'Atlanta, le criminel avait racheté une ancienne voiture de police dépourvue de ses accessoires.

Encore plus fréquent : le copain des policiers. Ed Kemper nous a raconté qu'il fréquentait les bars et les restaurants connus pour être le fief des policiers et qu'il se mêlait à leurs conversations. Il avait ainsi l'impression d'appartenir à leur groupe et jouissait par procuration du sentiment de pouvoir qu'il leur prêtait. Quand le Tueur d'Étudiantes se déchaînait, il était en outre tenu informé de tous les progrès de l'enquête, ce qui lui permettait d'anticiper les actions de la police. De fait, quand Ed Kemper a téléphoné du Colorado après son escapade sanglante, il a eu du mal à convaincre les flics de Santa Cruz que ce n'était pas une blague d'ivrogne et que le Tueur d'Étudiantes était bien leur copain Ed. Maintenant, grâce à ce que nous avons appris, nous envisageons toujours la possibilité qu'un criminel essaie de s'immiscer dans l'enquête. Des années plus tard, lorsque nous avons travaillé sur l'affaire des meurtres de prostituées à Rochester, mon collègue Gregg McCrary a prédit que le tueur serait quelqu'un de bien connu des policiers, quelqu'un qui traînerait dans les endroits qu'ils fréquentaient et qui leur soutirerait adroitement des informations sur la progression de l'enquête. Et il a eu raison.

La méthodologie de Kemper m'intéressait énormément. S'il arrivait à s'en tirer à chaque fois alors qu'il commettait toujours ses crimes dans le même coin, c'est qu'il s'y prenait bien, qu'il analysait ses actes et qu'il peaufinait sa technique. Pour la plupart de ces types, la traque et la mise à mort sont au centre de leur vie. C'est leur « job » essentiel et ils y pensent constamment. Voilà ce qu'il ne faut pas oublier. Ed Kemper est devenu tellement « compétent » qu'un jour, alors qu'il transportait deux cadavres dans son coffre, un policier l'a arrêté parce qu'il avait un feu arrière cassé et il s'est montré très poli selon les dires de celui-ci qui l'a laissé repartir sans contravention. Plutôt que d'être terrifié à l'idée d'être démasqué, ceci lui procurait une intense jouissance. Il nous a dit très tranquillement avoir été prêt à tuer le policier si celui-ci avait regardé à l'intérieur du coffre. Une autre fois, il a réussi à tromper un vigile et à franchir le portail de l'université avec deux femmes à l'agonie dans sa voiture. Elles étaient toutes deux enveloppées dans des couvertures qui leur arrivaient jusqu'au cou, l'une assise à l'avant et l'autre à l'arrière. Kemper, calmement, a pris l'air gêné pour expliquer qu'elles étaient ivres et qu'il les ramenait à la maison. Seule la dernière partie de la phrase était vraie. Une autre fois, il a pris une femme et son fils adolescent en auto-stop avec l'intention de les tuer tous les deux. Mais il s'est aperçu en regardant dans son rétroviseur que l'ami de la femme avait relevé le numéro de sa plaque minéralogique. Aussi les a-t-il déposés là où ils allaient.

Comme il était intelligent, Kemper avait fait passer des tests psychologiques en prison. Il connaissait donc le jargon employé et pouvait donner une analyse détaillée de son comportement en termes psychiatriques. Tout dans le crime faisait partie du défi et du jeu, même réfléchir à la manière d'attirer dans sa voiture ses victimes potentielles sans éveiller leurs soupçons. Il nous a dit que lorsqu'il s'arrêtait pour prendre une jolie femme en stop, il lui demandait où elle se rendait puis jetait un coup d'œil à sa montre pour paraître pressé. Penser qu'elle avait affaire à un homme occupé qui avait des priorités plus importantes que de s'arrêter pour des auto-stoppeuses la mettrait à l'aise et dissiperait sa méfiance. Ce genre d'informations nous a permis d'en apprendre davantage sur le mode opératoire des tueurs et il nous a aussi fait entrevoir quelque chose de très important : les suppositions de bon sens, le discours, le langage du corps et tout ce que nous utilisons pour jauger les autres rapidement ne s'appliquent pas aux sociopathes. S'arrêter pour prendre une jolie auto-stoppeuse *était* ainsi la priorité numéro un d'Ed Kemper. Il avait longuement réfléchi à la manière la plus efficace d'atteindre son objectif et sûrement beaucoup plus longtemps qu'une jeune femme le rencontrant par hasard n'aurait pu l'imaginer.

Manipulation. Domination. Contrôle. Ce sont les trois caractéristiques des criminels en série. Tout ce qu'ils font et pensent a pour but de remplir leur vie inadaptée.

Le fantasme joue probablement un rôle essentiel dans le développement des violeurs et des tueurs en série et ce, dans son sens le plus large. Les fantasmes d'Ed Kemper sont nés très tôt et on y retrouve toujours un lien entre la sexualité et la mort. Il forçait sa sœur à l'attacher à une chaise comme s'il était dans une chambre à gaz. Ses fantasmes sexuels incluant les autres se terminaient par la mort du partenaire et son démembrement. Il était mal à l'aise dans ses relations avec les filles en raison de son sentiment d'infériorité et il était convaincu qu'aucune d'elles ne voudrait de lui. Alors il compensait mentalement. Il fallait pour cela qu'il possède totalement sa partenaire imaginaire et cela signifiait, à la fin du compte, posséder sa vie.

« Vivantes, elles étaient distantes. Elles ne partageaient rien avec moi », a-t-il expliqué dans une déposition mentionnée pendant son procès. « J'essayais de devenir leur ami. Quand je les tuais, il ne se passait rien dans ma tête, sauf qu'elles allaient m'appartenir. »

Chez la plupart des tueurs qui ont une motivation sexuelle, on retrouve une escalade et un passage du fantasme à la réalité souvent alimenté par la pornographie, des expérimentations morbides sur les animaux et de la cruauté envers les pairs. Ils perçoivent souvent cette dernière caractéristique comme une façon de se venger des mauvais traitements qu'ils ont subis. Les autres enfants évitaient Kemper, par exemple, et le tourmentaient en raison de sa grande taille et de sa personnalité. Il nous a dit qu'avant de démembrer les deux chats de la famille, il avait volé une poupée appartenant à sa sœur et il lui avait coupé la tête et les mains, préfigurant ce qu'il comptait infliger aux êtres vivants.

À un autre niveau, le fantasme principal de Kemper était de se débarrasser de sa mère maltraitante et dominatrice. Tout ce qu'il a fait en tant que tueur peut être analysé sous cet angle. Comprenez-moi bien : je ne suis pas en train de l'excuser. Il n'a pas d'excuses. L'expérience m'a montré que les gens étaient responsables de leurs actes. Mais Ed Kemper est, selon moi, l'exemple type de la personne qui n'est pas « née » tueur en série mais qui l'est devenue. Aurait-il nourri les mêmes fantasmes mortifères s'il avait grandi dans un environnement familial plus stable et plus chaleureux ? Qui sait ? Les aurait-il mis en pratique de cette façon s'il n'avait pas éprouvé cette haine tenace pour sa mère dominatrice ? Je pense que non, parce qu'on peut comprendre toute la progression meurtrière d'Ed Kemper comme une tentative de se venger de sa chère Maman. Quand il en est finalement arrivé à ce dernier acte, le drame s'est achevé.

C'est une autre caractéristique que nous avons retrouvée à maintes et maintes reprises. Nous avons remarqué qu'il était très rare que le sujet dirige sa colère contre la personne qui en était la source. Bien que Kemper nous ait avoué être entré à plusieurs reprises sur la pointe des pieds dans la chambre de sa mère, la nuit, avec un marteau, en imaginant qu'il allait lui fracasser le crâne, il lui a fallu six meurtres pour qu'il ait le courage d'admettre sa véritable intention première. Nous avons vu de nombreuses variantes sur ce thème du déplacement. Il est fréquent, par exemple, que le tueur prenne un « trophée » sur sa victime après le meurtre, tel qu'une bague ou un collier et qu'il l'offre ensuite à sa femme ou à sa petite amie, même si celle-ci est à « l'origine » de sa colère ou de son hostilité. Il raconte ensuite généralement qu'il l'a acheté ou trouvé. Quand il la voit en train de le porter, il revit l'excitation et le plaisir qu'il a éprouvés lors du meurtre tout en se rassurant mentalement sur sa capacité à dominer et à contrôler, car il sait qu'il aurait pu infliger à sa partenaire actuelle ce qu'il a fait subir à son infortunée victime.

Nous avons ensuite séparé les différents éléments du crime en deux groupes : les comportements qui le précédaient et ceux qui le suivaient. Kemper avait mutilé toutes ses victimes, ce qui nous a d'abord fait penser que nous avions affaire à un sadique. Mais il avait toujours effectué les mutilations après le meurtre et non avant, n'infligeant donc pas de « punition » ou de torture à ses victimes. Après avoir écouté Kemper pendant des heures, il nous est apparu clairement que le démembrement était plus fétichiste que sadique et qu'il était lié à son fantasme de possession.

Un autre élément significatif était selon moi sa manière de manipuler les corps puis de s'en débarrasser. Ses premières victimes avaient été soigneusement enterrées loin du domicile de sa mère. Les suivantes, y compris cette dernière et l'amie de celle-ci, avaient été laissées à découvert. Ceci, ajouté à ses multiples promenades en ville au cours desquelles il avait transporté des cadavres et des morceaux de corps dans sa voiture, m'a semblé avoir été pour lui une manière de montrer son mépris pour la communauté qui, selon lui, l'avait méprisé et rejeté.

Nous avons eu de nombreux entretiens avec Kemper au cours des années et chacun d'eux s'est avéré instructif et poignant. Voilà un homme qui avait froidement dépecé des jeunes femmes intelligentes et dans la force de l'âge. Cependant, il serait malhonnête de ma part de ne pas admettre que j'aimais bien Ed. Il était sympathique, ouvert, sensible et avait un certain sens de l'humour. Autant qu'on puisse dire une chose pareille dans l'environnement où nous nous trouvions, j'appréciais sa compagnie. Je ne souhaite pas pour autant qu'on le libère et dans ses moments de lucidité, lui non plus. Les sentiments que j'ai éprouvés et que j'éprouve toujours soulèvent un point important que tous ceux qui ont affaire aux tueurs en série doivent garder à l'esprit : ces hommes sont souvent charmants et beaux parleurs et ils ont un discours très clair.

Comment cet homme a-t-il pu commettre une chose aussi monstrueuse ? Il doit y avoir une erreur ou des circonstances atténuantes. C'est ce que l'on se dit après leur avoir parlé. Il est impossible de se représenter l'énormité de leurs crimes. C'est la raison pour laquelle tant de psychiatres, de juges et de juges d'application des peines se font aussi souvent berner. Mais nous en reparlerons plus loin.

Mais pour l'instant, si vous voulez comprendre l'artiste, regardez son « œuvre ». C'est ce que je dis toujours à mes collaborateurs. Vous ne pouvez pas prétendre comprendre ou apprécier Picasso si vous n'avez pas étudié ses œuvres. Les tueurs en série qui réussissent leurs crimes les planifient avec autant de soin qu'un artiste quand il prépare une toile. Ils considèrent ce qu'ils font comme leur « art » et ils ne cessent d'affiner leur technique au fur et à mesure. Aussi une part de mon évaluation de quelqu'un comme Ed provient-elle de nos différentes rencontres et discussions personnelles. Le reste est issu de l'étude et de la compréhension de son « travail ».

Bob Ressler et moi nous sommes mis à visiter les prisons régulièrement quand nous en avions le temps et que les autorités pénitentiaires nous apportaient leur concours. Dès que j'étais quelque part, je me renseignais pour savoir quelle prison se trouvait aux alentours et quels étaient « les résidents » susceptibles de m'intéresser.

Au bout d'un moment, nous nous sommes mis à peaufiner notre technique. Nous étions généralement bloqués quatre jours et demi par semaine, alors j'essayais de caser certains entretiens le soir et le week-end. Le soir, c'était plus difficile car dans la plupart des prisons, l'appel est fait après dîner et plus personne n'est admis à l'intérieur ensuite. On finit à la longue par connaître le fonctionnement des lieux et par s'y adapter. Je me suis rendu compte qu'une carte du FBI permettait de pénétrer dans la plupart des pénitenciers et de rencontrer les directeurs des établissements, aussi ai-je commencé à me présenter sans m'être fait annoncer. C'est ce qui marchait généralement le mieux. Plus j'ai mené d'entretiens de ce genre, plus je me suis senti à l'aise pendant mes cours avec les policiers. J'ai enfin eu le sentiment que mon enseignement avait acquis une base dans la réalité et que je ne me contentais plus de recycler des histoires « d'anciens combattants » vécues par d'autres que moi.

Les détenus que nous rencontrions ne nous apportaient pas toujours des explications fines sur leur manière de fonctionner et sur les crimes qu'ils avaient commis. Non, la plupart de ce qu'ils nous disaient n'était qu'une redite de ce qu'ils avaient raconté lors de leur procès ou une série d'auto-justifications qu'ils avaient déjà débitées à plusieurs reprises. Nous devions donc tout interpréter ensuite très soigneusement. Ces entretiens nous permettaient cependant de voir comment fonctionnait leur psychisme, de développer notre intuition et d'essayer de nous mettre à leur place.

Au début de notre recherche informelle, nous avons réussi à interroger plus d'une demi-douzaine de personnes qui avaient commis des meurtres ou échoué dans leur tentative. Parmi elles se trouvait Arthur Bremmer (Pénitencier de Baltimore) qui avait essayé de tuer George Wallace, Sarah Jane Moore et Lynette Fromme, surnommée Skeaky, qui avaient toutes deux entrepris d'assassiner le Président Ford (Alderson, Virginie) et le gourou de Fromme, Charles Manson, incarcéré à Saint Quentin tout près de la baie de San Francisco et de la ruine d'Alcatraz.

Tout le monde s'intéressait à Manson. Dix ans s'étaient écoulés depuis les tueries chez Tate et chez LaBianca à Los Angeles.

Manson demeurait le détenu le plus célèbre et le plus redouté au monde. Son affaire était régulièrement exposée à Quantico. Les faits étaient clairs et pourtant, je n'arrivais pas à comprendre ce qui avait motivé ce type. Je ne savais pas ce que nous pouvions en attendre mais je pensais que quelqu'un qui avait si bien réussi à manipuler les autres valait le détour. Bob Ressler et moi l'avons rencontré dans une petite salle de réunion à l'écart du bâtiment principal, à Saint Quentin. Les vitres étaient renforcées par du fil de fer, sur trois côtés. C'était le genre de pièce prévue pour servir de parloir aux avocats.

Ma première impression de Manson a été diamétralement opposée à celle que m'avait faite Ed Kemper. Il était sauvage, les yeux vifs et il avait quelque chose d'inquiétant dans sa manière de se mouvoir. Il était beaucoup plus petit et fluet que je ne l'avais imaginé. Il ne mesurait, en effet, pas plus d'un mètre soixante. Comment ce type frêle avait-il pu exercer une telle influence sur sa « famille » si tristement célèbre ?

J'ai eu la réponse à cette question quand il s'est assis sur le dossier de sa chaise à l'autre bout de la table pour pouvoir nous regarder de haut en nous parlant. Au cours de la longue préparation de notre entretien, j'avais lu qu'il s'asseyait systématiquement sur un gros bloc de pierre quand il s'adressait à ses disciples pour se rehausser pendant ses sermons. Dès le début de notre entrevue, malgré son procès retentissant et l'importante couverture médiatique de celui-ci, Manson nous a dit très clairement ne pas comprendre pourquoi il se trouvait en prison. Après tout, il n'avait tué personne. Il se considérait plutôt comme un bouc émissaire de la société, comme la victime expiatoire de l'Amérique la plus sombre. La croix gammée qu'il s'était gravée sur le front pendant le procès, bien qu'estompée, était encore visible. Il avait gardé le contact avec ses adeptes féminines emprisonnées ailleurs, grâce à la complicité d'intermédiaires.

Il avait cependant un point commun avec Ed Kemper et avec de nombreux détenus que nous avons interrogés, à savoir une enfance et une éducation très dures, si l'on peut employer ces deux termes pour décrire le passé de Manson.

Charles Milles Manson est né à Cincinnati en 1934. C'était le fils naturel d'une prostituée de seize ans nommée Kathleen Madox.

Ne sachant pas lequel de ses amants était le père de son bébé, elle avait choisi son nom de famille un peu au hasard. Elle passait sa vie à entrer et à sortir de prison, et se débarrassait de Charlie en le laissant chez une tante très pieuse et un oncle sadique qui le traitaient de « femmelette » et l'avaient habillé en fille le jour de la rentrée des classes tout en le sommant de se « conduire comme un homme ». Avant même l'âge de dix ans, il vivait dans la rue, en dehors de quelques passages dans des foyers et des centres d'éducation surveillée.

Le début de sa vie d'adulte a été marqué par une série de vols, de faux, d'actes de proxénétisme, de violences entraînant des incarcérations dans des institutions de plus en plus dures. Il a fait l'objet d'une enquête de la part du FBI en application de la loi Dyer relative au transport entre États de voitures volées. Il a été libéré sur parole en 1967, juste à temps pour l'été de l'amour [1]. Il s'est rendu dans le quartier de Haight-Ashbury à San Francisco qui attirait sur la côte ouest tous les adeptes du *flower power* [2] à la recherche de sexe, de drogues et de rock and roll. Souhaitant surtout voyager gratuitement, il est rapidement devenu le gourou charismatique de toute cette génération branchée et larguée de jeunes d'une vingtaine d'années. Il jouait de la guitare et énonçait des vérités elliptiques devant un parterre de gosses désabusés. Il s'est très vite mis à vivre sur le dos en disposant de toute la drogue et de tous les stimulants illicites qu'il voulait. Une « famille » nomade d'adeptes des deux sexes se réunissait autour de lui. Ils étaient parfois jusqu'à une cinquantaine. Comme un service rendu à sa communauté, Charlie prêchait sa vision de l'apocalypse à venir, de la guerre entre les races dont la Famille sortirait bien entendu triomphante avec lui pour chef. Il se référait sans cesse à *Helter Skelter* [3], une chanson puisée dans le *White Album* des Beatles.

Dans la nuit du 9 août 1969, quatre membres de la « Famille Manson », conduits par Charles « Tex » Watson ont pénétré par effraction au domicile isolé du réalisateur Roman Polanski et de sa

1. *N.d.T.* De nombreux rassemblements hippies ont eu lieu à cette occasion en 1967.

2. *N.d.T. Flower power* est un mouvement hippie de la fin des années 60.

3. *N.d.T.* Chanson des Beatles qui fait référence au chaos.

femme, l'actrice célèbre Sharon Tate, au 10050 Cielo Drive à Beverly Hills. Polanski était en voyage d'affaires, mais Tate et quatre invités – Abigail Folger, Jay Sebring, Voytek Frykowski et Steven Parent – se trouvaient là et ont été sauvagement assassinés au cours d'une nuit d'orgie. Des slogans ont été gribouillés sur les murs et sur les corps des victimes avec leur propre sang. Sharon Tate était enceinte de presque neuf mois.

Deux jours plus tard, apparemment à l'instigation de Manson, six membres de la Famille ont tué et mutilé l'homme d'affaires Leno LaBianca et sa femme Rosemary à leur domicile, dans le quartier de Silver Lake de Los Angeles. Manson, lui, n'était pas là lors des meurtres, mais il est venu après pour participer aux mutilations qui ont suivi. L'arrestation pour prostitution de Susan Atkins, qui avait pris part aux deux meurtres et à un incendie volontaire de matériel d'autoroute, a permis de remonter la piste jusqu'à la Famille. Cela a donné lieu au procès le plus retentissant de l'histoire de la Californie, en tout cas jusqu'à celui d'O.J. Simpson. Dans deux procédures différentes, Manson et plusieurs de ses adeptes ont été condamnés à mort pour les meurtres de Tate et de LaBianca et pour un certain nombre d'autres qui leur ont été attribués, comme le meurtre et la mutilation de Donald « Shorty » Shea, un cascadeur et adepte de la Famille qu'ils avaient soupçonné d'informer la police. Quand la peine de mort a été abolie dans cet État, leur condamnation a été commuée en emprisonnement à vie.

Charles Manson n'est pas un tueur en série ordinaire. La question de savoir s'il avait réellement tué quelqu'un de ses propres mains a d'ailleurs fait l'objet des débats. Son passé criminel est cependant incontestable tout comme les horreurs que ses adeptes ont commises à son instigation et en son nom. Je voulais savoir comment on devenait ainsi un Messie satanique. Nous avons dû écouter des heures de philosophie bon marché et de discours incohérent mais quand nous lui avons demandé de nous fournir des détails et que nous avons fait le tri dans ce qu'il nous disait, une image a commencé à apparaître.

Le but de Charlie n'était pas de devenir un sombre gourou. Non, c'était la renommée et la fortune qui l'intéressaient. Il aurait voulu être batteur et jouer dans un groupe connu comme les Beach Boys. Dès son plus jeune âge, il avait été obligé de vivre d'expédients, aussi avait-il appris très tôt à jauger les gens pour savoir rapidement ce qu'il pouvait en tirer. S'il avait travaillé dans mon unité, il aurait très bien su évaluer les forces et les faiblesses psychologiques des individus et élaborer une stratégie pour appréhender les criminels que nous recherchions.

Quand il était arrivé à San Francisco après sa libération sur parole, il avait rencontré des hordes de gosses perdus, naïfs et idéalistes qui le respectaient pour son expérience de la vie et la sagesse apparente qui émanait de lui. Nombre d'entre eux, en particulier les jeunes filles, avaient eu des problèmes avec leur père et étaient touchés par son histoire. Il était suffisamment astucieux pour savoir les repérer. C'est ainsi qu'il est devenu une figure paternelle, quelqu'un qui pouvait remplir le vide de leur vie par le sexe et la drogue. On ne peut être qu'impressionné par le regard de Charlie Manson quand on le rencontre. Celui-ci est profond et pénétrant, sauvage et hypnotique. Manson sait très bien l'effet que ses yeux produisent. Il nous a dit qu'il avait passé le début de sa vie à se faire battre comme plâtre et qu'avec sa petite taille, il lui avait toujours été impossible d'avoir le dessus. Aussi avait-il compensé cela en développant sa personnalité.

Ce qu'il prêchait était parfaitement sensé : la pollution détruit l'environnement, les préjugés racistes sont ignobles et néfastes, l'amour est juste et la haine est mauvaise. Seulement, une fois qu'il s'est mis à régner sur ces pauvres hères, il a institué un système illusoire extrêmement structuré lui permettant d'exercer sa toute-puissance sur leur corps et leur esprit. Il a utilisé la privation de sommeil, la sexualité, le rationnement de la nourriture et la drogue pour asseoir sa domination, comme avec des prisonniers de guerre. Tout était noir ou blanc et lui seul détenait la vérité. Il pinçait les cordes de sa guitare en répétant son simple mantra sans cesse : seul Charlie pouvait racheter cette société malade et pourrie.

Ces techniques de prise du pouvoir sur les groupes décrites pour nous par Manson, ont été réutilisées en diverses occasions dans des tragédies ultérieures de dimension équivalente. La capacité à comprendre les personnes perturbées et à les manipuler dont a fait preuve Manson a aussi été retrouvée chez le Révérend Jim Jones, responsable du massacre de ses adeptes en Guyane, puis chez David Koresh dans le complexe des Davidiens à Waco, au Texas, pour ne citer que deux exemples. Malgré les différences flagrantes qui existent entre ces trois hommes, leurs points communs sont frappants. Parler avec Manson et ses adeptes nous a permis de mieux comprendre le comportement de Koresh et le fonctionnement d'autres sectes du même genre.

L'objectif de Manson n'était pas de faire partager une vision messianique. Non, son but était le contrôle. Toutes ses prêches n'étaient qu'un moyen de garder la mainmise sur les esprits. Mais Manson s'est bien rendu compte que s'il n'arrivait pas à exercer son emprise sur ses ouailles vingt-quatre heures par jour, il finirait par la perdre complètement. David Koresh, lui aussi, avait compris cela. C'est pourquoi il avait enfermé ses adeptes dans une forteresse en pleine campagne d'où il leur était impossible de sortir et donc d'échapper à son influence.

Après avoir écouté Manson, je me suis dit qu'il n'avait pas prévu les meurtres de Sharon Tate et de ses amis mais qu'en réalité, *il avait perdu le contrôle* de la situation et de ses fidèles. Le choix des lieux et des victimes semblait arbitraire. Une des adeptes de Manson y était allée une fois et pensait y trouver de l'argent. Tex Watson, le beau garçon du Texas typiquement américain et excellent élève, cherchait à s'élever dans la hiérarchie et à s'emparer du pouvoir de Charlie. Abruti comme les autres par le LSD et converti à l'idée du lendemain décrit par Manson, Watson a été le premier à tuer. C'est lui qui a dirigé les opérations chez Tate et Polanski et qui a encouragé ses camarades à commettre les atrocités qui ont suivi.

Quand ces ratés sont rentrés et ont annoncé à Charlie ce qu'ils avaient fait et que *helter-skelter* avait commencé, il n'a pas pu reconnaître qu'il avait eu tort et leur répondre qu'ils l'avaient trop pris au sérieux. Autant dire adieu à son pouvoir et à son autorité. Il a alors fallu qu'il en rajoute, comme si c'était lui qui avait prévu ces crimes et leurs suites et qu'il les conduise chez LaBianca pour recommencer. Mais quand j'ai demandé à Manson pourquoi il n'était pas entré et n'avait pas participé aux meurtres, il m'a répondu comme si j'étais demeuré qu'il était libéré sur parole à l'époque et qu'il ne pouvait pas prendre le moindre risque.

D'après les informations provenant de son dossier et celles que nous avons recueillies auprès de Manson, je pense qu'il avait façonné ses adeptes en fonction de ses besoins, mais que, eux aussi, en retour, l'avaient façonné en fonction des leurs et qu'ils l'avaient forcé à les satisfaire.

Tous les deux ans, Manson demande sa libération sur parole. Elle lui a toujours été refusée. Ses crimes ont eu trop de retentissement et ont été trop violents pour que les juges prennent le moindre risque avec lui. Je ne tiens pas non plus à le savoir dehors. Mais s'il était relâché, sachant ce que je sais désormais sur lui, je ne pense pas qu'il représenterait une menace sérieuse pour la société, contrairement aux autres criminels que nous avons rencontrés. J'imagine qu'il partirait dans le désert et qu'il s'y installerait ou qu'il essaierait de tirer profit de sa célébrité. Mais je ne pense pas qu'il commettrait des meurtres. Le réel danger proviendrait plutôt de tous ces paumés qui risqueraient d'être attirés par lui et de le proclamer leur dieu ou leur guide.

Au bout des dix ou douze entretiens que Ressler et moi-même avons menés en prison, il est apparu évident que nous étions sur une piste. Il était possible pour la première fois d'établir une corrélation entre ce qui se passait dans l'esprit d'un criminel et les preuves qu'il avait laissées sur les lieux de son forfait.

En 1979, nous avons reçu quelque cinquante demandes d'établissements de profils auxquelles les instructeurs ont essayé de répondre tout en poursuivant leur enseignement. L'année d'après, la charge de travail avait doublé et elle devait doubler à nouveau l'année suivante. J'étais alors déchargé d'une partie de l'enseignement et j'étais le seul de l'Unité à consacrer un plein temps aux dossiers en cours. Je continuais à donner des conférences à l'Académie Nationale en fonction de mes disponibilités mais contrairement aux autres, l'enseignement était devenu pour moi une occupation secondaire. Je traitais toutes les affaires d'homicide qui nous arrivaient ainsi que les viols quand Roy Hazelwood ne pouvait pas s'en charger.

Ce qui était au départ un service informel sans autorisation officielle devenait progressivement une petite institution. J'ai pris le nom de « directeur du programme d'établissement des profils de personnalités criminelles » et j'ai commencé à travailler avec les différents bureaux du FBI pour coordonner notre action avec les polices locales.

À un moment, j'ai dû passer quelques jours à l'hôpital. Les coups que j'avais pris au football et à la boxe m'avaient esquinté le nez et j'éprouvais de plus en plus de difficultés à respirer. Mon septum nasal devait être redressé. J'étais allongé, je ne voyais presque rien quand un agent est entré et a déposé vingt dossiers sur mon lit.

Chaque nouvelle rencontre en prison nous en apprenait davantage. Mais il fallait trouver un moyen d'ordonner toutes ces données de manière systématique et utile pour la suite. C'est grâce à Roy Hazelwood avec qui j'avais écrit un article sur les crimes sexuels pour le *FBI Law Enforcement Bulletin* que nous avons pu franchir cette étape. Roy avait mené des recherches avec le Dr Ann Burgess, professeur de psychiatrie à l'école d'infirmières de l'Université de Pennsylvanie et directrice adjointe des recherches en sciences infirmières du Département de Santé et des Hôpitaux de Boston. Burgess publiait beaucoup et était déjà reconnue comme une spécialiste du viol et de ses conséquences psychologiques.

Roy l'a fait venir à l'Unité de Sciences du Comportement. Il nous a présentés Bob et moi et il lui a exposé ce que nous faisions. Visiblement impressionnée et intéressée, elle nous a dit qu'elle pensait que nous avions là l'occasion de mener des recherches qui n'avaient encore jamais été entreprises dans ce domaine. Elle pensait que nous pouvions contribuer à la compréhension du comportement des criminels comme le fait le DSM – le *Manuel diagnostique et statistique des troubles mentaux* – pour les différents types de maladies mentales.

Nous avons accepté de travailler ensemble et Ann a sollicité et obtenu une bourse de 400 000 dollars de l'Institut National de la Justice, lui-même financé par le gouvernement. Notre but était d'interroger de manière exhaustive trente-six à quarante criminels incarcérés et de voir quelles conclusions nous pouvions en tirer. Avec toutes les données que nous lui avons fournies, Ann a mis au point un instrument de cinquante-sept pages que nous allions devoir remplir lors de chaque entretien. Bob gérerait la bourse et servirait de lien avec l'Institut National de la Justice. Nous retournerions en outre tous les deux dans les prisons avec l'aide d'autres agents de terrain pour interroger les détenus. Nous décririons la méthodologie de chaque crime ainsi que les lieux où il s'était produit et nous étudierions le comportement du coupable avant et après les faits. Ann s'occuperait des statistiques et nous rédigerions nos conclusions. Nous pensions que ce projet nous prendrait trois à quatre ans.

C'est à ce moment-là que l'analyse d'investigation criminelle est entrée dans l'ère moderne.

7

AU PLUS PROFOND DE LA NUIT

On se demande forcément un jour pourquoi des condamnés consentent à coopérer avec des agents du FBI. Nous nous sommes posé la question, nous aussi, quand nous avons entamé cette enquête. La majorité de ceux que nous avons rencontrés ont accepté de nous parler, et ce, pour différentes raisons.

Certains parmi eux sont réellement perturbés par les crimes qu'ils ont commis et pensent que coopérer à une étude psychologique est une façon de faire amende honorable et d'arriver à une meilleure compréhension d'eux-mêmes. Je pense qu'Ed Kemper entre dans cette première catégorie. D'autres, comme je l'ai dit plus haut, sont fascinés par la police et aiment se trouver en compagnie de policiers ou d'agents du FBI. Certains imaginent que collaborer avec les autorités pourrait leur valoir quelques avantages, même si nous ne leur avons jamais rien promis en échange. D'autres se sentent ignorés ou oubliés et apprécient nos visites qui les distraient et leur montrent que l'on s'intéresse à eux. D'autres encore acceptent parce qu'ils comptent profiter de l'occasion pour revivre leurs fantasmes mortifères en détail.

Nous étions intéressés par tout ce que ces hommes avaient à nous dire mais nous cherchions essentiellement à répondre à quelques questions fondamentales, questions que nous avons soulevées dans un article expliquant les buts de cette enquête, paru en septembre 1980 dans la revue *FBI Law Enforcement Bulletin.*

1. Qu'est-ce qui conduit une personne à commettre des crimes sexuels et quels en sont les signes avant-coureurs précoces ?
2. Qu'est-ce qui favorise ou, au contraire, empêche la réalisation de son crime ?
3. En fonction du type de criminel sexuel, quelles réponses ou stratégies de la part de la victime potentielle permettent-elles d'éviter que le crime ne soit commis ?
4. Quelles sont les implications concernant sa dangerosité, le pronostic, son caractère et le mode de traitement ?

Pour que notre enquête soit valable, il fallait que nous soyons parfaitement préparés et capables d'évaluer dans l'instant ce que chaque détenu nous dirait. En effet, les criminels sont souvent très intelligents et tout à fait à même de découvrir le point faible du système pour l'utiliser à leur avantage. Ils sont par nature d'excellents manipulateurs. Si passer pour instable peut les aider, ils se montreront instables. Si paraître bourrelé de remords peut les aider, ils paraîtront bourrelés de remords. J'ai constaté que la plupart de ceux qui avaient accepté de nous parler avaient des points communs. Comme ils n'avaient rien d'autre à faire, ils passaient beaucoup de temps à méditer et à réfléchir à ce qu'ils avaient fait et ils ont donc pu me le restituer très précisément. Nous devions donc en savoir suffisamment sur eux et sur leurs crimes avant de les rencontrer pour nous assurer qu'ils ne nous mèneraient pas en bateau. Ils avaient en effet eu tout le temps nécessaire pour « réécrire l'histoire » de façon à se rendre beaucoup plus sympathiques et moins coupables à nos yeux que leur dossier ne le laissait entendre.

Au cours des entretiens du début, après avoir écouté le récit du détenu, je me suis souvent tourné vers Bob Ressler ou vers la personne qui se trouvait avec moi à ce moment-là en lui disant : « Serait-il possible qu'il ait été victime d'une erreur judiciaire ? Il a répondu de manière sensée à toutes nos questions. Je me demande si c'est vraiment lui le coupable. » La première chose que nous faisions dès notre retour à Quantico était de consulter son dossier et de contacter la police locale pour nous assurer qu'il n'avait pas été victime d'une monstrueuse erreur judiciaire.

Bob Ressler avait grandi à Chicago et le meurtre de la petite Suzanne Degnan, âgée de six ans, l'avait à la fois terrifié et intrigué. Elle avait été enlevée chez elle et tuée. On avait retrouvé son corps découpé en morceaux dans les égouts d'Evanston. Un jeune homme appelé William Heirens avait finalement été arrêté. Il avait avoué être l'auteur de ce meurtre et de celui de deux autres femmes dans un immeuble lors de cambriolages qui avaient mal tourné. Au cours de l'un d'eux, celui de Frances Brown, il avait griffonné les mots suivants sur le mur avec le rouge à lèvres de sa victime :

Pour l'aMOur du
cIel AtTrapez-moi
AvAnt que je Tue Encore
Je ne peux pas me contrôleR

Heirens attribuait ces meurtres à un certain George Murman (probablement une contraction de « murder man [1] ») qui selon ses dires l'habitait. Bob m'a dit que l'affaire Heirens l'avait probablement incité très tôt à faire carrière dans le domaine de l'application de la loi.

Une fois que notre projet a été subventionné et sur la bonne voie, Bob et moi sommes allés rencontrer Heirens à la prison de Statesville à Joliet, dans l'Illinois. Il y était incarcéré depuis sa condamnation en 1946 et s'était toujours montré un prisonnier modèle. Après avoir été le premier de l'État à terminer sa licence, il avait entrepris une maîtrise.

Quand nous l'avons interrogé, Heirens a nié toute implication dans ces crimes et affirmé qu'il était victime d'une erreur judiciaire. Il a eu une réponse à toutes les questions que nous lui avons posées. Il a soutenu qu'il avait d'ailleurs un alibi et qu'il ne se trouvait même pas à proximité des lieux des crimes à l'heure où ils avaient été commis. Il s'est montré tellement convaincant que je me suis demandé s'il n'avait effectivement pas été victime d'une grossière erreur judiciaire. Aussi, dès mon retour à Quantico, suis-je

1. *N.d.T.* L'homme meurtrier.

allé rechercher tout son dossier. En plus de ses aveux et des preuves indiscutables qui y figuraient, j'ai vu que ses empreintes digitales avaient été relevées sur les lieux du meurtre de la petite Degnan. Heirens avait passé un temps considérable dans sa cellule à réfléchir et à trouver toutes les réponses aux questions possibles et imaginables et si nous l'avions soumis au détecteur de mensonge, il s'en serait parfaitement bien tiré.

Richard Speck, qui purgeait plusieurs peines d'emprisonnement à vie pour le meurtre de huit étudiantes infirmières dans une maison de South Chicago en 1966, nous a clairement dit qu'il ne tenait pas à être mis dans le même sac que les autres tueurs de notre enquête. « Je ne veux pas me trouver sur la même liste qu'eux, m'a-t-il dit. Ils sont fous, ces types. Moi, je ne suis pas un tueur en série. » Il ne niait pas ses actes, il voulait simplement nous faire savoir qu'il ne se considérait pas comme eux.

Sur un point essentiel, Speck avait raison. Il n'était pas un tueur en série qui assassine de manière répétée avec des périodes de « refroidissement » entre les crimes. Il était ce que j'appellerais plutôt un meurtrier de masse qui commet plus de deux meurtres au cours d'un même cycle. Le but initial de Speck était de dérober l'argent qui se trouvait dans la maison pour pouvoir ensuite quitter la ville. Quand Corazon Amurao, âgée de vingt-trois ans, a ouvert la porte, il s'est précipité à l'intérieur armé d'un pistolet et d'un couteau en disant qu'il allait seulement l'attacher ainsi que ses cinq camarades et leur voler leur argent. Il les a poussées dans une chambre. Dans l'heure qui a suivi, trois autres jeunes femmes sont rentrées. Une fois qu'il les a toutes eues sous son contrôle, Speck a apparemment changé d'avis et dans un moment de folie, il s'est mis à violer, à étrangler, à poignarder et à taillader les étudiantes. Seule Amurao a survécu en se pelotonnant dans un coin, terrifiée. Speck l'avait oubliée.

Après le départ de celui-ci, elle est sortie sur le balcon pour appeler au secours. Elle a signalé aux policiers la présence d'un tatouage sur l'avant-bras gauche du tueur, tatouage qui disait « Born to raise hell [1] ». Quand Richard Franklin Speck s'est présenté à l'hôpital

1. *N.d.T.* « Né pour détruire. »

une semaine plus tard après une tentative de suicide ratée, il a été identifié par son tatouage.

En raison de la sauvagerie de ses crimes, Speck a fait l'objet de toutes sortes de spéculations de la part des médecins et des psychologues. On a dit au début qu'il avait un chromosome mâle (Y) supplémentaire, ce qui était considéré à l'époque comme augmentant l'agressivité et le comportement anti-social. Ce genre d'idées connaît régulièrement une certaine vogue. Il y a plus de cent ans déjà, les béhavioristes de l'époque utilisaient la phrénologie – c'est-à-dire l'étude de la forme et des bosses du crâne – pour prédire le caractère et les capacités intellectuelles des individus. Plus récemment, on a pensé qu'un tracé encéphalographique avec certains pics répétés était la preuve de troubles graves de la personnalité. L'hypothèse d'un chromosome Y supplémentaire pour expliquer l'agressivité est toujours d'actualité, mais de très nombreux hommes ont cette disposition génétique particulière et ce n'est pas pour autant qu'ils sont violents ou qu'ils font preuve d'un comportement anti-social. Et pour terminer, ajoutons que lorsqu'une étude approfondie a été menée sur Richard Speck, on s'est aperçu que son caryotype était parfaitement normal et qu'il n'avait pas de chromosome Y supplémentaire.

Speck, qui depuis est mort en prison d'une crise cardiaque, a d'abord refusé de nous rencontrer. Nous avions fait exception à la règle dans son cas et pris contact avec le directeur au préalable. Il avait accepté de nous laisser voir Speck mais il pensait qu'il valait mieux que celui-ci ne soit pas prévenu de notre visite. Quand nous sommes arrivés, nous avons été du même avis. Nous pouvions l'entendre hurler et jurer dans une pièce voisine où il avait été enfermé, le temps pour nous de jeter un coup d'œil dans sa cellule. Les autres détenus s'étaient aussi mis à s'agiter par solidarité avec lui. Le directeur voulait, en effet, nous montrer les documents pornographiques que Speck conservait et celui-ci protestait vigoureusement contre cette violation de son espace personnel. Les prisonniers détestent tout ce qui ressemble à une fouille, et de plus, leur cellule est le peu d'espace privé qui leur reste. Quand nous avons parcouru la prison de Joliet, dont les vitres étaient cassées, laissant des oiseaux voleter au plafond, le directeur nous a conseillé de marcher au centre pour que les détenus ne puissent pas nous atteindre avec leur urine et leurs fèces.

Voyant que tout cela ne nous menait nulle part, j'ai chuchoté à l'oreille du directeur que nous allions continuer à marcher dans le couloir sans nous arrêter à la cellule de Speck. Aujourd'hui, le règlement ne nous permettrait plus d'arriver à l'improviste pour interroger un détenu. Toute notre enquête aurait été beaucoup plus difficile si nous avions dû la mener en respectant les directives actuelles.

Speck, contrairement à Kemper et à Heirens, n'était pas un prisonnier modèle. Il avait un jour conçu un alambic miniature qu'il avait dissimulé dans le fond d'un faux tiroir du bureau en bois du gardien. Cet alambic ne produisait presque pas d'alcool, mais juste assez pour laisser flotter une odeur qui rendait les gardiens fous de rage parce qu'ils n'arrivaient pas à savoir d'où elle provenait. Une autre fois, il avait trouvé un moineau blessé qui était entré par une vitre cassée. Il l'avait soigné. Quand l'oiseau avait été suffisamment rétabli pour se tenir debout, Speck lui avait attaché une ficelle à la patte pour le faire percher sur son épaule. Voyant cela, un gardien lui avait dit que les animaux n'étaient pas admis dans la prison.

« Je ne peux pas le garder ? » Speck l'avait défié, puis il s'était dirigé vers un ventilateur et avait jeté le petit oiseau dedans.

Horrifié, le gardien s'était exclamé : « Mais je croyais que tu aimais cet oiseau ?

– Oui, lui avait rétorqué Speck, mais si je ne peux pas l'avoir, personne d'autre ne l'aura. »

Bob Ressler et moi l'avons rencontré dans une salle de Joliet, accompagné de son éducateur. Comme Manson, Speck s'est installé en bout de table et il s'est assis sur le dossier de sa chaise pour nous dominer. J'ai commencé par lui exposer le but de notre visite mais il a refusé de nous parler et n'a cessé de protester vigoureusement contre ce « putain de FBI » qui voulait fouiller sa cellule.

Quand je regarde un criminel, comme lors de cette visite, j'essaie d'abord de le visualiser en train de commettre son crime et d'imaginer ce qu'il a pu dire à ce moment-là. Je lis toujours les dossiers à fond et je sais ce qu'il a fait et ce dont il est capable. Il ne me reste qu'à « projeter » cela sur celui qui est assis en face de moi.

Un interrogatoire de police est toujours une histoire de séduction : chaque partie essaie de séduire l'autre pour obtenir les informations qu'elle désire. Vous devez jauger l'individu que vous comptez interroger avant d'envisager la manière dont vous allez l'approcher. Les jugements moraux et l'indignation (du style « Quoi, espèce de sadique ! Tu as mangé un bras ? ») ne vous seront d'aucune utilité. Vous devez trouver ce qui va le faire réagir. Avec certains, comme Kemper, vous pouvez vous montrer direct et terre à terre tant que vous leur faites bien comprendre que vous connaissez les faits et qu'ils ne pourront pas vous raconter des salades. Avec ceux comme Richard Speck, j'ai appris à employer une approche plus offensive.

Nous étions assis dans la salle de réunion et Speck paraissait nous ignorer. Je me suis alors tourné vers son éducateur. C'était un type ouvert et sympathique qui savait très bien calmer le jeu, qualités que nous recherchons chez les négociateurs lors des prises d'otages. J'ai commencé à lui parler de Speck comme si celui-ci n'était pas là.

« Vous savez ce qu'il a fait votre type ? Il a tué huit petites chattes. Et certaines étaient bien jolies. Il nous a piqué huit jolis petits culs. Vous trouvez que c'est juste ? »

Bob était très mal à l'aise. Il n'aime pas s'abaisser au niveau des tueurs et il n'est pas non plus du genre à se moquer des morts. Je suis bien entendu de son avis mais dans des situations comme celle-ci, on y est contraint.

L'éducateur m'a répondu sur le même niveau et nous avons continué ainsi pendant un moment. On aurait dit deux lycéens en train de bavarder dans un vestiaire, sauf que nous parlions de victimes de meurtres, ce qui donnait à notre conversation un ton plus grotesque qu'immature.

Speck a écouté pendant quelques instants, il a secoué la tête et ri en disant : « Vous êtes complètement tarés. Vous n'êtes pas bien différents de moi, allez. »

Après cette ouverture, je me suis tourné vers lui en lui demandant : « Mais comment as-tu fait pour sauter huit bonnes femmes en même temps ? Tu prends quoi au petit déjeuner ? »

Il nous a regardés comme si nous étions deux ploucs. « Je ne les ai pas toutes sautées, nous a-t-il répondu. Toute cette histoire a été exagérée. Je n'en ai baisée qu'une seule.

– Celle qui était sur le canapé ?

– Ouais. »

Cette conversation crue et répugnante m'a appris une chose. D'abord qu'aussi hostile et agressif qu'il ait pu être, il n'avait pas une image de lui-même très macho. Il savait bien qu'il ne pouvait pas maîtriser toutes ces femmes en même temps. Il en a violé une parce que l'occasion s'est présentée. D'après les photos prises sur les lieux du crime, nous savons qu'il a choisi celle qui était couchée sur le ventre. On ne voyait pas son visage. C'était déjà pour lui un corps dépersonnalisé. Il n'a pas eu besoin d'avoir un quelconque rapport humain avec elle. Nous pouvons aussi dire qu'il n'est ni sophistiqué ni très organisé. Il ne lui en a pas fallu beaucoup pour que ce qui aurait pu être un cambriolage banal et réussi dégénère en tuerie. Il a reconnu les avoir tuées non pas dans une espèce de frénésie sexuelle mais parce qu'elles auraient pu l'identifier. Au fur et à mesure que les jeunes infirmières étaient rentrées chez elles, il en avait mis une dans une chambre, une autre dans un placard, comme s'il parquait des bestiaux. Il n'avait pas su comment gérer la situation.

Il nous a aussi soutenu que la blessure qui l'avait conduit à l'hôpital et qui avait permis son identification puis son arrestation n'était pas due à une tentative de suicide, mais qu'il se l'était faite au cours d'une bagarre dans un bar. C'est un autre élément intéressant. Il nous dit par là, sans peut-être s'en rendre bien compte, qu'il préfère que nous ayons de lui une image de gros dur plutôt que de paumé dont la seule issue de secours a été de tenter de se supprimer.

En l'écoutant, j'ai retourné les informations qu'il me fournissait dans ma tête. J'en apprenais ainsi davantage sur lui, mais aussi sur ce genre de crimes. Confronté à des scénarios similaires dans l'avenir, j'en saurai plus sur le genre de personnalité qui a pu en être l'auteur. Et c'était bien sûr le but de notre étude.

Au cours de l'analyse des données de notre enquête, j'ai laissé de côté tout le jargon psychologique pour utiliser des concepts plus clairs et plus utiles aux policiers et aux agents du FBI. Dire à un inspecteur de police qu'il doit rechercher un schizophrène peut être intéressant sur le plan intellectuel, mais cela ne l'avancera pas beaucoup. L'important, nous nous en sommes rendu compte, est de savoir si le criminel est *organisé*, *désorganisé* ou un peu les deux.

Des gens comme Speck ont commencé à nous fournir des informations sur les criminels désorganisés.

Speck m'a dit qu'il avait eu une enfance perturbée. J'ai eu l'impression d'avoir touché un point sensible chez lui, une seule fois, quand je lui ai posé des questions sur sa famille. À l'âge de vingt ans, il avait déjà quarante arrestations à son actif et s'était marié avec une gamine de quinze ans qui lui avait donné un fils. Cinq ans plus tard, il l'avait quittée, furieux et amer. Il nous a confié qu'il n'avait jamais eu le courage de la supprimer. Il avait tué plusieurs femmes cependant, y compris une serveuse dans un bar louche, qui l'avait éconduit. Il avait aussi agressé et dévalisé une femme de soixante-cinq ans quelques mois avant le meurtre des infirmières. Le viol brutal d'une femme âgée fait penser à un jeune homme, peut-être même à un adolescent inexpérimenté, peu sûr de lui et peu raffiné. Il avait vingt-six ans lors de ce viol. La différence d'âge entre l'agresseur et sa victime est inversement proportionnelle à sa confiance en lui et à son niveau de sophistication. C'était en tout cas mon impression avec Richard Speck. Bien qu'ayant dépassé les vingt ans, son comportement, même pour un criminel, était celui d'un grand adolescent.

Le directeur de la prison a voulu me montrer une dernière chose avant notre départ. À Joliet comme dans d'autres prisons, une expérience de psychologie était en cours pour savoir si les couleurs pastel diminuaient l'agressivité. Il y avait derrière cela tout un arsenal théorique. On avait même peint en rose ou en jaune les salles dans lesquelles les champions d'haltérophilie de la police s'entraînaient et on s'était aperçu qu'après cela, leurs performances avaient diminué.

Le directeur nous a conduits dans une pièce au bout d'un couloir et il nous a dit : « La peinture rose est censée atténuer l'agressivité des criminels violents. Si vous les enfermez dans une pièce comme celle-ci, ils sont supposés devenir doux comme des agneaux. Jetez un œil dedans, Douglas, et dites-moi ce que vous voyez.

– Il n'y a pas beaucoup de peinture sur les murs », lui ai-je fait observer.

Il m'a rétorqué : « C'est vrai. Vous voyez, les gars n'aiment pas beaucoup ces couleurs. Ils décollent la peinture du mur et ils la bouffent. »

Jerry Brudos était fétichiste. S'il s'en était tenu à collectionner les chaussures, il n'y aurait eu aucun problème. Mais des circonstances particulières comme le fait d'avoir une mère dominatrice et sévère, sans parler de ses propres compulsions, ont fait que tout ceci est allé beaucoup plus loin, passant de l'étrangeté à l'horreur.

Jerome Henry Brudos, né dans le Dakota du sud en 1939, a passé son enfance en Californie. À l'âge de cinq ans, il a trouvé dans une poubelle une paire de chaussures brillantes à talons hauts. Quand sa mère l'a vu en train de les porter, furieuse, elle lui a ordonné de s'en débarrasser. Mais il les a gardées cachées jusqu'au jour où elle s'en est aperçue. Elle les a brûlées et il a été puni. À l'âge de seize ans, il s'est mis à pénétrer chez ses voisins pour voler des chaussures de femme puis des sous-vêtements qu'il a essayés et conservés soigneusement. L'année suivante, il a été arrêté pour avoir agressé une jeune fille qu'il avait attirée dans sa voiture pour l'obliger à se déshabiller. Il a suivi quelques mois de thérapie à l'hôpital de Salem où il n'a pas été considéré comme représentant un danger pour la société. Après le lycée, il a passé un temps dans l'armée puis il a été réformé pour raisons psychologiques. Il a continué à pénétrer dans les maisons et à voler des chaussures et des sous-vêtements et s'il y rencontrait une femme, il l'étouffait jusqu'à ce qu'elle s'évanouisse. C'est à ce moment-là qu'il a épousé par devoir la jeune femme avec laquelle il venait de perdre sa virginité. Après avoir suivi un enseignement professionnel à l'université, il est devenu technicien en électronique.

En 1968, six ans plus tard, père de deux enfants, il continuait ses descentes nocturnes à la recherche de souvenirs, quand une jeune fille de dix-neuf ans a sonné à sa porte. Il lui a ouvert. Linda Slawson, c'était son nom, avait pris rendez-vous pour vendre des encyclopédies à domicile mais elle s'était trompée d'adresse. Profitant de l'occasion, il l'a traînée jusqu'au sous-sol, il l'a assommée puis étranglée. Une fois morte, il l'a déshabillée puis revêtue de certains des vêtements provenant de sa collection. Il lui a tranché le pied gauche puis s'est débarrassé de son corps en le mettant dans le coffre d'une vieille voiture qu'il a poussée dans une rivière. Il a placé le pied dans une de ses belles chaussures à talons aiguilles et l'a enfermé dans son congélateur. Il a tué à trois autres reprises au cours des mois qui ont suivi. Il a coupé des seins et en a fait des moules en plastique. Il a été reconnu par plusieurs étudiantes qu'il avait courtisées en racontant toujours la même histoire dans le but de sortir avec elles. Grâce à cela, la police lui a tendu un piège en lui fixant un faux rendez-vous. C'est ainsi qu'il a été appréhendé. Il a avoué et fini par plaider coupable quand il a compris qu'il ne pourrait pas invoquer l'argument de la démence au moment des faits comme moyen de défense.

Bob Ressler et moi-même l'avons interrogé au pénitencier d'État de l'Oregon, à Salem. Il était de forte constitution et avait le visage rond. Il s'est montré poli et coopérant. Quand je lui ai demandé des détails sur les meurtres qu'il avait commis, il m'a dit qu'il s'était évanoui suite à une crise d'hypoglycémie et qu'il ne se rappelait pas ce qu'il avait bien pu faire.

« Vous savez John, j'ai des crises d'hypoglycémie et je pourrais me retrouver à marcher sur le toit d'un immeuble sans le savoir. »

Il est intéressant de constater que lorsque Brudos était passé aux aveux, il avait été parfaitement capable de fournir des détails précis aux policiers et de leur dire où ils trouveraient les cadavres et les preuves. Il s'était aussi accusé lui-même sans le savoir. Il avait, en effet, accroché le corps d'une de ses victimes à un crochet dans son garage. Il lui avait ensuite mis ses vêtements favoris et ses chaussures préférées. Puis, il avait placé un miroir en dessous pour voir sous sa jupe. En prenant une photo de celle-ci, il s'était involontairement photographié en même temps.

Malgré ses affirmations concernant ses évanouissements causés par des crises d'hypoglycémie, Brudos a toutes les caractéristiques d'un criminel organisé. On en perçoit l'origine dans les fantasmes qu'il a mis en scène dès son plus jeune âge. Quand il était adolescent et qu'il vivait à la ferme de ses parents, il fantasmait qu'il capturait des filles dans un tunnel et qu'il les forçait à faire tout ce qu'il voulait. Il avait réussi une fois à en coincer une dans une grange. Il lui avait ensuite ordonné de se déshabiller pour la photographier. On retrouve, selon nous, des traces de ce type de comportement dans ses crimes commis à l'âge adulte. À l'adolescence, il était encore trop naïf et peu raffiné et se contentait donc de photographier ses victimes nues. Après la séance dans la grange, il avait enfermé la fille dans l'étable puis il était revenu quelque temps plus tard, habillé et coiffé différemment, en prétendant être Ed, c'est-à-dire son frère jumeau. Il avait relâché la fille terrorisée en lui expliquant que Jerry suivait une thérapie intensive et il l'avait suppliée de ne rien dire à personne de peur qu'il ait des ennuis et qu'il subisse une nouvelle rechute.

En plus d'une escalade classique dans ses « activités », nous percevons clairement chez Brudos une quête constante de raffinement dans le fantasme. Ceci constitue une découverte beaucoup plus importante que tout ce qu'il aurait pu nous dire directement. Même si Kemper et Brudos ont des buts et des modes opératoires différents, nous retrouvons chez eux – et chez nombre d'autres – un souci constant de perfectionnement des détails. Les victimes de prédilection de Kemper étaient de jolies étudiantes qu'il associait inconsciemment à sa mère. Brudos, moins intelligent et moins sophistiqué, se contentait de celles qui lui tombaient sous la main. Mais leur obsession pour les détails était identique et avait envahi leur existence.

Brudos obligeait sa femme, Darcie, à porter les vêtements provenant de sa collection de fétiches et à se soumettre à son rituel photographique. C'était une femme normale, pas aventureuse et que tout ceci mettait mal à l'aise. Mais elle avait peur de son mari. Il avait caressé l'idée de construire une salle de torture mais avait finalement dû se contenter de son garage. Dans ce garage, se trouvait le congélateur qu'il tenait fermé à clé parce qu'il y stockait ses morceaux de corps préférés. Quand Darcie comptait préparer de la viande pour le dîner, elle devait demander à Jerry de lui apporter le morceau qu'il lui fallait. Elle se plaignait souvent auprès de ses amies en disant qu'il lui aurait été beaucoup plus simple de se servir elle-même dans le congélateur. Malgré tout cela, elle n'a jamais songé à le dénoncer. C'était peut-être aussi la crainte qui l'en a empêchée.

Brudos est un exemple classique du criminel qui commence par des bizarreries anodines et s'engage ensuite dans une escalade, passant ainsi des chaussures trouvées, aux vêtements de sa sœur puis à ceux d'autres femmes. Au début, il chapardait les vêtements qui séchaient sur les cordes à linge puis il s'est mis à suivre les femmes portant des hauts talons et à pénétrer dans les maisons vides. Il s'est ensuite enhardi et montré prêt à courir le risque de se trouver face à leurs occupants. Au départ, il se contentait simplement de mettre les vêtements, mais un jour, il lui en a fallu davantage. Il a commencé à demander aux filles de se laisser photographier. Puis, lorsque l'une d'elles a refusé de se déshabiller, il l'a menacée d'un couteau. Il n'avait tué personne jusqu'à ce que sa future victime sonne à sa porte par hasard. Quand il a constaté qu'il avait pris du plaisir à la tuer, il a été poussé à recommencer, en augmentant à chaque fois les mutilations infligées aux cadavres.

Je ne veux pas dire par là que tous les hommes attirés par les talons aiguilles ou émoustillés par l'évocation de dessous en dentelle noire sont des criminels en puissance. Si c'était vrai, la plupart d'entre nous seraient en prison. Mais comme on le voit avec Jerry Brudos, ce genre de paraphilie peut dégénérer. Cela dépend aussi de la situation. Je m'explique :

Un jour, pas très loin de chez moi, il a été signalé qu'un directeur d'école élémentaire avait un faible pour les pieds d'enfants. Il chatouillait la plante des pieds ou les orteils des enfants et s'ils « tenaient » un certain temps, il leur donnait de l'argent. L'attention des parents a été attirée quand ils se sont aperçus que leurs enfants dépensaient de l'argent dont ils ne pouvaient justifier la provenance. Lorsque le directeur a été renvoyé, de nombreuses personnes ont protesté. Il avait une bonne tête, il entretenait une relation normale et suivie avec sa petite amie et il était apprécié des enfants et des parents. Les enseignants pensaient que c'était une sanction injustifiée. Même s'il avait ce faible pour les orteils, il ne faisait de mal à personne. Il n'avait jamais maltraité aucun des enfants ni essayé d'obtenir qu'ils se déshabillent. Ce n'était pas le genre de type à sortir et à enlever un gosse pour satisfaire sa perversion.

J'étais d'accord avec tout cela. La communauté ne courait aucun risque sur ce point. Je l'avais déjà rencontré et trouvé sympathique. Mais que se serait-il passé si au cours d'un de ces petits jeux, une fillette avait mal réagi et s'était mise à hurler ou à menacer de le dénoncer ? Il aurait très bien pu la tuer dans la panique, simplement parce qu'il n'aurait pas su comment gérer la situation autrement. Quand le recteur d'académie nous a demandé conseil, je lui ai répondu qu'il avait selon moi pris la bonne décision en le renvoyant.

À peu près à la même époque, j'ai été appelé à l'Université de Virginie parce que des étudiantes avaient été poussées à terre et que, dans la mêlée, leurs chaussures leur avaient été dérobées.

Heureusement, aucune d'elles n'avait été blessée. La police locale et celle du campus traitaient cela comme une plaisanterie. J'ai rencontré les policiers ainsi que les responsables de l'université et je leur ai parlé de Brudos et d'autres cas dont j'avais eu connaissance. J'ai réussi à les inquiéter. L'attitude officielle s'est considérablement modifiée après cela et je suis heureux de constater que ces incidents ne se sont pas reproduits.

Dans le cas de Jerry Brudos, si on avait compris et si on était intervenu au début, avant l'escalade, aurions-nous pu court-circuiter le processus morbide ? Voilà la question que je me pose.

En ce qui concerne Ed Kemper, j'ai eu le sentiment que l'enfance particulièrement difficile de celui-ci avait « fabriqué » le tueur en série qu'il est ensuite devenu. Le cas de Jerry Brudos est un peu plus compliqué. Sa paraphilie particulière remonte à son enfance. C'est très jeune qu'il a manifesté cette fascination pour une paire de chaussures à talons hauts trouvée dans une poubelle. Il n'en avait jamais vu de pareilles auparavant car ce n'était pas le genre de choses que sa mère portait et c'est peut-être aussi ce qui a suscité son intérêt. Quand elle a vociféré contre lui en les voyant, elles sont devenues pour lui le fruit défendu. Peu de temps après, il a volé des chaussures appartenant à son institutrice. Il a été surpris de sa réaction quand elle s'en est aperçue. Au lieu de le gronder, elle a essayé de connaître les raisons de son acte. Il a ainsi reçu des messages contradictoires de la part de femmes adultes et une pulsion probablement innée s'est progressivement transformée en quelque chose de bien plus sinistre et morbide.

Que se serait-il passé si le danger représenté par cette escalade avait été perçu et si des moyens efficaces avaient été mis en place pour l'aider à faire face à ses sentiments ? Après son premier meurtre, c'était déjà beaucoup trop tard. Le processus aurait-il pu être court-circuité pendant son développement ? Cette étude et l'expérience que j'ai acquise m'ont rendu extrêmement pessimiste concernant la réinsertion des criminels sexuels. Si on veut espérer arriver à quelque chose, il faut intervenir bien plus tôt, avant que le fantasme ne devienne réalité.

Quand ma sœur Arlene était adolescente, ma mère disait qu'elle pouvait en apprendre beaucoup sur les garçons avec lesquels elle sortait en leur demandant simplement comment ils s'entendaient avec leur mère. Si le garçon disait l'aimer et la respecter, elle pensait que cela aurait une influence positive sur ses relations avec les femmes. S'il affirmait, au contraire, que sa mère était insupportable, il y avait de bonnes chances pour qu'il finisse par considérer les autres femmes de la même manière.

L'expérience m'a montré que ma mère avait vu juste. Ed Kemper a commis une série de meurtres à Santa Cruz en Californie avant d'avoir enfin le courage de tuer la femme qu'il détestait par-dessus tout. Monte Rissell, qui a violé et assassiné cinq femmes quand il était adolescent à Alexandria en Virginie, nous a dit qu'il pensait que s'il avait pu vivre avec son père plutôt qu'avec sa mère après la séparation de ses parents, il serait devenu avocat au lieu de se retrouver condamné à perpétuité au pénitencier de Richmond, là où nous l'avons interrogé.

Avec lui, nous avons pu assembler davantage de morceaux du puzzle. Ses parents ont divorcé quand il avait sept ans. Il était le benjamin d'une fratrie de trois. Sa mère les a emmenés s'installer en Californie où elle s'est remariée. Elle s'est beaucoup isolée avec son mari, laissant alors les enfants livrés à eux-mêmes. Monte s'est très tôt attiré des ennuis : d'abord des graffiti obscènes à l'école, puis il a enchaîné avec la drogue. Enfin, il a un jour tiré sur son cousin avec une arme à feu à la suite d'une dispute. Il a affirmé que son beau-père la lui avait donnée et qu'après cette altercation, celui-ci l'avait fracassée et avait frappé Monte à plusieurs reprises avec le canon.

Quand Monte avait douze ans, le couple s'est séparé et la famille est retournée en Virginie. Monte nous a dit qu'il pensait que sa sœur et lui étaient responsables de cette séparation. C'est à ce moment-là qu'a commencé l'escalade : conduite sans permis, cambriolage, vol de voiture puis viol.

Le récit qu'il nous a fait de son passage au meurtre s'est avéré très instructif pour nous. Il était encore lycéen. Sa mise à l'épreuve avait été assortie de l'obligation de voir un psychiatre de manière régulière. Sa petite amie avait un an d'avance sur lui dans ses études et avait quitté la maison pour entrer à l'université. Un jour, il a reçu une lettre de rupture. Il a alors sauté dans sa voiture pour la rejoindre. Arrivé à l'université, il l'a aperçue en compagnie de son nouveau petit ami.

Au lieu d'agir ou d'évacuer sa colère sur la personne qui en était la cause, il est rentré chez lui à Alexandria. Il a essayé de se remonter le moral avec de la bière et de la marijuana, et passé des heures assis à ruminer dans sa voiture, dans le parking de son immeuble.

Vers deux ou trois heures du matin, il se trouvait encore là quand une femme seule est arrivée au volant de sa voiture. Il a soudain décidé, sur un coup de tête, de récupérer ce qu'il venait de perdre. Il s'est avancé devant la voiture, il a sorti une arme et forcé la femme à le suivre dans un endroit isolé près de l'immeuble.

Rissell s'est montré calme, réfléchi et précis dans son évocation des faits. J'avais consulté son dossier avant de venir et je savais qu'il avait plus de 120 de QI. Je ne peux pas dire qu'il m'a paru bourrelé de remords. (Sauf pour les quelques rares criminels qui se dénoncent ou se suicident, le remords est généralement plutôt lié au fait d'avoir été appréhendé et jeté en prison.) Il n'a pas non plus essayé de minimiser ses crimes et j'ai vraiment eu le sentiment qu'il nous donnait là une version exacte des faits. De plus, l'enchaînement qu'il venait de nous décrire contenait quelques informations clés.

D'abord, le drame a eu lieu après un événement déclencheur. C'est ce que nous avons ensuite appelé un « stresseur ». Nous avons retrouvé ce schéma-type à maintes et maintes reprises dans d'autres affaires. Le déclencheur peut être n'importe quoi. Cela dépend des gens et de ce qui les perturbe. Mais les plus fréquents, et ce n'est pas surprenant, sont perdre son job ou perdre sa femme (ou sa petite amie). (J'utilise ici le féminin car j'ai remarqué que tous ces tueurs étaient des hommes. Je reparlerai un peu plus loin des raisons qui l'expliquent selon moi.)

L'étude de personnalités comme celle de Monte Rissell, nous a permis de constater que ces « stresseurs » faisaient tellement partie de la dynamique des tueurs en série que lorsque nous voyons certains éléments sur les lieux du crime, nous pouvons sans trop risquer de nous tromper dire quel a été le « stresseur » dans ce cas particulier. Dans l'affaire des meurtres en Alaska dont j'ai parlé au chapitre 4, le « timing » et les détails du triple assassinat d'une femme et de ses deux petites filles ont conduit Jud Ray, qui s'occupait de l'affaire, à inférer que le tueur venait de perdre à la fois sa petite amie *et* son travail. C'était vrai. La petite amie du meurtrier avait quitté celui-ci pour son patron qui l'avait ensuite licencié pour faire place nette.

Après avoir aperçu sa copine avec un étudiant, Monte a commis son premier meurtre le soir même. C'est déjà significatif en soi. Mais la raison pour laquelle cela s'est produit ainsi et la manière dont les événements se sont déroulés nous en apprennent davantage encore.

Il s'avère que la victime de Rissell était une prostituée, ce qui implique deux choses : elle n'allait pas avoir la même peur à l'idée de coucher avec un étranger qu'une personne qui n'aurait pas été de la profession. Et même si elle avait peur, elle aurait probablement un bon instinct de survie. Alors une fois qu'il l'a isolée et qu'il a été clair qu'il avait l'intention de la violer en la menaçant de son arme, elle a essayé de calmer le jeu en soulevant sa jupe et en demandant à son attaquant ce qu'il aimait et dans quelle position il voulait la pénétrer.

« Elle m'a demandé ce que je voulais », nous a-t-il dit.

Mais au lieu de l'adoucir, le comportement de celle-ci n'a fait que l'exaspérer davantage. « On aurait dit que cette pute voulait tout décider ! » s'est-il exclamé. Elle a apparemment simulé deux ou trois orgasmes pour l'apaiser mais cela n'a fait qu'aggraver les choses. Si elle prenait plaisir à ce viol, cela renforçait en lui le sentiment que toutes les femmes étaient des prostituées. Elle a alors été dépersonnalisée à ses yeux et il a été facile à Rissell de la tuer.

Il a cependant relâché une autre victime quand elle lui a appris qu'elle s'occupait de son père atteint d'un cancer. Son frère avait eu un cancer, aussi Rissell a-t-il pu s'identifier à elle. Elle est ainsi, pour lui, devenue une personne, contrairement à la prostituée ou à la jeune infirmière que Richard Speck avait violée après l'avoir couchée sur le ventre et ligotée.

Cela montre combien il est difficile de donner des conseils généraux sur la conduite à tenir en cas de tentative de viol. Tout dépend de la personnalité du violeur et de sa motivation. Ne pas résister ou essayer de le dissuader de commettre son crime peuvent parfois être les meilleures choses à faire. Ou les pires. Se défendre ou se battre avec « le violeur qui veut se rassurer sur sa force » peut le bloquer dans son élan. Résister au « violeur qui a des comptes à régler avec les femmes » est extrêmement dangereux, à moins d'être suffisamment forte et rapide pour pouvoir s'enfuir. Simuler le plaisir parce que le violeur éprouve des difficultés d'ordre sexuel n'est pas forcément, non plus, la meilleure stratégie. C'est la colère, la haine et la volonté de manifester sa force qui sous-tendent ces crimes. L'acte sexuel n'est en fait qu'un moyen.

Après avoir violé la femme qu'il avait enlevée sur le parking, sa colère n'étant toujours pas dissipée, Rissell ignorait encore ce qu'il allait faire d'elle. À ce moment-là, elle a essayé de s'échapper, ce que bon nombre d'entre nous aurions tenté de faire. Le sentiment que c'était elle, et non lui, qui maîtrisait la situation a soudain envahi Rissell. Nous avons cité ses propos dans un article paru dans l'*American Journal of Psychiatry* : « Elle a dévalé le ravin. C'est là que je l'ai empoignée. Je l'ai plaquée contre moi. Elle était plus grande que moi. J'ai commencé à l'étouffer... Elle a trébuché... Nous avons roulé en bas de la colline jusque dans l'eau. J'ai frappé sa tête contre un rocher et je l'ai maintenue sous l'eau. »

Nous avons ainsi appris que le comportement de la victime était tout aussi important que celui de l'agresseur et qu'il fallait tenir compte de cela dans notre analyse du crime. Cette victime était-elle à « haut risque » ou à « bas risque » ? Qu'a-t-elle dit ou fait ? Est-ce que ses actes ou des paroles ont incité le criminel à continuer ou, au contraire, est-ce qu'ils l'ont fait hésiter ? Que s'est-il vraiment passé ?

Les victimes de prédilection de Rissell se trouvaient à proximité ou à l'intérieur de sa résidence. Après avoir tué, le tabou du meurtre a disparu. Il s'est aperçu qu'il pouvait tuer, y prendre du plaisir et s'en tirer. Si on nous avait sollicités dans cette affaire, nous aurions affirmé que le criminel avait une certaine expérience et qu'il avait probablement déjà commis une agression sans aller jusqu'au meurtre, ce qui s'est avéré être le cas. Nous nous serions, en revanche, trompés sur son âge, au moins au début. À l'époque du premier meurtre, Rissell avait à peine dix-neuf ans. Nous nous serions plutôt attendus à un homme âgé de vingt-cinq à trente ans.

Mais le cas de Rissell montre bien que l'âge est un concept tout à fait relatif dans notre travail. En 1989, Gregg McCrary appartenant à mon unité a été appelé sur une affaire déconcertante de meurtres en série de prostituées, à Rochester dans l'État de New York. Travaillant en étroite collaboration avec le capitaine Lynde Johnson et une équipe de policiers de premier ordre, il a dressé un profil détaillé qui a permis l'arrestation et la condamnation d'Arthur Shawcross. Quand nous avons revu ce profil par la suite, nous avons constaté que Gregg avait bien cerné le tueur quant à sa race, sa personnalité, son job, sa vie familiale, sa voiture, ses loisirs, sa connaissance des lieux et ses relations avec la police. Tout était exact, sauf l'âge. Gregg s'attendait à un homme de vingt-huit à trente ans, ayant déjà acquis une assurance suffisante pour commettre un meurtre. En réalité, Shawcross avait quarante-cinq ans. Il venait de passer quinze ans en prison pour le meurtre de deux jeunes enfants (les enfants sont des cibles vulnérables comme les prostituées et les personnes âgées), ce qui l'avait interrompu dans son élan meurtrier. Dans les mois suivant sa libération sur parole, il avait repris là où il en était resté.

Comme Arthur Shawcross, Monte Rissell était libéré sur parole quand il a commis ses meurtres. Et comme Ed Kemper, il a réussi à convaincre un psychiatre qu'il progressait énormément alors que dehors, il tuait des gens. C'est une version écœurante de la vieille plaisanterie : « Combien faut-il de psychiatres pour changer une ampoule ? » La réponse est simplement un, mais seulement si l'ampoule *veut* changer. Les psychiatres et les professionnels de la santé mentale ont l'habitude de se fier à l'auto-évaluation du sujet pour estimer sa progression et ils partent du principe que celui-ci veut « guérir ». Il est extrêmement facile aux criminels de berner les psychiatres et les meilleurs experts vous diront que la violence passée d'un sujet est le meilleur prédicteur de sa violence future. Une des choses que j'espère avoir réussi à faire passer auprès des professionnels de la santé mentale, à la suite de notre enquête et de notre travail sur le terrain, est la limite de l'auto-évaluation en matière de comportement criminel. De par sa nature, le tueur ou le violeur en série est manipulateur, narcissique et totalement égocentrique. Il dira au juge d'application des peines ou au psychiatre de la prison ce qu'ils veulent entendre. Il leur racontera tout ce qu'il faut pour sortir de prison ou éviter d'y entrer.

Nous avons observé une progression constante dans les meurtres de Rissell. Les questions de sa deuxième victime l'avaient énervé. Il nous a dit : « Elle m'a demandé pourquoi je voulais faire ça, pourquoi je l'avais choisie. N'avais-je pas une petite amie ? Quel était mon problème ? Qu'est-ce que j'allais faire ? »

Elle conduisait sous la menace de son arme et comme la première, elle avait essayé de s'enfuir. C'est à ce moment-là qu'il s'était dit qu'il devait la tuer et qu'il l'avait poignardée à plusieurs reprises dans la poitrine.

Arrivé au troisième meurtre, tout a été beaucoup plus facile pour lui. Il avait tiré parti de son expérience passée et il n'a pas laissé sa victime lui parler. Il fallait qu'elle reste dépersonnalisée. « Je me suis dit que j'en avais déjà tuées deux. Je pouvais aussi bien tuer celle-là. »

C'est à ce moment-là qu'il a relâché la femme qui s'occupait de son père atteint du cancer. Mais lors de ses deux derniers meurtres, son intention était bien établie. Il a noyé une victime et poignardé l'autre entre cinquante et cent fois, d'après sa propre estimation.

Rissell, comme presque tous les criminels, nous a montré que ses fantasmes meurtriers existaient bien avant qu'il ne passe à l'acte. Il nous a dit que ses idées provenaient de plusieurs sources et notamment des lectures qu'il avait faites sur David Berkowitz.

David Berkowitz, connu sous le nom du Tueur au calibre 44 puis sous celui du Fils de Sam quand il a commencé à écrire aux journaux durant son règne de terreur sur New York, avait plutôt une personnalité d'assassin que de tueur en série. Au cours d'une année – de juillet 1976 à juillet 1977 –, six jeunes hommes et femmes ont été tués et d'autres ont été blessés. Ils s'étaient tous garés dans des allées où se retrouvaient les amoureux et on leur avait tiré dessus avec une arme de poing très puissante.

Comme un certain nombre de tueurs en série, Berkowitz avait été adopté et il ne l'avait appris qu'à l'époque de son incorporation. Il aurait voulu être envoyé au Vietnam mais s'était retrouvé en Corée. Là-bas, après des premières relations sexuelles avec une prostituée, il avait contracté une gonorrhée. À la suite de sa démobilisation, il était rentré à New York et s'était mis à rechercher sa mère biologique. Il l'avait retrouvée vivant avec sa fille – donc sa sœur – à Long Beach. Il avait été surpris puis consterné quand il avait compris qu'elles n'avaient rien à faire de lui. Tout cela a fait que le garçon timide, peu sûr de lui et rempli de haine, s'est peu à peu transformé en tueur potentiel. Il avait appris à tirer à l'armée. Il est parti pour le Texas où il s'est procuré un calibre 44. C'était une arme de poing puissante et lourde qui lui donnait l'impression d'être plus grand et plus fort. Il est allé s'entraîner au tir sur de petites cibles dans les bas quartiers de New York. Une fois devenu bon tireur, le petit employé des postes la journée s'est mis en chasse à la nuit tombée.

Nous l'avons interrogé à la prison d'État d'Attica où il purgeait une peine d'emprisonnement de vingt-cinq ans à vie pour chacun des six meurtres qu'il avait commis, après avoir plaidé coupable, même s'il est plus tard revenu sur ses aveux. Il avait été victime en 1979 d'une agression en prison qui avait failli lui être fatale. On avait essayé de lui trancher la gorge par-derrière ce qui lui avait valu cinquante-six points de suture. Son agresseur n'a jamais été identifié. Nous ne nous sommes pas fait annoncer parce que nous ne voulions pas lui faire courir davantage de risques. Grâce au concours du directeur de la prison, nous avions déjà pu remplir une bonne partie de notre questionnaire et nous connaissions bien son affaire.

J'avais à cette occasion apporté des photos et des journaux. Comme je l'ai dit plus haut, mon père avait été imprimeur à New York et chef de l'Union syndicale des imprimeurs de Long Island. Aussi m'avait-il fourni de nombreux tabloïds dont les exploits du Fils de Sam faisaient les gros titres.

En lui tendant le *Daily News* de New York, j'ai dit à Berkowitz : « Dans cent ans, personne ne se souviendra de Bob Ressler et de John Douglas, mais on se souviendra du Fils de Sam. Nous avons une affaire sur les bras en ce moment à Wichita, dans le Kansas. Il s'agit d'un type qui a tué une demi-douzaine de femmes et qui se fait appeler l'Étrangleur BTK, pour "Bind, torture, kill [1]". Il écrit des lettres dans lesquelles il parle de toi. Il parle de David Berkowitz, le Fils de Sam. Il veut te ressembler parce que tu as du pouvoir. Cela ne m'étonnerait pas qu'il t'écrive en prison. »

Berkowitz n'était pas ce que j'appellerais un type charismatique. Il était en quête d'un peu de reconnaissance et de réussite personnelle. Il avait des yeux bleu clair qui essayaient toujours de savoir si on s'intéressait vraiment à lui ou si on se payait sa tête. En m'écoutant, ses yeux se sont animés.

1. *N.d.T.* Attacher, torturer, tuer.

« Tu n'as jamais eu l'occasion de témoigner à ton procès, et l'opinion publique sait seulement que tu es un beau salaud. Mais nous, nous savons que tu n'es pas que cela, que tu as un côté plus sensible, un côté qui a été influencé par ton histoire. Et nous voulons que tu puisses nous en parler. »

Il n'était pas franchement démonstratif mais il nous a parlé sans trop d'hésitations. Il a admis avoir déclenché plus de deux cents incendies dans le Queens et à Brooklyn, incendies qu'il a méticuleusement décrits dans son journal. C'est en cela qu'il a, selon moi, une personnalité d'assassin mais aussi en ce qu'il ne veut avoir aucun contact physique avec ses victimes. Ce n'est ni un violeur, ni un fétichiste. Il ne cherche pas à s'emparer de « souvenirs ». S'il éprouve une décharge sur le plan sexuel, c'est seulement dans l'acte de presser la détente.

Les incendies qu'il déclenchait étaient plutôt destinés à troubler l'ordre public. Il mettait le feu à des poubelles ou à des immeubles abandonnés. Comme beaucoup d'incendiaires, il se masturbait en regardant les flammes, puis quand les pompiers arrivaient pour éteindre le feu. Le déclenchement d'incendie fait aussi partie de la fameuse « triade meurtrière » dont je vous ai parlé plus haut qui comprend, en outre, l'énurésie et la cruauté envers les animaux.

J'ai toujours pensé que les enquêtes que nous menions en prison ressemblaient à la recherche de l'or. Nous trouvions des cailloux la plupart du temps mais si nous tombions sur une pépite, cela signifiait que tous nos efforts n'avaient pas été vains. C'est ce qui s'est passé avec David Berkowitz.

Ce qui nous a semblé extrêmement intéressant était que lorsqu'il se rendait dans ces allées fréquentées par les amoureux, au lieu d'aller du côté du conducteur (qui est généralement celui des hommes), ce qui aurait été plus dangereux, il choisissait le côté du passager. Cela nous montre que lorsqu'il tirait sur les véhicules, il visait les femmes. Les multiples coups de feu, comme autant de coups de poignards, indiquaient l'intensité de sa haine. L'homme se trouvait simplement au mauvais endroit, au mauvais moment. Il n'y a probablement jamais eu de contact visuel entre l'agresseur et sa victime. Tout était fait à distance. Il pouvait ainsi posséder la femme de ses fantasmes sans jamais avoir à la personnaliser.

Tout aussi intéressant – encore une autre pépite qui fait désormais partie de nos connaissances sur les tueurs en série – est le fait que Berkowitz nous ait dit partir en chasse la nuit. Quand il ne trouvait pas de proie, c'est-à-dire une victime qui était au mauvais endroit, au mauvais moment, il retournait là où il avait déjà réussi son coup. Il revenait sur la scène d'un crime passé – comme d'autres criminels se rendent sur les lieux où ils se sont débarrassés des corps – et sur les tombes et se roulait symboliquement dans la terre pour revivre son fantasme.

C'est aussi la raison pour laquelle d'autres tueurs en série prennent des photographies ou filment leurs crimes. Une fois que leur victime est morte et qu'ils ont jeté son corps, ils veulent pouvoir éprouver à nouveau et à maintes reprises le même frisson et revivre leur fantasme. Berkowitz n'avait pas besoin de bijoux, de sous-vêtements, de parties du corps ou d'autres objets dérobés sur ses victimes. Il nous a dit que revenir sur les lieux lui suffisait. Il rentrait ensuite chez lui, se masturbait et revivait son fantasme.

Cette découverte nous a été d'une grande utilité. Les policiers avaient jusqu'alors toujours pensé que les meurtriers revenaient sur les lieux de leurs crimes mais ils n'avaient jamais pu le prouver ni expliquer pourquoi il en était ainsi. C'est grâce à des sujets comme Berkowitz que nous avons découvert que les policiers avaient vu juste mais pas forcément pour les raisons que nous avions imaginées. Les remords en font probablement partie. Mais comme nous l'a montré Berkowitz, il y en a d'autres. Une fois que l'on a compris pourquoi un type particulier de criminel revenait sur les lieux du meurtre, on peut mettre au point des stratégies pour l'appréhender.

L'appellation Fils de Sam provenait d'un message très cru que Berkowitz avait adressé au capitaine de police Joseph Borelli. Ce mot avait été trouvé dans le Bronx près de la voiture des victimes Alexander Esau et Valentina Suriani. Comme les autres, on les avait tués à bout portant. Voici ce qui était écrit :

« Je suis profondément blessé que vous disiez que je hais les fammes [1]. C'est pas vrai. Mais je suis un monstre. Je suis le "fils de Sam". Je suis un sale gosse.

1. *N.d.T.* Le texte américain comporte de nombreuses fautes d'orthographe de ce genre.

« Quand Papa Sam est saoul, il devient méchant. Il bat sa famille. Parfois, il m'attache derrière la maison. D'autres fois, il m'enferme à clé dans le garage. Sam aime boire le sang. “Sors et tue”, ordonne Papa Sam.

« Derrière notre maison, il y en a qui reposent. Surtout des jeunes – violés et massacrés – vidés de leur sang – que des os maintenant.

« Pap Sam me garde enfermé dans le grenier aussi. Je peux pas sortir mais je regarde par la fenêtre et je vois le monde passer.

« J'ai l'impression de ne pas en faire partie. Je suis sur une longueur d'onde différente des autres : programmé pour tuer.

« Mais pour m'arrêter, vous devez me tuer. Attention à toutes les polices : tirez sur moi d'abord, tirez pour tuer ou ne vous mettez pas en travers de mon chemin, car vous mourrez !

« Papa Sam est vieux maintenant. Il a besoin de sang pour conserver sa jeunesse. Il a eu trop de crises cardiaques “Oh ! Mon cœur, i'm fait mal mon petit sonny.”

« C'est surtout ma jolie princesse qui me manque le plus. Elle se repose dans notre maison de dames. Mais je la verrai bientôt.

« Je suis le “monstre” – “Belzébuth” – le monstre joufflu.

« J'adore chasser. Rôder dans les rues pour trouver du beau gibier – de la bonne viande. Les fammes du Queens sont les plus belles de toutes. Je dois être l'eau qu'elles boivent. Je vis pour la chasse – ma vie. Du sang pour papa.

« M. Borelli, je ne veux plus tuer. Non Meussieur, plus du tout mais je dois, “ton père honoreras”.

« Je veux faire l'amour avec le monde. J'aime les gens. Je n'appartiens pas à la terre. Renvoyez-moi chez les voyous.

« Je dis aux gens du Queens que je les aime. Et je veux tous vous souhaiter de joyeuses Pâques. Que Dieu vous bénisse dans cette vie et dans la suivante. Et pour l'heure, je vous dis au revoir et bonne nuit.

« VOUS, LES POLICIERS : laissez-moi vous hanter avec ces mots :

Je reviendrai !

Je reviendrai !

Qui doit être interprété comme – bang, bang, bang, bang, – ugh !

Bien à vous dans le meurtre

M. Monstre. »

Ce pauvre hère était devenu une célébrité nationale. Plus d'une centaines d'enquêteurs ont constitué ce qui s'est appelé la Force d'Action Oméga. Ces lettres folles ont continué. Certaines ont été adressées aux journaux et à des chroniqueurs tels que Jimmy Bresling. La ville vivait dans la terreur. Quand il travaillait à la poste, Berkowitz éprouvait des frissons de plaisir en entendant les gens parler du Fils de Sam sans savoir qu'ils se trouvaient dans la même pièce que lui.

L'attaque suivante a eu lieu à Bayside dans le Queens. L'homme et la femme ont tous deux survécu. Cinq jours plus tard, un couple à Brooklyn n'a pas eu cette chance. Stacy Moskowitz a été tuée sur le coup. Robert Violante a survécu mais a perdu la vue à la suite de ses blessures.

Le Fils de Sam a fini par être appréhendé parce qu'il avait garé sa voiture trop près d'une bouche d'incendie dans la nuit de son dernier meurtre. Un témoin dans le voisinage s'est rappelé avoir vu un policier remplir une contravention. Elle a permis de remonter jusqu'à David Berkowitz. Quand la police l'a interrogé, il a simplement dit : « Voilà, vous m'avez trouvé. »

Après son arrestation, Berkowitz a expliqué que le nom « Sam » se référait à son voisin, Sam Carr, dont le chien, un labrador noir, Harvey, était selon lui un démon âgé de trois mille ans qui lui ordonnait de tuer. Un jour, David a tiré sur le chien avec un pistolet calibre 22, mais celui-ci a survécu. Les psychiatres l'ont immédiatement étiqueté schizophrène et ont donné toutes sortes d'interprétations de ses différentes lettres. La « jolie princesse » de sa première lettre était apparemment l'une de ses victimes, Donna Lauria, dont Sam lui avait promis l'âme après sa mort.

Ce qui m'a le plus frappé en regardant ses lettres n'est pas leur contenu mais le changement d'écriture. Dans la première, elle est claire et ordonnée puis elle se dégrade progressivement jusqu'à devenir quasiment illisible. Les fautes d'orthographe sont aussi de plus en plus nombreuses. C'est un peu comme si elles avaient été écrites par deux personnes différentes. Je le lui ai fait remarquer. Il ne s'en était même pas aperçu. Si j'avais dû établir son profil, rien qu'en voyant l'altération de son écriture, j'aurais su qu'il était vulnérable, qu'il risquait de déraper et de commettre des erreurs stupides comme celle de se garer à côté d'une bouche d'incendie. Et ce sont ces erreurs qui auraient permis à la police de l'appréhender. C'est aussi à ce moment particulier de vulnérabilité qu'il aurait fallu lancer une de nos stratégies proactives.

Je pense que Berkowitz a accepté de s'ouvrir à nous parce que nous connaissions très bien son dossier. Dès le début de notre entretien, nous en sommes arrivés à parler de ce chien de trois mille ans qui selon ses dires l'avait poussé à commettre ses crimes. Les psychiatres avaient avalé cette histoire et considéré qu'elle expliquait ses actes. Mais, moi, je savais que cette version, il ne l'avait inventée qu'après son arrestation. C'était son échappatoire. Alors, quand il a commencé à nous faire son cinéma au sujet de ce chien, je lui ai dit : « David, arrête ton char. Le chien n'a rien à voir là-dedans. »

Il a ri et acquiescé. Nous avions lu de nombreuses et longues « dissertations psychologiques » sur ces lettres. Quelqu'un le comparait au personnage de Jerry dans la pièce de théâtre d'Edward Albee intitulée *Zoo Story*. Un autre avait essayé de décrire sa pathologie en analysant son écriture mot par mot. Mais David les avait tous menés en bateau et ils n'y ont vu que du feu.

La seule chose est que David Berkowitz en voulait à sa mère et aux autres femmes en raison de la manière dont celles-ci l'avaient traité et qu'il ne se sentait pas sûr de lui en leur présence. Son fantasme de les posséder a éclos pour devenir une réalité meurtrière. C'étaient les détails qui nous importaient.

Grâce à Bob Ressler qui a géré avec talent la bourse accordée par l'Institut National de la Justice et aux analyses des entretiens auxquelles Ann Burgess a procédé, nous avons dès 1983 terminé une étude détaillée portant sur trente-six individus. Nous avons aussi recueilli des données chez cent dix-huit de leurs victimes, essentiellement des femmes.

Cette étude a donné lieu à l'élaboration d'un système permettant de mieux comprendre et de mieux classer les différents criminels violents. Nous avons pour la première fois pu établir un lien entre « ce qui s'est passé dans la tête d'un tueur » et les preuves qu'il a laissées derrière lui. Ceci nous a ensuite permis de devenir plus efficaces dans notre recherche des criminels et d'obtenir plus souvent leur condamnation. Nous avons enfin commencé à répondre à certaines questions concernant la folie et surtout à celle qui nous préoccupait par-dessus tout : « Quel genre de personne aurait pu commettre une telle chose ? »

En 1988, nous avons développé nos conclusions dans un livre intitulé *Sexual Homicide : Patterns and Motives*, publié chez Lexington Books. À l'heure où j'écris ces lignes, nous en sommes à la sixième réimpression. Mais comme nous l'avons admis en conclusion, « cette enquête soulève plus de questions qu'elle n'en résout ».

Comprendre le fonctionnement mental des criminels violents demeure une quête ininterrompue. Les tueurs en série sont, par définition, des criminels qui réussissent leurs forfaits et qui ont appris par l'expérience. Nous devons simplement nous assurer que nous continuons à apprendre plus vite qu'eux.

8

LE TUEUR A UN TROUBLE DE L'ÉLOCUTION

Un jour de 1981, je suis tombé sur un article dans mon journal local qui relatait l'agression sauvage et le viol d'une vieille dame par un inconnu. Il l'avait laissée pour morte avec ses deux chiens qu'il avait tués à coups de couteau. D'après les différents éléments de la scène du crime, la police a conclu qu'il avait sûrement passé un bon moment sur les lieux. Ce drame a bouleversé et scandalisé la communauté.

Deux mois plus tard, de retour de voyage, j'ai demandé à Pam si elle avait appris du nouveau sur cette affaire. « Non, m'a-t-elle répondu, la police n'a pas de piste sérieuse. » Je lui ai dit que c'était dommage parce que d'après ce que j'avais lu et entendu, ce crime pouvait tout à fait être élucidé. Il n'était pas de la compétence fédérale et bien que nous n'ayons pas été sollicités, j'ai décidé d'aller proposer mon aide en tant que simple citoyen.

Je me suis présenté au commissariat de police et j'ai expliqué au commissaire quel genre de travail nous faisions. Je lui ai ensuite demandé si je pouvais m'entretenir avec les inspecteurs qui travaillaient sur ce dossier. Il a accepté mon offre avec élégance.

L'inspecteur s'appelait Dean Martin [1]. Je ne me rappelle pas si je

1. *N.d.T.* Chanteur et humoriste américain.

me suis retenu de faire une blague de Jerry Lewis mais il est probable que non. Il m'a montré le dossier, y compris les photographies prises sur la scène du crime. La victime avait vraiment été rouée de coups. En étudiant ces différents éléments, j'ai commencé à me faire une idée assez claire de l'agresseur et de la dynamique du crime.

« Bon, ai-je dit aux inspecteurs qui m'écoutaient poliment mais avec scepticisme. Voilà ce que je pense. C'est un lycéen de seize ou dix-sept ans. Quand la victime d'une agression sexuelle est âgée, nous recherchons toujours un jeune, quelqu'un qui manque d'assurance et qui a peu ou pas d'expérience. Une personne plus jeune, plus vigoureuse ou plus sûre d'elle lui aurait fait peur. Il est débraillé, les cheveux en bataille, peu soigné de sa personne. Voilà selon moi ce qui s'est passé ce soir-là. Sa mère ou son père l'a jeté dehors et il n'a pas su où se réfugier. Il ne pouvait de toute façon pas aller bien loin dans sa situation. Il n'avait pas de copine ou de copain chez qui il aurait pu se pointer à l'improviste le temps que l'orage passe. Alors il a traîné dehors en proie à la tristesse, à la colère et à un sentiment d'impuissance. C'est alors qu'il est arrivé devant la maison de cette vieille dame. Il savait qu'elle vivait seule. Il avait travaillé chez elle ou il lui avait rendu de petits services. Elle ne représentait pas une menace pour lui.

Alors il est entré par effraction. Elle a peut-être protesté, elle s'est mise à crier ou elle s'est seulement montrée terrifiée. Quelle qu'ait été la réaction de celle-ci, il s'est soudain senti plus puissant. Il a voulu se prouver à lui-même et prouver au monde entier qu'il était bien un homme. Il a essayé d'avoir des relations sexuelles avec elle, mais il n'y est pas parvenu. De rage, il s'est mis à la rouer de coups puis, à un moment, il s'est dit qu'il fallait qu'il aille jusqu'au bout puisqu'elle pouvait désormais l'identifier. Il ne portait pas de masque. C'est un crime impulsif, pas un crime prémédité. Mais elle est tellement traumatisée que, bien qu'étant toujours vivante, elle ne peut pas le décrire.

Il ne savait toujours pas où aller après l'agression et comme elle ne représentait aucune menace pour lui et qu'il était sûr qu'aucun visiteur ne se présenterait la nuit, il est resté là. Il a bu et mangé parce qu'il commençait à avoir faim. »

J'ai interrompu ma narration et j'ai ajouté qu'il y avait sûrement quelqu'un qui correspondait à cette description. S'ils le trouvaient, ils auraient mis la main sur leur agresseur.

Un des inspecteurs a regardé son collègue. Il s'est mis à sourire en me demandant si j'étais voyant.

« Non, lui ai-je répondu, mais mon job serait plus facile si je l'étais.

– C'est parce qu'une voyante nommée Beverly Newton est passée ici il y a quelques semaines et elle nous a dit à peu près la même chose. »

En plus, ma description correspondait à quelqu'un qui habitait non loin de là et que les policiers avaient suspecté l'espace d'un instant. Après notre entretien, ils l'ont de nouveau interrogé. Mais comme ils manquaient de preuves et qu'ils n'avaient pas obtenu d'aveux, ils n'ont pas pu l'arrêter. Peu de temps après cela, le suspect a quitté la région.

Le commissaire et ses inspecteurs voulaient savoir comment, si je n'étais pas voyant, j'en étais arrivé à imaginer un tel scénario. Voici une partie de la réponse : j'avais à l'époque déjà vu suffisamment de crimes violents et interrogé suffisamment de criminels pour pouvoir commencer à établir un lien entre la nature du crime et le genre de personne qui avait pu le commettre. Mais bien sûr, si c'était si simple, un manuel suffirait pour enseigner notre technique et on pourrait proposer à la police un programme informatique qui listerait les caractéristiques du suspect à partir des données que nous lui aurions fournies. Nous utilisons beaucoup les ordinateurs dans notre travail et ceux-ci sont capables de choses remarquables, mais il faut reconnaître qu'il y a des tâches plus complexes qu'ils ne peuvent et ne pourront probablement jamais accomplir. Établir des profils, c'est comme écrire. Vous pouvez entrer toutes les règles de grammaire, de syntaxe et de style dans un ordinateur, ce n'est pas pour autant qu'il pourra écrire un livre.

Quand je travaille sur une affaire, j'emmagasine dans ma tête toutes les preuves dont je dispose – les rapports, les photos et les descriptions de la scène du crime, le témoignage de la victime ou les comptes rendus des autopsies – puis je me mets mentalement et psychologiquement à la place de l'agresseur. J'essaie de penser comme lui. Je ne saurais dire exactement comment cela se produit, pas plus que les romanciers, tels que Tom Harris, qui m'ont consulté pendant des années ne peuvent dire exactement comment leurs personnages prennent vie. Si la voyance a quelque chose à voir là-dedans, je ne le nierai pas, bien qu'elle me paraisse plutôt appartenir au domaine de la pensée créatrice.

Les voyants peuvent parfois apporter une aide précieuse dans les enquêtes criminelles. Certains d'entre eux ont, en effet, la capacité de se focaliser inconsciemment sur des détails subtils et arrivent à en tirer des conclusions logiques comme je le fais moi-même et comme je l'enseigne à mes collaborateurs. Mais je conseille toujours aux enquêteurs de ne solliciter les voyants qu'en dernier ressort et de ne pas les mettre en contact avec les inspecteurs qui connaissent les détails de l'affaire. Pourquoi ? Parce que les bons voyants ont le don de relever les indices non verbaux même discrets et qu'ils pourraient surprendre les enquêteurs et se rendre crédibles à leurs yeux en leur restituant des éléments du dossier que ceux-ci connaissent déjà, sans avoir pour autant des idées nouvelles concernant les faits qu'ils ignorent et cherchent à connaître. Lors de l'enquête sur les meurtres d'enfants à Atlanta, des centaines de voyants se sont présentés pour aider la police. Ils ont proposé toutes sortes de descriptions des tueurs et de leurs modes opératoires. On s'est rendu compte après coup qu'aucune d'elles ne se rapprochait de la réalité.

C'est presque au même moment que l'on m'a sollicité pour élucider une série de meurtres commis dans des lieux fortement boisés, le long de chemins de randonnée, près de la baie de San Francisco. La police avait établi un lien entre ces meurtres et les avait attribués à un inconnu que la presse a ensuite surnommé le Tueur des Sentiers.

Tout avait commencé en août 1979 quand Edda Kane, une femme athlétique, cadre dans une banque et âgée de quarante-quatre ans, avait disparu après être partie seule en randonnée sur le versant est du mont Tamalpais, une très belle montagne qui surplombe le pont du Golden Gate et la baie de San Francisco, aussi connue sous le nom de « La dame endormie ». Quand Kane n'était pas rentrée le soir, son mari, inquiet, avait appelé la police. Son corps avait été retrouvé le lendemain dans l'après-midi par une équipe aidée de chiens policiers. Elle était nue et ne portait qu'une seule chaussette. Le visage contre le sol, elle était à genoux comme si elle avait supplié qu'on la laisse en vie. Selon le médecin légiste, la mort avait été provoquée par une balle tirée dans la nuque. Il ne semblait pas y avoir eu d'agression sexuelle. Le meurtrier s'était emparé de trois cartes de crédit et de dix dollars en espèces, mais il n'avait pris ni son alliance ni ses autres bijoux.

Au cours du mois de mars suivant, le corps sans vie d'une jeune femme de vingt-trois ans, nommée Barbara Schwartz, a été découvert dans le parc du mont Tamalpais. Elle avait été poignardée à plusieurs reprises dans la poitrine alors qu'elle se tenait à genoux. En octobre, c'est la jeune Anne Alderson, âgée de vingt-six ans, qui n'est pas revenue de son jogging en bordure du parc. Son corps a été retrouvé, le lendemain après-midi, avec une balle dans la tête du côté droit. Contrairement aux autres victimes, Alderson était habillée, la tête tournée vers le haut et elle était adossée à un rocher. Il lui manquait seulement sa boucle d'oreille droite, en or. Le gardien du mont Tamalpais, John Henry, a dit qu'il l'avait vue assise toute seule en train de contempler le lever du soleil dans l'amphithéâtre du parc au cours de la matinée de ce qui devait être la dernière journée de sa vie. Deux autres témoins l'avaient aperçue à moins de deux kilomètres de l'endroit où le corps d'Edda Kane avait été découvert.

Les policiers ont suspecté Mark McDermand, dont la mère invalide et le frère schizophrène avaient été retrouvés tués par balle dans leur maison du mont Tamalpais. Après onze jours de cavale, il s'est rendu à l'inspecteur Robert Gaddini, du comté de Marin. Les policiers ont réussi à prouver sa culpabilité dans les meurtres de sa mère et de son frère, mais aucune de ses nombreuses armes ne correspondait aux calibres 44 et 38 utilisés dans l'affaire des Sentiers. Les meurtres ont ensuite repris.

En novembre, Shauna May, âgée de vingt-cinq ans, n'est pas venue au rendez-vous avec ses deux amis randonneurs au parc de Point Reyes, à quelques kilomètres au nord de San Francisco. Deux jours plus tard, on a retrouvé son corps dans une fosse peu profonde, près du cadavre en décomposition d'une autre randonneuse, âgée de vingt-deux ans, nommée Diana O'Connell. Cette dernière, new-yorkaise, avait disparu dans le parc un mois auparavant. Les deux femmes avaient reçu une balle en pleine tête. Le même jour, deux autres corps ont été découverts dans le parc. Ils ont été identifiés comme étant ceux de Richard Stowers, dix-neuf ans et de sa fiancée Cynthia Moreland, dix-huit ans. Ils avaient tous deux été portés disparus depuis la mi-octobre. Les enquêteurs ont établi qu'ils avaient été tués au cours du long week-end de Columbus Day, tout comme Anne Alderson.

Les premiers meurtres avaient semé la panique chez les randonneurs dans la région et des pancartes avaient été plantées, conseillant aux gens et surtout aux femmes de ne pas s'aventurer seuls dans les bois. Mais avec la découverte de quatre cadavres le même jour, c'est devenu la psychose. Le shérif du comté de Marin, G. Albert Howenstein Jr, avait recueilli plusieurs témoignages de personnes ayant aperçu les victimes avec des hommes bizarres juste avant leur mort. Mais les descriptions ne collaient pas entre elles sur certains points clés, tels que l'âge et les traits du visage. Ce phénomène n'est pas rare lorsqu'il s'agit d'un seul meurtre et il l'est encore moins quand il y en a plusieurs répartis sur quelques mois. Une paire de lunettes à doubles foyers un peu particulière avait été trouvée près du corps de Barbara Schwartz. Elle appartenait apparemment au meurtrier. Howenstein a distribué à tous les opticiens du coin des tracts mentionnant les caractéristiques de ces lunettes. Les montures semblaient provenir d'une prison, aussi le capitaine Gaddini a-t-il contacté le département de la Justice de l'État de Californie pour obtenir la liste de tous les criminels récemment libérés ayant commis des agressions sexuelles envers des femmes. Plusieurs départements de police et plusieurs agences, y compris le bureau du FBI de San Francisco, planchaient alors sur l'affaire.

Les spéculations dans la presse allaient bon train et disaient que le Tueur des Sentiers pouvait être le Tueur du Zodiac de Los Angeles, qui n'avait toujours pas été appréhendé mais qui se tenait tranquille depuis 1969. Peut-être avait-il séjourné en prison depuis lors pour d'autres crimes, puis été libéré par des juges d'application des peines ignorant son passé réel. Mais contrairement à Zodiac, le Tueur des Sentiers n'éprouvait ni le besoin de brocarder la police ni celui de communiquer avec elle.

Le shérif Howenstein a fait intervenir un psychologue de Napa, R. William Mathis, pour qu'il analyse le cas. Relevant les aspects rituels présents dans les différentes affaires, Mathis a dit qu'il pensait que le criminel conservait des souvenirs. Toute personne suspectée devrait être suivie pendant une semaine avant d'être arrêtée dans l'espoir qu'elle conduise la police à l'arme du crime ou à d'autres pièces à conviction. Mathis l'a décrit comme un bel homme ayant une personnalité de battant.

Howenstein et Gaddini ont tendu plusieurs pièges au tueur en s'appuyant sur les conseils de Mathis. Ils ont ainsi demandé à des gardes forestiers de se faire passer pour des randonneuses. Sans résultat. La pression de l'opinion sur la police était alors considérable. Le shérif a annoncé publiquement que le tueur guettait ses victimes puis leur infligeait des tortures mentales en les obligeant probablement à le supplier de les laisser en vie avant de les tuer.

C'est Roy Hazelwood qui a d'abord été sollicité. Il était l'expert en viols et violences commises à l'encontre des femmes. Roy est un type sensible et attentionné et cette affaire l'a profondément troublé. Je le revois encore en train de m'exposer le dossier alors que nous retournions à notre bureau après le cours qu'il venait de donner à l'Académie Nationale. J'ai eu l'impression que Roy se sentait responsable de tout cela personnellement, comme si les efforts conjoints du FBI et de dix agences locales ne suffisaient pas et que c'était à *lui* qu'il appartenait de résoudre l'affaire et de traîner le criminel devant le juge.

Contrairement à moi, Roy enseignait à plein temps. Je ne donnais plus de cours à cette époque et j'étais le seul au sein de l'Unité de Sciences du Comportement à travailler à plein temps sur les profils des criminels que nous recherchions. Aussi Roy m'a-t-il demandé d'aller à San Francisco pour faire part de mes intuitions à la police locale.

Comme nous l'avons vu plus haut, l'arrivée du FBI sur une affaire est souvent mal perçue. Cela remonte en partie à l'époque de Hoover où la police avait souvent l'impression que le Bureau se pointait et s'emparait des enquêtes les plus valorisantes. Mon unité ne peut intervenir sans y avoir été invitée par l'agence qui en a la compétence principale, qu'il s'agisse de la police locale ou même du FBI. Mais dans l'affaire du Tueur des Sentiers, le FBI avait été sollicité très tôt et, compte tenu du retentissement que ces affaires avaient dans les journaux, je crois que les policiers étaient bien contents que je vienne leur donner un coup de main, en tout cas pour un temps.

Dans les bureaux du shérif, j'ai revu tous les éléments du dossier et les photographies prises sur les lieux des crimes. Les observations du sergent détective Rich Keaton m'ont particulièrement intéressé. Il avait remarqué que tous les meurtres semblaient avoir été commis dans des endroits boisés, très isolés sous un épais feuillage qui empêchait de voir le ciel. Aucun d'eux n'était accessible en voiture. On ne pouvait s'y rendre qu'à pied après une marche d'au moins un kilomètre et demi. L'endroit où Anne Alderson a été assassinée se trouvait à proximité d'une voie de desserte qui représentait un raccourci depuis l'amphithéâtre du parc. J'en ai déduit que le tueur habitait dans le coin et qu'il connaissait très bien les lieux.

J'ai exposé mon point de vue dans une grande salle de réunion, dans les locaux du shérif du comté de Marin. Les sièges étaient disposés en demi-cercle, comme dans les conférences médicales. Dix personnes sur les cinquante ou soixante présentes étaient des agents du FBI. Les autres étaient des officiers et des inspecteurs de police. J'ai remarqué beaucoup de têtes grisonnantes : des vétérans expérimentés partis en retraite avaient en effet été sollicités pour apporter leur aide dans cette enquête.

J'ai commencé par remettre en question le profil qui avait été initialement établi. L'homme que nous recherchions n'était pas, selon moi, beau, charmant et raffiné. Les multiples coups de couteau et les attaques surprises par-derrière me disaient que nous avions affaire à un type asocial (mais pas nécessairement antisocial), réservé, peu sûr de lui, incapable d'entamer une conversation avec ses victimes, de les baratiner, de les pousser ou de ruser pour obtenir qu'elles fassent ce qu'il voulait. Les randonneuses étaient toutes en parfaite condition physique. L'attaque par surprise indiquait clairement selon moi qu'il ne pouvait maîtriser ses victimes qu'en les terrassant avant qu'elles ne puissent réagir.

Ce n'étaient pas des meurtres perpétrés par quelqu'un connaissant ses victimes. Les lieux étaient isolés, à l'abri du regard, ce qui signifiait que le tueur disposait de tout le temps qu'il voulait pour réaliser ses fantasmes avec chacune d'elles. Pourtant, il éprouvait quand même le besoin de les attaquer par surprise. Il n'y a eu aucun viol, simplement une manipulation des cadavres, peut-être une masturbation, mais pas de rapport sexuel. Contrairement aux victimes d'un tueur sophistiqué et désinvolte comme Ted Bundy, qui étaient conformes à une seule image (c'étaient de jolies femmes d'une vingtaine d'années avec de longs cheveux bruns et une raie au milieu), les victimes dans cette affaire n'avaient pas d'âge et de type physique particulier. Le Tueur des Sentiers n'avait, en effet, pas de préférence, un peu comme une araignée qui attend qu'un insecte se prenne dans sa toile. J'ai dit au groupe de policiers que, selon moi, ce type avait un passé chargé. Je pensais comme le capitaine Gaddini qu'il avait fait de la prison. Il avait peut-être déjà commis des viols, ou plutôt des tentatives de viol, mais pas de meurtre avant cette série. Un facteur déclencheur avait vraisemblablement précipité les choses. J'étais à peu près sûr qu'il était blanc, puisque toutes les victimes l'étaient et je le voyais mécanicien ou ouvrier. Il était efficace et avait jusqu'alors réussi à échapper à la police, aussi en ai-je déduit qu'il devait avoir entre trente et trente-cinq ans. Je pensais aussi qu'il était assez intelligent et que son Q.I. devait être très au-dessus de la moyenne. Si on fouillait dans son passé, on trouverait une énurésie, des incendies volontaires et de la cruauté envers les animaux, ou au moins deux de ces trois éléments.

« Encore une chose, ai-je ajouté après une longue pause, le tueur a un trouble de l'élocution. »

Il ne m'a pas été bien difficile de lire sur le visage des policiers ce qu'ils pensaient : *ce type dit n'importe quoi !*

« Qu'est-ce qui vous fait dire cela ? m'a demandé l'un d'eux sur un ton sarcastique. Les plaies ont l'air de bégayer ? » Il a souri en pensant à sa « découverte » d'une nouvelle façon de tuer.

Je lui ai expliqué que j'avais procédé par induction et déduction et pris en compte l'ensemble des facteurs de tous les crimes : les lieux isolés où il était sûr de ne rencontrer personne d'autre, le fait qu'aucune des victimes n'avait été approchée dans une foule et qu'il n'avait pas essayé de ruser pour les entraîner avec lui et surtout son besoin d'attaquer par surprise au milieu de nulle part. Tout cela m'a convaincu que nous avions affaire à quelqu'un qui souffrait d'une maladie qui le mettait mal à l'aise ou dont il avait honte. Terrasser une victime qui ne s'attendait pas à être attaquée, la dominer et la maîtriser était le seul moyen qu'il avait trouvé pour surmonter son handicap.

Cela pouvait être une maladie ou un handicap d'un autre ordre. Il était probablement casanier parce qu'il avait des cicatrices d'acné, des séquelles de polio ou parce qu'il lui manquait un membre, quelque chose comme ça. Mais compte tenu de sa manière d'attaquer ses victimes, nous devions éliminer cette dernière hypothèse ainsi que celle de tout handicap sévère. Et s'il avait été défiguré, les différents témoins oculaires qui se trouvaient dans le parc au moment des meurtres l'auraient signalé. Il avait peut-être un trouble de l'élocution dont il avait honte au point de limiter ses relations sociales et cela, contrairement aux autres handicaps que nous venons d'évoquer ne se remarquerait pas dans une foule. Personne ne s'en apercevrait tant qu'il n'ouvrirait pas la bouche.

Donner ce genre de conseil à un groupe de policiers expérimentés quand l'enjeu est important et que l'opinion publique exerce une pression considérable flanque vraiment la trouille. C'est le genre de situation que j'aime bien créer dans mes interrogatoires mais que je fuis personnellement. On ne peut cependant pas y aller à fond. Vous êtes toujours hanté par la pensée qu'un policier a clairement formulée cet après-midi-là :

« Et si vous aviez tort, Douglas ?

– Il se peut que j'aie tort sur certains points, ai-je concédé. Je me suis peut-être trompé sur son âge, sur sa profession ou sur son Q.I. Mais je suis sûr de sa race, de son sexe et du fait que c'est un travailleur manuel. Et dans ce cas particulier, je suis également convaincu qu'il a un défaut qui le perturbe vraiment. Ce n'est peut-être pas un trouble de l'élocution, mais moi je pense que si. »

Quand j'ai terminé, il m'a été difficile de savoir si mes propos avaient eu un impact quelconque et si les policiers en avaient retenu quelque chose. Mais l'un d'eux est venu me voir après cela et il m'a dit : « J'ignore si vous avez tort ou raison, John, mais au moins vous nous avez donné une direction pour orienter nos recherches. » C'est toujours agréable à entendre, bien que l'on ait tendance à retenir son souffle tant que l'enquête n'est pas résolue. Je suis rentré à Quantico pendant que le shérif et la police reprenaient leur travail.

Le 29 mars, le tueur a encore frappé. Cette fois-là, il a tiré sur un jeune couple dans le parc de Henry Cowell Redwoods, près de Santa Cruz. Quand il a annoncé à Ellen Marie Hansen, une étudiante de vingt ans de l'Université de Californie, qu'il allait la violer, elle s'est rebiffée. C'est alors qu'il leur a tiré dessus avec un pistolet calibre 38. Elle a été tuée sur le coup et Steven Haertle, lui, a été gravement blessé et laissé pour mort. Haertle a cependant pu donner une description partielle de son agresseur : c'était un homme aux dents jaunes et plantées de travers. À partir de l'ensemble des témoignages, la police est arrivée à la conclusion que l'homme conduisait une voiture rouge étrangère, un modèle ancien, peut-être une Fiat. La description, là encore, était très différente des précédentes. Haertle pensait que le suspect avait dans les cinquante ou soixante ans et qu'il commençait à perdre ses cheveux. L'enquête balistique a établi un lien entre les balles utilisées dans cette affaire et les autres meurtres du Tueur des Sentiers.

Le 1er mai, une jolie blonde, Heather Roxanne Scaggs, âgée de vingt ans, a disparu. Elle étudiait à l'école d'imprimerie de San Jose. Son petit ami, sa mère et sa co-locataire se sont tous rappelé qu'elle leur avait dit qu'elle sortait avec un professeur d'arts industriels nommé David Carpenter, qui avait fait le nécessaire pour qu'elle puisse racheter la voiture d'un de ses amis. Carpenter avait cinquante ans, ce qui est rare dans des crimes de ce genre.

À partir de ce moment-là, les choses ont commencé à s'éclaircir et les mailles du filet se sont resserrées. Carpenter conduisait une Fiat rouge avec un pot d'échappement dentelé. Ce dernier détail n'avait pas encore été divulgué par la police.

David Carpenter aurait dû être identifié et appréhendé plus tôt. Le fait est qu'il a eu une chance incroyable. L'enquête a été compliquée parce que les meurtres ayant été commis dans plusieurs endroits, différents départements de police se sont trouvés impliqués dans celle-ci. Ironie de l'histoire, Carpenter n'apparaissait pas sur les listes des criminels sexuels récemment libérés sur parole de l'État parce qu'il avait été relâché par la Californie pour purger une peine fédérale, et bien que se trouvant dehors, il était techniquement sous la garde des autorités fédérales. Il avait alors réussi à se glisser entre les mailles du filet. En plus, Carpenter, qui avait perdu ses lunettes sur les lieux du meurtre de sa deuxième victime, Barbara Schwartz, avait le même opticien que celle-ci ! L'opticien en question n'avait malheureusement pas vu les tracts distribués par le shérif.

D'autres témoins se sont présentés. Parmi eux, une femme âgée qui avait reconnu le portrait-robot passé à la télévision. Il correspondait à celui d'un homme qui avait été commissaire de bord sur le bateau qu'elle et ses enfants avaient emprunté pour aller au Japon vingt ans plus tôt. L'attention déplacée qu'il avait constamment manifestée envers sa fille lui avait fait froid dans le dos à l'époque.

Puis Peter Berest, le directeur de l'agence de la Glen Park Continental Savings and Loan de Dale City, s'est souvenu d'une employée, Anna Kelly Menjivar, une jeune et jolie lycéenne, douce et confiante, qui travaillait comme caissière à mi-temps. Elle avait disparu de chez elle tard au mois de décembre précédent. Sa disparition n'avait pas été reliée aux meurtres des Sentiers, bien que son corps ait été retrouvé dans le parc du mont Tamalpais. Berest s'est rappelé combien Anna s'était montrée gentille avec un client régulier souffrant d'un très fort bégaiement. Il a appris plus tard que celui-ci avait été arrêté en 1960 pour avoir attaqué une jeune femme au Présidio, la base militaire située à la pointe nord de San Francisco.

La police de San Jose et le FBI ont mis Carpenter sous surveillance et l'ont finalement appréhendé. Il était le fils d'une mère dominatrice et maltraitante et d'un père également maltraitant, au moins sur le plan psychologique. Il avait été un enfant d'une intelligence très au-dessus de la moyenne, que l'on avait constamment tourmenté en raison de son important bégaiement. Son enfance avait été marquée par une énurésie chronique et une cruauté envers les animaux. Parvenu à l'âge adulte, sa colère et sa frustration avaient donné lieu à des accès de rage terribles et imprévisibles et à un appétit sexuel impossible à assouvir.

Lors de son premier crime, il avait attaqué une femme avec un couteau et un marteau dans le Présidio. C'est ce qui l'avait conduit en prison. Son couple battait alors de l'aile et il venait d'avoir un enfant. Sa victime a remarqué que son terrible bégaiement avait disparu pendant l'agression et peu de temps avant celle-ci.

En raison des demandes qui avaient afflué de la part des diplômés de l'Académie Nationale, le Directeur du FBI, William Webster, avait accepté officiellement dès 1978 que les enseignants de l'Unité de Sciences du Comportement donnent des consultations destinées à établir des profils psychologiques. Dès le début des années 80, le service était déjà extrêmement connu et apprécié. Je travaillais à plein temps sur les dossiers et des instructeurs comme Bob Ressler et Roy Hazelwood apportaient également leur aide quand leur emploi du temps le permettait. Nous pensions que nous obtenions de bons résultats, mais personne dans notre hiérarchie ne savait vraiment si les ressources et les effectifs du Bureau étaient convenablement employés ainsi. Aussi en 1981, l'Unité Institutionnelle de Recherche et de Développement du FBI – dirigée à l'époque par Howard Teten qui avait été muté de l'Unité de Sciences de Comportement – a-t-elle entrepris la première analyse approfondie de rentabilité de ce qui s'appelait alors le Programme d'Établissement de Profils Psychologiques. Teten dont les consultations informelles avaient constitué le point de départ de ce programme voulait savoir s'il était vraiment utile et si le quartier général devait le poursuivre.

Un questionnaire a été envoyé à tous nos clients – c'est-à-dire aux officiels et aux policiers qui avaient fait appel à nos services. Cela incluait les polices municipales, celles des comtés et la police d'État, les bureaux des shérifs, les agences du FBI sur le terrain, les patrouilles des autoroutes et les agences d'investigation d'État. Nous étions essentiellement intervenus dans des affaires de meurtres, mais l'Unité Institutionnelle de Recherche et de Développement a aussi recueilli des informations sur les consultations que nous avions données à la suite de viols, de kidnappings, de rackets, de menaces, de mauvais traitements sur enfants, de prises d'otages et au cours des enquêtes lors des accidents mortels ou des suicides.

Ce que nous faisions était encore vague et difficile à évaluer pour beaucoup de gens. Nombre d'entre eux considéraient cela comme de la sorcellerie et une partie des autres pensait que c'était de l'épate. Nous, nous savions que si le résultat de l'enquête ne s'avérait pas franchement positif, tout ce qui se trouvait en marge de l'enseignement à l'Unité de Sciences du Comportement passerait alors à la trappe.

Nous avons donc été soulagés et contents quand les résultats sont arrivés en décembre 1981. Des enquêteurs des quatre coins des États-Unis nous avaient plébiscités et avaient demandé que le programme soit poursuivi. Le dernier paragraphe de la lettre d'introduction du rapport résume cela ainsi :

L'évaluation révèle que ce programme est une réussite qui

dépasse tout ce que nous avions imaginé. L'Unité de Sciences du Comportement doit être félicitée pour son travail remarquable.

Nous aidions, entre autres, les enquêteurs à réduire leur liste à un petit nombre de suspects et à concentrer leurs recherches. C'était là, selon eux, que notre apport leur était le plus précieux. L'enquête menée lors du meurtre sauvage et complètement insensé de Francine Elveson dans le Bronx, en octobre 1979, pas très loin de certains des lieux que fréquentait David Berkowitz, nous en fournit un bon exemple. La police de New York craignait qu'un fanatique du Fils de Sam ne s'inspire de lui. Nous exposons cette affaire à Quantico parce qu'elle montre bien comment nous avons dressé un profil que la police a pu ensuite utiliser pour faire avancer une enquête qui piétinait depuis longtemps.

Francine Elveson était une institutrice de vingt-six ans qui s'occupait d'enfants handicapés dans un hôpital de jour de son quartier. Pesant quarante kilos et mesurant moins d'un mètre cinquante, elle témoignait d'une sensibilité et d'une empathie assez rare pour ses étudiants, étant elle-même légèrement handicapée puisqu'elle souffrait d'une scoliose (torsion de la colonne vertébrale). Timide et peu extravertie, elle habitait avec ses parents dans un appartement de Pelham Parkway House.

Elle avait quitté son domicile comme d'habitude à six heures trente du matin. Vers huit heures vingt, un jeune garçon de quinze ans vivant dans le même immeuble a trouvé son portefeuille dans l'escalier entre le troisième et le quatrième étage. Il ne le lui a pas rapporté immédiatement de crainte de se mettre en retard pour l'école. Il l'a conservé jusqu'à l'heure du déjeuner puis il l'a remis à son père. Celui-ci s'est rendu chez les Elveson un peu avant trois heures de l'après-midi et il l'a confié à Mme Elveson qui a téléphoné à l'hôpital pour avertir Francine que son portefeuille avait été retrouvé. Mme Elveson a alors appris que sa fille n'était pas venue travailler ce jour-là. Elle s'est tout de suite inquiétée et, accompagnée de son autre fille et d'un voisin, elle s'est mise à inspecter l'immeuble.

Au sommet de la cage d'escalier, ils ont soudain été confrontés à une vision épouvantable. Francine gisait nue, son corps avait été sauvagement battu, à tel point, et c'est l'autopsie qui l'a révélé, que sa mâchoire, son nez et ses joues avaient été brisés et que ses dents s'étaient déchaussées. Son corps était déployé et ses poignets et ses chevilles étaient attachés avec sa ceinture et ses collants. Le médecin a constaté qu'elle était déjà morte quand on l'avait ligotée. Ses mamelons avaient été coupés après sa mort et placés sur sa poitrine. Son slip avait été posé sur sa tête pour recouvrir son visage et il y avait des marques de morsures sur ses cuisses et ses genoux. De multiples lacérations assez peu profondes semblaient avoir été faites avec un petit canif. Son parapluie et son stylo avaient été enfoncés dans son vagin et son peigne, placé dans ses poils pubiens. Ses boucles d'oreilles avaient été disposées par terre symétriquement, de part et d'autre de sa tête. L'autopsie a révélé qu'elle était morte étranglée par la bandoulière de son sac à main. L'assassin avait griffonné sur sa cuisse « Vous ne pourrez pas m'arrêter » et sur son ventre « Allez vous faire foutre » à l'aide du stylo qu'il avait ensuite enfoncé dans son vagin. Le criminel avait déféqué près du corps et recouvert ses excréments avec une partie des vêtements de Francine, ce qui constituait un autre élément important.

Mme Elveson a dit à la police qu'il manquait au cou de Francine un pendentif en or représentant la lettre *chai* en hébreu, qui est un porte-bonheur. Quand elle l'a décrit, les enquêteurs se sont rendu compte que le corps avait été placé selon la forme de la lettre.

Des traces de sperme ont été relevées sur son corps mais à l'époque, en 1979, on ne savait pas encore réaliser des empreintes génétiques. Aucune blessure sur ses mains, aucune trace de sang, aucun fragment de peau sous ses ongles n'ayant été trouvé, l'on en a déduit qu'il n'y avait pas eu de lutte. La seule preuve matérielle était un cheveu appartenant à un individu de race noire, relevé sur le corps au moment de l'autopsie.

En examinant la scène du crime et en reprenant les faits établis, les enquêteurs ont déterminé que Francine avait été attaquée en descendant les escaliers. Après avoir été frappée au point de sombrer dans l'inconscience, elle avait été transportée au dernier étage. L'autopsie a révélé qu'elle n'avait pas été violée.

Ce crime, en raison de sa monstruosité, a considérablement attiré l'attention de l'opinion publique et des médias. Une équipe composée de vingt-six policiers a interrogé plus de deux mille témoins et suspects potentiels. Elle a en outre vérifié les alibis de tous les criminels sexuels de la ville de New York. Mais au bout d'un mois, l'enquête n'avait toujours rien donné.

Pensant qu'un autre avis pourrait leur être utile, le détective Tom Foley et le lieutenant Joe D'Amico de New York nous ont contactés à Quantico. Ils nous ont apporté leurs dossiers et leurs rapports, les photographies des lieux du crime et les comptes rendus de l'autopsie. Roy Hazelwood, Dick Ault, Tony Rider (qui allait devenir directeur de l'Unité de Sciences du Comportement) et moi-même nous sommes réunis dans le réfectoire des cadres.

Après avoir consulté toutes les pièces du dossier et essayé de me mettre à la place de l'attaquant puis de la victime, j'ai proposé un profil. J'ai suggéré à la police de rechercher un homme blanc âgé de vingt-cinq à trente-cinq ans, probablement plutôt autour des trente ans, au physique moyen, peu soigné de sa personne, sans emploi, vivant essentiellement la nuit, habitant dans un rayon d'un kilomètre autour de l'immeuble avec ses parents ou une parente plus âgée, célibataire, sans femme dans sa vie, sans amis proches, ayant un niveau de terminale ou de première année d'université et ayant abandonné ses études, sans formation militaire, manquant d'estime de soi, n'ayant ni voiture ni permis de conduire, soigné actuellement ou dans le passé dans un centre de santé mentale, prenant des médicaments prescrits sur ordonnance, ayant tenté de se suicider soit par strangulation, soit par asphyxie, sans problème avec la drogue ni l'alcool et possédant une large collection de photographies de bondage et de scènes pornographiques sadomasochistes. C'était, selon moi, son premier meurtre et son premier crime grave, mais si nous ne mettions pas la main sur lui, ce ne serait, hélas, pas son dernier.

J'ai dit aux enquêteurs qu'il ne fallait pas chercher bien loin. « Vous lui avez déjà parlé », ai-je ajouté. Ils l'avaient sûrement déjà interrogé ainsi que sa famille puisqu'ils vivaient dans le voisinage. La police, selon moi, avait dû le trouver plutôt coopératif, peut-être un peu trop, d'ailleurs. « Il se pourrait même qu'il s'immisce dans les recherches pour détourner vos soupçons », leur ai-je dit.

Ceci peut sembler une mystification à tous ceux qui ne connaissent pas bien nos techniques. Mais si vous reprenez notre démarche méthodiquement, vous verrez comment nous en sommes arrivés à nos conclusions.

Il était évident pour nous que c'était un crime « d'opportunité », un événement spontané. Les parents de Francine nous ont dit qu'elle prenait l'ascenseur ou qu'elle descendait à pied, indifféremment. Il était impossible de prédire quelle serait sa préférence un matin donné. Si le tueur l'avait guettée dans la cage d'escalier, il aurait très bien pu la manquer et, de toute façon, il aurait sûrement croisé d'autres personnes avant elle.

Tous les éléments utilisés dans l'attaque appartenaient à la victime. Le tueur n'avait rien apporté à part le petit canif. Il n'avait ni arme, ni « kit de viol [1] ». Il ne l'avait pas guettée et il ne s'était pas rendu sur les lieux dans l'intention de commettre ce crime.

Ceci nous a conduits à la conclusion suivante : si notre inconnu n'était pas venu dans l'intention de commettre ce crime, c'était qu'il s'y trouvait déjà pour une autre raison. Avoir été là avant sept heures du matin puis avoir rencontré Francine dans l'escalier signifiait que, soit il vivait dans l'immeuble, soit il y travaillait, soit il connaissait très bien les lieux. Cela pouvait être un postier, un employé du téléphone ou de la compagnie d'électricité. Je pensais que c'était peu probable car nous n'avions pas de témoignages en ce sens. De plus, étant donné leur situation, ils n'auraient pas pu prendre tout le temps que le tueur avait manifestement passé avec elle. Après l'avoir attaquée dans l'escalier, il s'était sûrement dit qu'il pouvait l'emmener au dernier étage sans crainte d'être dérangé. Comme personne n'a rien remarqué d'étrange, c'est qu'il ne devait pas détonner. Francine n'a pas crié et ne s'est pas débattue, probablement parce qu'elle le connaissait déjà, en tout cas de vue.

Nous avons déduit de la nature sexuelle de l'agression que l'homme avait sensiblement le même âge qu'elle, c'est-à-dire entre vingt-cinq et trente-cinq ans, probablement autour des trente. J'étais prêt à éliminer de ma liste de suspects le jeune garçon de quinze ans qui avait trouvé le portefeuille – et son père de quarante ans – simplement à cause de l'âge. D'après mon expérience, il me semblait impossible que quelqu'un d'aussi jeune ait pu traiter un corps de cette façon. Même Monte Rissell, un violeur en série particulièrement « précoce », ne s'est jamais comporté de cette manière. Il

1. *N.d.T.* L'auteur parle un peu plus loin d'un violeur qui a réalisé un « kit de viol ».

faut des années à un fantasme sexuel pour atteindre un tel niveau d'élaboration. De plus, le gamin de quinze ans était noir.

Même si l'examen du corps avait révélé la présence d'un cheveu appartenant à un Noir, j'étais convaincu que notre assassin était blanc. Il est très rare, en effet, que la barrière entre les races soit franchie dans ce type de crime. Les rares fois où nous l'avons observé, il y avait d'autres éléments qui allaient dans ce sens. Aucun dans ce cas et je crois n'avoir jamais vu ce genre de mutilations effectuées par un Noir. Un ancien concierge de l'immeuble qui était noir et n'avait jamais rendu ses clés a été suspecté un temps. Là encore, je me suis dit que ce n'était pas lui en raison du comportement de l'agresseur. De plus, certains locataires l'auraient sûrement reconnu.

Mais alors, d'où venait ce cheveu ? me demandait la police. Je n'avais aucune réponse à cette question, ce qui me mettait dans l'embarras mais j'étais suffisamment sûr de moi pour continuer à soutenir que le meurtrier était blanc.

C'était un crime à « haut risque » commis sur une victime à « bas risque ». Elle n'avait pas de petit ami, ce n'était pas une prostituée, elle ne se droguait pas, ce n'était pas une gamine ravissante traînant dans un terrain vague et elle n'habitait pas un quartier dangereux loin de sa famille. L'immeuble était habité à 50 % par des Noirs, à 40 % par des Blancs et à 10 % par des Hispaniques. Aucun crime similaire n'avait été signalé dans le voisinage. L'agresseur aurait pu choisir un endroit moins « risqué » pour lui. Cela, en plus du manque de préparation manifeste a orienté nos recherches vers un criminel désorganisé.

L'association de plusieurs autres facteurs m'a permis de mieux cerner la personnalité de celui qui avait tué Francine Elveson. Le corps avait subi des mutilations sexuelles épouvantables. L'agresseur s'était masturbé sur le cadavre mais il n'y avait pas eu de rapport sexuel. Le parapluie et le stylo enfoncés dans le vagin représentaient un substitut symbolique de l'acte sexuel. Il était évident que l'agresseur était un individu peu sûr de lui, immature sur le plan sexuel et inadapté. La masturbation était la mise en acte d'un rituel qu'il fantasmait probablement depuis longtemps. Ce fantasme avait été alimenté par des photographies de bondage et de scènes sadomasochistes qui témoignaient aussi de son immaturité sexuelle. Rappelez-vous qu'il l'avait attachée après son évanouissement ou sa mort. Le fait qu'il ait choisi une victime frêle et qu'il se soit tout de même senti obligé de l'attaquer par surprise avant de pouvoir réaliser ses fantasmes violents sur elle n'a fait que me confirmer cela. S'il avait perpétré ses actes sadiques sur une personne vivante et consciente, mon analyse de sa personnalité aurait été toute différente. Il avait, à mon avis, de sérieuses difficultés dans ses relations amoureuses. S'il sortait parfois avec une femme, ce dont je doutais, il choisissait à mon avis des filles beaucoup plus jeunes qu'il pouvait facilement dominer et contrôler.

Le fait qu'il traînait dans l'immeuble de Francine au moment où d'autres personnes comme elle partaient travailler signifiait, selon moi, qu'il n'avait pas d'emploi à plein temps. S'il avait un job, cela ne pouvait être qu'à temps partiel, peut-être de nuit et mal payé.

J'en ai conclu qu'il n'était pas en mesure de vivre seul. Contrairement à de nombreux tueurs rusés, ce gars-là n'était vraisemblablement pas capable de dissimuler complètement sa singularité. Il ne devait donc pas avoir beaucoup d'amis et il ne partageait sûrement pas d'appartement avec quelqu'un. Il était probablement noctambule et ne se préoccupait pas de son apparence. Comme il n'avait pas les moyens de vivre seul et qu'il ne partageait pas d'appartement, c'est qu'il vivait avec ses parents ou plutôt, c'était mon avis, avec un seul parent ou une parente plus âgée, une sœur ou une tante, par exemple. Il n'avait pas non plus les moyens de posséder une voiture, ce qui signifiait que soit, il avait emprunté les transports en commun, soit il était venu à pied, soit il habitait dans les parages. Je ne l'imaginais pas en train de prendre le bus pour se rendre jusqu'à la résidence si tôt un matin. J'en ai déduit qu'il vivait dans l'immeuble ou dans les très proches alentours, disons, à un kilomètre maximum.

Il y avait ensuite la disposition des objets rituels variés : les mamelons tranchés, les boucles d'oreilles et le positionnement du corps. Cette sorte de compulsion en pleine frénésie de mutilations m'a fait penser que notre tueur était gravement perturbé sur le plan psychologique. À mon avis, il prenait ou il avait pris des médicaments prescrits sur ordonnance. Ceci ajouté au fait que le meurtre avait eu lieu tôt le matin indiquait qu'il n'était pas alcoolique. Quels qu'aient été ses troubles, instabilité ou psychose, il était certain qu'ils empiraient et qu'ils commençaient sûrement à être remarqués par son entourage. Il était très probable qu'il ait déjà commis une tentative de suicide par asphyxie, par exemple – c'était la méthode qu'il avait employée avec Francine. J'étais prêt à parier qu'il était suivi (ou qu'il l'avait été) dans un centre de santé mentale. Il était donc impossible qu'il ait fait l'armée. Je pensais qu'il avait abandonné ses études soit au lycée, soit au cours de ses premières années d'université et que son histoire n'était qu'une suite d'ambitions insatisfaites. J'étais presque sûr que c'était son premier meurtre et que s'il s'en tirait, ce ne serait pas son dernier. Je ne m'attendais pas à ce qu'il frappe de nouveau immédiatement. Ce crime était suffisant pour qu'il se tienne tranquille quelques semaines ou quelques mois. Mais si l'occasion se représentait, il recommencerait. Les messages qu'il avait inscrits sur le corps m'avaient convaincu de cela.

La manière dégradante et ritualisée dont il avait disposé le corps m'a fait penser qu'il n'était pas tenaillé par les remords. Si le cadavre avait été complètement recouvert, je me serais dit qu'il avait placé le slip de sa victime sur sa tête parce qu'il regrettait son acte et qu'il voulait qu'elle recouvre un semblant de dignité. La façon dont il a laissé le corps exposé écartait cette éventualité. Le visage recouvert était plus lié à une volonté de dépersonnalisation et d'humiliation qu'à celle de préserver la dignité de la victime.

Un point intéressant est l'utilisation des vêtements de la jeune femme pour recouvrir ses propres fèces. S'il avait laissé ses fèces exposées, j'aurais pu interpréter cela comme une partie de son rituel fantasmatique ou comme un autre signe de mépris pour sa victime ou pour les femmes en général. Mais le fait qu'il les ait recouvertes indiquait soit qu'il était resté sur les lieux du crime pendant un moment et qu'il n'avait pas eu d'autre endroit pour déféquer, soit qu'il n'avait pas pu se contrôler, soit les deux. Mon expérience m'a conduit à penser que cette incapacité à se retenir de déféquer était peut-être due aux médicaments qu'il prenait.

Après avoir reçu le profil que j'avais dressé, les policiers ont passé leur liste de suspects au crible. Ils ont éliminé un délinquant sexuel qui était désormais père de famille. La liste a été réduite à vingt-deux noms. L'un d'eux collait parfaitement au profil.

Son nom était Carmine Calabro. C'était un acteur âgé de trente ans, blanc, sans emploi, qui vivait plus ou moins chez son père dans l'immeuble des Elveson, au quatrième étage, comme eux. Il n'était pas marié et on disait qu'il avait du mal à maintenir des relations suivies avec les femmes. Il avait abandonné ses études au lycée et n'avait pas d'expérience militaire. Quand la police a perquisitionné à son domicile, elle a trouvé une importante collection de photographies de bondage et de scènes pornographiques sadomasochistes. Il avait fait plusieurs tentatives de suicide par pendaison et par asphyxie, avant et après le meurtre de la jeune Elveson.

Mais il avait un alibi. Comme je l'avais prédit, les policiers avaient interrogé son père au même titre que tous les autres locataires de l'immeuble. M. Calabro leur avait dit que Carmine était interné dans un hôpital psychiatrique local pour suivre un traitement contre la dépression. C'est la raison pour laquelle la police l'avait éliminé assez rapidement de sa liste de suspects.

Munis du profil du meurtrier, les policiers se sont immédiatement remis à le cuisiner et ils se sont rapidement rendu compte que la sécurité était plutôt laxiste dans cet hôpital. Ils ont ensuite pu établir que Carmine s'était absenté sans autorisation – il était simplement sorti – la veille du meurtre de Francine Elveson.

Treize mois après le meurtre, Carmine Calabro a été arrêté. La police a pris des empreintes de sa dentition. Trois experts ont confirmé qu'elles correspondaient aux marques des morsures retrouvées sur le corps de Francine. Cet élément a été la pièce à conviction centrale du procès de Calabro. Il a plaidé non coupable et a finalement été condamné pour meurtre à la réclusion criminelle à perpétuité et à une peine incompressible de vingt-cinq ans d'emprisonnement.

Le cheveu appartenant à un Noir n'avait finalement rien à voir là-dedans. Le bureau du médecin légiste a procédé à une enquête minutieuse et a découvert que le sac dans lequel on avait mis le corps de Francine Elveson avait été précédemment utilisé pour transporter celui d'une victime noire et qu'il n'avait pas été convenablement nettoyé entre les deux. Cela montre que les éléments matériels peuvent parfois entraîner l'enquêteur sur une fausse piste et que s'ils ne correspondent pas à son impression générale sur l'affaire, il faut qu'il les étudie attentivement avant de les considérer comme des preuves.

Cette affaire a été très gratifiante pour nous parce que nous avons convaincu certains des meilleurs officiers de police de New York de l'efficacité de notre méthode. Dans un article d'avril 1983, paru dans *Psychology Today*, le lieutenant D'Amico a dit ceci à propos du programme d'établissement de profils : « Ils l'avaient si bien dépeint que j'ai demandé au FBI pourquoi ils ne nous avaient pas aussi donné son numéro de téléphone. »

Après la parution de l'article, Calabro nous a écrit de la prison de Dannemora, dans l'État de New York, bien que son nom et celui d'Elveson n'aient pas été mentionnés. Dans sa lettre décousue et truffée de fautes d'orthographe, il a complimenté la police de New York et le FBI et il a de nouveau clamé son innocence. S'associant à David Berkowitz et George Metesky – le poseur de bombes fou –, il nous a écrit : « Je ne contredis pas votre profil du meurtrier dans cette affaire et je crois d'ailleurs sincèrement que vous avez raison sur deux points. »

Il a continué en nous demandant si nous avions été informés de la présence d'un cheveu sur le corps qui, pensait-il, pouvait l'exculper (le mot est de lui). Puis, curieusement, il a embrayé en nous demandant quand nous avions établi le profil et si nous disposions bien de toutes les preuves. Si oui, il avait l'intention d'en rester là. Mais si tel n'était pas le cas, il nous réécrirait.

Je me suis dit que cette lettre pouvait être une ouverture nous permettant d'inclure Calabro dans notre étude. Aussi, en juillet 1983, Bill Hagmaier et Rosanne Russo, une des premières femmes agent spécial de l'Unité de Sciences du Comportement, sont-ils allés lui rendre visite dans sa prison. Ils l'ont trouvé nerveux mais poli et coopérant comme il l'avait d'ailleurs été avec la police. Il n'a quasiment parlé que de son innocence et de son prochain procès en appel. Il a ajouté qu'il avait été condamné injustement à partir des marques de morsures. Ceci l'avait conduit à se faire arracher toutes les dents « pour qu'on ne puisse pas de nouveau m'accuser » et il leur a fièrement montré sa bouche édentée. À part cela, son discours n'a été qu'une redite de sa lettre. Hagmaier et Russo m'ont dit qu'il avait semblé très intéressé par ce que nous faisions et qu'il ne voulait pas les laisser repartir. Même en prison, il demeurait solitaire.

Il ne fait pas de doute pour moi que Carmine Calabro est profondément perturbé sur le plan psychologique. Rien dans son dossier, ni dans son histoire, ni dans nos entretiens n'évoque quoi que ce soit s'approchant de la normalité. Je suis toujours convaincu que, comme la plupart des individus gravement perturbés, il comprend la différence entre le bien et le mal. Avoir des fantasmes bizarres et malsains comme ceux qu'il entretenait n'est pas un crime. Prendre la décision de les mettre en acte pour nuire aux autres l'est en revanche.

9

SE METTRE DANS LEUR PEAU

Au début des années 80, je m'occupais de plus de cent cinquante dossiers par an et je passais à peu près un nombre équivalent de jours sur la route. Je commençais à avoir l'impression d'être Lucille Ball [1] essayant de prendre de l'avance sur la courroie de transport dans l'épisode de l'usine de bonbons de la célèbre série *I Love Lucy* : plus il en arrivait, plus je devais me dépêcher pour éviter de me mettre en retard. Gagner du temps pour respirer ensuite quelques instants était hors de question.

Notre travail et nos résultats commençaient à être connus et nous étions sollicités des quatre coins des États-Unis et même de l'étranger. Comme un médecin des urgences, j'ai dû entreprendre de sérier les priorités. Les viols suivis d'assassinats pour lesquels il y avait un risque de récidive passaient en premier.

Quand il s'agissait d'affaires anciennes ou lorsque l'agresseur ne semblait pas actif, je demandais à la police pourquoi elle nous avait contactés. C'était parfois parce que la famille de la victime faisait pression sur elle pour élucider l'affaire. C'était parfaitement compréhensible et j'étais de tout cœur avec eux, mais je ne pouvais pas me permettre de passer un temps précieux sur

1. *N.d.T.* Actrice américaine qui jouait dans des séries.

une analyse qui finirait par être classée sans suite par la police locale.

Il me semblait toujours intéressant de voir quelle était la source des autres dossiers, ceux que nous qualifions « d'actifs ». Au début de la mise en place de ce programme, tout ce qui venait d'un département important – de la police de New York ou de Los Angeles, par exemple – éveillait mes soupçons et je me demandais pourquoi on faisait appel à nous. C'était parfois un conflit de juridiction avec le FBI pour savoir qui obtiendrait les films de surveillance, qui mènerait les interrogatoires et qui engagerait les poursuites lors d'une série de braquages de banques. Il se pouvait aussi que l'affaire soit chargée politiquement et que la police locale cherche quelqu'un d'autre pour porter le chapeau. Toutes ces considérations entraient en ligne de compte dans ma décision d'apporter ou non notre aide à ceux qui nous sollicitaient parce que je savais que c'était d'elles que dépendait la résolution de l'affaire en question.

Au début, je remettais mon analyse par écrit. Quand le nombre d'affaires s'est mis à croître de manière exponentielle, je n'ai plus eu le temps de procéder ainsi. Je me suis mis à jeter des notes sur le papier en lisant les dossiers. Quand je m'adressais ensuite aux enquêteurs locaux – soit en personne, soit par téléphone – je relisais celles-ci. Ils prenaient généralement beaucoup de notes. Quand un policier se trouvant dans la même pièce que moi n'écrivait rien (ce qui était très rare), je perdais rapidement patience et lui rappelais que c'était son affaire, non la mienne et que s'il voulait qu'on l'aide, il avait intérêt à s'activer et à travailler aussi dur que nous.

J'avais suffisamment fait de « visites », comme un médecin, pour savoir combien de temps mon intervention devait durer. Une fois que j'avais lu le dossier, je savais si je pouvais être d'une quelconque utilité. C'est la raison pour laquelle je me focalisais dès le départ sur l'analyse de la scène du crime et de la victime. Pourquoi cette victime avait-elle été sélectionnée plutôt qu'une autre ? Comment il ou elle avait-il été assassiné(e) ? Quand vous avez répondu à ces deux questions, vous pouvez commencer à vous demander : qui ?

Je m'étais rapidement rendu compte, comme Sherlock Holmes, que plus un crime était ordinaire, moins nous disposions d'éléments pour l'élucider. Je n'étais pas très utile dans les affaires de hold-up. Ils sont tellement banals que le nombre de suspects est colossal. De la même façon, un seul coup de feu ou un seul coup de poignard implique un scénario plus complexe que des plaies multiples ; un crime qui s'est déroulé à l'extérieur est plus difficile à résoudre qu'un crime qui s'est passé à l'intérieur. Une seule victime à haut risque comme une prostituée, nous fournit moins d'informations qu'une série de crimes.

Je commençais toujours par lire le rapport du médecin légiste pour connaître la nature des blessures, la cause de la mort, savoir s'il y avait eu ou non des violences sexuelles et si oui, de quel ordre. La qualité du travail des médecins légistes était très inégale et dépendait de la juridiction compétente. Certains d'entre eux étaient de véritables experts et leurs analyses étaient de grande qualité. Quand, par exemple, le Dr James Luke était médecin légiste à Washington, nous savions que nous pouvions compter sur un protocole complet, détaillé et précis. Depuis qu'il a pris sa retraite, il est devenu un consultant précieux de mon unité à Quantico. Mais j'ai aussi vu des situations tout autres, en particulier dans le sud où le coroner [1] était parfois entrepreneur des pompes funèbres. Pour lui, une autopsie consistait à se rendre sur les lieux du crime et à donner un coup de pied dans le cadavre en s'exclamant : « Ah, celui-là, pour être mort, il est bien mort ! »

Après avoir passé en revue les éléments de l'autopsie, je lisais le rapport d'enquête préliminaire de la police. Qu'avait vu le premier policier en arrivant sur les lieux ? Il fallait garder à l'esprit qu'à partir de ce moment-là, des éléments avaient pu être déplacés ou modifiés, soit par lui, soit par d'autres enquêteurs. Il était important pour moi de visualiser la scène telle que l'agresseur l'avait laissée en partant. S'il y avait eu un changement, je voulais le savoir. Si, par exemple, il y avait un oreiller posé sur le visage de la victime, je me demandais qui l'avait mis là. Était-il là quand le policier était arrivé ? Avait-il été posé par un membre de la famille par souci de dignité ? Ou bien y avait-il une autre explication ? Je regardais ensuite les photographies prises sur les

1. *N.d.T.* Officier judiciaire et administratif principalement chargé d'enquête en cas de mort violente ou suspecte et de déterminer la cause de la mort, parfois avec l'assistance d'un jury (in Bouscaren (C.), Greenstein (R.), 1993, *Les Bases du droit anglais,* Paris, Ophrys).

lieux en essayant de compléter la vision que je m'étais faite de la scène.

Les photographies n'étaient pas toujours d'excellente qualité, surtout à l'époque où la plupart étaient en noir et blanc. Je demandais aussi qu'on me fournisse un dessin schématique de la scène du crime où figureraient toutes les indications et les empreintes de pas. Si les enquêteurs voulaient attirer mon attention sur quelque chose, je leur conseillais de noter leurs observations au dos de la photographie pour que je ne sois pas influencé par elles lors de mon premier passage en revue. Pour les mêmes raisons, s'ils avaient un suspect, je ne voulais pas qu'ils me disent son nom. Comme je tenais à être objectif dans mon analyse, je leur suggérais de l'écrire sur une feuille qu'ils glisseraient dans une enveloppe.

Il était aussi important d'essayer de savoir si quelque chose avait été dérobé sur la victime ou sur les lieux du crime. Si des espèces, des objets de valeur ou des bijoux avaient disparu, cela nous fournissait un mobile. Il n'est pas toujours facile de retrouver la trace des autres objets.

Quand un enquêteur me disait que rien n'avait disparu, je lui répondais : « Qu'en savez-vous ? Vous voulez dire que si on prenait un seul soutien-gorge ou un seul slip dans le tiroir de votre femme ou de votre petite amie, vous le sauriez ? Parce que si oui, c'est que cela ne va pas très bien chez vous. » Il était difficile de savoir si quelque chose d'aussi insignifiant en apparence qu'une barrette ou une mèche de cheveux avait été dérobée. Ce n'était pas parce qu'il *semblait* ne rien manquer que c'était réellement le cas, aussi je ne considérais jamais cela comme un fait établi. Quand nous appréhendions le coupable et que nous perquisitionnions à son domicile, nous retrouvions souvent, en effet, des « souvenirs » surprenants.

Il a été évident dès le départ que beaucoup de gens appartenant ou non au Bureau ne comprenaient pas très bien ce que nous faisions. Je m'en suis vraiment rendu compte au cours du séminaire de deux semaines sur les homicides que j'ai animé en compagnie de Bob Ressler à New York en 1981. L'auditoire était composé d'une centaine d'enquêteurs essentiellement de la police de New York mais aussi de la périphérie.

Un matin, avant le début du cours sur les profils, alors que j'installais l'énorme magnétoscope que nous utilisions à l'époque, un policier manifestement surmené, les yeux injectés de sang, s'est approché de moi et m'a dit : « Alors, vous êtes dans les profils ?

– Oui, lui ai-je répondu en me tournant vers le magnétoscope. D'ailleurs, voici la machine qui dresse les profils. »

Il m'a regardé d'un air sceptique comme le font les policiers expérimentés quand ils interrogent des suspects, mais il n'a pas bougé.

« Donnez-moi votre main, lui ai-je dit. Je vais vous montrer comment ça marche. »

Il m'a tendu sa main en hésitant. Je l'ai introduite dans la fente où l'on glisse les cassettes vidéo et j'ai tourné des boutons. Pendant ce temps-là, Ressler se trouvait ailleurs dans la pièce en train de préparer le matériel. Il a entendu ce que j'avais dit et, pensant que j'allais prendre un coup de poing dans la figure, il s'est apprêté à venir à ma rescousse.

Mais le gars a simplement dit : « Alors, quel est mon profil ? »

Je lui répondu : « Assistez au cours et vous verrez comment ça marche. »

Heureusement pour moi, il a dû comprendre comment nous procédions quand j'ai expliqué la manière de dresser des profils en me servant du magnétoscope selon l'usage auquel il était destiné, à savoir montrer des films ! Et il ne m'a pas attendu à la sortie. Tout ça pour vous dire que j'aurais bien aimé qu'il suffise de fourrer une main – ou n'importe quelle autre partie du corps – dans une machine pour obtenir un profil ! Pendant des années, des experts en informatique ont travaillé avec des enquêteurs à la conception de logiciels qui reproduiraient les étapes de notre raisonnement. Sans succès.

Les choses ne sont pas aussi simples ! L'analyse des lieux du crime et du profil du criminel ne se résume pas à enregistrer des données dans une machine puis à appuyer sur un bouton. Pour établir un profil valable, vous devez être en mesure d'évaluer un grand nombre d'éléments et de pièces à conviction. Mais il faut aussi que vous soyez capable de vous identifier à l'agresseur et à sa victime.

Vous devez recréer mentalement la scène du crime. Il faut que vous en sachiez le plus possible sur la victime pour pouvoir imaginer comment elle a pu réagir dans la situation où elle s'est trouvée. Vous devez être capable de vous mettre à sa place quand l'agresseur l'a menacée avec une arme, un couteau, une pierre, avec ses poings ou autre chose encore. Vous devez ressentir sa peur quand il s'est approché d'elle. Vous devez ressentir sa douleur quand il l'a violée, battue ou tailladée. Vous devez imaginer ce qu'elle a enduré quand il l'a torturée pour satisfaire ses fantasmes sexuels. Vous devez comprendre ce que l'on éprouve quand on crie de terreur et d'agonie en sachant que cela ne changera rien, que cela ne l'arrêtera pas. Vous devez savoir tout ce que la victime a ressenti. Et c'est particulièrement difficile à supporter quand il s'agit d'un enfant ou d'une personne âgée.

Quand le réalisateur du *Silence des Agneaux* est venu à Quantico pour préparer son film, j'ai invité Scott Glenn qui incarnait Jack Crawford – l'agent spécial dont l'histoire, selon certains, s'inspire de la mienne – dans mon bureau. Glenn était un type plutôt libéral qui croyait très fort en la réinsertion, la rédemption et en la bonté fondamentale de l'être humain. Je lui ai montré le genre de photos épouvantables que nous voyons chaque jour dans nos enquêtes. Je lui ai fait écouter les enregistrements que des tueurs avaient réalisés pendant qu'ils torturaient leurs victimes. Parmi eux, se trouvait celui d'une des deux adolescentes torturées à mort à Los Angeles à l'arrière d'une camionnette par deux tueurs en quête de sensations fortes qui venaient juste d'être libérés de prison.

Glenn a sangloté en les écoutant. Il m'a dit : « Je n'imaginais pas une seconde qu'il existait des gens capables d'une chose pareille. » C'était un homme intelligent et compatissant, père de deux filles et il m'a confié qu'après ce qu'il venait d'entendre et de voir, il ne pouvait plus s'opposer à la peine de mort : « Cette expérience à Quantico m'a fait changer d'avis à jamais. »

Mais tout aussi difficile est de se mettre à la place de l'agresseur. Je dois penser comme lui, planifier comme lui, comprendre et ressentir sa satisfaction au moment où il peut enfin mettre en actes ses fantasmes jusqu'alors réprimés, et maîtriser, manipuler et dominer complètement un être humain. Oui, je dois aussi me mettre à sa place.

Les deux hommes qui ont torturé et tué les adolescentes à l'arrière d'une camionnette s'appelaient Lawrence Bittaker et Roy Norris. Ils avaient même donné un surncm à leur camionnette : « Murder Mac ». Ils s'étaient rencontrés en prison à San Luis

Obispo. Bittaker purgeait alors une peine pour agression à main armée et Norris, pour viol. Quand ils ont découvert qu'ils partageaient le même besoin de dominer et d'agresser des jeunes femmes, ils ont éprouvé le sentiment d'être des frères jumeaux. Après leur libération sur parole en 1979, ils se sont installés dans un motel de Los Angeles et ils ont échafaudé des plans dans l'intention de kidnapper, violer, torturer et tuer sept filles âgées de treize à dix-neuf ans, une pour chaque âge. Ils avaient déjà mené à bien leur projet à cinq reprises quand une de leurs victimes a réussi à s'échapper après avoir été violée et est allée au commissariat.

Norris, le plus faible des deux, a fini par craquer lors de son interrogatoire. Il a accepté de dénoncer son complice encore plus sadique que lui contre la garantie qu'il n'encourrait pas la peine de mort. Il a conduit la police où se trouvaient les corps. L'une des victimes déjà réduite à l'état de squelette par le soleil de Californie avait un pic à glace qui sortait de son oreille.

Le plus notable dans cette affaire, à part bien entendu, le drame de ces jeunes vies interrompues de manière aussi monstrueuse, « pour s'amuser » – ce sont les propres mots de Norris –, est la différence qui apparaît dans la dynamique comportementale quand deux agresseurs sont impliqués dans le même crime. Généralement, l'un des deux domine l'autre. Souvent aussi, l'un des deux est mieux organisé que son complice. Les tueurs en série sont déjà des gens inadaptés mais ceux qui ont besoin d'un « partenaire » pour passer à l'acte sont les plus inadaptés de tous.

Aussi horribles que ces crimes aient été – Lawrence Bittaker est l'un des individus les plus haïssables et les plus répugnants que j'aie jamais rencontrés –, ils ne sont malheureusement pas uniques.

James Russell Odom et James Clayton Lawson Jr ont aussi fait connaissance en prison. C'était dans les années 70 et ils purgeaient tous deux une peine pour viol à l'hôpital psychiatrique d'État d'Atascadero, en Californie. D'après leur dossier, je dirais que Russell Odom était psychopathe et Clay Lawson, schizophrène. À Atascadero, Clay racontait à Russell ses projets pour sa sortie de prison. Il capturerait des femmes, leur couperait les seins, leur enlèverait les ovaires et planterait des couteaux dans leur vagin. Il déclarait s'inspirer de Charles Manson et de ses adeptes.

Il disait clairement que l'acte sexuel ne figurait pas dans son programme car ce n'était pas « son truc ».

Ce n'était pas le cas d'Odom qui, dès sa sortie de prison s'est empressé de sauter dans sa Coccinelle bleue pour rejoindre Lawson à Columbia en Caroline du sud. Celui-ci travaillait comme tuyauteur et habitait chez ses parents depuis sa libération sur parole. (La Coccinelle, comme je vous l'ai dit plus haut était, à l'époque, la voiture de prédilection des tueurs en série... ainsi que celle des agents du FBI sans le sou.) Odom pensait que leurs intérêts étant semblables mais distincts, ils pourraient faire équipe et réaliser ainsi chacun leur fantasme.

Quelques jours après l'arrivée de Odom, ils sont partis à la recherche d'une victime avec la voiture du père de Lawson. À une station-service de l'autoroute, ils ont remarqué une employée qui leur a plu. Mais il y avait trop de monde autour, aussi sont-ils repartis pour aller voir un film pornographique.

Je pense qu'il est important de souligner ici qu'ils sont partis sans avoir commis leur crime quand ils ont compris qu'ils ne pourraient pas enlever leur proie sans résistance de sa part et sans témoins. Ils étaient tous deux malades sur le plan psychologique. Lawson, en particulier, aurait pu plaider l'aliénation mentale. *Cependant, quand les circonstances ne leur ont pas été favorables, ils se sont retenus de commettre leur crime.* Leur compulsion n'était donc pas telle qu'ils ne pouvaient y résister. Aussi permettez-moi de me répéter : de mon point de vue, et d'après mon expérience, l'existence d'une pathologie mentale n'excuse pas un criminel. À moins d'être complètement délirant et de ne pas comprendre la portée de ses actions dans le monde réel, le criminel a *choisi* d'agresser quelqu'un d'autre. D'ailleurs, il est facile d'appréhender ceux qui sont vraiment fous. Pas les tueurs en série.

Le soir suivant, Odom et Lawson sont allés dans un cinéma en plein air. Il était plus de minuit, après la fin du film, quand ils sont retournés au supermarché. Ils ont acheté quelques broutilles, une bouteille de lait au chocolat, un sachet de cacahouètes et un cornichon. Cette fois-là, étant seuls dans le magasin, ils ont enlevé la jeune employée en la menaçant d'une arme de poing calibre 22 qui appartenait à Odom. Lawson, lui, avait un pistolet calibre 32 dans sa poche. La police est arrivée plus tard, après avoir été appelée par un client qui s'était étonné de ne trouver personne dans le magasin. Les policiers ont immédiatement constaté que la caisse n'avait pas été touchée et que le sac de la jeune femme était toujours derrière son comptoir. Aucun objet de valeur n'avait été dérobé.

Les deux hommes ont conduit leur victime dans un endroit isolé. Odom lui a ordonné de se déshabiller complètement puis il l'a violée à l'arrière de la voiture. Pendant ce temps-là, Lawson se tenait debout près de la portière du conducteur en lui ordonnant de se dépêcher parce qu'il attendait son tour. Au bout de cinq minutes, Odom a éjaculé, il a remis son pantalon puis il est sorti de la voiture pour que Lawson prenne sa place.

Odom a affirmé s'être éloigné de la voiture pour vomir. Lawson a soutenu plus tard qu'Odom lui avait dit : « Il faut qu'on se débarrasse d'elle », alors que Lawson avait fait promettre à la jeune femme de ne rien dire s'ils la laissaient partir. Toujours est-il que cinq minutes plus tard, Odom l'a entendue hurler dans la voiture et crier « Oh, ma gorge ! » En s'approchant, il s'est rendu compte que Lawson lui avait tranché la gorge et qu'il était en train de mutiler son cadavre dénudé avec le couteau acheté la veille au supermarché.

Le lendemain, alors qu'ils se trouvaient tous deux dans la voiture d'Odom pour se débarrasser des vêtements de la victime, Lawson a confié à ce dernier qu'il avait essayé de manger les organes sexuels de la jeune femme mais que cela l'avait rendu malade.

Le corps affreusement mutilé n'ayant pas été dissimulé, il a été découvert et les assassins ont été arrêtés dans les jours qui ont suivi le meurtre. Russell Odom, craignant pour sa vie, a tout de suite reconnu le viol mais nié son rôle dans le meurtre.

Clay Lawson a affirmé à la police qu'il n'avait pas eu de rapport sexuel avec la victime : « Je n'ai pas violé la fille. Je voulais seulement la détruire. » Ce type a mâché de la craie dans la salle d'audience pendant toute la durée de son procès.

Odom et Lawson ont été jugés séparément. Odom a été condamné à perpétuité ainsi qu'à une peine de quarante années d'emprisonnement pour viol, possession d'armes illégales et complicité de meurtre. Lawson a été reconnu coupable de meurtre avec préméditation et exécuté sur la chaise électrique, le 18 mai 1976.

Comme dans le cas de Bittaker et Norris, cette affaire se caractérise par une combinaison de comportements (et donc de preuves) parce que deux personnalités distinctes sont impliquées. Les mutilations corporelles sont le signe d'une personnalité désorganisée alors que la présence de sperme dans le vagin de la victime indique que nous avons affaire à une personnalité organisée. Nous avons exposé ce cas à Quantico et je l'avais toujours dans un coin de ma tête quand j'ai reçu l'appel de John Reeder, de la police du Township de Logan, en Pennsylvanie. C'était au début de ma carrière de « profileur ». Reeder était un ancien élève de l'Académie Nationale, et grâce à l'entremise de l'agent spécial Dale Frye du FBI de Johnstown, le procureur Oliver E. Mattas Jr et lui nous ont sollicités pour élucider le viol, le meurtre et la mutilation d'une jeune femme nommée Betty Jane Shade.

Voici les faits tels qu'ils m'ont alors été exposés :

Un an plus tôt environ, le 29 mai 1979, une jeune femme, Betty Jane Shade, âgée de 22 ans, n'était pas rentrée chez elle après un baby-sitting qui s'était terminé vers dix heures et quart. Quatre jours plus tard, un promeneur avait buté sur son corps gravement mutilé mais encore bien conservé. C'était dans une décharge sauvage en haut de la montagne Wopsonock près d'Altoona. Sa chevelure blonde avait été coupée et pendait à un arbre proche. Le coroner du comté, Charles R. Burkey avait affirmé dans un journal local que c'était le meurtre le plus affreux qu'il ait jamais vu. Il avait constaté que Betty Jane Shade avait été agressée sexuellement, que sa mâchoire avait été fracturée et ses yeux pochés, et que son corps était couvert de plaies qui lui avaient été infligées par un objet tranchant. Elle était morte à la suite d'un coup porté à la tête. Elle avait ensuite reçu des coups de poignard, ses deux seins avaient été tranchés et son corps, incisé du vagin au rectum.

Le contenu de son estomac, partiellement digéré, indiquait qu'elle avait été tuée peu de temps après sa disparition. Seulement, son corps était trop bien conservé pour être resté quatre jours dans la décharge. Si tel avait été le cas, il aurait été infesté de larves et attaqué par les bêtes. De plus, la police l'aurait sûrement découvert elle-même s'il s'était trouvé là plus tôt, car elle menait à cette époque une enquête à la suite de plaintes parce que des déchets avaient été illégalement jetés sur ce site montagneux.

J'ai passé en revue tous les documents que Reeder m'a fait parvenir et j'ai réalisé un profil du criminel que je lui ai décrit au cours d'une longue conversation téléphonique. J'ai essayé d'enseigner aux policiers les bases nécessaires à l'établissement des profils et de leur apprendre à rechercher certains éléments. Je pensais que le tueur était un homme blanc, âgé de dix-sept à vingt-cinq ans. J'ai ajouté que s'il vivait dans les bois, il se pourrait qu'il soit plus âgé parce que son développement social aurait été moins rapide. Il était, selon moi, mince, solitaire, introverti et probablement intéressé par la pornographie. Il n'avait vraisemblablement pas été un crack au lycée. Son enfance avait été « classique » : une famille perturbée et brisée, un père absent et une mère dominatrice et surprotectrice. Elle lui avait peut-être donné l'impression que toutes les femmes étaient mauvaises sauf elle. Il en aurait donc peur et serait incapable de nouer des relations avec elles, ce qui expliquerait son besoin de les faire sombrer dans l'inconscience aussi rapidement.

Il connaissait très bien la victime, selon moi. C'était évident, compte tenu des blessures graves infligées à son visage. Il débordait de rage et avait cherché à la dépersonnaliser en mutilant sa figure, ses seins et ses organes sexuels. La chevelure coupée signifiait autre chose pour moi. On pouvait penser que c'était une tentative de dépersonnalisation, mais comme Shade était une jeune fille méticuleuse et très fière de sa belle chevelure qu'elle entretenait avec soin, la lui couper était plutôt selon moi une manière de l'humilier. Cela indiquait aussi que l'agresseur la connaissait très bien. Aucune torture ne semblait lui avoir été infligée avant sa mort, contrairement à ce que Bittaker et Norris avaient fait subir à leur victime. Nous n'avions pas affaire à quelqu'un qui torturait pour éprouver des satisfactions sexuelles.

J'ai conseillé aux policiers de ne pas rechercher « le genre de gars sociable qui vend des voitures d'occasion dans la rue ». Si notre type travaillait, il avait un job peu valorisant, c'était un ouvrier ou un portier, quelque chose comme ça. Quelqu'un qui laissait un corps dans une décharge devait avoir un job dévalorisant ou qui touchait à la saleté. L'heure de l'enlèvement, les seins tranchés, le déplacement du corps qui était manifeste et le fait qu'il était revenu à la décharge, tout cela indiquait que c'était un noctambule. Je m'attendais à ce qu'il vienne au cimetière (il avait peut-être même assisté à l'enterrement) et à ce qu'il retourne les événements dans sa tête au point d'en arriver à se persuader qu'il avait eu une relation « normale » avec Betty Jane. Je pensais pour cette raison qu'il était inutile de soumettre un suspect potentiel – s'ils en trouvaient un – au détecteur de mensonges. Selon moi, il devait vivre entre le domicile de la victime et l'endroit où elle avait été vue pour la dernière fois.

Les policiers m'ont confirmé qu'ils avaient deux suspects mais qu'ils ne disposaient pas de preuves suffisantes pour les arrêter. Le premier était son petit ami, Charles F. Soult Jr, surnommé Butch, qui habitait avec elle et disait être son fiancé. Sa culpabilité devait être sérieusement envisagée. La police s'intéressait aussi beaucoup au second suspect : l'homme qui avait trouvé le corps et dont l'histoire ne collait pas vraiment. C'était un ancien cheminot désormais en invalidité. Il prétendait avoir découvert le corps en se promenant dans la nature, or il l'avait trouvé dans une décharge. Un vieil homme qui sortait son chien a affirmé avoir aperçu ce dernier en train d'uriner sur les lieux du crime. Il n'était pas habillé pour une longue promenade et bien qu'il ait plu, il était complètement sec. Il habitait à environ quatre pâtés de maisons du domicile de Betty Jane et il avait essayé à plusieurs reprises de l'aborder, sans succès. Il se montrait nerveux face aux policiers et il leur a dit qu'il avait eu peur de signaler la présence du corps de crainte d'être accusé du meurtre. C'est l'excuse typique du sujet qui se présente spontanément pour s'immiscer dans les enquêtes et essayer d'écarter les soupçons qui pourraient peser sur lui. Il buvait de la bière et fumait beaucoup. Il était suffisamment fort pour avoir tué la jeune femme et s'être débarrassé du corps tout seul. Il avait déjà eu des comportements antisociaux. Sa femme et lui ont affirmé avoir passé la soirée à regarder la télévision chez eux au moment du meurtre, ce qui ne constituait pas un alibi très solide. J'ai dit aux policiers que quelqu'un comme cela contacterait un avocat et ne se montrerait désormais plus coopératif. C'est exactement ce qui s'est passé. Il a pris un avocat et a refusé de se soumettre au détecteur de mensonges.

Tout ceci était bon signe. Mais ce qui me gênait était qu'il était marié, père de deux enfants et qu'il vivait avec sa femme. Cela ne collait pas avec ce type de meurtre. Si un type marié avait commis ce crime, c'est qu'il devait avoir accumulé une rage considérable contre les femmes. Ce genre de personne aurait fait durer le plaisir avant de tuer sa victime, il l'aurait torturée avant sa mort mais ne l'aurait pas mutilée après. De plus, ce suspect avait trente ans, ce qui me semblait un peu trop vieux.

Je suspectais plutôt Soult. Il correspondait en tous points au profil. Ses parents s'étaient séparés quand il était petit. Sa mère était une femme dominatrice qui s'immisçait trop dans la vie de son fils. À vingt-six ans, il se montrait gauche avec les femmes. Il a confié aux policiers qu'il n'avait eu que deux aventures dans sa vie, à chaque fois avec des femmes plus âgées qui s'étaient moquées de lui parce qu'il n'avait pas réussi à avoir d'érection. Il a affirmé que Betty Jane et lui étaient très amoureux et qu'ils s'étaient fiancés dans l'intention de se marier mais qu'elle continuait à sortir et à avoir des relations sexuelles avec d'autres hommes. J'étais sûr que si elle avait été vivante, elle aurait raconté une tout autre histoire. Lors de ses obsèques, il a dit qu'il voulait déterrer le cercueil pour s'y glisser avec elle. Quand la police l'avait interrogé, il n'avait cessé de pleurer la perte de Betty Jane.

Les policiers nous ont appris que Butch Soult et son frère, Mike, travaillaient comme éboueurs.

« Voilà une piste intéressante », leur ai-je répondu.

Cela signifiait qu'ils avaient tous deux accès à la décharge, qu'ils pouvaient connaître son emplacement et avoir de bonnes raisons d'y aller et qu'ils avaient de quoi transporter un cadavre.

Je trouvais que Butch faisait un bon suspect, mais deux choses m'ennuyaient. D'abord, c'était un pauvre type à peine plus grand que Shade. Je pensais qu'il n'avait pas pu déplacer le corps ni le mettre dans la position de grenouille avec les jambes écartées et les genoux pliés, position dans laquelle il avait été retrouvé. Deuxièmement, du sperme était présent dans le vagin de la victime, ce qui indiquait qu'elle avait été violée. Je n'aurais pas été surpris de trouver du sperme sur son corps, sur son slip ou sur ses vêtements, mais pas ça. Selon moi, ce gars se masturbait, comme David Berkowitz. Ce n'était pas un violeur. Il fallait qu'il obtienne sa satisfaction sexuelle de manière indirecte. Donc tout cela ne collait pas.

Il y avait des signes d'organisation et de désorganisation qui ressemblaient beaucoup à la configuration observée lors du meurtre de

Francine Elveson à New York. C'était la même agression par surprise, la même défiguration et les mêmes mutilations des organes sexuels. L'agresseur n'avait découpé que les mamelons dans le cas d'Elveson, tandis que dans celui de Shade, les deux seins avaient été tranchés.

Mais dans l'affaire new-yorkaise, Carmine Calabro, qui était plus costaud, avait transporté sa frêle victime quelques étages plus haut et l'avait laissée là. Et c'était seulement par la masturbation qu'il avait éjaculé.

L'enseignement que j'avais tiré de l'affaire Odom et Lawson était présent à mon esprit et j'en ai déduit qu'il n'y avait qu'une solution logique. Mon idée était que Butch Soult avait rencontré Betty Jane dans la rue après son baby-sitting et qu'ils s'étaient disputés. Il l'avait battue et probablement assommée puis transportée dans un endroit isolé. Il était capable, selon moi, de lui avoir donné le coup qui l'avait tuée, puis de lui avoir coupé les cheveux et tranché les seins pour les garder en souvenir et de l'avoir mutilée. Mais entre le moment de son agression et celui de son meurtre, elle avait été violée et je me disais qu'un jeune homme désorganisé, impuissant et dominé par sa mère, comme Soult, en était incapable. J'étais également convaincu qu'il n'avait pas déplacé le corps tout seul.

Le frère de Butch, Mike, était logiquement le deuxième suspect. Il avait une histoire semblable et occupait le même emploi que son frère. Il avait été interné quelque temps dans un centre de santé mentale. Il avait un passé de violence, des troubles du comportement et une difficulté à gérer la colère. La différence essentielle avec son frère était qu'il était marié mais sa mère se montrait également dominatrice avec lui. Le soir de l'enlèvement de Betty Jane, sa femme se trouvait à la maternité pour accoucher. Sa grossesse était un événement stressant et important qui avait en outre privé Mike de rapports sexuels. On peut tout à fait imaginer qu'après l'agression, Butch, paniqué, ait appelé son frère. Celui-ci aurait alors violé la jeune femme sous ses yeux. Puis, après le meurtre, il l'aurait aidé à se débarrasser du corps.

J'ai dit aux policiers qu'une approche indirecte et non menaçante serait la meilleure. Ils avaient malheureusement interrogé Butch à plusieurs reprises et ils l'avaient soumis au détecteur de mensonges. Comme je l'avais prédit, l'examen avait montré qu'il ne mentait pas mais qu'il manifestait des réactions émotionnelles curieuses. Je leur ai alors suggéré de s'attaquer à Mike, de lui dire qu'on lui reprochait seulement d'avoir eu des relations sexuelles avec Shade et d'avoir aidé son frère à se débarrasser du corps mais que s'il ne coopérait pas, il se retrouverait dans de très sales draps, comme celui-ci.

Cette tactique a marché. Les deux frères ainsi que leur sœur Cathy Wiesinger (qui se disait être la meilleure amie de Betty Jane) ont été arrêtés. Selon Mike, Cathy les avait aidés à se débarrasser du corps.

Alors, que s'est-il passé le jour du meurtre ? Voilà mon idée : Butch avait à de nombreuses reprises tenté de coucher avec cette séduisante jeune femme qui avait de l'expérience sur le plan sexuel. En vain. Sa colère s'est accumulée jusqu'au moment où il n'en a plus fallu beaucoup pour qu'il explose. Après avoir attaqué Shade, paniqué, il a appelé son frère. Mais sa colère ne s'est pas apaisée quand il a vu que Mike pouvait avoir une relation sexuelle avec elle alors qu'il n'y était jamais parvenu. Sa rage a continué à croître et quatre jours plus tard, il a mutilé le corps pour avoir enfin le « dernier mot ».

L'un des seins de la victime a été retrouvé. Mike a dit aux policiers que Butch avait conservé l'autre, ce qui ne m'a pas surpris. On ne l'a jamais retrouvé.

Charles « Butch » Soult a été condamné pour meurtre avec préméditation et Mike, suite à une transaction avec le procureur, a été envoyé dans un hôpital psychiatrique. Le chef de la police, Reeder, a déclaré publiquement que nous avions permis à l'enquête de progresser et aux policiers d'obtenir des aveux. Nous avons, quant à nous, eu la chance d'avoir un associé tel que lui sur le plan local, qui connaissait nos méthodes et comprenait le processus de collaboration entre la police et Quantico.

Grâce à cette coopération, nous avons pu appréhender un tueur et son complice avant qu'ils n'aient l'occasion de recommencer. Reeder, les hommes et les femmes de son équipe ont repris leur travail de gardiens de la paix à Logan Township en Pennsylvanie tandis que moi, j'ai retrouvé mes cent cinquante dossiers en attente, espérant que j'avais appris quelque chose qui m'aiderait une fois de plus à me mettre dans la peau de l'agresseur et de sa victime.

10

TOUT LE MONDE A SA PIERRE

Un soir, il y a des années, après ma malencontreuse expérience à l'Université du Montana, mes parents et moi dînions dans une pizzeria à Long Island, quand ma mère m'a soudain demandé : « John, as-tu déjà couché avec une femme ? »

J'ai failli m'étrangler. Ce n'était pas le genre de question qu'une mère posait à un jeune de vingt ans dans les années 60. Je me suis tourné vers mon père dans l'espoir d'un soutien, mais il n'a pas bougé. Lui, aussi avait été pris par surprise.

« Alors ? » m'a mère a insisté. Ce n'était pas une demoiselle Holmes pour rien.

« Heu... Oui, Maman.

– Qui était-ce ? m'a-t-elle soudain demandé avec un air dégoûté.

– Heu... » Le trouble m'avait définitivement coupé l'appétit. « En fait, il y en a eu plusieurs. »

Je ne lui ai pas avoué que l'une d'elles était adolescente et vivait dans un foyer de jeunes mères célibataires à Boseman. Je lui aurais annoncé où j'avais enterré des corps après les avoir démembrés en ajoutant que c'était justement dans leur cave que cela n'aurait pas été pire. « Mais qui va bien vouloir t'épouser, maintenant ? » s'est-elle lamentée.

Là encore, je me suis tourné vers mon père, toujours silencieux. *Allez Papa, sors-moi de là !*

« Tu sais, Dolores, ce n'est plus une affaire de nos jours, a-t-il fini par dire.

– Mais si, cela l'a toujours été, Jack », lui a-t-elle rétorqué. Puis, elle s'est tournée vers moi. « Que se passerait-il, John, si ta future femme te demandait un jour si tu avais eu des relations sexuelles avec une autre avant de la rencontrer ? »

Je me suis arrêté de manger. « Eh bien, je lui dirais la vérité.

– Non, ne dis jamais ça, mon père a-t-il lancé.

– Que veux-tu dire, Jack ? » lui a demandé ma mère. *Voyons, mon cher Papa, comment tu vas te tirer de celle-là.*

Cet interrogatoire s'est achevé par un silence gêné. Je ne sais plus si j'ai parlé à Pam de mon passé ou si elle s'en est douté. Toujours est-il qu'elle a quand même accepté de m'épouser malgré les craintes de ma mère. Mais quand j'ai repensé à cette séance d'inquisition, je me suis rendu compte que si j'avais eu à l'époque toute l'expérience que j'ai désormais dans le domaine de la psychologie et du comportement criminel, je ne m'en serais pas mieux sorti !

Parce qu'elle m'avait coincé là où j'étais vulnérable.

Voici un autre exemple : dès que je suis devenu « profileur » en chef du FBI, j'ai personnellement recruté et formé tous mes collaborateurs. Grâce à cela, j'ai toujours entretenu d'excellentes relations de coopération avec les membres de mon équipe. La plupart d'entre eux sont devenus des personnes reconnues dans leur domaine. Mais si j'ai eu un vrai disciple parmi eux, ce doit être Greg Cooper. Alors qu'il était âgé d'une trentaine d'années, Greg avait démissionné de son poste de chef de la police dans une ville de l'Utah pour entrer au FBI après avoir assisté à un séminaire animé par Ken Lanning et Bill Hagmaier. Il s'était distingué lors de son passage au bureau de Seattle et rêvait de venir à Quantico pour travailler au sein de l'Unité de Sciences du Comportement. Il avait étudié l'ensemble du dossier du tueur de Green River et le profil que j'en avais tracé. Quand je me suis rendu à Seattle pour participer à une émission en direct qui s'appelait *Manhunt Live*, dans laquelle le public était appelé à témoigner, Greg s'est proposé pour être mon chauffeur et mon guide. Lorsque je suis devenu directeur de la nouvelle Unité d'Aide aux

Enquêtes, Greg travaillait à l'époque au FBI du comté d'Orange en Californie et il habitait Laguna Niguel. Je l'ai fait venir à Quantico où il a accompli de l'excellent travail.

À son arrivée dans mon unité, Greg a partagé un bureau sans fenêtres dans un sous-sol avec Jana Monroe, un ancien officier de police qui avait enquêté sur des homicides en Californie avant de devenir agent spécial. C'était, en plus de ses autres qualités extraordinaires, une superbe blonde. En d'autres termes, elle avait tout pour plaire. Beaucoup d'hommes n'auraient pas trouvé cela désagréable, seulement Greg était mormon et extrêmement dévoué à ses cinq enfants et à sa femme, Rhonda, pour qui cela avait été un grand sacrifice de quitter le soleil de Californie pour la Virginie humide et chaude. Chaque fois qu'elle lui posait des questions sur la personne qui partageait son bureau, Greg détournait la conversation.

Six mois après son entrée dans le service, Greg a amené Rhonda à la fête donnée pour Noël. Je m'étais absenté pour une affaire. Mais la séduisante Jana, elle, était là. Comme toujours lors des soirées, elle était sublime et portait une belle robe rouge moulante et courte au décolleté plongeant.

À mon retour, Jim Wright, mon bras droit (qui avait repris le programme d'établissement de profils), m'a dit que cela avait chauffé entre Rhonda et Greg après la soirée. Elle n'appréciait guère qu'il passe ses journées dans un endroit si exigu avec une femme belle, solide et charmante qui se montrait aussi à l'aise sur un stand de tir que sur une piste de danse.

J'ai demandé à ma secrétaire d'aller dire à Greg que je voulais lui parler sur-le-champ. Il est arrivé dans mon bureau, l'air préoccupé. Entrer dans cette unité avait été son rêve. Cela ne faisait que six mois qu'il était parmi nous et il souhaitait faire bonne impression.

Levant la tête dans sa direction, je lui ai dit : « Ferme la porte, Greg, et assieds-toi. » C'est ce qu'il a fait, encore plus perturbé par le ton de ma voix. « Je viens d'avoir une conversation téléphonique avec Rhonda, ai-je ajouté, et j'ai cru comprendre que vous aviez des problèmes.

– Vous venez de parler à Rhonda ? » Il ne me regardait même plus. Ses yeux étaient braqués sur le téléphone posé sur mon bureau.

« Écoute, Greg, lui ai-je dit en prenant ma voix douce de conseiller, j'aimerais bien pouvoir te couvrir, mais quand Jana et toi partez en tournée ensemble, je ne peux pas prendre de dispositions particulières. Il va falloir que tu gères cela tout seul. Rhonda sait manifestement ce qui se passe entre Jana et toi et...

– Il n'y a rien entre Jana et moi ! a-t-il bredouillé.

– Je sais que ce job est très stressant, mais tu as une femme extraordinaire et de beaux enfants. Alors ne gâche pas tout.

– Ce n'est pas ce que vous pensez, John. Ce n'est pas ce qu'elle pense, non plus. Vous devez me croire. » Ses yeux n'avaient pas quitté le téléphone. Il s'imaginait peut-être qu'en se concentrant suffisamment, il pourrait arriver à le faire disparaître en fumée. Une sueur froide l'avait envahi et je pouvais voir sa carotide battre. Il paniquait.

Je me suis arrêté à ce moment-là. « Regarde-toi, pauvre couillon ! » J'ai souri, triomphant. « Alors, tu prétends être un enquêteur ? » Il préparait à l'époque un chapitre sur l'interrogatoire pour le *Crime Classification Manual*. « As-tu commis quelque chose dont tu te sentes coupable ?

– Non, John, je vous le jure !

– Regarde-toi, je fais de toi ce que je veux. Tu es totalement innocent. Tu es un ancien chef de la police. Tu es un enquêteur expérimenté, et pourtant j'ai pu jouer avec toi comme avec un yo-yo. Alors, que réponds-tu à cela ? Qu'as-tu à me dire pour ta défense ? »

Une vague de soulagement l'a envahi à ce moment-là. Il n'avait pas grand-chose à me dire pour sa défense mais, en tout cas, il avait compris. Je savais que je pouvais le manœuvrer ainsi parce que je l'avais vécu personnellement et que cela aurait pu m'arriver à nouveau si l'occasion s'était présentée.

Nous sommes tous vulnérables. Peu importe l'étendue de votre expérience et de vos connaissances et peu importe le nombre d'interrogatoires que vous avez menés : vous êtes vulnérable. Même si vous avez compris la technique. Nous pouvons tous nous faire avoir. Il suffit pour cela que notre interlocuteur trouve notre point sensible et qu'il intervienne au bon moment.

J'avais appris cette technique au cours d'une des premières affaires que j'avais eues à traiter comme « profileur » et je l'ai utilisée à maintes reprises par la suite et pas seulement pour en faire la démonstration à ma propre équipe.

La première fois que j'ai ainsi « mis en scène » un interrogatoire, c'était en décembre 1979. L'agent spécial Robert Leary, de Rome, en Georgie, m'avait téléphoné pour m'exposer une affaire particulièrement horrible et me demander de m'en occuper en priorité. Au cours de la semaine précédente, Mary Frances Stoner, une jeune fille de douze ans, jolie et gaie, avait disparu à Adairsville à une demi-heure de Rome après avoir été déposée par le bus scolaire devant l'allée menant à sa maison, à une centaine de mètres de la route. Son corps avait été découvert par un jeune couple à une quinzaine de kilomètres de là, dans un lieu où les amoureux se donnaient rendez-vous. C'est le manteau jaune vif recouvrant sa tête qui avait attiré leur attention. Ils avaient appelé la police et n'avaient touché à rien, ce qui est un élément important. L'autopsie avait révélé une fracture du crâne. La mort avait été provoquée par un coup violent porté à la tête avec quelque chose ressemblant à une grosse pierre. (Sur les photos de la scène du crime, on en voit une, tachée de sang, juste à côté de la tête de la victime.) Des marques sur le cou indiquaient qu'elle avait aussi été étranglée par derrière.

Avant d'examiner les éléments matériels, j'ai voulu en savoir autant que possible sur la victime. Tous les témoignages recueillis étaient dithyrambiques. Mary Frances se montrait sympathique avec tout le monde, elle aimait la compagnie des autres et elle était très agréable. Elle était douce et innocente. Elle jouait du tambour dans la troupe de majorettes de son école et portait souvent son uniforme de majorette en classe. C'était une jolie gamine de douze ans qui paraissait son âge et n'essayait pas d'avoir l'air plus âgée. Elle ne flirtait pas et ne touchait ni à l'alcool ni à la drogue. L'autopsie avait révélé qu'elle était vierge au moment du viol. C'était en résumé, une victime à « bas risque » dans un environnement à « bas risque ».

Après avoir écouté Leary puis étudié le dossier et les photographies prises sur les lieux du crime, j'ai jeté quelques notes sur le papier :

Profil :
Sexe : masculin
Race : blanche

Âge : entre vingt-cinq et trente ans

Statut marital : marié, des problèmes ou un divorce

Armée : renvoi à la vie civile pour manquement à l'honneur ou pour problèmes médicaux

Profession : ouvrier, électricien ou plombier

QI : moyen ou au-dessus de la moyenne

Niveau d'études : lycée au mieux, a abandonné ses études avant le bac

Casier judiciaire : incendie volontaire, viol

Personnalité : sûr de lui, prétentieux, a passé avec succès l'épreuve du détecteur de mensonges

Couleur de son véhicule : noir ou bleu

Interrogatoire : direct, projection.

C'est parce que l'occasion s'était présentée que le viol avait été commis. Le meurtre n'avait été ni prémédité, ni souhaité. L'aspect débraillé des vêtements sur le corps indiquait que Mary Frances avait été forcée à se déshabiller puis autorisée à se rhabiller rapidement après le viol. Sur les photos, on pouvait voir qu'une de ses chaussures n'était pas attachée et le rapport relevait la présence de sang sur son slip. Il n'y avait pas de brindilles sur son dos, ni sur ses fesses, ni sur ses pieds, ce qui suggérait qu'elle avait été violée dans la voiture et non par terre, là où son corps avait été retrouvé.

En regardant soigneusement les photographies prises sur les lieux du crime, j'ai commencé à comprendre ce qui s'était passé. Je pouvais imaginer toute la scène.

Parce qu'elle était jeune, sociable et confiante, il avait été facile à son agresseur de l'approcher dans un environnement aussi sécurisant que l'arrêt de bus de l'école. Il l'avait probablement attirée jusqu'à sa voiture puis empoignée ou forcée à y entrer en la menaçant d'un couteau ou d'une arme. L'isolement du lieu où le corps avait été retrouvé prouve qu'il connaissait bien la région et qu'il savait qu'il n'y serait pas dérangé.

J'ai pu déduire de la scène de l'enlèvement que le crime n'avait pas été prémédité. L'occasion s'était présentée alors que notre inconnu passait en voiture. Comme dans l'affaire Odom et Lawson, s'il s'était trouvé quelqu'un d'autre en même temps sur les lieux à ce moment-là, le crime n'aurait pas été commis. L'agresseur en proie à des fantasmes sexuels intenses avait interprété la gentillesse innocente de la jeune fille comme une tentative de séduction de sa part et comme un désir de flirter avec lui.

Bien entendu, en réalité, rien ne pouvait s'écarter davantage de la vérité. Après l'agression, elle avait sûrement été terrifiée. Souffrant atrocement, elle avait hurlé au secours et l'avait supplié de la laisser en vie. Le fantasme qu'il avait entretenu pendant des années était une chose mais la réalité, elle, n'était pas belle à voir. Il avait perdu les pédales avec cette petite gamine et soudain, il s'était rendu compte qu'il se trouvait dans de très sales draps.

À ce moment-là, il avait dû se dire que le seul moyen pour lui de s'en tirer était de la tuer. Mais comme elle craignait pour sa vie, elle ne s'était pas laissé faire aussi facilement qu'il l'aurait imaginé. Alors, pour qu'elle se montre plus coopérante, il lui avait dit de se rhabiller rapidement et promis qu'il la relâcherait – soit, il la laisserait partir en courant, soit il l'attacherait à un arbre et c'est lui qui partirait.

Mais à peine avait-elle eu le dos tourné qu'il s'était approché par derrière pour l'étrangler. Il n'avait probablement réussi qu'à la faire sombrer dans l'inconscience, parce qu'étrangler nécessite une puissance considérable dans le haut du corps. Il n'était pas parvenu à la maîtriser la première fois et là, il n'était pas arrivé à en finir. Alors il l'avait traînée sous un arbre, il avait ramassé la pierre la plus grosse qui se trouvait à proximité et il l'avait laissé tomber sur la tête de la jeune fille à trois ou quatre reprises, la tuant ainsi.

Mon sentiment était que l'agresseur ne connaissait pas très bien Mary Frances mais qu'ils s'étaient déjà croisés suffisamment de fois en ville pour qu'elle puisse le reconnaître et pour qu'il ait eu le temps de nourrir des fantasmes à son endroit. Il l'avait probablement aperçue allant à l'école vêtue de son uniforme de majorette.

Le manteau placé sur la tête de la victime m'a fait penser que notre agresseur n'était pas très fier de lui. Je savais aussi que le temps jouait contre la police. Plus ce genre de criminel intelligent et organisé aurait de temps, plus il pourrait réécrire l'histoire à sa façon et la rationaliser en se disant que tout était la faute de la victime et plus il serait alors difficile à la police d'obtenir des aveux. S'il passait au détecteur de mensonges, les résultats ne seraient, au mieux, pas concluants. Dès que la pression baisserait et que son départ ne risquerait plus d'éveiller les soupçons, il s'envolerait dans un coin du pays où il serait difficile de retrouver sa trace et où une autre petite fille serait en danger.

Selon moi, l'agresseur habitait le voisinage et la police l'avait sûrement déjà interrogé. Il se montrerait coopératif, un peu prétentieux et s'il était accusé, il ne craquerait pas. J'ai dit aux policiers qu'un crime aussi sophistiqué n'était probablement pas le premier commis par l'agresseur. Sa voiture de couleur bleue ou noire aurait déjà plusieurs années parce qu'il n'aurait pas les moyens d'en acheter une neuve mais elle serait en bon état de marche et d'entretien. Tout serait à sa place à l'intérieur. J'avais remarqué que les personnes méticuleuses et compulsives préféraient généralement les voitures sombres.

Après avoir écouté tout cela, l'un des policiers m'a dit : « Vous venez de décrire un type que l'on avait suspecté mais que l'on a relâché. » Il était également suspecté d'un autre crime et il collait parfaitement au profil. Il s'appelait Darrell Gene Devier. C'était un Blanc âgé de vingt-quatre ans, déjà marié et divorcé à deux reprises et qui vivait à ce moment-là avec sa première ex-femme. Il travaillait comme élagueur, à Rome, en Georgie, où il était également suspecté du viol d'une jeune fille de treize ans mais n'avait pas été mis en examen. Il était entré dans l'armée après son premier divorce mais il avait déserté puis été libéré au bout de sept mois. Il conduisait une voiture noire de trois ans qui était bien entretenue. Il a reconnu avoir été arrêté quand il était mineur pour détention de cocktail molotov. Il avait abandonné ses études après la quatrième et son QI se situait entre 100 et 110.

Il avait déjà été interrogé par la police qui souhaitait savoir s'il avait vu ou entendu quelque chose puisqu'il avait élagué des arbres pour la compagnie d'électricité dans la rue où habitaient les Stoner, deux semaines environ avant l'enlèvement de Mary Frances. Les policiers m'ont annoncé qu'ils avaient prévu de le soumettre au détecteur de mensonges le jour même.

Je leur ai dit que ce n'était pas une très bonne idée. Ils n'en tireraient rien et, de plus, cela renforcerait la capacité du suspect à faire face à une situation d'interrogatoire. À cette époque-là, nous n'avions pas encore beaucoup d'expérience dans ce domaine, mais grâce aux entretiens que nous avions menés pour notre étude sur les tueurs en série, je pensais que je savais de quoi je parlais. Les policiers m'ont appelé le lendemain pour me dire que le détecteur de mensonges n'avait rien donné.

Maintenant que notre suspect savait berner la machine, il n'y avait plus qu'une seule manière de le coincer : organiser l'interrogatoire au commissariat de police, un soir. Il se sentirait plus à l'aise au départ et serait donc plus vulnérable. Il verrait aussi que la police prenait cette affaire très au sérieux. Il saurait qu'il n'y aurait pas de période de répit arbitraire comme le déjeuner ou le dîner et qu'il ne serait pas attendu à la sortie par les médias s'il crachait le morceau. Je leur ai conseillé de faire en sorte que la police locale et le FBI d'Atlanta mènent l'entretien conjointement pour lui présenter un front unique et pour sous-entendre que le gouvernement des États-Unis tout entier se dressait contre lui. Je leur ai également dit d'empiler juste devant lui un grand nombre de dossiers avec son nom marqué dessus, même si ceux-ci ne devaient contenir que des pages blanches.

Je leur ai surtout conseillé, sans rien lui dire à ce sujet, de placer la pierre tachée de sang sur une table basse à quarante-cinq degrés environ de la ligne de son regard, de telle sorte qu'il soit obligé de tourner la tête pour la regarder. Je leur ai dit d'observer tous les signes non verbaux qu'il manifesterait : son comportement, sa respiration, sa transpiration, le pouls de sa carotide. Si c'était lui le tueur, il ne pourrait pas ignorer cette pierre, même si on ne lui en avait pas parlé.

Il fallait créer ce que j'appelle « le facteur trouille ». J'ai utilisé l'affaire Stoner comme un laboratoire expérimental pour ma théorie. Plusieurs techniques que nous avons mises au point ultérieurement proviennent de là.

Je leur ai dit qu'il ne passerait pas aux aveux. La peine de mort n'avait pas été abolie et même s'il était envoyé en prison, sa condamnation pour viol et meurtre d'enfant lui ferait courir le risque de se faire violer à son tour dès qu'il mettrait un pied dans les douches. Tous les autres détenus l'auraient dans le collimateur.

Je leur ai aussi conseillé d'utiliser une lumière douce et tamisée et de ne jamais être plus de deux à l'interroger en même temps. Le mieux était qu'il y ait à chaque fois un agent du FBI et un officier de police d'Adairsville. Il fallait sous-entendre qu'ils le comprenaient et qu'ils comprenaient aussi ce qui s'était passé dans son esprit et le stress qu'il endurait. Même si cela leur semblait répugnant, ils devraient rejeter le blâme sur la victime et sous-entendre que c'était elle qui l'avait séduit. Je leur ai dit de lui demander si elle l'avait allumé, si elle l'avait agressé ou si elle l'avait menacé de le faire chanter. Il fallait lui donner un scénario lui permettant de sauver la face, un moyen d'expliquer ses actes.

Toutes les enquêtes que j'avais menées sur des homicides provoqués par des objets tranchants ou des coups violents m'avaient appris que l'agresseur se retrouvait presque toujours avec des traces du sang de la victime sur lui. C'est un phénomène tellement fréquent que les enquêteurs pouvaient l'utiliser dans l'interrogatoire. « Quand il commencera à flancher, leur ai-je dit, même un peu, regardez-le droit dans les yeux et dites-lui que le plus ennuyeux dans cette histoire est que l'on sait qu'il a eu du sang de Mary sur lui. »

« Nous savons que tu as eu du sang sur toi, Gene. Sur tes mains, sur tes vêtements. Mais la question pour nous n'est pas : "Est-ce que tu l'as fait ?" Nous savons que oui. La question est : "Pourquoi ?" Nous pensons savoir pourquoi et nous comprenons. Tout ce que tu as à faire, c'est nous dire si nous avons raison. »

C'est exactement comme cela que les choses se sont déroulées. Les policiers ont fait entrer Devier. Il a immédiatement regardé la pierre. Il s'est mis à transpirer et à respirer difficilement. Son langage corporel s'est radicalement modifié par rapport à celui des interrogatoires précédents : il s'est montré sur la défensive et hésitant. Les enquêteurs ont rejeté le blâme et la responsabilité sur la jeune fille et quand il a donné l'impression d'avoir gobé l'hameçon, ils ont embrayé sur le sang, ce qui l'a beaucoup perturbé. Quand le gars se tait et commence à écouter attentivement ce que vous dites, c'est bien souvent que vous avez mis la main sur le coupable. Un innocent se mettra à gueuler et à hurler. Et si un gars coupable se met aussi à gueuler et à hurler pour vous persuader qu'il est innocent, vous verrez la différence, croyez-moi !

Devier a reconnu le viol et dit qu'elle l'avait menacé, comme le suggérait l'enquêteur. Bob Leary lui a alors dit qu'ils savaient qu'il n'avait pas prévu de la tuer. Si cela avait été le cas, il aurait employé quelque chose de plus efficace qu'une pierre. À la fin, il a aussi avoué avoir commis le meurtre et le viol, à Rome, l'année précédente. Darrell Gene Devier a été jugé pour le viol et le meurtre de Mary Frances Stoner. Il a été condamné à la peine de mort puis exécuté sur la chaise électrique de Georgie le 18 mai 1995, seize ans environ après le meurtre et son arrestation. C'est presque quatre années de plus que ce qu'il a été donné de vivre à Mary Frances.

Dans ce genre d'interrogatoire, le secret est d'être créatif, d'utiliser son imagination. Je me suis ainsi demandé : « Qu'est-ce qui m'ébranlerait ? » Nous sommes tous vulnérables, chacun différemment. Mon point faible, c'est la comptabilité. Mon chef pourrait m'appeler et laisser traîner une de mes notes de frais sur son bureau et là je commencerais à me sentir mal. Il y a toujours quelque chose.

Car tout le monde a sa pierre.

Ce que nous avons appris dans l'affaire Devier peut s'appliquer ailleurs que dans le monde malade des criminels sexuels. Peu importe de quoi il s'agit : détournements de fonds, corruption, enquête sur la mafia, affaire de recel, ou même syndicat corrompu que vous devez infiltrer. Les principes seront toujours les mêmes. Je vous conseillerais dans ces cas-là de vous attaquer au maillon le plus faible puis de trouver un moyen de l'inviter à venir pour lui montrer ce qui se dresse contre lui et d'obtenir ainsi sa coopération pour appréhender les autres.

C'est important dans les affaires d'association de malfaiteurs. L'idée est de retourner un gars pour le faire témoigner contre ses amis puis de voir le château de cartes s'effondrer. L'essentiel est de bien choisir celui que l'on va approcher en premier, parce que si on n'arrive pas à le retourner, il va informer tous les autres de ce qui se prépare et on se retrouvera à la case départ.

Imaginons, par exemple, que vous soyez en train de mener une enquête pour corruption de l'administration locale d'une grande ville et que vous suspectiez huit à dix personnes d'une agence particulière d'y être impliquées. Imaginons que la meilleure « prise » soit le numéro un ou le numéro deux de cette agence. Mais quand vous « profilez » le type, vous vous apercevez qu'il a une excellente réputation malgré la corruption. Il ne boit pas et ne court pas les filles. C'est un homme solide : pas de problèmes de santé, pas de difficultés financières, pas de zone de fragilité apparente. Si le FBI essaie de l'approcher, il y a de bonnes chances pour qu'il nie en bloc, qu'il envoie tout le monde balader et qu'il prévienne les autres.

Pour faire tomber quelqu'un comme cela, il faut attraper un plus petit poisson, comme avec le crime organisé. En passant les dossiers au crible, une proie idéale se détachera des autres. Ce ne sera pas un dirigeant mais un employé qui s'occupe de la paperasserie depuis une vingtaine d'années. Il aura tout investi dans son travail. Il souffrira de problèmes financiers et médicaux, et c'est en cela qu'il sera particulièrement vulnérable.

Ensuite, il faudra choisir qui mènera l'interrogatoire. Je préfère généralement quelqu'un de légèrement plus âgé que le sujet et qui pourra lui en imposer, une personne qui s'habille de manière stricte et qui commande le respect, quelqu'un qui peut à la fois être sympathique et sociable et mettre le sujet à l'aise mais qui sait aussi se montrer sérieux et direct dès que les circonstances l'exigent.

Si le sujet a prévu des vacances dans les semaines qui viennent ou si c'est bientôt son anniversaire, je conseille en général de reporter l'interrogatoire à une date très proche de l'événement. Vous serez beaucoup plus convaincant quand vous le convoquerez s'il prend conscience que s'il refuse de coopérer, ce seront peut-être là ses dernières vacances en famille.

La « mise en scène » peut être aussi efficace dans un cas comme celui-là que dans l'affaire du meurtre de la jeune Stoner. Je suggère aussi de rassembler tous les documents dans la même pièce, même s'ils ne l'ont pas réellement été pendant l'enquête. Si vous entreposez tous vos dossiers dans une salle de conférence et si vous y réunissez tous vos agents, vous montrerez à votre sujet à quel point vous prenez cette affaire au sérieux. Si vous tapissez les murs d'agrandissements de photos de surveillance et de tout ce qui peut témoigner de l'importance et de l'aspect officiel de cette enquête, vous enfoncerez encore un peu plus le clou. Passer des cassettes vidéo montrant votre « cible » en action sera la cerise sur le gâteau.

Ma touche personnelle favorite consiste à afficher des tableaux indiquant la peine encourue par chaque suspect s'il est condamné. Rien de bien sorcier là-dedans, mais cela contribue à maintenir la pression sur le sujet et à lui rappeler les enjeux. Je veux que le « facteur trouille » soit le plus intense possible.

J'ai toujours trouvé que les meilleurs moments de la journée pour conduire un entretien étaient le soir tard ou le matin très tôt. Les gens sont souvent plus détendus et en même temps plus vulnérables. Là encore, si vos collaborateurs et vous-même travaillez toute la nuit, vous montrez clairement à votre sujet que cette affaire est très importante et que vous vous y consacrez à fond. Un autre avantage des interrogatoires de nuit dans les affaires d'associations de malfaiteurs est qu'ils permettent au sujet de ne pas être aperçu par ses complices. S'il pense qu'il se fait avoir, vous ne pourrez pas passer de marché avec lui.

Pour passer un bon marché avec le sujet, vous devez lui dire la vérité et faire appel à son bon sens et à sa raison. Tout ce que fait la mise en scène, c'est d'attirer l'attention sur les éléments clés. Si c'était moi qui menais l'interrogatoire de notre sujet dans une affaire de corruption d'une administration, je l'appellerais, par exemple, tard un soir pour lui dire quelque chose du style : « Il est très important que je vous parle ce soir. Des agents du FBI sont en route pour se rendre chez vous à l'heure qu'il est. » J'insisterais sur le fait que n'étant pas en état d'arrestation, il ne serait pas obligé de les suivre. Mais je lui suggérerais vivement de les accompagner parce que ce serait peut-être sa dernière chance. Nous ne serions, quant à nous, pas tenus de l'informer de ses droits puisqu'il ne serait pas inculpé.

Une fois qu'il serait arrivé au bureau, je le laisserais mijoter pendant un moment, pour lui laisser le temps de réfléchir. C'est un peu comme lorsque l'on demande un arrêt de jeu quand l'équipe adverse risque de gagner la partie. Tous ceux qui ont dû patienter dans une salle d'attente chez un médecin avant une consultation importante savent aussi l'effet que cela produit.

Je le ferais ensuite entrer dans mon bureau et je fermerais la porte derrière lui en essayant d'être chaleureux et amical, compréhensif, très genre « on est entre nous ». Je l'appellerais par son nom et je lui répéterais : « Je veux m'assurer que vous avez bien compris que vous n'êtes pas en état d'arrestation. Vous êtes libre de partir quand vous le voulez et mes hommes vous reconduiront chez vous. Mais je pense que vous devriez écouter ce que j'ai à vous dire. Ceci pourrait être le jour le plus important de votre vie. »

Je lui ferais éventuellement répéter la date avec moi pour m'assurer que nous sommes bien sur la même longueur d'onde.

« Je veux aussi que vous sachiez que nous sommes conscients de vos problèmes de santé et que nous avons une infirmière prête à intervenir. » Ce serait vrai. C'est cette faiblesse particulière qui nous aurait, en effet, conduits à choisir cet homme pour cible.

À ce moment-là, nous commencerions à en venir au vif du sujet. J'insisterais sur le fait qu'il est un petit poisson, qu'il a été sous-payé pour tout ce qu'il a fait et qu'il n'est pas celui qui nous intéresse le plus. Je lui dirais : « Comme vous le voyez, nous interrogeons en ce moment même un grand nombre de ceux qui sont impliqués dans cette affaire. Le bateau est en train de sombrer. Pas de doute là-dessus. Vous pouvez couler avec ou attraper un bouée de sauvetage et éviter la noyade. Nous savons que vous avez été utilisé et manipulé par des gens beaucoup plus puissants que vous, des gens qui ont profité de vous. Un procureur de l'État fédéral est là, prêt à vous proposer un marché. »

Puis, je lui donnerais le coup de grâce en ajoutant : « Rappelez-vous bien que c'est la dernière fois que nous sommes en mesure de vous faire une telle offre. J'ai vingt agents sur l'affaire. S'il le faut, nous pouvons arrêter tout le monde. Si ce n'est pas vous, ce sera un autre qui crachera le morceau. Et alors, vous, vous coulerez avec le navire. Si vous voulez plonger avec les responsables, libre à vous. Mais ce soir, c'est la dernière fois que nous pouvons parler ainsi. Acceptez-vous de coopérer ? »

S'il acceptait (et ce serait vraiment dans son intérêt), nous lui lirions ses droits et nous le laisserions contacter un avocat. Mais pour nous prouver sa bonne foi, je lui demanderais de téléphoner à un de ses complices et de fixer un rendez-vous avez lui. Tout cela pour éviter qu'il ne change d'avis après réflexion. Une fois que vous avez obtenu le premier engagement de votre type, toutes les autres pièces du puzzle se mettent en place.

Cette technique est extrêmement efficace, même si votre interlocuteur vous voit venir, et ce, parce que vous y trouvez tous deux votre compte. Cette stratégie s'appuie sur la vérité, sur la situation particulière du type et sur ses besoins affectifs. Si j'étais à sa place, même si je savais que cela avait été monté de toutes pièces pour avoir un impact maximal, j'accepterais le marché parce que ce serait ma meilleure chance de m'en sortir. La stratégie qui sous-tend ce genre d'interrogatoire est la même que celle utilisée dans l'affaire du meurtre de la jeune Stoner. Je me dis toujours : « Qu'est-ce qui m'atteindrait à sa place ? »

Parce que tout le monde a une pierre.

Gary Trapnell, le braqueur et pirate de l'air que j'ai interrogé à la prison fédérale de Marion dans l'Illinois est aussi intelligent et malin que tous les criminels que j'ai étudiés. C'est celui qui avait tellement confiance en ses capacités qu'il m'avait assuré pouvoir simuler n'importe quelle maladie – c'était à moi de choisir laquelle – et berner le psychiatre qui l'examinerait. Il était aussi persuadé que s'il s'évadait de prison, il ne se ferait pas reprendre.

« Vous ne pourrez pas me coincer, m'a-t-il dit, un jour, sûr de lui.

– OK, Gary, ai-je répondu dubitatif. Tu es dehors. Et tu es suffisamment intelligent pour savoir qu'il faut que tu rompes tout contact avec ta famille pour que les fédéraux ne te retrouvent pas.

Seulement, je sais que ton père était un officier supérieur, décoré à maintes reprises. Tu l'aimais vraiment et tu le respectais. Tu voulais lui ressembler. Et tu as commencé à faire des bêtises quand il est mort. »

À son expression, j'ai su que j'avais visé juste.

« Ton père est enterré au cimetière national d'Arlington. Imagine que j'envoie des agents planquer près de sa tombe au moment de Noël, de son anniversaire ou de l'anniversaire de sa mort ? »

Malgré lui, Trapnell a eu un sourire sardonique. « Bien joué ! » s'est-il exclamé.

Là encore, j'ai essayé de me mettre à sa place. J'ai imaginé ce qui m'atteindrait. Et je sais par expérience qu'il y a toujours un moyen d'atteindre quelqu'un : le tout, c'est d'arriver à savoir comment.

Pour moi, ce serait quelque chose du même genre que pour Trapnell. Une date particulière pourrait, en effet, être un déclencheur émotionnel.

Ma sœur Arlene avait une fille blonde, très belle, nommée Kim. Elle était née le même jour que moi, le 18 juin, et j'ai toujours eu une affection particulière pour elle. À l'âge de seize ans, Kim est morte dans son sommeil. On n'a jamais su la cause exacte de son décès. En plus, il se trouve que ma fille aînée Erika ressemble beaucoup à Kim. Je suis sûr qu'Arlene revoit toujours l'image de sa fille quand elle regarde Erika et qu'elle imagine l'adulte qu'elle serait devenue. Ma mère éprouve la même chose.

Si c'était *moi* la cible, j'organiserais une « approche » juste avant mon anniversaire. Je suis généralement gai et j'envisage avec bonheur la fête que nous ferons en famille. Mais je pense aussi à ma nièce – à l'anniversaire que nous avions en commun et à sa ressemblance avec Erika – et là je me sens vulnérable. Si j'aperçois une photographie des deux filles au mur, je suis encore plus désarmé.

Peu importe que je connaisse les détails de la stratégie d'approche et que ce soit moi qui l'aie inventée. Si l'on touche à quelque chose de sensible pour moi, il y aura de bonnes chances pour que ça marche. Votre point de vulnérabilité est sûrement différent du mien et il faudrait que nous réfléchissions à l'avance pour le découvrir. Mais il y a forcément quelque chose.

Parce que tout le monde a sa pierre.

11

ATLANTA

Hiver 1981 : Atlanta était une ville en état de siège.

Tout avait commencé silencieusement un an et demi plus tôt et c'était progressivement devenu l'une des chasses à l'homme les plus importantes et les plus médiatisées de l'histoire des États-Unis. La ville s'était politisée, la nation polarisée et chaque étape de l'enquête avait entraîné des controverses amères.

Mais reprenons du début. Le 28 juillet 1979, la police s'était rendue dans les bois près de la route du lac de Niskey, à la suite d'une plainte pour odeur nauséabonde. Là, les policiers avaient découvert le corps d'un garçon âgé de treize ans nommé Alfred Evans. Il avait disparu trois jours auparavant. En examinant les lieux, ils avaient trouvé à quelques mètres de là un autre corps partiellement décomposé. C'était celui d'Edward Smith, quatorze ans, qui lui, avait disparu quatre jours avant Alfred. Les deux garçons étaient noirs. L'autopsie avait révélé qu'Alfred Evans avait probablement été étranglé et qu'Edward Smith avait été tué par balle avec une arme de calibre 22.

Le 8 novembre, Yusef Bell, âgé de neuf ans, porté disparu depuis la fin octobre, avait été retrouvé étranglé dans une école abandonnée. Huit jours plus tard, le corps de Milton Harvey, âgé de quatorze ans, avait été découvert près de la route de Redwine à l'est d'Atlanta. Il avait été porté disparu au début du mois de septembre et comme dans le cas d'Alfred Evans, il avait été impossible de déterminer la cause exacte de sa mort. Ces deux enfants étaient noirs. Mais il n'y avait pas suffisamment de preuves pour attacher à cela une signification particulière. Dans une ville de la taille d'Atlanta, il est malheureusement fréquent que des enfants disparaissent et un certain nombre d'entre eux sont retrouvés morts.

Le 5 mars 1980, une fillette de douze ans nommée Angel Lanier avait disparu sur le chemin de l'école. Son corps avait été retrouvé cinq jours plus tard sur le bas-côté d'une route, attaché et bâillonné avec un câble électrique. Elle était complètement habillée et portait encore ses sous-vêtements, mais un autre slip lui avait été enfoncé dans la bouche. Il avait été établi qu'elle était morte par strangulation, suite à une ligature. L'autopsie n'avait pas révélé d'agression sexuelle.

Jeffrey Mathis, âgé de onze ans, avait disparu le 12 mars. La police d'Atlanta n'était pour lors arrivée à aucune conclusion. Six enfants noirs avaient été portés disparus ou retrouvés morts et il y avait autant de points communs entre ces affaires que de dissemblances. Les policiers n'avaient pas sérieusement envisagé la possibilité qu'une partie ou la totalité d'entre elles soient liées.

Mais d'autres personnes, si. Le 15 avril, la mère de Yusef Bell, Camille, avait annoncé avec d'autres parents d'enfants noirs disparus ou assassinés la constitution du Comité pour Arrêter les Meurtres d'Enfants. Ils avaient réclamé une aide et la reconnaissance officielle de ce qui était en train de se passer. On ne s'attendait pas à cela à Atlanta, la capitale cosmopolite du Nouveau Sud. C'était une ville en pleine expansion, une ville « trop occupée pour haïr », qui était fière de son maire Maynard Jackson et de son préfet Lee Brown, tous deux noirs.

Mais les horreurs avaient continué. Le 19 mai, Eric Middlebrook avait été retrouvé assassiné à quelques centaines de mètres de chez lui. C'est un coup violent porté à sa tête qui avait provoqué sa mort. Le 9 juin, Christopher Richardson, âgé de douze ans, avait disparu et le 22 juin, une deuxième fillette âgée de huit ans nommée LaTonya Wilson avait été enlevée dans sa chambre, un dimanche matin très tôt. Deux jours plus tard, c'est le corps d'Aaron Wyche, dix ans, qui avait été retrouvé sous un pont. Il avait été asphyxié et on lui avait brisé la nuque. Anthony Carter, surnommé Tony, âgé de neuf ans, avait été retrouvé derrière un entrepôt le 6 juillet, le visage enfoncé dans l'herbe. Il avait été tué de plusieurs coups de couteau. Il était clair, étant donné l'absence de traces de sang sur les lieux, que son corps avait été transporté jusque-là.

On ne pouvait plus ignorer les liens entre ces affaires. Le préfet Brown avait constitué une équipe d'enquêteurs, équipe qui a fini par compter plus d'une cinquantaine de personnes. Et pourtant, les meurtres avaient continué. Earl Terrell, âgé de dix ans, avait été porté disparu le 31 juillet, près de la route de Redwine, pas loin de l'endroit où le corps de Milton Harvey avait été découvert. Quand Clifford Jones avait été retrouvé, mort par strangulation avec une corde, dans une allée proche d'Hollywood Road, la police avait enfin accepté l'idée que ces meurtres d'enfants noirs étaient liés et avait affirmé que l'enquête serait désormais menée en partant de cette hypothèse.

Le FBI n'avait pas l'autorisation d'intervenir dans ces affaires qui, malgré leur monstruosité, demeuraient des crimes locaux. Une ouverture s'était produite lors de la disparition d'Earl Terrell. Ses parents avaient, en effet, reçu plusieurs appels téléphoniques exigeant une rançon en échange du retour du garçon sain et sauf. Leur correspondant leur avait dit qu'Earl avait été emmené en Alabama. Comme les frontières de l'État paraissaient avoir été franchies, la législation fédérale relative aux enlèvements était désormais applicable et le FBI autorisé à enquêter. Mais il était rapidement apparu que ces demandes de rançon étaient un mauvais canular. L'espoir de retrouver Earl vivant avait diminué et le FBI avait dû se retirer.

Après la disparition, le 16 septembre, d'un autre garçon âgé de onze ans, Darron Glass, le maire, Maynard Jackson, a demandé l'aide de la Maison Blanche et en particulier l'intervention du FBI pour qu'il mène une grande enquête sur les meurtres et les disparitions d'enfants à Atlanta. La question des compétences étant encore un point important, l'Attorney General Griffin Bell a ordonné au FBI d'enquêter pour savoir si les enfants disparus étaient retenus en violation de la législation fédérale relative aux enlèvements. En d'autres termes, les crimes avaient-ils été commis sur plusieurs États ? Le bureau d'Atlanta était en outre chargé de déterminer s'il existait bien un lien entre ces crimes. En résumé, on nous a dit : résolvez ces affaires et trouvez le tueur le plus vite possible.

Les médias se sont, bien entendu, emparés de cette frénésie. La galerie de portraits de jeunes Noirs publiée régulièrement dans les journaux était devenue une sorte d'aveu de culpabilité collective. Était-ce une conspiration visant à commettre un génocide de la population noire en s'attaquant à ses membres les plus vulnérables ? Était-ce le Ku Klux Klan ou un parti nazi ou un autre groupe fondé sur la haine qui souhaitait se faire connaître quinze ans après le mouvement pour les droits civiques et l'instauration d'une législation fédérale protectrice des minorités ? Était-ce simplement un individu fou qui s'était donné pour mission de tuer de jeunes enfants ? Cette dernière éventualité était la moins probable. Le nombre de victimes augmentait à un rythme incroyable. Jusqu'alors, la très grande majorité des tueurs en série étaient blancs et ils ne s'étaient pratiquement jamais attaqués à des gens d'une autre race. Le meurtre en série est un crime personnel, pas un crime politique.

Mais ceci a donné au FBI une autre légitimité dans cette affaire. Si l'idée du kidnapping opéré sur plusieurs États ne donnait rien, nous avions encore pour mission de déterminer si cela entrait dans la classification 44, à savoir la violation des droits civils fédéraux.

Quand Roy Hazelwood et moi sommes descendus à Atlanta, il y avait déjà seize meurtres non élucidés. Le Bureau avait donné un nom officiel à cette affaire, ATKID, aussi appelée Cas 30. L'arrivée du FBI n'a pas été accueillie en fanfare par l'opinion publique. La police d'Atlanta ne voulait pas qu'on lui vole la vedette et le FBI d'Atlanta, de son côté, ne souhaitait pas donner de faux espoirs.

Il était logique selon moi que Roy Hazelwood m'accompagne à Atlanta. C'était lui qui parmi tous les instructeurs de l'Unité de Sciences du Comportement dressait le plus de profils. Il donnait aussi un cours sur la violence interpersonnelle à l'Académie Nationale et prenait en charge une grande partie des affaires de viol qui nous étaient soumises. Notre objectif premier était de déterminer pour nous-mêmes si ces affaires étaient liées et, si oui, s'il s'agissait d'une association de malfaiteurs.

Nous avons consulté tous les dossiers incluant les photographies prises sur les lieux des crimes, la description de ce que chaque enfant portait quand on l'avait trouvé, les témoignages de personnes habitant à proximité, les rapports d'autopsie. Nous avons interrogé les familles des enfants pour savoir s'il y avait des points communs entre eux. La police nous a conduits là où les enfants avaient disparu et là où l'on avait retrouvé leurs corps.

Roy et moi n'avons pas échangé nos impressions et nous avons tous deux passé des tests psychométriques administrés par un expert psychologue comme si nous étions le tueur. Le test incluait la motivation, les origines, la vie de famille, c'est-à-dire le genre de choses que nous recherchons quand nous dressons un profil. Le psychologue a été surpris de constater que nos résultats étaient quasiment identiques.

Et ce que nous avions à dire n'avait pas pour objectif de nous faire gagner des concours de popularité.

Nous pensions d'abord que ce n'étaient pas des crimes de haine comme ceux que commettait le Ku Klux Klan. Nous étions ensuite quasiment sûrs que l'agresseur était noir. Et troisièmement, bien que plusieurs meurtres et disparitions aient été liés, nous pensions aussi que certains n'avaient aucun rapport entre eux.

Le Bureau d'Investigation de Georgie avait reçu plusieurs informations concernant l'implication possible du Ku Klux Klan mais nous n'en avons pas tenu compte. Si vous reprenez toute l'histoire des crimes de haine depuis la création de notre nation, vous verrez qu'ils ont toujours été très voyants et hautement symboliques. Un lynchage a pour but de faire une déclaration et une démonstration publiques. Ce crime et tous les crimes racistes sont des actes de terrorisme et pour qu'ils aient de l'effet, il faut qu'ils soient très visibles. Les membres du Ku Klux Klan ne portent pas de grandes cagoules blanches pour s'évanouir dans la nature. Si un groupe raciste avait pris pour cible des enfants noirs de la région d'Atlanta, il n'aurait pas laissé des mois s'écouler ainsi sans se manifester. On se serait plutôt attendu de sa part à voir des corps pendus haut et court dans les rues principales des grandes villes. Le message aurait été clair. Nous n'avons rien observé de la sorte dans les affaires qui nous occupaient.

Les corps avaient pour la plupart été abandonnés dans des quartiers à majorité noire. Un Blanc, et encore moins un groupe de Blancs, n'auraient pas pu y rôder sans se faire remarquer. La police avait interrogé les habitants et personne n'avait signalé la présence de Blancs auprès des enfants ou à proximité des lieux où les corps avaient été retrouvés. Ces quartiers étaient constamment animés. Même de nuit, il aurait été impossible à un homme blanc de traîner dans les parages sans être repéré. Notre expérience nous a appris que les criminels sexuels avaient tendance à s'attaquer à des personnes de leur race et nos constatations allaient là aussi dans ce sens. Même s'il n'y avait pas de preuve formelle d'abus sexuel, ces crimes correspondaient clairement à un schéma de type sexuel.

Il y avait un lien important entre les victimes. C'étaient des jeunes, sociables et formés à l'école de la rue, mais qui ignoraient encore ce qui se passait hors de leur quartier. Nous avons pensé que c'était le genre d'enfants qu'on pouvait avoir par la ruse ou le traquenard. Il fallait que le tueur possède une voiture puisque les enfants avaient été retrouvés à distance du lieu de leur enlèvement. Il fallait également qu'il jouisse d'une certaine aura. Nombre d'entre eux vivaient dans des conditions de grande pauvreté. Certaines maisons que nous avons visitées n'avaient ni l'eau courante ni l'électricité.

En raison de cela et du manque relatif de raffinement des enfants, je me suis dit qu'il n'en avait pas fallu beaucoup pour les attirer. Pour nous en assurer, nous avons envoyé des policiers en civil dans ces quartiers. Ils se sont fait passer pour des ouvriers et ils ont proposé aux gamins des billets de cinq dollars pour qu'ils les accompagnent et leur donnent un coup de main. Que ces adultes soient blancs ou noirs semblait n'avoir aucune importance. Ces gosses étaient dans une telle détresse qu'ils étaient quasiment prêts à tout pour cinq dollars. Il n'était donc pas bien difficile de les approcher. Notre expérience nous a aussi confirmé que les Blancs ne passaient pas inaperçus dans ces quartiers.

Comme je l'ai dit plus haut, il existait des liens entre certaines affaires mais pas entre toutes. Après avoir soigneusement étudié les victimes et les circonstances des crimes, j'en ai conclu que les deux fillettes avaient été tuées par deux personnes différentes qui n'avaient pas commis les premiers meurtres. La manière dont LaTonya Wilson avait été enlevée dans sa chambre était celle d'un spécialiste. Pour les garçons, je me suis dit que les morts « douces » – les strangulations – étaient liées entre elles, mais que les autres morts non expliquées ne l'étaient pas nécessairement. D'autres éléments matériels nous ont fait penser que nous n'avions pas affaire à un seul tueur. Dans deux cas, des preuves solides indiquaient que le tueur faisait partie de la famille, mais lorsque le directeur du FBI William Webster l'a annoncé publiquement, il a été conspué par la presse. En dehors des problèmes politiques évidents entraînés par de telles affirmations, les familles ainsi désignées ne pouvaient plus prétendre à une aide financière de la part des fondations créées pour l'occasion, fondations qui commençaient à recevoir de l'argent des quatre coins des États-Unis.

Nous pensions qu'il y avait plus d'une personne impliquée dans ces crimes, mais que nous avions aussi affaire à quelqu'un qui était engagé dans un cycle de meurtres et qui continuerait à tuer jusqu'à ce qu'on mette la main sur lui. Roy et moi avons proposé le profil suivant : un homme noir, célibataire, entre vingt-cinq et vingt-neuf ans. Ce serait un « fana de la police », il posséderait une voiture semblable à celles des policiers et, à un moment, il tenterait de s'immiscer dans l'enquête. Il aurait un chien comme ceux des policiers, soit un berger allemand, soit un doberman. Pas de petite amie. Il aurait un penchant pour les jeunes garçons, bien que nous n'ayons pas relevé de traces de viol ou d'autres sortes d'abus sexuels sur les corps des victimes. Il souffrirait de difficultés sur le plan sexuel. Il aurait attiré les enfants par la ruse. Il avait, selon moi, employé quelque chose en rapport avec la musique ou le théâtre. Il avait vraisemblablement du bagou mais rien derrière cette façade. Très vite, dès le début d'une relation avec un gamin, il aurait eu l'impression (à tort ou à raison) que celui-ci s'était mis à le rejeter et il se serait alors senti obligé de le tuer.

La police d'Atlanta a recensé tous les pédophiles et les criminels sexuels et a fini par dresser une liste de mille cinq cents suspects potentiels. Les policiers et les agents du FBI ont fait le tour des écoles pour interroger les enfants afin de savoir si l'un d'entre eux avait été abordé par un homme adulte et n'en avait pas fait part à ses parents ou à la police. Ils ont aussi pris l'autobus pour distribuer des tracts avec la photo des enfants disparus et pour demander si quelqu'un les avait vus, en particulier en compagnie d'hommes. Des fonctionnaires en civil ont aussi traîné dans les bars homosexuels pour écouter les conversations et glaner des informations.

Il y avait des gens qui n'étaient pas d'accord avec nous. Et d'autres qui n'étaient pas très contents de nous voir. Dans une maison abandonnée, lieu d'un des crimes, un policier noir s'est approché de moi et m'a dit : « C'est vous Douglas ? » Je lui ai répondu que oui. « J'ai vu votre profil, a-t-il ajouté. C'est vraiment n'importe quoi. » J'ignorais s'il évaluait la qualité de mon travail ou s'il se référait à l'affirmation véhiculée dans les journaux selon laquelle il n'existait pas de tueurs en série chez les Noirs. Ce n'était pas tout à fait vrai. Nous avions eu des cas de tueurs en série noirs qui s'étaient attaqués à des prostituées ou à des membres de leur propre famille, mais leur mode opératoire avait été très différent de celui auquel nous étions confrontés dans cette affaire.

« Écoutez-moi bien. Je n'ai pas demandé à venir ici », lui ai-je répondu. Le niveau de frustration atteignait son maximum. Toutes les personnes impliquées voulaient que ces meurtres soient tirés au clair, mais chacune voulait les élucider elle-même. Comme c'était souvent le cas, Roy et moi avions compris que nous étions là pour jouer les boucs émissaires et porter le chapeau si les choses tournaient mal.

En dehors de la théorie d'un complot ourdi par le Ku Klux Klan, d'autres hypothèses flottaient dans les airs, certaines plus bizarres que d'autres. Il manquait sur certains enfants différents vêtements, pas les mêmes chez chacun d'eux. Est-ce que le tueur cherchait à habiller son propre mannequin chez lui, comme Ed Gein l'avait fait en recueillant des fragments de peau de femmes ? Dans les meurtres les plus récents, le tueur avait laissé les corps davantage exposés. Était-ce parce qu'il évoluait dans sa technique ou était-ce parce qu'il s'était suicidé et qu'un « imitateur » avait pris la relève ?

La première avancée majeure s'est produite alors que j'étais de retour à Quantico. Un homme avait téléphoné au commissariat de police de Conyers, une petite ville à une trentaine de kilomètres d'Atlanta. Les policiers se sont dit qu'ils tenaient peut-être une piste. Le Dr Park Dietz et moi avons écouté l'enregistrement de la conversation téléphonique dans le bureau de Larry Monroe. Avant de devenir directeur de l'Unité de Sciences du Comportement, Monroe avait été l'un des instructeurs les plus réputés de Quantico. Park Dietz, comme Ann Burgess, était entré à l'Unité grâce à Roy Hazelwood. Il se trouvait à l'Université d'Harvard à l'époque et commençait à jouir d'une bonne réputation dans le monde de la justice. Il exerce désormais en Californie. C'est probablement le meilleur expert psychiatre des États-Unis et il continue de nous apporter fréquemment son concours.

L'homme qui avait appelé se disait être le Tueur d'Enfants d'Atlanta et mentionnait le nom de la dernière victime en date. Il était manifestement blanc, c'était le Redneck [1] typique et il promettait de « tuer d'autres gosses de Nègres ». Il a ajouté que les policiers pourraient trouver un autre cadavre à un endroit précis le long de Sigmon Road, dans le comté de Rockdale.

Je me souviens de la fièvre qui s'est emparée de toutes les personnes présentes dans la salle et que j'ai un peu atténuée en disant : « Ce n'est pas notre homme, mais il faut qu'on lui mette la main dessus, sinon il va continuer à nous téléphoner et à nous pourrir la vie. »

Malgré l'excitation des policiers, j'étais persuadé d'avoir raison. J'avais déjà été confronté au même genre de situation peu de temps avant cela, en Angleterre. Bob Ressler et moi étions partis là-bas pour donner un cours à Bramshill, l'Académie de police britannique (l'équivalent de Quantico), à une heure de Londres. C'était au moment où sévissait l'Éventreur du Yorkshire. Ce tueur qui s'inspirait manifestement du meurtrier de Whitechapel [2] de l'époque victorienne, avait matraqué et poignardé des femmes, essentiellement des prostituées, dans le nord de l'Angleterre. Il y avait déjà eu huit meurtres. Trois autres femmes avaient réussi à s'échapper mais n'avaient pas pu donner une description de leur agresseur. Leurs estimations de l'âge de celui-ci étaient vagues et allaient de quinze à soixante ans. Comme à Atlanta, un vent de panique s'était mis à souffler sur toute l'Angleterre. Ces meurtres ont donné lieu à la chasse à l'homme la plus gigantesque de toute l'histoire de ce pays, au cours de laquelle la police a mené près de deux cent cinquante mille interrogatoires.

Des lettres de « Jack l'Éventreur » dans lesquelles il avouait les crimes étaient parvenues aux journaux et à la police. Puis l'inspecteur en chef George Oldfield avait reçu par la poste une cassette de

1. *N.d.T.* Agriculteur sudiste.
2. *N.d.T.* C'est-à-dire de Jack l'Éventreur.

deux minutes brocardant la police et promettant de frapper de nouveau. Comme dans l'affaire d'Atlanta, ceci avait été perçu comme un tournant majeur dans l'enquête. La cassette avait été dupliquée et diffusée partout, à la radio, à la télévision et sur les numéros verts créés pour l'occasion afin de voir si quelqu'un reconnaissait la voix.

John Domaille se trouvait à Bramshill en même temps que nous. C'est un très bon policier et c'était lui qui dirigeait les opérations. On lui a dit que les deux types du FBI qui dressaient des profils se trouvaient là et qu'il devrait peut-être nous rencontrer. Bob et moi étions assis au bar de l'Académie après les cours quand il est entré. Il s'est dirigé vers quelqu'un pour lui parler. Nous pouvions voir à son comportement qu'il se moquait de ces « Ricains », c'est-à-dire de nous. J'ai dit à Ressler : « Je te parie que c'est lui. »

On lui a indiqué notre table et il est venu s'asseoir avec nous, accompagné de plusieurs personnes. Il s'est présenté, puis je lui ai dit : « Je constate que vous n'avez apporté aucun dossier avec vous. »

Il a commencé à nous présenter des excuses en ajoutant que c'était une affaire très compliquée et qu'il serait difficile de nous en résumer l'essentiel en si peu de temps, etc.

« Bien, ai-je répliqué. Nous avons de quoi faire de notre côté. Autant rester là et boire ma bière tranquillement. »

Cette approche directe les a piqués au vif. L'un d'eux nous a demandé ce qu'il nous faudrait pour dresser un profil. Je lui ai conseillé de commencer simplement par me décrire les lieux des crimes. L'agresseur semblait d'abord mettre les femmes dans une position vulnérable, m'a-t-il expliqué, puis il les massacrait avec un couteau ou un marteau. Une fois mortes, il les mutilait. La voix que l'on entendait sur la cassette était plutôt distincte et raffinée pour un tueur de prostituées. C'est pourquoi je lui ai dit : « D'après les descriptions que vous m'avez faites des lieux des crimes, je peux vous dire que cet homme n'est pas l'Éventreur. Vous perdez votre temps. »

Je lui ai expliqué que le tueur qu'ils recherchaient ne communiquerait pas avec la police. Ce serait plutôt un solitaire dans les vingt-huit à trente-deux ans, avec une haine pathologique des femmes. Il aurait abandonné ses études. Je pensais qu'il devait être routier, puisqu'il semblait beaucoup circuler. En tuant des prostituées, il essayait de punir les femmes en général.

Malgré le temps et le budget consacré à la diffusion de cette cassette, Domaille m'a dit : « Vous savez, c'est ce que je craignais. » Il a ensuite changé le cours de l'enquête. Quand un routier de trente-cinq ans nommé Peter Sutcliffe a été arrêté, par hasard, le 2 janvier 1981 – en plein milieu du drame d'Atlanta – et qu'il a été prouvé que c'était bien lui l'Éventreur, on s'est aperçu qu'il ressemblait bien peu à celui qui avait enregistré puis envoyé la cassette. L'imposteur était en fait un policier à la retraite qui avait de vieux comptes à régler avec l'inspecteur Oldfield.

Après avoir écouté la cassette de Georgie, alors que je discutais avec les policiers de Conyers et d'Atlanta, j'ai tout d'un coup imaginé un scénario qui pourrait nous aider à coincer notre imposteur. Comme dans l'affaire de l'Éventreur du Yorshire, ce type adoptait un ton méprisant et supérieur. « Le ton de sa voix et ses propos montrent qu'il pense que vous êtes des imbéciles, leur ai-je dit, alors utilisons cela à notre avantage. »

C'est ainsi que je leur ai conseillé de se comporter comme des idiots : « Allez à Sigmon Road, mais fouillez du *mauvais côté* de la route. Vous allez rater le cadavre. Le type sera sûrement en train de surveiller les lieux et si vous avez de la chance, vous pourrez l'alpaguer. Sinon, vous verrez qu'il vous appellera pour vous dire que vous êtes vraiment des imbéciles et que vous avez cherché au mauvais endroit. » Park Dietz adore ce genre d'idée non académique qu'il s'empresse toujours d'intégrer à son savoir universitaire.

Les policiers ont suivi mon conseil et ont ostensiblement cherché le corps du mauvais côté de la route. Bien entendu, le gars les a appelés pour leur dire combien ils étaient stupides. Ils ont localisé l'appel et sont directement allés l'arrêter chez lui. C'était effectivement un vieux Redneck. Par mesure de prudence, ils ont quand même fouillé l'emplacement qu'il avait mentionné sur Sigmon Road, mais ils n'ont bien sûr rien trouvé.

Cela n'a pas été la seule fausse piste dans cette affaire. Il y en a toujours un certain nombre au cours de ce genre d'enquête et Atlanta n'a pas fait exception à la règle. À proximité de la route, dans les bois, là où les premiers cadavres avaient été découverts, des enquêteurs ont trouvé un magazine érotique. Ils ont remarqué des traces de sperme sur certaines pages. Le laboratoire du FBI a pu relever des empreintes digitales et identifier la personne à laquelle elles appartenaient. C'était un homme blanc qui conduisait une camionnette et qui travaillait comme désinsectiseur. Le symbolisme psychologique collait parfaitement. Pour ce genre de sociopathe, il n'y a qu'une petite étape à franchir pour passer de l'extermination des insectes à celle des enfants noirs. Nous savions déjà que bon nombre de tueurs en série retournaient sur les lieux de leurs crimes ainsi que là où ils s'étaient débarrassés des corps. La police a déduit de tout cela que le tueur s'arrêtait ainsi sur le bas-côté de la route, regardait sa victime vaincue par la vitre ouverte et se masturbait en repensant au plaisir qu'il avait éprouvé en la traquant puis en la tuant.

Tout ceci est remonté jusqu'au directeur du FBI, puis à l'Attorney General et enfin à la Maison Blanche. Tout le monde attendait impatiemment de pouvoir annoncer qu'on avait enfin mis la main sur le Tueur d'Enfants d'Atlanta. Une dépêche allait être envoyée à la presse. Mais deux choses m'ennuyaient. D'abord ce type était blanc. Ensuite, il était heureux en ménage. Je me suis dit qu'il devait y avoir une autre raison expliquant la présence de ce gars sur les lieux.

Il a été amené pour être interrogé. Il a nié en bloc. Les policiers lui ont montré le magazine avec du sperme collé sur les pages puis ils lui ont dit qu'on avait relevé ses empreintes digitales dessus. « D'accord, a-t-il dit, je passais en voiture et je l'ai jeté. » Cela n'avait aucun sens. Il conduisait d'une main tout en ayant l'autre sur son sexe et il avait réussi à jeter ce truc par la vitre ouverte pour que cela atterrisse dans les bois ? Non, il aurait fallu qu'il ait un bras extrêmement long.

Prenant conscience qu'il se trouvait dans une très mauvaise passe, il a reconnu que sa femme était sur le point d'accoucher et qu'il n'avait pas eu de rapports sexuels depuis des mois. Se refusant à tromper la femme qu'il aimait, il avait acheté ce magazine puis s'était dit qu'il irait se soulager dans les bois à l'heure du déjeuner.

J'étais de tout cœur avec ce pauvre type. Rien n'était donc plus sacré ! Il s'imaginait qu'il pourrait aller dans un endroit tranquille où il ne dérangerait personne et voilà que même le Président des États-Unis savait qu'il se masturbait dans les bois !

Quand les policiers avaient arrêté l'imposteur à Conyers, je m'étais dit que c'était déjà ça. Nous avions, au moins, mis la main sur ce raciste et permis à la police de pouvoir reprendre son enquête. Mais il y avait une chose que je n'avais pas bien évaluée : c'était le rôle actif de la presse. Depuis lors, j'ai toujours veillé à ne pas commettre à nouveau cette erreur.

Je savais déjà qu'arrivé à un certain point, l'attention que les médias prêtaient à ces meurtres d'enfants avait procuré en elle-même une satisfaction au tueur. Ce que je n'avais, en revanche, pas imaginé était qu'il *réagirait de manière spécifique* aux reportages des médias.

La presse souhaitait tellement que l'enquête progresse enfin qu'elle a couvert avec force moyens la fouille de Sigmon Road qui n'a rien donné. Mais peu de temps après, un corps a été trouvé, bien en évidence, le long de cette route dans le comté de Rockdale. C'était celui de Terry Pue, âgé de quinze ans.

Cela a été pour moi un tournant particulièrement significatif qui nous a permis de mettre au point une stratégie pour appréhender le tueur. Nous savions désormais qu'il suivait la presse de très près et qu'il y réagissait. Il avait fait exprès de déposer un cadavre sur Sigmon Road après les fouilles pour montrer aux policiers combien il leur était supérieur et à quel point il pouvait tous les manipuler ! Il *pouvait* en effet laisser un corps sur Sigmon Road si tel était son bon vouloir ! Il avait changé de schéma directeur et parcouru trente à quarante kilomètres simplement pour jouer à ce petit jeu. Nous savions qu'il nous observait, alors nous nous sommes dit que nous allions utiliser cela pour le manipuler à notre tour.

Si j'avais pensé à cela plus tôt, j'aurais pu faire surveiller tous les alentours de Sigmon Road. Mais c'était désormais trop tard. Nous devions regarder devant nous et aviser.

Plusieurs idées ont germé dans mon esprit. Frank Sinatra et Sammy Davis Jr allaient donner un concert à Atlanta au stade omnisports au profit des familles des victimes. Toute la presse s'intéressait de près à l'événement et j'étais quasiment certain que le tueur s'y trouverait. Mais comment savoir qui c'était au milieu de vingt mille personnes ?

Roy et moi pensions que c'était un « fan de la police ». La clé était peut-être là. « Donnons-lui une entrée gratuite », ai-je suggéré.

Les policiers et les agents du bureau d'Atlanta m'ont regardé comme si j'étais fou. Je commençais à en avoir l'habitude ! Alors je leur ai expliqué ma façon de voir : « Nous allons annoncer que nous recherchons des agents de sécurité supplémentaires en raison du nombre important de personnes attendues. Nous proposerons le SMIC et nous exigerons que les postulants possèdent leur propre véhicule (puisque nous savons que notre type en a un). Préférence sera donnée à ceux qui auront déjà une expérience dans le domaine de l'application de la loi. À l'aide du circuit interne de télévision, nous filmerons les entretiens de sélection à l'insu des participants. Nous éliminerons les groupes qui ne nous intéressent pas, à savoir les femmes, les personnes âgées, etc., pour nous focaliser sur les jeunes hommes noirs. Chacun d'eux remplira une fiche dans laquelle il lui sera demandé de citer ses expériences professionnelles. Nous leur demanderons, par exemple, s'ils ont déjà conduit une ambulance, s'ils ont déjà postulé pour un job dans la police ou dans le domaine de la sécurité, bref, tout ce qui pourra nous aider à déterminer quel est notre suspect. Nous arriverons peut-être à réduire notre liste à dix ou vingt noms que nous pourrons ensuite confronter aux preuves dont nous disposons. »

Cette idée est remontée tout droit jusqu'à l'Assistant Attorney General. Chaque fois qu'une organisation de grande taille envisage quelque chose d'inhabituel, se pose le problème du risque de ce que j'appelle « la paralysie de l'analyse » : quand mon idée a été finalement acceptée, on était à la veille du concert et c'était trop tard.

Une autre idée a germé dans mon esprit. Je voulais que soient taillées des croix en bois d'environ trente centimètres de haut. Certaines d'entre elles seraient données aux familles et les autres seraient placées sur les lieux des crimes. Une grande croix pourrait être érigée près d'une église en souvenir de tous les enfants assassinés. Je savais que dès que le tueur l'apprendrait, il viendrait sur les lieux, surtout s'ils étaient isolés. Il essaierait peut-être même de s'emparer d'une des croix. Si nous faisions surveiller ces endroits clés, je me disais que nous aurions une bonne chance de le coincer.

Mais il nous a fallu des semaines pour obtenir l'accord du Bureau. Ensuite, il y a eu une bataille pour savoir qui allait réaliser les croix : le département des expositions du FBI de Washington ou la menuiserie de Quantico ? Ou bien serait-ce le bureau d'Atlanta qui les ferait faire à l'extérieur ? Lorsque les croix ont finalement été taillées, les événements nous avaient pris de vitesse.

Quand le mois de février est arrivé, la ville était presque hors de contrôle. Les voyants pullulaient, proposant chacun leur propre « profil ». Un grand nombre d'entre eux étaient en totale contradiction. La presse se précipitait sur chaque hypothèse et citait quiconque se trouvait vaguement lié à l'affaire. Après la découverte du corps de Terry Pue le long de Sigmon Road, c'est celui de Patrick Baltazar, âgé de douze ans, qui a été retrouvé près de l'autoroute de Buford, dans le comté de DeKalb. Il avait, lui aussi, été étranglé. Quelqu'un appartenant au bureau du médecin légiste a indiqué que des cheveux et des fibres relevés sur le corps de Patrick Baltazar correspondaient à ceux qui avaient été trouvés sur cinq des précédentes victimes. Je pensais déjà de mon côté qu'ils avaient été tués par la même personne. L'annonce de cette découverte a été largement répercutée par la presse.

Tout d'un coup, un déclic s'est produit dans ma tête : « *Maintenant qu'il sait que l'on a récupéré des cheveux et des fibres, il va se mettre à jeter les corps dans la rivière.* » Un corps, celui de Patrick Rogers, avait déjà été trouvé, en décembre, près de la rivière Chattahoochee, sur la rive dépendant du comté de Cobb. Il avait été victime d'un coup violent porté à la tête. Mais Patrick était âgé de quinze ans, il mesurait un mètre soixante-douze et pesait soixante-cinq kilos. Il avait quitté l'école et déjà eu maille à partir avec la justice. La police ne considérait pas son affaire comme étant liée aux précédentes. Qu'elle l'ait été ou non, j'avais le sentiment que le tueur allait s'aventurer près de la rivière, là où l'eau pourrait effacer toute trace de preuve.

J'ai dit aux policiers que nous devions commencer à surveiller les rivières et en particulier celle de Chattahoochee, la voie d'eau la plus importante qui constitue la limite nord-ouest de la ville avec le comté de Cobb voisin. Mais c'était du ressort de plusieurs juridictions de police, une pour chaque comté, en plus du FBI. Personne ne pouvait prendre la charge de l'ensemble. Nous étions déjà en avril quand une opération de surveillance menée conjointement par le FBI et les policiers de l'Homicide Task Force a enfin pu être mise sur pied et recevoir l'aval des autorités.

Je n'ai pas été surpris quand on a retrouvé un cadavre, celui de

Curtis Walker, âgé de treize ans, dans la South River. Les deux suivants, Timmie Hill, treize ans et Eddie Duncan, vingt et un ans, le plus âgé, ont fait surface à un jour d'intervalle l'un de l'autre dans la rivière Chattahoochee. Contrairement aux victimes précédentes qui avaient pour la plupart été retrouvées complètement habillées, ces trois-là avaient été déshabillées. Il ne leur restait que leurs sous-vêtements, un autre moyen de supprimer toute trace de cheveux et de fibres.

Les équipes de surveillance se sont postées près de la rivière pour observer les ponts et les lieux où l'on aurait pu se débarrasser d'un cadavre. Des semaines se sont écoulées ainsi sans que rien ne se produise. Les autorités ont manifestement commencé à perdre patience et à éprouver le sentiment que tout cela ne les menait nulle part. Comme rien n'avait bougé, il avait été prévu de mettre un terme à cette opération à six heures du matin le 22 mai, au moment du changement d'équipe de garde.

Vers deux heures et demie ce matin-là, une jeune recrue de l'Académie de police, Bob Campbell, en était à son dernier tour de garde sur la berge de la rivière Chattahoochee en dessous du pont de Jackson Parkway, quand il a vu une voiture s'arrêter brièvement en plein milieu de celui-ci.

« Je viens d'entendre un gros plouf », a-t-il annoncé dans son talkie-walkie. Il a dirigé sa lampe vers l'eau et vu des ondes circulaires. La voiture a fait demi-tour et est revenue sur le pont où un véhicule de patrouille l'a suivie puis l'a fait se ranger sur le bas-côté. C'était une camionnette Chevy, un modèle de 1970, et le conducteur était un homme petit, bouclé, âgé de vingt-trois ans, noir au teint clair. Il s'appelait Wayne Bertram Williams. Il s'est montré cordial et coopératif. Il a dit aux policiers qu'il était agent musical et qu'il vivait avec ses parents. Ils l'ont interrogé puis ils ont fouillé sa voiture et l'ont finalement laissé partir. Mais ils n'ont pas lâché sa trace.

Deux jours plus tard, le corps dénudé de Nathaniel Cater, vingt-sept ans, a fait surface à proximité de l'endroit où celui de Jimmy Ray Payne, vingt et un ans, avait été retrouvé un mois plus tôt. Les policiers manquaient de preuves pour arrêter Williams et pour obtenir un mandat de perquisition. Il a tout de même été mis sous surveillance rapprochée vingt-quatre heures sur vingt-quatre.

Il s'est rapidement rendu compte qu'il était suivi et il a entraîné les policiers dans des poursuites effrénées à travers toute la ville. Il est même allé jusque chez le préfet Lee Brown et s'est mis à klaxonner devant son domicile. Il avait une chambre noire chez lui et avant que nous ayons pu obtenir un mandat d'arrêt, on l'a vu brûler des photographies dans son jardin. Il a aussi nettoyé sa voiture de fond en comble.

Wayne Williams correspondait en tous points à notre profil et possédait même un berger allemand. C'était un fan de la police qui avait déjà été arrêté quelques années auparavant après s'être fait passer pour un officier de police. Il s'était ensuite procuré une voiture des surplus de la police et grâce à ses scanners, il avait pu se rendre sur des lieux où des crimes avaient été commis pour prendre des photos. De nombreux témoins se sont rappelés rétrospectivement l'avoir vu près de Sigmon Road quand la police, suite aux coups de téléphone, avait fouillé les lieux à la recherche d'un cadavre inexistant. Il avait pris des photographies qu'il avait offertes aux policiers. Nous avons aussi découvert qu'il était allé au concert donné au profit des familles des victimes.

Sans l'arrêter, le FBI lui a demandé de venir au bureau où il s'est de nouveau montré coopératif et n'a pas réclamé la présence d'un avocat. Je me suis dit, après avoir lu les rapports, que l'interrogatoire n'avait pas été convenablement préparé. Celui-ci avait été trop direct, pas assez subtil. Je pensais qu'on aurait pu coincer Williams à ce moment-là. Mais après l'entretien, on m'a dit qu'il avait traîné dans les bureaux et qu'il s'était comporté comme s'il avait encore eu envie de parler de la police et du FBI. Quand il est parti ce jour-là, je me suis dit que les policiers n'obtiendraient pas d'aveux. Il a accepté de passer l'épreuve du détecteur de mensonges, ce qui n'a rien donné. Plus tard, quand la police et les agents du FBI ont finalement obtenu leur mandat de perquisition et qu'ils ont fouillé la maison qu'il partageait avec ses parents, des instituteurs retraités, ils sont tombés sur des livres qui expliquaient comment réussir l'épreuve du détecteur de mensonges.

Le mandat a été obtenu le 3 juin. Bien que Williams ait nettoyé la voiture de fond en comble, les policiers ont trouvé des cheveux et des fibres et pu ainsi établir un lien entre lui et douze des meurtres, ce qui a confirmé mon hypothèse.

Les preuves étaient accablantes. Non seulement il y avait des fibres reliant les corps à la chambre noire, au domicile et à la voiture de Williams mais en plus, Larry Peterson, du laboratoire de la police scientifique de Georgie a fait le lien entre certaines fibres prélevées et des vêtements que les victimes avaient portés avant leur disparition. En d'autres termes, il avait existé un lien entre Williams et ces victimes avant leur meurtre.

Le 21 juin, Wayne B. Williams a été arrêté pour le meurtre de Nathaniel Cater. L'enquête concernant les autres meurtres a été poursuivie. Bob Ressler et moi nous trouvions à ce moment-là à l'Hampton Inn près de Newport News en Virginie pour une conférence devant la Southern States Correctional Association. Je venais de rentrer d'Angleterre où j'avais participé à l'enquête sur l'Éventreur du Yorkshire et j'exposais là mon travail sur les crimes en série. En mars, le magazine *People* avait fait paraître un article parlant de Ressler et moi et de l'enquête que nous menions sur le Tueur d'Atlanta. Le quartier général nous avait demandé de coopérer avec le magazine et j'avais fourni au journaliste des éléments du profil. Je lui avais notamment dit que, selon nous, le meurtrier était noir. Cet article avait eu un retentissement important dans tout le pays. C'est pourquoi, quand j'ai demandé s'il y avait des questions, une personne parmi les cinq cents présentes lors de cette conférence m'a demandé ce que je pensais de l'arrestation de Williams.

J'ai donné quelques informations concernant cette affaire, j'ai parlé de la manière dont nous l'avions envisagée et exposé comment nous en étions arrivés à établir un profil. J'ai dit que Williams correspondait parfaitement à celui-ci et ajouté avec prudence que si c'était bien lui le coupable, je pensais qu'il « serait aussi bon pour un certain nombre d'autres affaires ».

J'ignorais que la personne qui m'avait posé cette question était journaliste, mais si je l'avais su, j'aurais répondu la même chose. Le lendemain, mes propos étaient ainsi repris dans le *Newport News – Hampton Daily Press* : « Il est bon pour un certain nombre d'autres affaires » sans que le début de ma phrase où j'émettais une réserve ne soit rapporté.

Cette histoire a fait l'effet d'une bombe et le lendemain j'étais cité à la télévision et dans toute la presse nationale, y compris dans l'*Atlanta Constitution* qui a titré : « Confidences d'un agent du FBI : Il se pourrait que Williams en ait tué beaucoup d'autres. »

J'ai reçu des appels de partout. Des caméras de télévision me guettaient à la réception de mon hôtel et dans le couloir qui menait à ma chambre. Ressler et moi devions emprunter l'échelle de secours pour sortir.

Le quartier général était en proie à l'agitation. C'était comme si un agent du FBI travaillant sur une affaire avait déclaré Wayne Williams coupable avant qu'il n'ait été jugé. Sur le chemin du retour pour Quantico, j'ai essayé d'expliquer par téléphone au directeur de mon Unité, Larry Monroe, ce qui s'était réellement passé. Le directeur adjoint Jim McKenzie et lui ont tenté de me venir en aide devant la Commission des Responsabilités Professionnelles du FBI, c'est-à-dire les instances disciplinaires.

Je me rappelle m'être assis à l'étage le plus élevé de la bibliothèque à Quantico où j'avais pour habitude de venir rédiger mes profils au calme. Là, il y avait des fenêtres, ce qui me changeait de nos bureaux en sous-sol. Monroe et McKenzie sont venus me voir pour me parler. Ils étaient tous deux complètement acquis à ma cause. J'étais le seul à dresser des profils à plein temps, j'étais crevé à force de courir partout, Atlanta avait été une affaire épuisante sur le plan psychologique et voilà comment on me remerciait : je risquais un blâme à cause d'une phrase sortie de son contexte par les médias.

Cette affaire avait permis à notre technique d'établissement de profils et d'analyse criminelle de remporter un grand triomphe. Nous avions parfaitement bien cerné le meurtrier et prédit ce qu'il allait faire ensuite. Tout le monde, du citoyen de base jusqu'à la Maison Blanche, avait les yeux braqués sur nous. Je m'étais mouillé et si je m'étais planté, le programme serait passé à la trappe.

On nous avait toujours dit que ce job, c'était « de gros risques, pour de gros gains ». Les yeux au bord des larmes, j'ai dit à Monroe et McKenzie que, pour moi, c'était plutôt « de gros risques, pour un putain de gain ». J'ai ajouté que je ne voyais plus l'intérêt de continuer et j'ai jeté mes dossiers sur la table. Jim McKenzie m'a répondu que j'avais probablement raison mais qu'ils voulaient simplement m'aider.

Quand je suis allé au quartier général pour comparaître devant la Commission des Responsabilités Professionnelles, j'ai d'abord dû signer un papier stipulant que je renonçais à mes droits. Défendre la justice à l'extérieur et la pratiquer à l'intérieur ne sont pas nécessairement la même chose. Ils ont commencé par sortir le magazine *People*. Jackie Onassis était en couverture.

« Ne vous avait-on pas mis en garde contre ce genre d'interviews ?

– Non, ai-je répondu, l'interview avait été approuvée. Et à la convention, je n'avais parlé que de notre recherche sur les tueurs en série en général quand quelqu'un a mentionné l'affaire Wayne Williams. Ma réponse a été prudente. Je ne suis pas responsable de la manière dont elle a été rapportée. »

Ils m'ont passé sur le gril pendant quatre heures. Il a fallu que je rédige un communiqué, que je reprenne les articles dans les journaux et ce qui s'était passé point par point. Quand j'ai terminé, ils ne m'ont rien dit. Ils ne m'ont pas informé de ce qui allait m'arriver. J'avais tellement donné de moi-même au Bureau sans jamais être récompensé, je lui avais sacrifié tant de choses y compris une partie de ma vie de famille et voilà que je risquais de recevoir un blâme, d'être sur le carreau sans salaire pendant un certain temps ou, même, de carrément perdre mon job. Au cours des semaines qui ont suivi, j'ai vraiment eu du mal à me lever le matin.

Mon père, Jack, m'a écrit une lettre dans laquelle il m'a parlé de l'époque où il avait été licencié du *Brooklyn Eagle*. Lui aussi avait été déprimé. Il avait travaillé dur et accompli du bon boulot et, comme moi, il avait éprouvé le sentiment qu'il ne maîtrisait plus le cours de sa vie. Il m'a expliqué comment il avait appris à faire face à ce que la vie vous imposait et à concentrer ses forces pour affronter le lendemain. J'ai conservé cette lettre dans mon attaché-case pendant très longtemps, longtemps même après cet incident.

Cinq mois plus tard, la Commission des Responsabilités Professionnelles a décidé de me donner un blâme en affirmant qu'à la suite de l'article paru dans *People,* l'on m'avait interdit de parler à la presse des enquêtes en cours. La lettre était signée du Directeur Webster lui-même.

J'étais extrêmement déçu mais je n'avais pas le temps de m'attarder là-dessus, à moins de décider de démissionner. Quels qu'aient été mes sentiments à l'égard du Bureau à cette époque, ma mission était l'essentiel à mes yeux. J'avais plusieurs dossiers en cours aux quatre coins des États-Unis et le procès de Wayne Williams approchait. « Je me battrai à un autre moment », me suis-je dit.

Le procès de Wayne Williams a débuté en janvier 1982 après six jours passés à sélectionner un jury. Celui-ci, composé de neuf femmes et de trois hommes, était à majorité noire. Nous pensions que Williams était l'auteur d'au moins douze meurtres d'enfants, mais il n'était jugé là que pour ceux de Nathaniel Cater et de Jimmy Ray Payne. L'ironie était que ces deux victimes étaient les plus âgées puisqu'elles avaient une vingtaine d'années.

Williams avait pour défenseurs une équipe d'avocats réputés de Jackson dans le Mississippi, Jim Kitchens et Al Binder et une femme d'Atlanta, Mary Welcome. Le Ministère public était représenté par les substituts du procureur du comté de Fulton, Gordon Miller et Jack Mallard. Comme j'avais longuement travaillé sur l'enquête, le bureau du procureur m'a demandé de conseiller l'accusation pendant le procès. J'ai d'ailleurs passé la plus grande partie de celui-ci assis derrière la table réservée au Ministère public.

Si ce procès avait lieu aujourd'hui, je serais en mesure de témoigner sur le mode opératoire, les aspects de la « signature » et les liens entre les affaires comme je l'ai fait en de nombreuses occasions par la suite. Et si l'accusé était condamné, je pourrais également intervenir pendant la phase d'exécution de la peine pour donner mon opinion de professionnel concernant la dangerosité future de celuici. Mais en 1982, notre travail n'avait pas encore été reconnu par les tribunaux et je ne pouvais donc donner mon avis que sur la stratégie à adopter.

Le dossier de l'accusation s'appuyait essentiellement sur sept cents fragments de cheveux et de fibres méticuleusement analysés par Larry Peterson et l'agent spécial Hal Deadman, un expert du laboratoire du FBI à Washington. Même si Williams n'était accusé que de deux meurtres, le code de procédure pénale de Georgie autorisait l'État à mentionner d'autres affaires liées à celle-là. Ce n'était pas possible dans le Mississippi et manifestement, la défense n'y était pas préparée. Williams était doux, il se maîtrisait, s'exprimait bien et se montrait sympathique. Un vrai problème pour l'accusation. Avec ses grosses lunettes, ses traits réguliers et ses mains délicates, il ressemblait plus à un bon garçon qu'à un meurtrier d'enfants. Il s'était mis à faire des déclarations dans la presse, dans lesquelles il clamait son innocence et affirmait que son arrestation était un acte purement raciste. Juste avant le début de son procès, il a dit lors d'une interview : « Je comparerais le FBI à Laurel et Hardy et la police d'Atlanta à "Voiture 54, où êtes-vous ?" »

Personne du côté de l'accusation ne pensait qu'il témoignerait mais je n'écartais personnellement pas cette éventualité. J'avais, en effet, déduit de son comportement au cours des crimes et de ses déclarations dans la presse qu'il était arrogant et suffisamment sûr de lui pour s'imaginer être capable de manipuler le procès comme il avait manipulé le public, la presse et la police.

Au cours d'une courte réunion à huis clos entre les deux parties qui s'est tenue dans le bureau du juge Clarence Cooper, Al Binder, un des avocats de Williams, a annoncé qu'ils allaient appeler à la barre un expert psychologue de renom, Michael Brad Bayless, de Phoenix, qui affirmerait qu'il ne correspondait pas au profil et qu'il était incapable d'avoir commis ces meurtres. Bayless avait examiné Williams à trois reprises.

« Très bien, Gordon Miller, a-t-il répliqué. Faites-le témoigner et nous, nous ferons témoigner un agent du FBI qui a prédit tout ce qui s'est passé dans cette affaire jusqu'à maintenant et qui réfutera vos arguments un par un.

– Nous voudrions le rencontrer », a dit Binder. Miller lui a répondu que j'avais passé la plus grande partie du procès assis à la table de l'accusation.

J'ai rencontré les deux parties dans la salle de délibération. Je leur ai expliqué quelle était ma formation et j'ai dit aux avocats de Williams que si le fait que je sois agent du FBI et non médecin leur posait un problème, je pourrais demander à un psychiatre qui travaillait avec nous, Park Dietz, par exemple, d'étudier le dossier. J'ai ajouté que j'étais convaincu qu'il en arriverait aux mêmes conclusions que moi.

Binder et ses collaborateurs m'ont paru fascinés par ce que je leur ai dit. Ils se sont montrés cordiaux et respectueux. Binder m'a même raconté que son fils souhaitait devenir agent du FBI.

Bayless n'a jamais témoigné. Une semaine après la fin du procès, il a confié à des journalistes de l'*Atlanta Journal* et de l'*Atlanta Constitution* qu'il pensait Williams capable d'avoir commis un meurtre. Il a continué en disant qu'il avait une « personnalité inadaptée » et que selon lui, le mobile des meurtres avait été « un besoin obsessionnel de pouvoir et de contrôle ». Il a ajouté que Williams voulait qu'il modifie son compte rendu et qu'il ne dise pas certaines choses ou alors qu'il ne témoigne pas. Il a affirmé que la volonté de Williams de tout diriger lui-même avait été l'un des problèmes majeurs qui s'étaient posés à la défense.

J'ai trouvé tout cela extrêmement intéressant parce que cela concordait parfaitement avec le profil que Roy Hazelwood et moi avions tracé. Un autre incident qui, lui, s'est produit pendant le procès, m'a semblé tout aussi édifiant.

Comme la plupart des participants qui n'habitaient pas sur place, je suis descendu à l'hôtel Marriott en centre ville, près du palais de justice. Un soir, je dînais seul dans le restaurant de l'hôtel, quand un homme noir, distingué, d'une quarantaine d'années, s'est approché de moi et s'est présenté comme étant Brad Bayless. Je lui ai dit que je savais qui il était et pourquoi il était là. Il m'a demandé s'il pouvait s'asseoir.

Je lui ai répondu que cela ne serait pas une bonne idée que l'on nous voie ensemble, surtout s'il comptait témoigner en faveur de la défense le lendemain. Mais Bayless m'a dit que cela ne l'inquiétait pas et il s'est assis. Il m'a demandé de lui dire ce que je savais sur lui et sur sa formation. J'en savais finalement beaucoup sur lui. Je lui ai fait l'une de mes mini-conférences sur la psychologie criminelle et j'ai ajouté que s'il témoignait comme la défense le souhaitait, il se mettrait lui-même ainsi que sa profession dans une position délicate. Il m'a serré la main en partant et m'a dit qu'il aimerait venir à Quantico pour suivre notre enseignement. Je lui ai fait un clin d'œil en ajoutant que nous verrions comment il s'en sortirait à la barre le lendemain.

Le lendemain, au procès, j'ai appris que Bayless était reparti pour l'Arizona sans témoigner. Binder s'est plaint auprès de la cour du « pouvoir de l'accusation » en disant que celle-ci avait effrayé ses experts. Telle n'avait pas été mon intention. Selon moi, Bayless était trop intègre pour ne pas dire les choses telles qu'il les concevait et pour se laisser utiliser par l'une ou l'autre des parties.

Hal Deadman et Larry Peterson, pour l'accusation, avaient fait du très bon travail à partir des cheveux et des fibres, mais tout cela était extrêmement complexe et peu spectaculaire. Telle moquette se tordait dans un sens et telle autre dans l'autre sens. Ils ont finalement expliqué que les fibres retrouvées sur les douze victimes correspondaient pour une part à celles du dessus-de-lit violet et vert de Williams, à celles de la moquette de sa chambre, et pour la moitié d'entre elles à celles de la moquette du salon et à celles de sa voiture. Dans tous les cas sauf un, ils ont pu établir un lien entre des poils retrouvés sur les victimes et le berger allemand de l'accusé.

Un bel et charmant avocat du Kansas qui ressemblait à Kennedy et souriait sans arrêt aux jurés a pris ensuite la parole pour réfuter les affirmations de Deadman. À la fin de l'audience, les membres de l'accusation se sont réunis pour discuter des événements de la journée. Tout le monde a ri en disant que ce beau jeune homme du Kansas n'avait pas été franchement convaincant.

Ils se sont approchés de moi et m'ont demandé ce que j'en pensais.

J'avais passé la journée à observer les jurés et je leur ai répondu : « Permettez-moi de vous dire que vous êtes en train de perdre cette affaire. » Ils ont été choqués. C'était la dernière chose qu'ils avaient envie d'entendre.

« Vous, vous pensez peut-être qu'il n'a pas été convaincant, leur ai-je expliqué, mais les jurés, eux, l'ont cru. » Bien que sachant ce dont Hal Deadman parlait, j'avais déjà eu du mal à le suivre dans ses explications sur les fibres. Peut-être que les témoins de la défense avaient trop simplifié les choses, mais, eux, au moins, ils étaient plus faciles à comprendre.

Ils ont eu la bonté de ne pas m'envoyer promener mais j'ai senti – et j'étais bien placé pour cela étant donné mon métier – que l'on ne voulait plus de moi. J'avais une tonne de dossiers en attente et je devais me préparer pour le procès du meurtre de Mary Frances Stoner. Mes longues absences commençaient à me poser des problèmes sur le plan personnel. Mon couple traversait des difficultés parce que je ne m'impliquais pas assez dans notre vie de famille. J'avais le sentiment que je ne faisais pas assez de sport et j'étais tout le temps sous pression. J'ai téléphoné à Larry Monroe à Quantico pour lui dire que je rentrais chez moi.

À peine étais-je arrivé que j'ai reçu un message me disant que l'accusation avait bien réfléchi et qu'elle pensait que mes prédictions étaient peut-être en train de se réaliser. Elle voulait que je revienne à Atlanta pour l'aider à interroger les témoins de la défense.

Alors, deux jours plus tard, j'ai repris l'avion. Les membres de l'accusation se sont montrés beaucoup plus ouverts et m'ont demandé des conseils. À leur grande surprise, Wayne Williams a décidé d'aller à la barre, ce que j'avais prédit. Il a d'abord été interrogé par son avocat, Al Binder, qui avait une voix puissante. Binder se penchait en avant en posant ses questions, ce qui le faisait ressembler à un requin, d'où son surnom de « Jaws ».

Il n'a cessé de répéter devant les jurés : « Mais regardez-le ! Est-ce qu'il a une tête de tueur en série ? Regardez-le ! Levez-vous, Wayne ! » lui a-t-il ordonné en lui demandant de montrer ses mains. « Regardez la douceur de ces mains. Est-ce que vous croyez que des mains comme celles-là auraient pu avoir la force de tuer ou d'étrangler quelqu'un ? »

Binder a fait témoigner Williams pendant un jour et demi. Williams s'est très bien défendu, comme je l'avais imaginé. Il a réussi à se faire passer pour l'innocente victime d'un système raciste et dans l'embarras, qui avait grand besoin de se trouver rapidement un coupable.

Comment l'accusation allait-elle l'interroger ? Le substitut du procureur, Jack Mallard, a été désigné. Il avait une voix basse et lente et un accent du sud doucereux.

Je n'avais pas reçu de formation particulière à l'interrogatoire des témoins au cours des procès, mais j'avais ma petite idée là-dessus. Il fallait se « mettre dans la peau » de l'accusé. Je me suis demandé ce qui me perturberait à sa place. Je me suis dit que pour moi, cela serait de me faire interroger par quelqu'un qui saurait que j'étais coupable.

J'ai dit à Mallard : « Vous vous souvenez de cette vieille émission *This is your life* [1] ? Vous devez faire pareil. Il faut que vous le gardiez à la barre le plus longtemps possible et que vous l'ébranliez complètement. C'est un gars hypercontrôlé, il a une personnalité rigide de type obsessionnel. Pour l'atteindre, il va falloir que vous le mainteniez sous pression en reprenant chaque aspect de sa

1. *N.d.T.* Émission de télévision dans laquelle on relate la vie de l'invité depuis sa plus tendre enfance.

vie, même les choses qui vous paraîtront insignifiantes. Parlez-lui, par exemple, de l'endroit où il est allé à l'école. Continuez. Puis quand vous l'aurez bien épuisé, touchez-le physiquement, comme l'a fait Al Binder. Ce qui est bon pour la défense l'est également pour l'accusation. Avancez, pénétrez dans son espace personnel et coincez-le quand il ne sera plus sur ses gardes. Avant que ses avocats n'aient le temps de faire objection, chuchotez-lui : « Avez-vous paniqué, Wayne, quand vous avez tué ces gosses ? »

C'est exactement ce que Mallard a fait. Au cours des premières heures d'interrogatoire, il n'a pas réussi à ébranler Williams. Il a relevé quelques incohérences flagrantes mais celui-ci est demeuré calme. Mallard a passé toute sa vie en revue puis, juste au bon moment, il s'est approché de Williams, il a posé sa main sur son bras et il lui a dit de sa voix traînante du sud : « Quel effet cela vous a fait, Wayne ? Qu'est-ce que vous avez ressenti quand vous avez serré vos doigts sur la gorge de votre victime ? Avez-vous paniqué ? Avez-vous paniqué ? »

D'une voix faiblarde, Williams a répondu : « Non. »

Soudain, il s'est repris, fou de rage. Il a pointé son doigt dans ma direction en hurlant : « Vous faites tout pour me faire coller à votre profil et je ne vais sûrement pas vous y aider ! »

La défense s'est mise à s'agiter dans tous les sens. Williams devenait dingue, tempêtant contre ce qu'il appelait « les hommes de main du FBI » et qualifiant les membres de l'accusation « d'imbéciles ». Cela a été le tournant du procès, c'est en tout cas ce que nous ont dit les jurés après coup. Ils l'ont regardé bouche bée. C'était la première fois qu'ils entrevoyaient l'autre facette de Wayne Williams. Ils ont vu la métamorphose se dérouler sous leurs yeux et ils ont pu se rendre compte de la violence dont il était capable. Mallard m'a fait un clin d'œil puis il s'est remis à marteler Williams de questions.

Après son esclandre en plein tribunal, je me suis dit que sa seule chance était d'essayer de regagner une partie de la sympathie qu'il s'était attirée pendant le procès. J'ai donné une petite tape à Mallard sur l'épaule en lui disant : « Vous verrez, d'ici une semaine, Wayne sera malade. » Pourquoi une semaine, je l'ignore, toujours est-il qu'une semaine plus tard exactement, le procès a été interrompu et Williams conduit à l'hôpital de toute urgence pour des douleurs abdominales. Les médecins ne lui ont rien trouvé et ils l'ont donc laissé repartir.

Quand elle s'est adressée aux jurés, l'avocate de Williams, Mary Welcome tenait un dé à coudre entre les doigts. Elle leur a demandé : « Allez-vous laisser l'équivalent d'un dé à coudre de preuves faire condamner cet homme ? » Elle leur a montré un morceau de moquette verte provenant de son cabinet en ajoutant que ce genre de moquette était terriblement banal. Peut-on condamner un homme sous prétexte qu'il a de la moquette verte ?

Alors ce jour-là, des agents du FBI et moi sommes allés à son cabinet. Nous sommes entrés dans son bureau en son absence et nous avons prélevé des fibres de moquette que nous avons fait examiner par des experts. Après les avoir analysées au microscope, ils ont rendu leur conclusion à l'accusation : elles ne correspondaient absolument pas à celles trouvées chez Williams.

Le 27 février 1982, après onze heures de délibération, les jurés l'ont déclaré coupable des deux meurtres. Wayne B. Williams a reçu deux condamnations à perpétuité, condamnations qu'il purge désormais à la prison de Valdosta, en Georgie. Il continue de clamer son innocence et la controverse autour de son affaire ne s'est toujours pas dissipée.

Malgré ce que ses défenseurs maintiennent, les différentes preuves matérielles montrent que Wayne Williams est bien l'assassin de onze jeunes garçons à Atlanta. Mais je suis aussi convaincu, contrairement à ce que ses détracteurs soutiennent, qu'il n'existe pas de preuve solide le rattachant à la totalité ni même à la majorité des meurtres et des disparitions d'enfants dans cette ville entre 1979 et 1981. Malgré ce que certains voudraient croire, de jeunes enfants noirs et de jeunes enfants blancs meurent encore mystérieusement, à Atlanta et ailleurs. Nous avons notre petite idée sur l'identité de ceux qui ont commis une partie des autres meurtres. Il y en a plusieurs et la vérité n'est pas belle à voir. Les preuves et la volonté publique ont manqué jusqu'à maintenant pour obtenir des inculpations.

J'ai reçu un certain nombre de lettres de félicitations et des citations à la suite de mon travail sur l'affaire Wayne Williams. Parmi elles se trouvaient celle du bureau du procureur du comté de Fulton disant que j'avais mis au point une technique de contre-interrogatoire extrêmement efficace et celle de John Glover, responsable du bureau d'Atlanta, qui résumait l'ensemble de l'enquête. L'une des plus touchantes et que j'ai appréciée le plus a été celle d'Al Binder, le coordinateur de la défense, qui m'a écrit pour me dire à quel point le travail que nous avions accompli dans cette affaire l'avait impressionné.

Ces lettres sont arrivées presque en même temps que celle qui m'a signifié mon blâme. Jim McKenzie s'en était ému et avait demandé que l'on m'octroie une prime pour cette affaire et pour cinq autres dont je m'étais également occupé.

Elle est arrivée en mai. Je me retrouvais avec d'un côté, une lettre d'éloges du directeur et de l'autre, un blâme pour la même affaire ! Il était écrit : « Par votre talent, votre sens du devoir et votre professionnalisme, vous avez contribué à la renommée du Bureau dans tout le pays et nous vous assurons que votre travail a été réellement apprécié. » Une récompense « substantielle » de deux cent cinquante dollars en espèces accompagnait cette lettre et j'ai fait le calcul que cela revenait à vingt-cinq centimes de l'heure environ ! J'ai rapidement fait don de cet argent au Navy Relief Fund, un fonds de soutien au profit des familles ayant perdu l'un des leurs au service de la nation.

Si nous étions confrontés aujourd'hui à une affaire semblable à celle des meurtres d'enfants à Atlanta, je pense que nous pourrions appréhender le tueur plus vite, avant que la liste des tués ne devienne aussi effroyable. Nous coordonnerions tous nos efforts de manière plus efficace. Nos techniques proactives sont désormais plus sophistiquées et fondées sur davantage de « vécu ». Nous saurions comment mener l'interrogatoire pour avoir un impact maximal. Nous nous organiserions mieux afin d'obtenir un mandat de perquisition avant que les preuves capitales ne soient détruites.

Mais quelles que soient les erreurs que nous ayons commises, cette affaire a marqué un tournant pour nous. Nous avons enfin été reconnus, nous avons fait nos preuves et nous sommes ainsi devenus crédibles aux yeux de la police et de la justice dans le monde entier. Et surtout, nous avons à nouveau permis de mettre un tueur derrière les barreaux.

Gros risques, gros gains.

12

L'UN DES NÔTRES

Judson Ray est l'une des légendes vivantes de Quantico. Pourtant, il a bien failli ne pas l'être. En février 1982, alors qu'il travaillait sur l'affaire des meurtres d'Atlanta comme agent spécial du FBI, sa femme a essayé de le faire assassiner.

Nous avons pour la première fois entendu parler l'un de l'autre lors de l'affaire des Forces du Mal au début de l'année 1978. Un tueur en série surnommé l'Étrangleur au Collant avait agressé six femmes âgées, à Colombus, en Georgie, après avoir pénétré chez elles par effraction puis il les avait toutes étranglées avec leur collant en nylon. Elles étaient blanches et certains éléments relevés sur les cadavres par le médecin légiste indiquaient que l'étrangleur était noir.

Puis le chef de la police avait reçu une lettre inquiétante écrite sur du papier à en-tête de l'armée américaine disant provenir d'un groupe de sept personnes se faisant appeler les Forces du Mal. Le ou les auteurs de celle-ci mentionnaient l'hypothèse selon laquelle l'Étrangleur était noir et ajoutaient qu'ils tueraient une femme noire en représailles si celui-ci n'était pas appréhendé avant le premier juin ou plutôt « 1 juin » selon les termes exacts employés. Ils disaient avoir déjà enlevé une femme nommée Gail Jackson. « Si l'Étrangleur n'est pas arrêté avant « 1 sept », le nombre de victimes va doubler », était-il annoncé. La lettre laissait penser que le papier à en-tête de l'armée avait été dérobé et que le groupe était de Chicago.

Cette affaire devenait un véritable cauchemar pour tous les enquêteurs. Un tueur traînant dans les rues de Colombus, c'était déjà suffisamment horrible. Une contre-réaction organisée et meurtrière aurait pu déchirer la communauté en deux.

D'autres lettres avaient suivi. Les exigences des ravisseurs avaient augmenté et ils avaient réclamé une rançon de dix mille dollars. Pendant ce temps-là, la police avait fiévreusement recherché, mais sans succès, ces sept hommes blancs. Gail Jackson était une prostituée bien connue dans les bars proches de Fort Benning. Et elle avait vraiment disparu.

Jud Ray était chef de section dans la police de Colombus. Étant noir, vétéran du Vietnam et officier de police après avoir gravi tous les échelons de la hiérarchie, il était parfaitement conscient que la fracture dans la communauté ne se réduirait pas tant que l'Étrangleur au Collant et les Forces du Mal ne seraient pas neutralisés. Comme l'enquête n'avait pas progressé malgré les efforts intenses des policiers, son instinct de flic lui avait fait penser qu'ils n'étaient pas sur la bonne piste. Soucieux de suivre les progrès qui s'accomplissaient dans son domaine, il avait entendu parler du programme d'établissement de profils de Quantico. C'est alors qu'il a suggéré à son département de prendre contact avec l'Unité de Sciences du Comportement pour voir quelle serait notre opinion sur cette affaire.

Le 31 mars, le bureau du FBI de Georgie nous a demandé d'analyser ce cas. Malgré ce que disait la première lettre, nous étions persuadés que la relation avec l'armée et Fort Benning n'était pas fortuite. Bob Ressler, qui avait été policier dans l'armée avant d'entrer au Bureau, a pris les opérations en main.

Trois jours après, nous avons remis notre rapport. Nous pensions qu'il n'y avait aucune preuve permettant d'étayer la version selon laquelle les Forces du Mal étaient composées de sept hommes blancs. Selon nous, il n'y avait aucun homme blanc. Nous penchions plutôt vers l'hypothèse d'un homme noir, solitaire, essayant de faire diversion et d'éviter ainsi d'être suspecté du meurtre de Gail Jackson qu'il avait déjà tuée. Sa manière d'écrire les dates

(1 juin) et de parler en mètres plutôt qu'en pieds nous a convaincus qu'il appartenait à l'armée. Ses lettres étant remplies de fautes d'orthographe, nous avons écarté la possibilité qu'il soit officier. D'après son expérience, Bob nous a dit qu'il devait être artilleur ou policier militaire, dans les vingt-cinq à trente ans. Il aurait déjà tué deux autres femmes, probablement des prostituées – c'est de là que venait, selon lui, l'affirmation « le nombre de victimes va doubler ». Nous avons très sérieusement envisagé la possibilité qu'il soit aussi l'Étrangleur au Collant.

Quand notre profil a circulé dans Fort Benning ainsi que dans les bars et les night-clubs que fréquentait la victime, l'armée et la police de Colombus sont vite tombées sur le nom de William H. Hance, un soldat noir de vingt-six ans affecté à une unité d'artillerie au fort. Il a avoué les meurtres de Gail Jackson, d'Irene Thirkield et de Karen Hickman, une femme soldat, à Fort Benning, au cours de l'automne précédent. Il a reconnu avoir inventé les Forces du Mal pour égarer les soupçons de la police.

L'Étrangleur au Collant a, quant à lui, été identifié par un témoin à partir d'une photographie. Il s'appelait Carlton Gary. C'était un homme noir de vingt-sept ans qui était né et avait été élevé à Colombus. Il a été appréhendé après une série de hold-up dans des restaurants puis il s'est échappé. Il n'a été finalement arrêté qu'en mai 1984. Hance et Gary ont tous deux été reconnus coupables des crimes qui leur étaient reprochés et condamnés à la peine de mort.

Quand la communauté a retrouvé son calme, Jud Ray s'est absenté quelque temps pour organiser un programme à l'Université de Georgie qui recrutait des minorités et des femmes pour les carrières de la police et de la justice. Une fois ce projet achevé, il comptait reprendre son travail de policier. Mais en raison de sa double formation de militaire et d'enquêteur, sans oublier le fait qu'il était noir et que le Bureau avait grand besoin de montrer qu'il offrait des chances égales à tout le monde, le FBI lui a fait une offre qu'il a acceptée. Je l'ai rencontré par hasard quand il se trouvait à Quantico pour suivre la formation dispensée aux nouvelles recrues. Il a ensuite été affecté au bureau d'Atlanta où son expérience et sa connaissance des lieux et de ses habitants ont été considérées comme capitales.

Nous nous sommes ensuite revus à la fin de l'année 1981, quand j'étais à Atlanta pour l'enquête sur les meurtres d'enfants. Comme tous ses collègues, Jud s'y impliquait à fond. Chaque agent faisait partie d'une équipe traitant cinq affaires en même temps et Jud travaillait de très longues heures.

Il avait aussi de gros soucis par ailleurs. Son ménage battait de l'aile depuis un moment et il était sur le point de se séparer de sa femme. Elle buvait, l'insultait et se comportait de manière imprévisible. Il ne la reconnaissait plus. Un dimanche soir, il a fini par lui adresser un ultimatum : soit elle changeait et allait se faire aider, soit il la quitterait en emmenant leurs deux filles âgées de dix-huit mois et de huit ans.

À sa grande surprise, il a commencé à percevoir des signes encourageants chez elle. Elle s'est montrée plus attentive à lui et à leurs deux filles. « Elle a radicalement changé. Elle a cessé de boire », nous a-t-il dit plus tard. « Elle s'est mise à me dorloter. Pour la première fois en treize ans de mariage, elle s'est levée le matin pour me préparer mon petit déjeuner. Elle est soudain devenue exactement comme je voulais qu'elle soit. »

Puis il a ajouté : « J'aurais dû me douter que c'était trop beau pour être vrai. C'est quelque chose dont je parlerai aux policiers dans mes séminaires. Si votre conjoint change radicalement de comportement, en bien ou en mal, il est grand temps de vous poser des questions. »

La réalité est que la femme de Jud avait déjà décidé de le faire assassiner et qu'elle essayait de gagner du temps pour monter toute l'opération. Son idée était que si elle s'en sortait bien, elle pourrait éviter l'humiliation d'un divorce épouvantable, garder les deux fillettes et récolter plus d'un million de francs grâce à l'assurance-vie de son mari. Mieux valait être la veuve éplorée sans soucis financiers d'un agent assassiné qu'une femme divorcée complètement seule.

À l'insu de Jud, deux hommes s'étaient mis à surveiller ses va-et-vient depuis plusieurs jours. Ils le guettaient à l'extérieur de son immeuble et le suivaient jusqu'à Atlanta chaque matin. Ils attendaient le moment propice pour l'assassiner sans témoins.

Mais ils se sont rapidement rendu compte qu'ils avaient un problème. Jud était flic depuis suffisamment longtemps pour avoir d'instinct la main droite toujours libre, prête à saisir son arme quel que soit l'endroit où il se trouvait.

Ils sont retournés voir Mme Ray pour lui faire part de cela. Ils voulaient tirer sur Jud dans le parking devant l'immeuble, mais celui-ci en aurait flingué au moins un avant de mourir. Il fallait absolument qu'elle fasse quelque chose au sujet de cette main droite.

Elle n'allait sûrement pas laisser un détail pareil déranger ses plans, aussi a-t-elle offert à son mari une tasse de voyage en lui suggérant de l'emporter au bureau tous les matins. « Pendant treize ans, elle ne nous avait jamais préparé le petit déjeuner et voilà qu'elle voulait que j'emporte cette damnée tasse de café avec moi », nous a dit Jud par la suite.

Mais il a résisté. Après toutes ces années, il ne pouvait se résoudre à l'idée de conduire de la main gauche tout en ayant la main droite occupée à tenir une tasse de café. C'était avant que les voitures ne soient équipées d'un dispositif pour poser les gobelets. S'il avait existé, cette histoire aurait probablement eu une tout autre fin.

Ses hommes de main sont revenus la voir en lui disant : « On ne peut pas l'avoir dans le parking. Il faut qu'on l'ait à l'intérieur. »

L'attaque a été prévue pour le début du mois de février. Mme Ray est sortie pour la soirée avec ses deux filles, laissant Jud seul à la maison. Les tueurs sont montés à l'appartement et ils ont sonné à une porte, croyant que c'était la bonne. Quand un Blanc leur a ouvert, ils lui ont demandé où était le Noir qui habitait là. Sans se douter de ce qui se tramait, l'homme leur a répondu qu'ils s'étaient trompés en leur montrant la porte de l'appartement de Ray.

Leur problème était qu'ils avaient été vus par un voisin. Celui-ci se souviendrait sûrement de deux hommes noirs ayant demandé où habitait Jud Ray. Alors ils sont repartis.

Plus tard, Mme Ray est rentrée chez elle en pensant que le boulot avait été fait. Elle a regardé autour d'elle d'un air hésitant puis elle s'est glissée dans la salle de bains, en se préparant mentalement à appeler la police pour lui dire que quelque chose d'effroyable venait d'arriver à son mari.

Elle est entrée dans la chambre à coucher et elle a vu Jud allongé sur le lit. Elle continuait à marcher à pas de loup quand il s'est retourné pour lui demander : « Mais qu'est-ce que tu fabriques ? » Elle a eu peur et s'est alors précipitée dans la salle de bains.

Elle a continué à se montrer agréable les jours suivants et Jud s'est dit qu'elle avait vraiment changé du tout au tout. Il pense désormais qu'il a été bien naïf, mais il est vrai que lorsque l'on a vécu une relation houleuse avec son conjoint pendant tant d'années, on a très envie de croire que les choses se sont vraiment arrangées.

Deux semaines après, on était le 21 février 1981. Jud travaillait alors sur le meurtre du jeune Patrick Baltazar. L'enquête progressait parce que des cheveux et des fibres trouvés sur son corps semblaient correspondre à des spécimens relevés sur d'autres victimes du Tueur d'Enfants.

Ce soir-là, la femme de Jud lui a préparé un dîner italien. Mais il ignorait qu'elle avait versé une dose importante de phénobarbital dans la sauce des spaghetti. Comme prévu, elle a pris ses deux filles sous le bras pour aller voir sa tante.

Jud est rentré plus tard. Il était seul dans sa chambre quand il a cru entendre quelque chose dans l'appartement. La lumière dans l'entrée s'est éteinte. Quelqu'un a dévissé l'ampoule dans la chambre de sa fille aînée. Puis, il a entendu des voix étouffées dans l'entrée. L'un des tueurs commençait à perdre son sang-froid. Ils discutaient de ce qu'ils allaient faire désormais. Jud ignorait comment ils étaient entrés mais l'important n'était plus là.

« Qui est-ce ? » s'est enquis Jud.

Soudain, un coup est parti et l'a manqué. Jud a plongé à terre, mais une deuxième balle l'a frappé dans le bras gauche. Il faisait encore sombre. Jud a essayé de se cacher derrière le grand lit.

« Qui êtes-vous ? Que voulez-vous ? » a-t-il crié.

Un troisième coup de feu a touché le lit, juste à côté de lui. Jud repassant mentalement ce qu'il avait appris lors de son entraînement de survie a essayé de savoir quelle sorte d'arme c'était. Si c'était un Smith & Wesson, il ne leur restait que trois coups. Si c'était un Colt, seulement deux.

« Hé, les gars ! Que se passe-t-il ? a-t-il crié. Pourquoi essayez-vous de me tuer ? Prenez ce que vous voulez et partez. Je ne vous ai pas vus. Ne me tuez pas. »

Pas de réponse. Jud pouvait percevoir la silhouette de l'un d'eux se dessiner dans le clair de lune.

Jud s'est dit qu'il allait mourir ce soir-là. Pas moyen d'en sortir. Seulement quand vous êtes officier de police ou agent du FBI, vous n'avez pas envie que les enquêteurs qui viendront le lendemain s'exclament : « Le pauvre, il ne s'est même pas défendu ! » Jud s'est dit que quand ils verraient la scène, il faudrait qu'ils constatent qu'il avait vendu chèrement sa peau.

La première chose à faire, c'était de mettre la main sur son arme qui se trouvait par terre, de l'autre côté du lit. Mais un grand lit représente une longue distance à parcourir quand on essaie de vous tuer.

Puis il a entendu : « Ne bouge pas, connard ! »

Toujours dans l'obscurité, il a essayé d'avancer de l'autre côté du lit pour atteindre son arme.

Il s'est approché extrêmement lentement, mais il manquait de ressort pour l'attraper.

Après avoir pu poser ses quatre doigts sur l'autre extrémité du lit, il s'est jeté par terre, mais il a atterri avec sa main droite sous la poitrine. Et comme il avait été touché à l'autre bras, il était trop faible pour atteindre son arme de sa main gauche.

À ce moment-là, le tueur a sauté sur le lit. Il a tiré sur Jud à bout portant.

Jud a eu l'impression d'avoir reçu un coup de sabot. Quelque chose à l'intérieur de lui s'est comme écroulé. Il ignorait encore ce qui lui était arrivé. La balle avait traversé son dos, frappé son poumon droit, pénétré dans le troisième espace intercostal, arraché le devant de sa poitrine, puis atteint sa main droite sur laquelle il était encore couché.

Le tueur a sauté à bas du lit, s'est penché sur lui et a pris son pouls. Puis il lui a lancé « Voilà, fils de pute ! » en sortant de la pièce.

Jud était en état de choc. Il gisait sur le sol en hyperventilation. Il ignorait où il se trouvait et ce qui lui était arrivé.

Puis il a compris, il devait être au Vietnam. Il pouvait sentir la fumée, voir le souffle de bouche. Mais il respirait difficilement. Il s'est dit : « Peut-être que je ne suis pas vraiment au Vietnam. Ce n'est peut-être qu'un mauvais rêve. Mais si c'est un rêve, pourquoi je n'arrive plus à respirer ? »

Il s'est relevé avec difficulté. Il a titubé jusqu'à la télévision et il l'a mise en marche. Comme ça, il pourrait savoir s'il rêvait. Il y avait une émission qu'il connaissait bien. Il a touché l'écran pour voir si c'était bien vrai, laissant ainsi un coulée de sang humide sur le verre.

Il avait soif. Il s'est traîné jusqu'à la salle de bains. Il a tourné le robinet et essayé de remplir d'eau la paume de sa main. C'est à ce moment-là qu'il a vu la balle logée dedans et le sang qui coulait le long de sa poitrine. Il savait désormais ce qui lui était arrivé. Il est retourné dans sa chambre, il s'est écroulé au bas du lit et a attendu de mourir.

Mais il avait été policier. Il ne pouvait pas lâcher prise ainsi, sans rien faire. Quand les enquêteurs viendraient le lendemain, il faudrait qu'ils voient qu'il avait lutté. Alors il s'est relevé, il s'est dirigé vers le téléphone pour appeler l'opératrice. Il suffoquait. Il lui a dit qu'il était un agent du FBI et qu'on lui avait tiré dessus. Elle l'a immédiatement mis en relation avec la police du comté de DeKalb.

Une jeune femme policier a répondu. Jud a répété qu'il était un agent du FBI et qu'on lui avait tiré dessus. Mais il éprouvait beaucoup de peine à parler. On l'avait drogué. Il avait perdu beaucoup de sang et il bredouillait.

« Que voulez-vous dire, vous êtes du FBI ? » Elle ne le croyait pas. Jud l'a entendue dire à son sergent qu'il y avait un type soûl qui affirmait être un agent du FBI. Qu'est-ce que le sergent voulait qu'elle fasse ? Le sergent lui a dit qu'elle pouvait raccrocher.

L'opératrice les a interrompus en disant que ce n'était pas une blague et qu'il fallait qu'ils lui envoient des secours de toute urgence. Elle ne les lâcherait pas tant qu'ils ne s'exécuteraient pas.

Jud m'a dit plus tard que cette opératrice lui avait sauvé la vie.

Il s'est évanoui. Il n'a recouvré ses esprits qu'à l'arrivée du SAMU quand les médecins l'ont mis sous oxygène. « Il ne va pas s'en sortir », a-t-il entendu dire par le responsable de l'équipe.

Ils l'ont emmené à l'hôpital général de DeKalb où un chirurgien thoracique était de garde. Alors qu'il était allongé sur le brancard dans la salle des urgences et que les médecins s'efforçaient de lui sauver la vie, il a compris.

Avec la lucidité que provoque parfois la proximité de la mort, Jud s'est dit : « Ce ne sont pas des représailles. J'ai mis plein de gens sous les verrous mais ils n'auraient pas pu m'approcher d'aussi près. Cela ne peut être que quelqu'un en qui j'ai confiance. »

À sa sortie du bloc opératoire, il a été emmené aux soins intensifs. John Glover, le directeur du bureau d'Atlanta, était là. Glover avait porté la responsabilité de l'enquête sur les meurtres d'enfants et maintenant, il y avait ça. Comme ces enfants assassinés et comme Jud, Glover est noir. C'était l'un des Noirs les plus haut placés dans l'organigramme du Bureau. Il semblait terriblement inquiet pour Jud.

« Trouvez ma femme, lui a murmuré Jud. Qu'elle vous dise ce qui s'est passé. »

Glover a cru que Jud délirait toujours mais le médecin lui a répondu que celui-ci était bien conscient.

Jud a passé vingt et un jours à l'hôpital sous bonne garde puisque personne ne savait qui étaient ses agresseurs et que ceux-ci risquaient de revenir achever leur travail. L'enquête n'avançait pas. Sa femme a paru choquée et consternée par ce qui lui était arrivé et a dit que, Dieu merci, il n'était pas mort. « Si seulement j'avais été à la maison ce soir-là », a-t-elle ajouté.

Au bureau, une équipe d'enquêteurs explorait certaines pistes. Jud avait été flic longtemps. Il avait sûrement beaucoup d'ennemis.

Quelques mois se sont écoulés avant qu'il ne reprenne une vie normale. Une fois rentré chez lui, il a fini par s'attaquer à la pile de factures qui s'étaient accumulées depuis son agression. Il a fait la grimace en tombant sur celle du téléphone qui s'élevait à plus de mille cinq cents francs. Mais en la parcourant, les morceaux du puzzle ont commencé à se mettre en place dans sa tête.

Le lendemain matin, en arrivant au bureau, il a annoncé que sa facture de téléphone devait être la clé de l'affaire. En tant que victime, il n'était pas censé travailler sur son dossier, mais ses collègues l'ont quand même écouté.

La facture faisait état de plusieurs appels au même numéro à Colombus. La compagnie de téléphone a fourni le nom et l'adresse de l'abonné correspondant. Jud ne connaissait pas cette personne. Accompagné de plusieurs agents, il s'est rendu en voiture à Colombus, à environ cent cinquante kilomètres de là. Ils sont arrivés chez un pasteur qui ressemblait, selon Jud, plus à un escroc qu'à un homme de Dieu.

Les agents du FBI l'ont cuisiné mais il a nié tout rapport avec cette tentative de meurtre. Ils n'avaient aucunement l'intention de le laisser s'en tirer comme ça. Ils lui ont dit que Jud était l'un des leurs et qu'ils allaient mettre le grappin sur celui ou ceux qui avaient essayé de l'assassiner.

C'est alors que l'histoire a commencé à se préciser. Ce pasteur était connu dans Colombus comme quelqu'un pouvant rendre des « services ». Mme Ray était entrée en contact avec lui, en octobre, mais il lui avait répondu qu'il ne se chargerait pas du travail qu'elle souhaitait lui confier.

Elle lui avait rétorqué qu'elle trouverait bien quelqu'un d'autre et demandé si elle pouvait utiliser son téléphone en l'assurant qu'elle lui rembourserait les communications. Le pasteur a confié aux agents qu'elle avait appelé un ancien voisin d'Atlanta qui avait fait le Vietnam en même temps que Jud et qui « connaissait son affaire ». Elle avait ajouté : « Il faut que ce truc se fasse ! »

Le pasteur a affirmé pour couronner le tout que Mme Ray l'avait roulé parce qu'elle ne lui avait pas remboursé le prix des communications.

Les agents ont repris leur voiture et sont rentrés à Atlanta pour interroger l'ancien voisin. Il a fini par admettre que Mme Ray lui avait proposé un contrat pour tuer quelqu'un. Il ignorait cependant que Jud devait en être la victime.

Il lui avait répondu qu'il ne connaissait personne pour ce genre de travail puis il l'avait mise en contact avec son beau-frère qui avait des relations. Le beau-frère lui avait à son tour présenté un autre type qui, lui, avait accepté le contrat et embauché deux gars pour tirer sur Jud.

Mme Ray, le beau-frère de l'ancien voisin, l'homme qui a accepté le contrat et les deux tueurs ont tous été inculpés. L'ancien voisin a été qualifié de complice ne faisant pas l'objet de poursuites. Ils ont tous été reconnus coupables de tentative de meurtre, d'association de malfaiteurs et de cambriolage et été condamnés à dix ans de prison, le maximum qu'ils encouraient.

Je voyais Jud de temps en temps au sujet de l'affaire des meurtres d'enfants d'Atlanta. Il a rapidement commencé à rechercher ma compagnie. Comme je n'étais pas un de ses collègues directs mais que je connaissais le stress de son job et que je comprenais ce qu'il avait enduré et endurait encore, je me suis dit qu'il pensait pouvoir se confier à moi. Il m'a dit qu'en plus de tout ce qu'il avait subi, il était blessé et gêné par l'étalage qui avait été fait de sa situation conjugale.

Le Bureau voulait faire tout son possible pour Jud et pensait que le muter loin d'Atlanta l'aiderait à se remettre. Mais après avoir discuté avec lui, je me suis dit que ce n'était pas une bonne idée. Il fallait, selon moi, qu'il reste là pendant quelque temps.

Je suis allé voir John Glover, le directeur du bureau d'Atlanta, pour lui dire : « Si vous le transférez, vous le priverez du soutien que lui prodiguent ses collègues, ici. Il faut qu'il reste. Laissez-lui un an pour se réinstaller avec ses enfants près de la tante qui l'a en partie élevé. » J'ai ajouté que s'il devait être muté quelque part, il vaudrait mieux l'envoyer à Colombus, car il avait été policier dans cette ville et il y connaissait encore un grand nombre de personnes.

Jud est resté dans la région d'Atlanta et de Colombus et il a mis de l'ordre dans sa vie. Puis, il est parti pour le bureau de New York où il a essentiellement travaillé dans le contre-renseignement. Il est aussi devenu l'un des coordinateurs entre la police locale et mon unité, à Quantico.

Quand des postes se sont libérés dans mon unité, nous avons fait venir Jud ainsi que Roseanne Russo de New York et Jim Wright de Washington, qui avait passé plus d'un an sur l'affaire et le procès John Hinckley. Roseanne a ensuite quitté l'unité pour le bureau de Washington et le contre-renseignement. Jud et Jim sont devenus des membres de notre équipe reconnus sur le plan international, ainsi que de proches amis. Quand je suis passé directeur de l'unité, Jim Wright a repris le programme d'établissement de profils.

Jud a affirmé avoir été étonné que nous l'ayons choisi. Il s'était montré un coordinateur hors pair à New York et grâce à sa grande expérience dans le domaine de l'application de la loi, il a tout de suite été extrêmement efficace. Il apprenait vite et avait un esprit d'analyse très développé. En tant qu'officier de police, il avait vu le genre de cas que nous traitions depuis les « tranchées » et il leur apportait cette perspective.

Lorsqu'il enseignait, Jud n'hésitait pas à mentionner la tentative de meurtre dont il avait été l'objet ainsi que les répercussions de celle-ci. Il possédait même un enregistrement sur cassette de son appel au secours qu'il faisait parfois écouter à ses étudiants. Il ne supportait pas de l'entendre alors il quittait la pièce à ce moment-là.

J'ai dit à Jud que cette affaire était très intéressante parce qu'une multitude d'éléments présents sur les lieux du crime – les empreintes de pas, le sang sur la télévision – auraient été mal ou pas du tout interprétés s'il n'avait pas survécu. Nous commencions ainsi à comprendre comment des faits illogiques en apparence pouvaient en réalité avoir une explication parfaitement rationnelle. « Si tu retravaillais sur cette affaire, elle pourrait devenir un outil d'enseignement extrêmement utile », ai-je dit à Jud.

C'est ainsi qu'elle est aujourd'hui l'une des affaires les plus passionnantes et les plus formatrices que nous enseignions. Elle a en outre permis à Jud d'exorciser ce qui lui était arrivé : « Cela a été une révélation pour moi. Pour préparer mon cours, je me suis aventuré dans une voie que je n'avais jamais explorée auparavant. Chaque fois que j'en parlais à des gens auxquels je me fiais, j'entrevoyais une nouvelle piste. Les tentatives de meurtres et les meurtres de conjoints sont plus fréquents que l'on aimerait le croire. La famille de la victime est en plus tellement perturbée par cela que personne n'en parle. » Assister à l'exposé de Jud a été l'une des expériences les plus émouvantes que j'aie vécues en tant que formateur à l'Académie. Et je ne suis pas le seul. Un jour, il a pu rester pour écouter l'enregistrement de son appel au secours jusqu'au bout.

Avant l'arrivée de Jud dans mon unité, j'avais déjà beaucoup travaillé sur le comportement des criminels *après* leur forfait. J'en étais arrivé à la conclusion qu'une bonne partie de ce qu'ils faisaient après coup échappait à leur contrôle malgré les efforts intenses qu'ils déployaient pour tenter de tout maîtriser. En raison de ce qu'il avait personnellement vécu, Jud s'est intéressé au comportement qui précédait le crime. Nous avions pendant quelque temps souligné l'importance des facteurs précipitants ou « stresseurs » qui avaient conduit l'individu à commettre son crime. Jud a approfondi cela et nous a montré combien il était important d'examiner le comportement et les relations interpersonnelles *avant* que ne survienne un crime. Une modification radicale ou même subtile du comportement de son partenaire peut signifier qu'il ou elle a déjà prévu un changement dans le statu quo. Si un homme ou une femme devient calme ou beaucoup plus sympathique sans raison apparente, cela peut indiquer qu'il ou elle en est arrivé(e) à considérer ce changement comme inévitable ou imminent.

Enquêter sur ce genre de contrat n'est pas chose facile car le survivant a bien préparé le terrain. Le seul moyen de résoudre ces affaires est de faire parler quelqu'un et pour que cela marche, vous devez comprendre la dynamique de la situation et ce qui s'est réellement passé. Le comportement qui précède le meurtre de son conjoint est une forme de mise en scène comme le sont les changements apportés aux lieux du crime par l'auteur de celui-ci. Il peut également conduire la police dans la mauvaise direction.

L'affaire de Jud est avant tout un exemple qui nous a montré que l'on pouvait mal interpréter les éléments laissés sur les lieux du crime. Si Jud était mort, nous serions arrivés à des conclusions erronées.

L'une des premières choses que l'on enseigne aux flics débutants est de ne pas « contaminer » la scène du crime. Mais par ses actions à peine conscientes, ce flic vétéran et agent spécial qu'était Jud a contaminé par inadvertance les lieux de son propre crime. S'il était mort, nous aurions interprété les empreintes de pas et les traces de ses mouvements comme le résultat d'un cambriolage ayant mal tourné : nous aurions cru que l'intrus l'avait fait marcher à travers la pièce et forcé à lui dire où étaient cachées certaines choses. Le sang sur l'écran de télévision nous aurait fait penser que Jud était couché sur son lit en train de regarder la télévision quand il avait été surpris, et qu'on lui avait immédiatement tiré dessus.

L'essentiel est ce que m'a fait remarquer Jud : « Si j'étais mort, m'a-t-il dit, je suis persuadé qu'elle s'en serait très bien tirée. Elle avait tout organisé et elle avait préparé le terrain dans le quartier. Tout le monde aurait cru à son cinéma de veuve éplorée. »

Jud et moi sommes devenus de proches amis. Il est presque un frère pour moi. Je plaisantais souvent en disant qu'il me ferait écouter l'enregistrement quelque temps avant son entretien annuel d'évaluation pour s'assurer de toute ma sympathie. Cela n'a jamais été nécessaire, heureusement. Ses états de service parlent d'eux-mêmes. Il est désormais directeur de l'Unité de Formation Internationale, où son talent et son expérience profiteront à une nouvelle génération d'agents et de policiers, hommes et femmes. Où qu'il aille, il sera toujours l'un des nôtres, l'un des meilleurs et surtout l'un des rares à avoir survécu à une tentative de meurtre grâce à sa force de caractère et à sa volonté, puis à avoir traîné lui-même les coupables en justice.

13

CHASSES À L'HOMME

Richard Connell a écrit en 1924 un récit qui a été repris au cinéma sous le titre *Les Chasses du comte Zaroff*. Un chasseur de fauves, le comte Zaroff, qui en avait assez de traquer des animaux s'était mis à chasser des proies beaucoup plus difficiles et nettement plus intéressantes : les êtres humains. C'est encore une histoire célèbre. Ma fille Lauren l'a d'ailleurs récemment lue à l'école.

En 1980, Robert Hansen, un boulanger d'Anchorage, en Alaska, l'a fait passer du domaine de la fiction à celui de la réalité.

Nous n'avons pas dressé son profil ni mis au point de stratégie pour l'identifier et l'appréhender, contrairement à notre procédure habituelle. En septembre 1983, quand nous avons été sollicités, la police montée le suspectait déjà. Mais les policiers ne connaissaient pas précisément l'étendue de ses crimes et ils avaient du mal à croire qu'un homme respectable et un pilier de la communauté comme lui puisse avoir commis les choses terribles dont on l'accusait.

Voici les événements tels qu'ils s'étaient produits :

Le 13 juin de la même année, une jeune femme s'était précipitée sur un policier d'Anchorage. Une paire de menottes se balançait à son poignet. C'était une prostituée de dix-sept ans. Elle lui avait raconté une histoire incroyable. Un homme petit et roux au visage grêlé l'avait abordée dans la rue et il lui avait proposé mille francs pour une fellation dans sa voiture. Pendant qu'elle s'était exécutée, il lui avait passé une menotte au poignet et avait dégainé son arme. Il l'avait ensuite conduite chez lui, dans le quartier chic de Muldoon. Personne d'autre ne se trouvait dans la maison. Il lui avait dit que si elle coopérait et faisait ce qu'il lui demandait, il ne lui ferait aucun mal. Puis il l'avait forcée à se déshabiller complètement, il l'avait violée puis il lui avait mordu les seins et enfoncé un marteau dans le vagin, lui infligeant ainsi des sévices insupportables. Il était ensuite allé dormir quelques heures en la laissant menottée et attachée à un poteau dans sa cave. Quand il s'était réveillé, il lui avait dit qu'il l'appréciait tellement qu'il allait l'emmener dans son avion privé jusqu'à sa maison de campagne dans les bois, où ils auraient de nouveau des rapports sexuels. Il la ramènerait ensuite à Anchorage et il la libérerait.

Elle s'était dit que c'était fort peu probable. Il l'avait violée et agressée et n'avait rien fait pour dissimuler son identité. S'il arrivait à l'emmener dans sa maison de campagne, elle n'en sortirait vraisemblablement pas vivante. À l'aéroport, pendant que son ravisseur chargeait des vivres dans l'avion, elle avait réussi à s'échapper. Elle avait couru aussi vite que possible pour chercher de l'aide. C'était à ce moment-là qu'elle avait trouvé ce policier.

La description qu'elle avait faite de son agresseur correspondait à Robert Hansen. La quarantaine, il avait grandi dans l'Iowa. Cela faisait dix-sept ans qu'il s'était installé dans la région d'Anchorage. Il gérait une boulangerie qui marchait bien et était considéré comme un membre important de la communauté. Marié, il avait un fils et une fille. La police avait conduit la jeune femme chez Hansen, à Muldoon, là où elle leur avait dit avoir été torturée. À l'aéroport, elle avait reconnu le Piper Super Club appartenant à celui-ci.

Les policiers avaient alors rendu visite à Hansen pour faire état des charges qui pesaient contre lui. L'air scandalisé, il leur avait répondu qu'il n'avait jamais vu cette jeune femme et affirmé qu'elle essayait manifestement de mettre en doute sa réputation pour lui soutirer de l'argent. L'idée même lui semblait ridicule. « On ne peut pas violer une prostituée, n'est-ce pas ? » avait-il dit à la police.

En plus, il avait un alibi pour la nuit en question. Sa femme et ses deux enfants se trouvaient en Europe pour l'été et il avait dîné avec deux de ses collaborateurs. Ceux-ci avaient confirmé ses dires à la police. Elle ne disposait donc d'aucune preuve contre lui – si ce n'est la parole de la jeune femme – aussi Hansen n'avait-il pas été arrêté, ni même inculpé.

Mais bien que manquant de preuves formelles, la police d'Anchorage et la police montée avaient flairé quelque chose. Déjà, en 1980, des ouvriers travaillant sur un chantier de construction sur Eklutna Road avaient trouvé les restes d'une femme. Son corps avait en partie été dévoré par les ours. Elle avait vraisemblablement été poignardée à mort. Son agresseur l'avait ensuite ensevelie dans une tombe peu profonde. Surnommée « Eklutna Annie » par la presse, elle n'avait jamais été identifiée et son meurtrier n'avait pas été arrêté.

Un peu plus tard la même année, le corps de Joanne Messina avait été retrouvé dans une gravière près de Seward. Puis, en septembre 1982, des chasseurs avaient découvert le corps de Sherry Morrow, âgée de vingt-trois ans, dans une tombe peu profonde près de la rivière Knik. C'était une danseuse seins nus qui avait été portée disparue depuis le mois de novembre précédent. On lui avait tiré dessus à trois reprises. Les douilles retrouvées sur les lieux provenaient d'un Ruger Mini-14 calibre 223, un fusil de chasse très puissant et malheureusement très courant en Alaska. Il aurait donc été impossible d'interroger tous ceux qui en possédaient un. Chose curieuse, on n'avait pas relevé de trous dans les vêtements de la victime, ce qui indiquait qu'elle avait été tuée alors qu'elle était nue.

Presqu'un an plus tard, un autre corps avait été découvert dans une tombe peu profonde, le long de la berge du Knik. C'était celui de Paula Golding, une secrétaire au chômage qui avait, en désespoir de cause, accepté un job dans un bar où elle dansait seins nus. On lui avait aussi tiré dessus avec un Ruger Mini-14. Elle avait été portée disparue en avril. C'était après cela que la jeune prostituée de dix-sept ans avait réussi à s'échapper. Avec ce nouveau crime sur la liste des meurtres non élucidés, le Bureau d'Investigation Criminelle de la police montée d'Alaska avait décidé de suivre la piste Hansen.

Je ne voulais pas que mon jugement soit influencé par les recherches que la police avait déjà menées. Alors, avant que les policiers ne me décrivent les caractéristiques de leur suspect au cours de notre premier entretien téléphonique, je leur ai dit : « Parlez-moi d'abord des crimes et puis, moi, je vous parlerai du type. »

Ils m'ont relaté l'historique des différents meurtres non résolus ainsi que les détails du récit de la jeune femme. J'ai décrit un scénario et un individu qui, selon eux, ressemblait beaucoup à leur suspect, jusqu'à son bégaiement. Puis ils m'ont parlé d'Hansen, de son job, de sa famille, de sa position dans la communauté et de sa réputation de grand chasseur. Était-il du genre à commettre ce genre de crime ?

Sûrement, leur ai-je répondu. Leur problème était que bien qu'ayant de nombreuses informations de seconde main, ils ne disposaient d'aucune preuve matérielle pour l'inculper. Leur seul moyen de le coincer, ce qu'ils souhaitaient ardemment, était d'obtenir des aveux. Ils m'ont alors demandé de venir les voir pour les aider à mettre au point une stratégie.

C'était là, dans un sens, l'opposé de ce que nous faisions habituellement, car nous devions partir d'un suspect connu et essayer de voir si son histoire, sa personnalité et son comportement correspondaient à une série de crimes.

Jim Horn m'a accompagné. Il avait quitté le bureau de Boulder dans le Colorado pour entrer dans mon unité. Nous avions fait nos classes ensemble, au tout début, et quand j'avais eu l'autorisation de recruter quatre agents pour travailler avec moi, j'avais demandé à Jim de revenir à Quantico. Il est désormais, ainsi que Jim Reese, l'un des meilleurs experts du Bureau en management du stress, une fonction essentielle dans notre travail. Mais en 1983, c'était l'une de ses premières affaires vue sous l'angle du comportement.

Notre voyage pour Anchorage a été l'un des plus excitants et des moins agréables qui soient. Il s'est achevé par un vol au-dessus de l'eau à vous donner froid dans le dos. La police est venue nous chercher à l'aéroport pour nous conduire à notre hôtel. En chemin, nous sommes passés devant certains des bars où les victimes avaient travaillé. Comme il faisait presque toujours un froid glacial, les prostituées trouvaient la plupart de leurs clients dans ces lieux qui restaient ouverts quasiment vingt-quatre heures par jour. Ils ne fermaient qu'une petite heure, le temps de faire le ménage et de chasser les ivrognes. À l'époque, suite à la venue d'une large population travaillant à la construction des pipelines, l'Alaska avait atteint l'un des taux les plus élevés de suicides, d'alcoolisme et de maladies vénériennes de tout le pays. C'était un peu la version moderne de la conquête de l'Ouest.

J'ai trouvé l'ambiance très étrange. Il semblait exister un conflit latent permanent entre les autochtones et ceux « d'en dessous du quarante-huitième ». On voyait circuler des types balèzes avec leurs gros tatouages et on aurait dit qu'ils sortaient tout droit d'une publicité pour Marlboro. Les distances à parcourir étant immenses, tout le monde ou presque possédait un avion. Hansen n'avait donc rien d'exceptionnel sur ce plan.

C'était la première fois que nous utilisions le profil du criminel en vue d'obtenir un mandat de perquisition. Nous avons commencé à analyser toutes les données dont nous disposions concernant les crimes et Robert Hansen.

Toutes les victimes connues étaient des prostituées ou des danseuses seins nus. Elles faisaient partie d'un grand vivier de victimes potentielles et voyageaient sans cesse le long de la côte ouest. Comme elles circulaient beaucoup et que les prostituées n'ont pas l'habitude de signaler leurs déplacements à la police, on n'apprenait qu'il était arrivé quelque chose à l'une d'elles que le jour où on retrouvait son corps. Nous avons été confrontés au même problème dans l'affaire du tueur de Green River, un peu plus au sud, dans l'État du Washington. Aussi le choix de ces victimes était-il très significatif. Le meurtrier ne s'en prenait qu'à des femmes qui ne seraient pas portées disparues.

Nous ne connaissions pas toute l'histoire de Hansen mais ce que nous savions collait au profil. Il était petit et fluet, le visage grêlé et il bégayait beaucoup. Je me disais qu'il avait sûrement souffert de gros problèmes de peau à l'adolescence et qu'entre cela et son bégaiement, il avait dû être taquiné ou fui par ses camarades, en particulier par les filles. Il avait donc probablement une piètre estime de lui-même. C'était peut-être aussi pour démarrer une nouvelle vie dans un nouveau pays qu'il s'était installé en Alaska. De plus, sur le plan psychologique, agresser des prostituées était, et est encore, un moyen malheureusement classique de régler ses comptes avec les femmes en général.

La réputation de très bon chasseur qu'avait acquise Hansen m'intéressait également. Elle tenait en outre au fait qu'il avait tué un mouton sauvage avec une arbalète dans les montagnes Kuskokwim. Je ne veux pas dire par là que la plupart des chasseurs sont des déséquilibrés mais l'expérience m'a souvent montré que ceux qui l'étaient essayaient parfois de « compenser » en chassant ou en jouant avec des couteaux et des armes à feu. Son important bégaiement me rappelait David Carpenter, le Tueur des Sentiers près de San Francisco. J'étais prêt à parier que, comme Carpenter, il cessait de bégayer quand il se sentait fort et maître des opérations.

En rassemblant tous ces éléments, même si c'était un scénario que nous n'avions jamais vu auparavant, j'ai commencé à me faire une idée de ce qui s'était passé. Les prostituées et les « danseuses exotiques » avaient été retrouvées mortes dans des lieux boisés et isolés, à la suite de blessures vraisemblablement causées par un fusil de chasse. Dans au moins un des cas, on avait tiré sur la victime alors qu'elle était nue. La jeune femme de dix-sept ans qui disait avoir réussi à s'échapper affirmait en outre que Robert Hansen comptait l'emmener en avion dans sa maison en pleine campagne. Il avait expédié femme et enfants en Europe pour l'été et il était seul chez lui.

Je pensais que, comme le comte Zaroff, Robert Hansen en avait eu assez des wapitis, des ours et autres moutons sauvages et que son attention avait été attirée par une proie beaucoup plus intéressante. Zaroff racontait qu'il traquait des marins dont le bateau s'était échoué dans la passe conduisant à son île sur des rochers qui n'étaient pas signalés intentionnellement. « Je chasse la lie de la terre, des marins d'épaves. Un cheval ou un chien de race vaut plus qu'une vingtaine d'entre eux. »

Je me suis dit qu'Hansen jugeait les prostituées de la même manière. C'étaient des personnes qu'il devait considérer comme lui étant très inférieures. Il n'aurait pas besoin de les baratiner pour qu'elles acceptent de le suivre. Il en choisirait une, la ferait prisonnière, l'emmènerait en avion dans des lieux reculés, l'obligerait à se déshabiller puis la libérerait pour la traquer ensuite avec une arme à feu ou un couteau.

Au début, son mode opératoire avait été différent, selon moi. Il avait d'abord tué ses premières victimes puis il s'était servi de son avion pour se débarrasser de leurs corps. C'étaient des crimes alimentés par la colère. Il avait donc sûrement pris plaisir à les voir le supplier de les laisser en vie. Étant chasseur, il avait soudain eu l'idée de combiner ses différentes activités en emmenant ses victimes encore vivantes dans des lieux sauvages pour les chasser et obtenir d'autres satisfactions sexuelles. Il avait ainsi atteint la maîtrise totale. Devenu « accro », il avait éprouvé le besoin de recommencer sans cesse.

Ceci m'a conduit aux détails nécessaires pour obtenir un mandat de perquisition. Les policiers voulaient, en effet, que Jim et moi leur fournissions un déclaration sous serment qu'ils donneraient au juge pour lui expliquer ce qu'était notre technique d'établissement de profils, ce que nous espérions trouver dans notre perquisition et les éléments nous permettant d'étayer nos hypothèses.

Je me disais que son fusil de chasse devait être quelque chose d'important pour Hansen, alors que ce n'est généralement pas le cas pour le criminel de base ou pour ceux qui considèrent qu'une arme est un outil interchangeable. J'ai ainsi avancé l'hypothèse selon laquelle son fusil se trouverait dissimulé quelque part chez lui. Il devait être caché derrière un panneau, un faux mur ou dans le grenier.

Je pensais aussi que notre type devait être un « collectionneur », mais pas forcément pour les raisons habituelles. De nombreux criminels sexuels s'emparent de souvenirs sur leurs victimes et les offrent aux femmes de leur vie comme un signe de domination ou pour revivre l'excitation du meurtre. Mais Hansen ne pouvait pas accrocher la tête d'une femme au mur comme il le faisait pour le gros gibier, alors je me suis dit qu'il devait s'emparer d'une autre sorte de trophée. Les corps ne paraissant pas avoir été mutilés, j'en ai déduit qu'il avait dû prendre des bijoux et qu'il les avait ensuite offerts à sa femme ou à sa fille en inventant une histoire pour justifier leur provenance. Il n'avait manifestement gardé ni les dessous de ses victimes ni d'autres éléments dont nous aurions pu constater la disparition mais il était possible qu'il ait conservé de petites photos ou d'autres choses prises dans le portefeuille de ses victimes. Mon expérience me disait que nous trouverions probablement un journal ou une liste récapitulant ses exploits.

Il nous a ensuite fallu démonter son alibi. Il n'était pas difficile à ses deux collaborateurs d'affirmer qu'ils se trouvaient avec lui la nuit en question s'ils ne risquaient rien. Si nous renversions la situation, il en irait peut-être autrement. La police d'Anchorage a obtenu du procureur qu'il autorise un jury d'accusation à enquêter sur l'enlèvement et l'agression de la jeune prostituée qui avait identifié Hansen. Elle a ensuite interrogé les deux collaborateurs et leur a demandé de relater à nouveau leur histoire. Seulement, cette fois-là, elle leur a dit que si on s'apercevait qu'ils avaient menti au jury, ils passeraient un très mauvais moment.

Cela a suffi à faire bouger les choses comme nous l'avions prévu. Les deux hommes ont admis n'avoir pas passé la soirée avec Hansen. Ils ont ajouté que ce dernier leur avait demandé de l'aider à se sortir d'une situation qu'il avait qualifiée de malencontreuse.

C'est ainsi qu'Hansen a été arrêté pour enlèvement et viol. La police a immédiatement perquisitionné chez lui. Là, elle a trouvé un fusil Ruger Mini-14. L'examen balistique a montré que les douilles retrouvées près des corps provenaient bien de cette arme. Comme nous l'avions pressenti, Hansen avait exposé ses trophées dans une pièce où il regardait aussi la télévision. S'y trouvaient accrochés un grand nombre de têtes d'animaux, de défenses de morses, de cornes et d'andouillers et d'oiseaux empaillés. Des peaux de bêtes couvraient le sol. Sous le plancher du grenier, les policiers ont mis la main sur d'autres armes, ainsi que sur plusieurs bijoux fantaisie et une montre Timex ayant appartenu aux victimes. Hansen avait donné les autres objets à sa femme et à sa fille. Ils ont également découvert un permis de conduire et les pièces d'identité de certaines de ses victimes décédées. Ils n'ont pas trouvé de journal mais son équivalent : une carte d'aviation avec des croix signalant les emplacements où il s'était débarrassé de certains corps.

Toutes ces preuves ont bien entendu suffi à le coincer. Mais sans mandat de perquisition, cela aurait été impossible. Et le seul moyen de l'obtenir dans ce cas particulier a été de démontrer au juge qu'il y avait suffisamment de « preuves comportementales » pour justifier une perquisition. Nous avons à plusieurs reprises par la suite aidé des policiers à obtenir ces précieux mandats nécessaires au recueil de preuves matérielles permettant l'arrestation des coupables. Nous sommes ainsi intervenus dans l'affaire Steven Pennell, surnommé le « Tueur de l'I-40 ». Pennell a été exécuté en 1992 par l'État de Delaware pour avoir torturé et tué des femmes qu'il avait prises en stop dans sa camionnette spécialement aménagée.

Quand la police d'Anchorage et la police montée d'Alaska ont finalement pu interroger Robert Hansen en février 1984, je me trouvais chez moi pour me remettre de mon coma de Seattle. Roy Hazelwood qui avait héroïquement repris mes dossiers tout en continuant à s'occuper des siens a aidé les policiers à préparer l'interrogatoire.

Hansen a nié en bloc comme la première fois lorsque la police lui avait fait part des charges d'enlèvement qui pesaient contre lui. Il a insisté sur sa vie de famille heureuse et sur sa réussite dans les affaires. Il a soutenu, au début, que l'on avait retrouvé des douilles provenant de son fusil dans certains lieux parce qu'il y était allé s'entraîner au tir. La présence de cadavres à chaque endroit lui paraissait une pure coïncidence. Mais, confronté à une montagne de preuves et à la perspective d'indisposer le procureur qui réclamerait la peine de mort s'il ne se mettait pas à table, il a fini par avouer les meurtres.

Pour se justifier et rationaliser ses actes, il a affirmé qu'il n'attendait qu'une fellation des prostituées qu'il abordait – une chose qu'il ne se voyait pas demander à sa propre femme qui, elle, était une personne respectable. Si la prostituée le satisfaisait, disait-il, il en restait là. Celles qui n'obtempéraient pas (c'est-à-dire celles qui essayaient de maîtriser la situation), il les punissait.

Sur ce point, le comportement de Hansen renvoyait à ce que nous avions appris en interrogeant Monte Rissell en prison. Rissell, comme Hansen, était déséquilibré et avait un passé chargé. Les femmes qui ont été le plus sauvagement agressées par Rissell sont celles qui ont essayé de feindre l'amitié ou le plaisir pour l'apaiser. L'essentiel pour ce genre d'individu, c'est le pouvoir et la maîtrise totale de la situation et cela, malheureusement, elles ne l'avaient pas compris.

Hansen a aussi affirmé que trente à quarante prostituées avaient accepté de monter dans son avion et qu'il les avait ramenées vivantes. J'ai du mal à le croire. Le genre de prostituées qu'il sélectionnait font des passes rapides et enchaînent avec le client suivant. Par ailleurs, des prostituées expérimentées savent généralement bien évaluer les gens et ne monteront sûrement pas dans l'avion d'un type qu'elles viennent juste de rencontrer. Si certaines ont commis une erreur, cela a été de se laisser convaincre de le suivre chez lui. Une fois là-bas, c'était trop tard.

Comme son alter ego fictif le comte Zaroff, Hansen a affirmé qu'il ne chassait et ne tuait qu'une certaine catégorie de personne. Il n'aurait jamais envisagé de tuer une femme « respectable », mais il considérait que les prostituées et les danseuses nues étaient de bonnes proies. « Je ne dis pas que je hais toutes les femmes, non... Mais je pense que les prostituées me sont inférieures... C'est un peu comme si c'était un jeu, comme si elles devaient lancer la balle avant que je ne la frappe. »

Quand il chassait, l'excitation retombait avec le meurtre. « Ce qui était excitant, a-t-il dit aux enquêteurs, c'était la traque. »

Il a confirmé nos hypothèses concernant son histoire. Il avait grandi à Pocahontas dans l'Iowa où son père était boulanger. Enfant, il chapardait dans les magasins. Même une fois devenu adulte, il avait continué à voler pour le frisson que cela lui procurait alors qu'il avait les moyens de s'offrir ce qu'il voulait. Il nous a confié que ses problèmes avec les filles avaient commencé au lycée. Son bégaiement et son acné avaient fait fuir ses camarades. « Comme j'avais l'air ridicule avec mon bégaiement et mon acné, chaque fois que je regardais une fille, elle se détournait de moi. » Il avait passé quelque temps à l'armée, sans événement marquant, puis il s'était marié à l'âge de vingt-deux ans. Il avait ensuite commis une série d'incendies volontaires et de cambriolages. Il s'était séparé de sa femme dont il avait divorcé, puis il s'était remarié. Sa seconde femme et lui étaient partis s'installer en Alaska après la fin des études universitaires de celle-ci. Il s'était dit qu'il pourrait prendre un nouveau départ. Mais ses problèmes avec la loi avaient continué pendant plusieurs années, incluant de multiples agressions contre des femmes qui avaient apparemment rejeté ses avances. Chose amusante, comme un grand nombre de tueurs en série, il possédait à l'époque une Coccinelle.

Le 27 février 1984, Hansen a plaidé coupable pour quatre chefs d'inculpation de meurtre, un de viol, un d'enlèvement, de vols et de possession d'armes. Il a été condamné à quatre cent quatre-vingt-dix-neuf années d'emprisonnement.

Les meurtres de prostituées et de danseuses nues à Anchorage avaient-ils tous été commis par la même personne ? Voilà une des premières questions auxquelles nous avons dû répondre dans l'affaire Hansen. C'est souvent un problème délicat dans les enquêtes criminelles. À l'époque où la première victime de Robert Hansen a été découverte en Alaska, j'ai été appelé par la police de Buffalo pour donner mon avis sur une autre série de meurtres atroces et apparemment racistes.

Le 22 septembre 1980, Glenn Dunn, un adolescent de quatorze ans, avait été tué par balles dans le parking d'un supermarché. Les témoins de la scène avaient décrit le meurtrier comme étant un jeune homme blanc. Le lendemain, Harold Green, trente-deux ans, avait également été tué par balles dans un fast-food de la banlieue de Cheektowaga. Ce soir-là, Emmanuel Thomas, trente ans, avait été tué devant sa maison dans le même quartier que le meurtre de la veille. Et le lendemain, un autre homme, Joseph McCoy, avait été tué près des chutes du Niagara.

Seuls deux facteurs semblaient relier ces meurtres insensés. Toutes les victimes étaient des hommes noirs et ils avaient tous été tués par des balles provenant d'un calibre 22. Le meurtrier avait aussitôt été surnommé, par la presse, le Tueur au Calibre 22.

La tension raciale était importante à Buffalo. De nombreux membres de la communauté noire se sentaient impuissants et accusaient la police de ne rien faire pour les protéger. Cela ressemblait beaucoup en apparence au drame d'Atlanta. Et comme souvent dans ce genre de situation, les choses ne se sont pas immédiatement améliorées. Bien au contraire.

Le 8 octobre, Parler Edwards, un chauffeur de taxi noir âgé de soixante et onze ans a été retrouvé mort dans le coffre de sa voiture dans la banlieue d'Amherst. On lui avait découpé le cœur. Le lendemain, un autre chauffeur de taxi noir, Ernest Jones, quarante ans, a été découvert au bord de la rivière Niagara. On lui avait arraché le cœur de la poitrine. Son taxi, couvert de sang, a été retrouvé quelques kilomètres plus loin, à Buffalo. Le lendemain, un vendredi, un homme blanc ressemblant vaguement à la description du Tueur au Calibre 22 est entré dans la chambre d'hôpital de Collin Cole, trente-sept ans, en annonçant « Je hais les Nègres » et il a tenté d'étrangler celui-ci. C'est l'arrivée d'une infirmière qui l'a fait détaler et a sauvé Cole d'une mort certaine.

La communauté était scandalisée. Les autorités craignaient une réaction imminente et à grande échelle des groupes activistes noirs. À la demande du directeur du bureau de Buffalo, Richard Bretzing, je suis venu un week-end. Bretzing est un type bien, un type solide, très famille et un membre clé de la fameuse « mafia mormone du FBI ». Je me souviendrai toujours de la plaque qu'il avait dans son bureau et qui disait quelque chose du style : « Si un homme échoue dans sa vie de famille, il échoue dans sa vie. »

Je me suis d'abord intéressé aux victimes. Comme la police l'avait remarqué, il n'existait pas de dénominateurs communs significatifs entre elles à part leur race et le fait malheureux de s'être trouvées au mauvais endroit au mauvais moment. C'était manifestement le même individu qui avait tiré sur elles. Ces meurtres ressemblaient à une « mission », à un assassinat. Le seul élément psychopathologique qui ressortait était une haine pathologique des Noirs. Tout le reste n'était que détachement.

Je voyais très bien ce type appartenir à des groupes haineux et même à des communautés ayant des valeurs ou des buts positifs (une communauté religieuse, par exemple) et se persuader qu'il y contribuait. Je me disais pour cette raison qu'il était possible qu'il soit entré à l'armée. Si cela avait été le cas, il avait, selon moi, été renvoyé à la vie civile assez rapidement pour des raisons psychologiques ou parce qu'il n'avait pas su s'adapter à la vie militaire. C'était un type rationnel et organisé. Son système délirant paranoïaque avait une certaine logique interne.

Les deux autres meurtres, l'agression sauvage des chauffeurs de taxi étaient aussi racistes mais ils n'avaient, d'après moi, pas été commis par la même personne. Ces crimes étaient l'œuvre d'une personne désorganisée, désorientée, probablement en proie à des hallucinations et diagnostiquée schizophrène. Les lieux du crime témoignaient de la rage qui l'habitait et d'un besoin de contrôle absolu. De plus, le meurtrier avait frappé beaucoup plus qu'il n'était nécessaire pour tuer ses victimes. Si les quatre tueries et les deux éviscérations avaient été perpétrées par le même individu, il aurait fallu que se produise une très grave désintégration de la personnalité du tueur entre le meurtre de Joseph McCoy et celui de Parler Edwards, moins de deux semaines après. Cela ne collait pas avec l'incident survenu à l'hôpital – si cette personne était bien le

Tueur au Calibre 22 – et mon instinct et mon expérience me disaient que les fantasmes morbides de celui qui avait arraché les cœurs avaient au moins mis plusieurs années à se développer. Le vol n'était le mobile d'aucun des meurtres. Alors que les quatre premiers avaient été commis à la va-vite, il était clair pour les deux derniers que le criminel était resté longtemps sur les lieux. Si ces six crimes étaient liés, c'était alors, selon moi, que le malade qui avait découpé les cœurs y avait été poussé par le raciste qui assassinait des Noirs.

Le 22 décembre, au centre de Manhattan, quatre Noirs et un Hispanique ont été poignardés à mort en l'espace de treize heures, par celui qui a été surnommé le Faucheur de Manhattan. Deux autres victimes s'en sont sorties de justesse. Le 29 et le 30 décembre, le Faucheur a apparemment frappé de nouveau plus au nord de l'État, en poignardant à mort Roger Adams, trente et un ans, à Buffalo, ainsi que Wendell Barnes, vingt-six ans, à Rochester. Au cours des trois jours suivants, trois autres Noirs ont survécu à des attaques semblables, à Buffalo.

Je ne pouvais cependant pas certifier à la police que le Tueur au Calibre 22 était aussi le Faucheur de Manhattan ou celui qui avait commis cette dernière série de crimes. Mais j'étais en mesure d'affirmer que c'était *le même genre d'individu* qui en était l'auteur. On retrouvait à chaque fois une composante raciste et une attaque éclair.

L'affaire du Calibre 22 a progressé en deux étapes au cours des mois qui ont suivi. En janvier, un soldat nommé Joseph Christopher, âgé de vingt-cinq ans, a été arrêté à Fort Benning en Georgie (là où trois années auparavant, William Hance avait essayé de jouer la carte raciste avec les meurtres des Forces du Mal) et inculpé pour avoir poignardé un compagnon d'arme noir. Une perquisition menée à son domicile, une vieille maison près de Buffalo, a permis de mettre la main sur une provision importante de munitions de calibre 22 et sur un fusil à canon scié. Christopher s'était engagé au mois de novembre précédent et était en permission au moment où les meurtres de Buffalo et de Manhattan avaient été commis.

Alors qu'il se trouvait à la prison de Fort Benning, il a avoué au capitaine Aldrich Johnson, l'officier responsable, qu'il « avait fait ce truc à Buffalo ». Il a été inculpé pour les meurtres par balles de Buffalo et pour une partie de ceux qui avaient été commis à coups de poignard. Après plusieurs débats concernant son état mental, il a été condamné à la réclusion criminelle à perpétuité avec une peine incompressible de soixante ans d'emprisonnement. Le capitaine Matthew Levine, le psychiatre qui l'a examiné à l'hôpital militaire de Martin a raconté avoir été surpris de voir à quel point il collait au profil du Tueur au Calibre 22. Comme nous l'avions prédit, le sujet ne s'était pas bien adapté à la vie militaire.

Christopher n'a ni nié ni reconnu le meurtre des deux chauffeurs de taxi et n'a pas été inculpé pour ces crimes. D'ailleurs, ils ne collaient pas avec les autres en ce qui concernait leur *mode opératoire* et leur *signature*. Les concepts de mode opératoire et de signature sont extrêmement importants dans notre analyse lors des enquêtes criminelles. J'ai passé de longues heures dans des salles d'audiences à travers tout le pays à expliquer à des juges et à des jurés la différence entre les deux.

Le mode opératoire est le comportement appris. C'est ce que fait le criminel quand il commet son crime. C'est un concept dynamique, ce qui signifie que ce comportement peut changer. La signature (terme que j'ai inventé) *est ce que le criminel doit accomplir pour se réaliser lui-même*. C'est un concept statique, cela ne change pas.

On ne s'attend pas, par exemple, à ce qu'un adolescent continue de commettre des crimes de la même façon en grandissant, sauf s'il a parfaitement réussi son coup dès la première fois. S'il ne se fait pas appréhender, il apprendra par l'expérience et « progressera ». C'est la raison pour laquelle nous disons que le mode opératoire est dynamique. Si un type commet des crimes pour, par exemple, infliger des souffrances à ses victimes ou les obliger à le supplier de les laisser en vie, il s'agit là d'une signature. Cela reflète sa personnalité. C'est quelque chose dont il a besoin.

Dans de nombreux États des États-Unis, le seul moyen que les procureurs aient de lier des crimes entre eux est de montrer que le mode opératoire est identique à chaque fois, ce qui est, je pense l'avoir démontré, une méthode archaïque. Dans l'affaire Christopher, l'avocat de la défense aurait très bien pu affirmer que le mode opératoire des meurtres de Buffalo (avec une arme de calibre 22) était différent de celui des meurtres de Manhattan (à coups de poignard). Il aurait eu raison sur ce point. Mais la signature était la même : c'était une propension à assassiner des hommes noirs pris au hasard, propension alimentée par la haine raciale.

Les meurtres par arme à feu et les éviscérations ont, en revanche, une signature différente. Celui qui a arraché les cœurs, bien qu'ayant très certainement une motivation sous-jacente analogue, a une signature de nature ritualisée et obsessionnelle-compulsive. Tous les criminels recherchent une satisfaction en commettant leur crime, satisfaction qui est différente pour chacun d'eux.

La distinction entre mode opératoire et signature peut être subtile. Prenons, par exemple, le cas de ce braqueur de banques au Texas qui a contraint tous ses otages à se déshabiller, leur a fait prendre des poses érotiques et les a photographiés. C'était sa signature. Tout cela n'était pas nécessaire ou utile pour le braquage. Au contraire, cela l'obligeait à rester plus longtemps sur place et lui faisait davantage courir le risque d'être appréhendé. C'était cependant quelque chose qu'il avait besoin d'accomplir.

Puis il y a eu un braqueur à Grand Rapids, dans le Michigan. Je me suis rendu sur les lieux pour conseiller la police locale. Il forçait aussi tout le monde à se déshabiller mais il ne prenait pas de photos. Il faisait cela pour que les témoins soient tellement gênés qu'ils ne le regarderaient pas et ne pourraient donc pas l'identifier ultérieurement. Contrairement au cas précédent, c'était un bon moyen de réussir son hold-up. Là, c'était un mode opératoire.

L'analyse de la signature a joué un rôle essentiel au cours du procès de Steven Pennell, dans l'État de Delaware en 1989. Dans cette affaire, nous avons préparé la déclaration écrite sous serment, qui nous a permis d'obtenir un mandat de perquisition. Steve Mardigian appartenant à mon unité a travaillé en étroite collaboration avec les polices du comté de New Castle et de l'État de Delaware. Ils ont dressé un profil dont les enquêteurs se sont servi pour concentrer leurs recherches et élaborer une stratégie proactive afin d'arrêter le coupable.

Mais reprenons du début. Des prostituées avaient été retrouvées étranglées, le crâne fracassé, le long des routes I.40 et I.13, traversant plusieurs États. Les victimes avaient manifestement été violées et torturées. Le profil tracé par Steve était très précis. Selon lui, le criminel était un homme blanc âgé de vingt-huit à trente-deux ans, employé dans une entreprise de construction. Il conduisait une camionnette ayant beaucoup de kilomètres au compteur, passait un temps considérable à rechercher des victimes, avait une attitude machiste, entretenait une relation suivie avec sa femme ou sa petite amie et éprouvait du plaisir à dominer les femmes. Il emportait ses armes préférées avec lui et détruisait les preuves après coup. Il connaissait très bien les lieux et choisissait ainsi soigneusement les endroits où il se débarrassait des corps. Il commettait ses crimes froidement et recommencerait jusqu'à ce qu'il soit appréhendé.

Steven B. Pennell était un homme blanc, âgé de trente et un ans. Il travaillait comme électricien, conduisait une camionnette ayant un nombre élevé de kilomètres au compteur, il se montrait macho, il était marié et aimait dominer les femmes. Il possédait un « kit de viol » soigneusement préparé dans sa camionnette. Il avait essayé de détruire les preuves de ses crimes quand il avait appris que la police était à ses trousses. Il connaissait bien les lieux et choisissait les endroits où il se débarrassait des corps en conséquence. Il avait commis ses crimes froidement et il a tué jusqu'à ce qu'il soit appréhendé.

Il a été identifié après que Mardigian a suggéré qu'une femme flic se fasse passer pour une prostituée. Pendant deux mois, l'officier de police Renee C. Lano a marché le long de la route en espérant qu'un homme conduisant une camionnette et correspondant au profil s'arrêterait. La police s'intéressait en particulier à la moquette qui recouvrait le sol de la camionnette. Des fibres bleues provenant d'une moquette d'automobile avaient, en effet, été retrouvées sur l'une des victimes. Si une camionnette s'arrêtait, Lano avait pour ordre formel de ne pas monter à l'intérieur (même si elle portait un micro), parce que cela aurait été signer son arrêt de mort. Elle devait seulement essayer d'en apprendre le plus possible. Quand un type correspondant au profil s'est enfin arrêté, elle a entamé la conversation et a discuté très longuement le prix de ses services à travers la portière ouverte côté passager. Dès qu'elle a remarqué de la moquette bleue, elle s'est mise à admirer la camionnette. Tout en continuant à lui parler, l'air de rien, elle a gratté la moquette avec ses ongles. Le laboratoire du FBI a ensuite confirmé que les fibres qu'elle avait relevées étaient les mêmes que celles trouvées sur les victimes.

Lors du procès de Pennell, j'ai été appelé à témoigner au sujet de la signature des crimes. La défense essayait de montrer qu'il était très improbable qu'ils aient tous été commis par le même individu car les modes opératoires n'étaient pas strictement identiques. J'ai expliqué que le dénominateur commun entre tous ces crimes était la torture physique, sexuelle et psychologique. Dans certains cas, le tueur s'était servi de tenailles pour broyer les seins de ses victimes et leur couper les mamelons. Il en avait attaché d'autres aux chevilles et aux poignets, il avait tailladé leurs jambes, fouetté ou mordu leurs fesses ou il les avait frappées avec un marteau. Même s'il ne les avait pas torturées de la même façon – autrement dit, même si son mode opératoire avait varié – la signature était le plaisir qu'il avait éprouvé en infligeant des souffrances à ses victimes et en entendant leurs cris d'angoisse. Et cette signature était la même à chaque fois. Toutes ces tortures n'étaient pas nécessaires à la réalisation du crime. Le plaisir qu'elles lui procuraient lui était, en revanche, nécessaire.

Même si Steven Pennell était encore vivant et s'il lisait ces lignes, il ne pourrait pas tenir compte de ce que je viens de dire et changer de comportement dans des crimes ultérieurs. Il imaginerait peut-être des méthodes de torture différentes ou plus ingénieuses mais il lui faudrait toujours torturer des femmes.

Heureusement pour nous tous, comme je l'ai dit plus haut, l'État de Delaware a pris la bonne décision en l'exécutant par injection, le 14 mars 1982.

La signature a joué un rôle capital au cours du procès de George Russell Jr en 1991. Il était accusé d'avoir matraqué et étranglé à mort trois femmes blanches – Mary Anne Pohlreich, Andrea Levine et Carol Marie Beethe – à Seattle, l'année précédente. Steve Etter appartenant à mon unité s'est occupé de dresser le profil et je suis allé témoigner. Le procureur savait qu'il ne pourrait pas obtenir de condamnation à partir d'un seul meurtre. La police disposait de preuves irréfutables dans celui de Pohlreich et pensait qu'elle pourrait s'appuyer dessus pour les deux autres. La solution était donc de parvenir à lier les trois meurtres.

Il était difficile d'imaginer qu'un type comme Russell puisse être l'auteur de crimes aussi atroces. Bien qu'ayant commis de menus larcins, c'était un bel homme noir d'une trentaine d'années, éloquent, charmant et qui avait un vaste cercle d'amis et de relations. Même la police qui l'avait déjà arrêté à plusieurs reprises dans le passé ne pouvait pas croire qu'il commettrait un meurtre.

Il était encore rare en 1990 qu'un criminel sexuel s'attaque à des personnes d'une autre race que la sienne. Avec la libération des mœurs, la société est devenue plus permissive et nous avons constaté que la race ne jouait désormais plus un rôle essentiel. C'était particulièrement vrai pour des types du genre de Russell qui étaient décontractés et sophistiqués. Il sortait avec des femmes blanches et des femmes noires et avait des amis des deux races.

L'instant stratégique s'est produit quand l'avocat de la défense, Miriam Schwartz, a déposé une requête préliminaire pour que les affaires soient jugées séparément, en partant du principe que les trois meurtres n'avaient pas été commis par la même personne. Les procureurs Rebecca Joe et Jeff Baird m'ont alors demandé d'expliquer pourquoi ces crimes étaient tous liés entre eux.

J'ai mentionné l'attaque éclair – c'est-à-dire le mode opératoire – commune aux trois meurtres. Comme ils avaient tous été commis sur une période de trois semaines, on ne pouvait s'attendre à ce que le criminel change de mode opératoire, sauf si quelque chose avait mal tourné lors de l'un des meurtres et s'il avait alors éprouvé la nécessité d'améliorer sa technique. Mais c'était la signature qui, selon moi, était déterminante.

Les trois femmes avaient été laissées nues dans des postures provocantes et humiliantes. Nous avons constaté une escalade dans le contenu sexuel d'un crime au suivant. La première avait les mains jointes et les jambes croisées au niveau des chevilles. Le tueur l'avait abandonnée entre une grille d'égout et une poubelle. La seconde avait été retrouvée sur un lit, un oreiller sur la tête, les jambes écartées et fléchies. Un fusil avait été introduit dans son vagin et il lui avait mis des chaussures rouges à talons. La dernière était déployée sur son lit avec un godemiché dans la bouche et le deuxième tome du *Plaisir du sexe* sous le bras gauche.

L'attaque éclair était nécessaire pour tuer ces femmes. La posture dégradante, en revanche, ne l'était pas.

J'ai expliqué la différence entre pose et mise en scène. On parle de mise en scène, ai-je expliqué, quand le criminel essaie d'aiguiller les enquêteurs sur une fausse piste en leur faisant croire qu'il s'est passé autre chose que ce qui s'est réellement produit. Par exemple, quand un violeur fait en sorte que son intrusion au domicile de la victime passe pour un cambriolage banal. C'est un aspect du mode opératoire. La pose, en revanche, fait partie de la signature.

« Nous n'observons pas souvent de cas de pose, ai-je expliqué à l'audience, dans lesquels la victime est traitée comme un accessoire pour laisser un message particulier... Ce sont des crimes alimentés par la colère, des crimes destinés à prouver sa force. Pour le criminel, c'est l'excitation de la traque, l'excitation de la mise à mort et l'excitation à l'idée de laisser la victime dans une posture spéciale montrant combien il est capable de battre le système. »

« La probabilité que nous ayons affaire à un seul suspect est extrêmement élevée », ai-je ajouté, sûr de mon fait. Bob Keppel, l'enquêteur en chef du bureau de l'Attorney General de l'État et vétéran de la Green River Task Force a témoigné avec moi en disant qu'il avait traité plus d'un millier d'affaires de meurtre et qu'il n'avait observé que dix cas de pose. Et encore, dans aucun eux il n'avait constaté la présence de tous les éléments relevés dans ces trois cas-là.

Nous ne disions pas que Russell était le criminel. Nous affirmions simplement que la personne qui avait commis l'un des crimes avait commis l'ensemble des trois.

La défense avait prévu de faire témoigner un expert qui réfuterait ce que j'avais dit, prouverait que je m'étais trompé quant à la signature et que les trois crimes n'avaient pas été commis par la même personne. Ironie du sort, ce témoin n'était autre que mon ancien collègue du FBI, Bob Ressler qui avait mené avec moi la recherche sur les tueurs en série. Il avait pris sa retraite du Bureau mais il continuait à donner des consultations dans ce domaine.

J'ai pensé que c'était une affaire plutôt dense et intéressante pour des gens aussi expérimentés que nous l'étions Bob et moi, aussi ai-je été extrêmement surpris de le voir accepter de témoigner pour la partie adverse et demander que les trois affaires soient jugées séparément. En deux mots, je me disais qu'il se plantait complètement. Mais comme nous le reconnaissons tous, ce que nous faisons est loin d'être une science exacte, aussi était-il tout à fait en droit d'avoir une opinion différente de la mienne. Ce genre de situation s'est reproduite à plusieurs reprises. La plus marquante a été celle où s'est posée la question de savoir si Jeffrey Dahmer était dément. Bob qui témoignait pour la défense affirmait que oui. Park Dietz et moi qui témoignions pour le procureur soutenions que non.

J'ai de ce fait été encore plus surpris quand Bob ne s'est pas présenté à l'audience avant le procès parce qu'il avait d'autres engagements. Il a envoyé à sa place un autre agent en retraite, Russ Vorpagel. Russ est un type intelligent. C'était un champion d'échecs qui pouvait jouer dix parties en même temps. Mais les profils n'étaient pas sa spécialité et je pensais que les faits allaient contre lui. Il a passé un moment difficile quand Rebecca Roe a procédé à son contre-interrogatoire après qu'il a contredit mon opinion. À la fin de l'audience, le juge Aitken a décidé que d'après la signature des crimes (ce dont nous avions fait la démonstration), il semblait probable qu'un seul meurtrier ait été impliqué dans les trois meurtres. Ceux-ci pouvaient donc être jugés ensemble.

J'ai de nouveau témoigné sur les aspects de la signature pendant le procès lui-même et réfuté la théorie de la défense selon laquelle les trois meurtres avaient été commis par des personnes différentes. Dans l'affaire Carol Beethe, l'avocat de la défense a affirmé que le petit ami de celle-ci avait eu l'occasion de commettre ce meurtre et un mobile. Nous envisageons toujours la possibilité que l'auteur d'un crime sexuel soit le conjoint ou le petit ami de la victime, mais j'étais absolument convaincu dans ce cas qu'il s'agissait d'un inconnu.

À la fin, un jury composé de six hommes et de six femmes a délibéré pendant quatre jours et déclaré George Waterfield Russell Jr coupable d'un meurtre avec préméditation et de deux meurtres avec préméditation et circonstances aggravantes. Il a été condamné à la réclusion à perpétuité sans possibilité de libération sur parole et emprisonné dans le pénitencier le plus sûr de l'État, à Walla Walla.

C'était la première fois que je revenais à Seattle depuis ma maladie. J'étais content d'être de retour et d'avoir participé à la résolution d'une affaire après les frustrations intenses causées par celle de Green River. Je suis également retourné à l'hôpital suédois et j'ai été heureux de voir que l'équipe médicale avait encore la plaque que je lui avais offerte en remerciement. Je suis aussi allé à l'hôtel Hilton pour voir si je me souvenais de quelque chose. Sans succès.

Je pense que le traumatisme avait été trop important pour que ma mémoire l'enregistre. Et puis, d'ailleurs, après tant d'années passées sur les routes, j'avais l'impression que toutes les chambres d'hôtel se ressemblaient.

Nous avons maintenant bien avancé dans l'étude de l'analyse des signatures, à tel point que mes collègues « profileurs » qui s'y intéressent aussi, tels que Larry Ankrom et Greg Cooper, et moi, témoignons souvent dans des procès de meurtres en série.

En 1993, Greg Cooper a joué un rôle capital en obtenant deux condamnations pour meurtre avec préméditation à l'encontre de Gregory Mosely qui avait violé, battu et poignardé deux femmes dans deux juridictions séparées de Caroline du nord. Comme dans l'affaire Russell, il aurait été difficile à l'une ou l'autre juridiction d'obtenir sa condamnation sur la base d'un seul meurtre. Il fallait trouver des témoignages reliant les deux affaires. Après avoir étudié les photographies prises sur les lieux des crimes et tous les éléments des dossiers, Greg a accepté de témoigner pour dire que, selon lui, les crimes avaient bien été commis par la même personne.

La signature dans cette affaire était, selon Greg, l'acharnement du meurtrier sur ses victimes. C'étaient toutes deux des femmes solitaires, célibataires, légèrement handicapées et âgées d'une petite vingtaine d'années, qui avaient fréquenté le même night-club où l'on jouait de la *country music*. C'était là que l'une et l'autre avaient été enlevées à quelques mois d'intervalle. Elles avaient toutes deux été sauvagement battues. On pourrait même dire battues à mort si ce n'est qu'elles avaient aussi été étranglées manuellement puis à l'aide d'une cordelette. L'une d'elles avait été poignardée à douze reprises. Le médecin légiste a constaté qu'elle avait subi des pénétrations vaginale et anale. Dans l'un des meurtres, des preuves et parmi elles des empreintes génétiques réalisées à partir du sperme du violeur, ont permis d'établir un lien avec Mosely. Les deux crimes avaient été commis dans des lieux écartés et les cadavres laissés dans d'autres endroits isolés.

Greg a affirmé lors du premier procès que la signature des crimes était celle d'une personnalité déséquilibrée et sadique. L'inadaptation du meurtrier apparaissait clairement dans le choix de ses victimes. Son sadisme était encore plus évident quand on constatait ce qu'il leur avait infligé. Contrairement à de nombreux criminels désorganisés et déséquilibrés, celui-ci ne tuait pas ses victimes avant de les mutiler. Il voulait exercer un contrôle total sur elles tant sur le plan physique que psychologique. Il entendait être l'artisan de leurs souffrances et prendre plaisir à observer leurs réactions à ses actes de cruauté.

Grâce à son témoignage dans la première affaire, Greg a permis à l'accusation d'introduire le second meurtre. Mosely a été condamné à la peine de mort. Au cours du second procès, neuf mois plus tard, Greg a de nouveau lié les deux meurtres et Mosely a été condamné une seconde fois à la peine de mort.

Lorsque Greg a témoigné la première fois en décrivant la personnalité de Mosely devant une salle pleine à craquer, ils ne se sont tous deux pas quittés des yeux. Il était évident à l'expression de Mosely que celui-ci se demandait : « Mais comment, diable, peut-il savoir tout cela ? » La pression était intense. Si Greg avait échoué, la première affaire n'aurait pas été entendue et la seconde aurait peut-être été perdue.

Quand Mosely a aperçu Greg lors de son second procès, il a grommelé aux policiers qui l'accompagnaient : « C'est le salaud qui va encore essayer de me coincer ! »

Pour obtenir la condamnation d'un criminel lors d'une affaire de meurtre, on a généralement besoin de preuves concluantes, de témoins oculaires ou d'aveux, ou d'indices indirects solides. Grâce à nos travaux sur les profils comportementaux à partir de l'analyse des lieux des crimes et des signatures, les policiers et les procureurs ont désormais une nouvelle corde à leur arc. Le profil en lui-même ne suffit pas, mais si d'autres éléments de preuve viennent s'y ajouter, on peut alors parfois relier différents crimes entre eux et obtenir une condamnation.

Les tueurs en série jouent un jeu dangereux. Mieux nous comprendrons comment ils jouent, mieux nous serons à même de les vaincre.

14

QUI A TUÉ KARLA BROWN ?

Qui a tué Karla Brown ?

Cette question a hanté le petit village de Wood River dans l'Illinois pendant quatre ans. Elle a obsédé de nombreuses personnes dont l'inspecteur Alva Busch, de la police d'État et Don Weber, le procureur de l'État pour le comté de Madison.

Karla Brown et son fiancé, Mark Fair, avaient organisé une soirée, le mardi 20 juin 1978, pour remercier leurs amis de les avoir aidés à emménager dans leur nouvelle demeure, au 979 Acton Avenue, à Wood River. C'était une petite maison blanche à un seul étage dans une rue bordée d'arbres. Des colonnes encadraient l'entrée. Ils avaient passé les deux semaines précédentes à s'occuper des derniers préparatifs avant leur installation. C'était un nouveau départ passionnant pour la jeune Karla, âgée de vingt-trois ans et pour Mark, vingt-sept ans. Ils étaient sortis ensemble pendant cinq ans quand Mark avait décidé de surmonter son hésitation et de s'engager réellement. Karla terminait sa licence dans une université locale et Mark travaillait comme apprenti électricien. Tout leur souriait.

Mark Fair savait qu'il avait de la chance d'avoir Karla pour future femme. Karla Lou Brown était l'incarnation de l'Américaine typique. Mesurant moins d'un mètre cinquante, elle avait des cheveux blonds qui ondulaient, une silhouette du tonnerre et un sourire de reine de beauté. Aux yeux des garçons, elle avait la beauté idéale et elle suscitait l'envie des filles au lycée Roxana où tout le monde se souvenait d'elle comme d'une *cheerleader* [1] pimpante et pleine de vitalité. Ses amis intimes savaient qu'elle n'était pas seulement séduisante et charmante. Ils connaissaient aussi l'aspect plus sensible de sa personnalité et sa tendance à l'introspection. Ils n'ignoraient pas non plus qu'elle était dévouée à Mark. C'était un type solide, bâti comme un sportif et qui mesurait bien trente centimètres de plus qu'elle. Karla et Mark faisaient un très beau couple.

Après leur soirée du mardi, ils étaient rentrés à leur appartement de East Alton pour remplir les quelques caisses qui restaient. Ils espéraient pouvoir réellement emménager et dormir dans leur nouvelle maison le lendemain.

Le mercredi matin, après le départ de Mark pour son travail, Karla était retournée à la maison pour finir de tout ranger avant le retour de celui-ci vers quatre heures et demie. Ils étaient enchantés à l'idée de passer la nuit là.

Quand Mark avait terminé son travail, il était passé chez son ami Tom Fiegenbaum qui vivait près de chez ses parents pour qu'il l'aide à transporter une grande niche de chien se trouvant dans leur jardin.

Ils étaient arrivés devant la nouvelle maison vers cinq heures trente. Pendant que Tom garait sa camionnette dans l'allée, Mark était allé chercher Karla. Il ne l'avait pas trouvée. Il s'était dit qu'elle était peut-être partie faire une course, mais il avait remarqué que la porte de derrière n'était pas fermée à clé. Cela l'avait contrarié. Elle devrait à l'avenir faire attention à ce genre de choses.

Mark avait fait visiter la maison à Tom. Après lui avoir montré l'étage principal, il l'avait emmené dans la cuisine, puis ils étaient descendus à la cave. Quand il avait atteint la dernière marche, il avait constaté à son grand mécontentement que plusieurs petites tables étaient renversées. Il régnait un important désordre alors que Karla et lui avaient tout rangé la veille. Quelque chose avait coulé sur le canapé et sur le sol.

« Qu'est-ce qui se passe ici ? » avait demandé Mark pour la

1. *N.d.T.* Étudiante séduisante encourageant l'équipe sportive de son lycée par des chants et des slogans.

forme. Alors qu'il allait remonter les escaliers pour chercher Karla, il avait regardé par la porte ouverte de la lingerie.

Karla se trouvait là. Elle était agenouillée et penchée en avant. Elle portait un pull mais était nue de la taille jusqu'aux pieds. Elle avait les mains liées dans le dos avec du fil électrique et sa tête avait été plongée dans un baril rempli d'eau. Karla et lui s'en étaient servis pour transporter leurs vêtements. Le pull qu'elle ne portait habituellement qu'en hiver avait été pris dans un autre baril.

« Oh, mon Dieu ! Karla ! » avait hurlé Mark en se précipitant avec Tom. Il lui avait sorti la tête du baril et l'avait allongée par terre. Son visage était boursouflé et bleu, avec une coupure profonde en travers du front et une autre le long de la mâchoire. Ses yeux étaient ouverts mais il était évident qu'elle était morte.

Mark s'était effondré de douleur. Il avait demandé à Tom de trouver quelque chose pour la couvrir. Tom avait apporté une couverture rouge, après quoi ils avaient appelé la police.

Quand l'officier David George de la police de Wood River était arrivé quelques minutes plus tard, Mark et Tom l'attendaient dehors devant la porte d'entrée principale. Ils avaient conduit le policier jusqu'à la cave. Mark était à peine parvenu à se contenir. « Oh, mon Dieu, Karla », n'avait-il cessé de répéter.

Personne ne s'attendait à cela dans cette communauté calme à quinze kilomètres de Saint Louis. Des gradés étaient rapidement arrivés sur les lieux. Parmi eux se trouvait le chef de la police, Ralph Skinner, âgé de trente-neuf ans.

Karla avait manifestement reçu un très gros coup sur la tête, peut-être avec le pied de la télévision qui avait été renversée. Deux chaussettes avaient été nouées autour de son cou. L'autopsie avait conclu qu'elle était morte par strangulation avant qu'on ait plongé sa tête dans l'eau.

De nombreux problèmes avaient empoisonné les policiers dès le début de l'enquête. L'inspecteur de la police de l'Illinois, Alva Busch, un technicien expérimenté, n'avait pas réussi à faire fonctionner le flash de son appareil photo. Bill Redfern, qui avait réceptionné l'appel de Tom Fiegenbaum, en avait heureusement apporté un autre et avait pu prendre des photos des lieux du crime ; seulement, il n'avait qu'un film en noir et blanc. De plus, comme plusieurs personnes étaient entrées dans la maison à l'occasion du déménagement, il y avait de nombreuses empreintes digitales fraîches. Il aurait été extrêmement difficile, si ce n'est impossible, de faire le tri entre toutes.

Certains éléments constituant des indices probables n'avaient pas pu être expliqués. Un pot à café en verre avait été coincé dans les chevrons de la cave. C'était le plus curieux. Juste avant de l'apercevoir, les policiers avaient d'ailleurs noté qu'il manquait le pot de la machine à café dans la cuisine. Personne y compris Mark n'avait pu fournir d'explication logique à cela et chacun ignorait si ce pot avait joué un rôle dans ce meurtre. Alva Busch avait réussi à relever quelques empreintes sur la surface en verre mais elles n'avaient pas pu être utilisées car elles étaient trop incomplètes.

Dans les jours suivant le meurtre, les policiers avaient soigneusement fouillé les alentours. Ils avaient interrogé tout le monde pour savoir si quelqu'un avait aperçu quelque chose. Le voisin immédiat, Paul Main, avait affirmé avoir passé une bonne partie de l'après-midi du jour du meurtre assis sur sa terrasse, devant chez lui, avec son ami John Prante. Prante s'était souvenu avoir fait un saut chez Main, le matin, après un entretien pour un nouveau job à la raffinerie. Mais il était parti tôt parce qu'il avait d'autres rendez-vous. La veille du meurtre, Main, Prante et un de leurs amis avaient observé Karla, Mark et leurs amis pendant qu'ils emménageaient. Ils avaient tous espéré être invités à la soirée, puisque Main était un voisin et que leur ami connaissait Karla de vue depuis le lycée. Mais personne ne les avait conviés. L'ami avait interpellé Karla depuis le bas de l'allée conduisant chez elle et ils n'étaient jamais allés plus loin.

Une personne âgée, Edna Vancil, habitant de l'autre côté de la rue, s'était rappelée avoir vu une voiture rouge au toit blanc garée devant le 979, le jour du meurtre. Bob Lewis, un de ceux qui étaient venus à la soirée, avait affirmé avoir aperçu Karla en train de parler dans l'allée à « un type patibulaire », aux cheveux longs, qui se trouvait dans la maison voisine et qui l'avait appelée par son nom. Cela devait être l'ami de Paul Main.

« Tu as bonne mémoire. Cela fait longtemps », avait-il entendu Karla lui dire. Il avait ensuite raconté cette anecdote à Mark Fair en ajoutant que « si c'était cela ses voisins, il avait intérêt à faire attention tant qu'il ne les connaîtrait pas mieux ». Cela n'avait pas semblé préoccuper Mark qui lui avait répondu que Karla connaissait le type aux cheveux longs depuis le lycée et que celui-ci rendait simplement visite à Paul Main.

Une femme avait emprunté la rue pour conduire son petit-fils chez le dentiste. L'enfant et elle avaient tous deux vu un homme parler à une femme dans l'allée. Même questionnée sous hypnose, elle n'avait malheureusement pas pu donner une description précise de l'homme en question.

La police avait interrogé de nombreuses amies de Karla pour savoir si quelqu'un lui en voulait (un petit ami délaissé, par exemple). Mais elles avaient toutes répondu que Karla était aimée et qu'elles ne lui connaissaient aucun ennemi.

Une jeune femme ayant partagé un appartement autrefois avec elle n'avait pas été tout à fait de cet avis. Le père de Karla était mort quand elle était petite et sa mère, Jo Ellen, s'était remariée avec Joe Sheppard Sr dont elle était désormais divorcée. Cette ancienne co-locataire avait affirmé que Karla ne s'était jamais entendue avec Sheppard, qu'il l'avait frappée et qu'il avait à maintes reprises dragué ses amies. Il devait être suspecté. Il était venu sur les lieux le soir du meurtre et avait bombardé la police de questions. Comme je vous l'ai expliqué, il n'est pas rare qu'un tueur entre en contact avec les policiers et s'immisce dans l'enquête. Mais aucune preuve ne reliait Sheppard au crime.

Mark Fair avait aussi dû être suspecté. C'était lui qui, avec Tom Fiegenbaum, avait découvert le corps. Il avait accès à la maison et c'était la personne la plus proche de la victime. Comme je l'ai souligné dans l'affaire George Russell, l'époux ou le petit ami doit toujours être suspecté. Mais Mark se trouvait à son travail quand le meurtre avait été commis. Un certain nombre de témoins l'avaient vu et lui avaient parlé. Et personne n'avait douté – les policiers, les amis de Karla et sa famille – de l'authenticité de son chagrin.

À mesure que l'enquête avait progressé, les policiers avaient soumis au détecteur de mensonges un grand nombre d'individus qu'ils avaient déjà interrogés et qui auraient pu avoir des contacts avec Karla peu de temps avant sa mort. Chez Mark, Tom et Joe Sheppard, rien de particulier n'avait été relevé. Paul Main, en revanche, n'avait pas obtenu d'excellents résultats. Cet homme peu intelligent s'était trouvé chez lui, juste à côté de la maison de

Karla, au cours de l'après-midi du meurtre. Il avait affirmé que John Prante avait passé l'après-midi avec lui sur sa terrasse et que celui-ci pouvait attester qu'il n'avait pas bougé, mais Prante lui-même – qui avait réussi l'examen du détecteur de mensonges – avait reconnu s'être absenté dans la matinée pour chercher du travail. Il ne pouvait donc pas dire où avait été Main pendant tout ce temps. Même si les résultats de Main étaient discutables et s'il demeurait suspect, rien ne le reliait directement au crime.

Le drame du meurtre de Karla Brown avait profondément affecté Wood River. C'était une blessure qui ne se refermait pas. Les polices locales et d'État avaient interrogé tout le monde et suivi toutes les pistes possibles. Pourtant, l'enquête piétinait. Des mois avaient passé. Puis une année. C'était une situation particulièrement difficile à vivre pour la sœur de Karla, Donna Judson. Terry, son mari, et elle s'étaient énormément investis dans l'enquête. La mère de Karla et son autre sœur, Connie Dykstra n'avaient pas pu trouver la force de s'y impliquer autant et avaient de ce fait moins de contacts avec les autorités travaillant sur l'affaire.

Cela avait aussi été difficile pour Don Weber, le procureur en charge du comté de Madison dont dépendait Wood River. Il était substitut du procureur à l'époque du meurtre. C'était à la fois un procureur intransigeant et un homme profondément sensible qui voulait désespérément montrer au public que le genre de crime dont Karla avait été victime ne serait pas toléré dans son district. Il était déterminé à traîner le responsable en justice. Après son élection en 1980 au poste de procureur, il a rapidement relancé l'enquête.

L'autre personne qui n'avait pas pu classer le dossier, était Alva Busch. Dans toute carrière de flic, il y a des affaires qui n'avancent pas et que l'on se refuse à laisser tomber. Et c'est grâce à lui que celle-ci a fait un bond en avant.

En juin 1980, deux années après l'assassinat de Karla, Busch est allé à Albuquerque, dans le Nouveau Mexique, pour témoigner lors d'un procès pour meurtre. En attendant que les requêtes préliminaires soient achevées, il a assisté à un exposé d'Homer Campbell, un expert de l'Université d'Arizona dans le domaine de l'étude informatique des photographies, au département du shérif.

Busch est allé voir l'expert à la fin de son exposé pour lui soumettre son cas. Campbell a accepté d'examiner les photographies des lieux du crime et de l'autopsie, pour voir s'il pouvait déterminer précisément le type d'instrument ou d'arme utilisé pour tuer Karla. Busch a fait retirer toutes les photographies importantes et les lui a envoyées.

Le fait que les photos aient été en noir et blanc n'a pas facilité la tâche de l'expert mais il a quand même pu procéder à une analyse précise des documents grâce à son équipement sophistiqué. À l'aide de son ordinateur, il a retourné les photographies dans tous les sens, ce qui l'a amené à différentes constatations. Les coupures profondes avaient été faites avec un marteau à dent et celles du menton et du front provenaient des roulettes du pied du poste de télévision qui avait été renversé. Mais il a fait remarquer à Busch quelque chose d'important qui a soudain orienté l'enquête dans une nouvelle direction.

« Et les marques de morsures ? Est-ce que vous avez des suspects pour les morsures dans le cou ?

– Quelles morsures ? » a été tout ce que Busch a pu lui répondre. Campbell lui a dit que les images qu'il avait réussi à obtenir n'étaient pas parfaites, mais qu'elles montraient bien la présence de morsures sur le cou de Karla. Elles étaient suffisamment claires pour pouvoir être comparées à la dentition d'un suspect. L'une d'elles en particulier ne recouvrait aucune autre blessure et aucune marque sur la peau.

Contrairement à tous les éléments dont ils avaient disposé jusqu'alors, les marques de morsures constituaient, elles, des preuves solides, presqu'aussi irréfutables que des empreintes digitales. Une comparaison de la dentition de Ted Bundy avec des marques relevées sur les fesses d'une de ses victimes à la maison des étudiantes Chi Omega de l'Université d'État de Floride a, par exemple, permis de condamner ce célèbre tueur en série. Campbell a d'ailleurs été témoin du Ministère public au procès de celui-ci. (Bill Hagmaier, de notre unité, a longuement interviewé Bundy pour notre étude. Dans la matinée du 24 janvier 1989, celui-ci a été exécuté sur la chaise électrique. Personne ne saura jamais avec certitude combien il a tué de jeunes femmes.)

Une fois que la police d'Illinois a eu en main les images de morsures réalisées par Campbell, elle a commencé à reprendre certaines de ses anciennes pistes et, en particulier, celle du voisin de Karla, Paul Main. Les policiers ont obtenu une empreinte de sa dentition mais Campbell n'a pas observé de concordance avec les marques de morsures apparaissant sur les photographies du cadavre. Ils ont essayé de localiser l'ami de Main, John Prante, pour voir s'il incriminerait Main avec cette information nouvelle, mais ils ne l'ont pas retrouvé.

D'autres tentatives ont été entreprises. On a même fait venir une voyante célèbre en Illinois, qui ne connaissant pourtant aucun détail de l'affaire a dit : « J'entends de l'eau couler. » Pour la police, c'était une référence évidente à l'endroit où avait été retrouvé le corps de Karla. Mais en dehors de l'affirmation selon laquelle le tueur vivait près d'une voie de chemin de fer (c'est le cas de la plupart des habitants du comté de Madison), la voyante n'a pas été d'une grande utilité.

Malgré ces nouveaux éléments, l'affaire n'a presque pas avancé. En juillet 1981, Don Weber et quatre de ses collaborateurs ont assisté, à New York, à un séminaire de science légale appliquée aux enquêtes criminelles, nécessaire à l'organisation de son administration en tant que nouveau procureur. Campbell lui avait suggéré d'apporter les photographies de l'affaire Brown pour qu'il les montre au Dr Lowell Levine, un expert en odontologie de l'Université de New York qui devait faire une communication à cette occasion. Levine a étudié les photographies mais après avoir reconnu, comme Campbell, que certaines blessures étaient bien des marques de morsures, il a ajouté qu'il n'était pas sûr qu'elles correspondaient à la dentition de leur suspect. Il a suggéré d'exhumer le corps de Karla en expliquant que « le cercueil tenait les preuves au frais ». Je ne connaissais pas Levine personnellement, seulement de réputation. C'était lui qui avait été chargé de l'analyse des marques de morsures dans l'affaire Francine Elveson à New York. (Il avait sûrement fait du bon boulot puisque Bill Hagmaier et Roseanne Russo ont constaté lors de leur rencontre avec Carmine Calabro que celui-ci s'était fait arracher toutes les dents pour que, lors de son procès en appel, l'on ne puisse pas à nouveau comparer sa dentition aux marques relevées sur le cadavre. Le Dr Levine a ensuite dirigé l'unité de sciences légales de l'État de New York.)

En mars 1982, Weber et deux enquêteurs de la police d'État ont assisté à la formation annuelle de la Saint Louis Metropolitan Major Case Squad. Je suis intervenu pour donner à ce large auditoire une vue d'ensemble des notions de profil et d'analyse des lieux des crimes. Alors que je ne me souviens pas personnellement de notre rencontre, Weber raconte dans *Silent Witness,* une étude passionnante du cas (écrit en collaboration avec Charles Bosworth Jr), que ses collègues et lui-même sont venus me voir après mon exposé pour me demander si ce que je venais de décrire pourrait être utilisé dans leur affaire. Je leur ai apparemment dit de m'appeler à mon bureau à Quantico, en ajoutant que je serais ravi de les aider de mon mieux.

À son retour, Weber a appris que Rick White de la police de Wood River avait aussi assisté à ce séminaire et qu'il avait conclu de son côté que notre approche pouvait être utile dans l'affaire Brown. White m'a contacté et nous avons organisé sa venue à Quantico pour que je puisse analyser les photographies sur-le-champ et lui faire part de mes commentaires. Weber était trop pris par d'autres affaires qui devaient passer en jugement pour venir lui-même, aussi a-t-il envoyé à sa place son substitut, Keith Jansen, ainsi que White, Alva Busch et Randy Rushing, l'un des officiers de police d'État qui était allé avec lui à Saint Louis. Ils ont tous les quatre parcouru, dans une voiture banalisée, les mille trois cents kilomètres qui les séparaient de Quantico. Le chef de la police de Wood River de l'époque, Don Greer, a écourté ses vacances en Floride pour sauter dans un avion et assister à notre réunion.

Les quatre enquêteurs avaient passé la plus grande partie de leur voyage à organiser leurs pensées et leurs hypothèses pour me les exposer. Ils ne pouvaient pas savoir que j'aimais tirer mes propres conclusions avant d'écouter celles des autres. Nous nous sommes cependant bien entendus. De nombreuses enquêtes nous étaient soumises pour des raisons politiques ou pour couvrir quelqu'un, mais là ce n'était pas le cas. Ces types étaient venus parce qu'ils refusaient de laisser tomber et qu'ils étaient prêts à écouter toutes les suggestions que je pourrais leur faire et qui leur permettraient d'orienter l'enquête dans la bonne direction.

J'ai surtout sympathisé avec Alva Busch qui éprouvait les mêmes difficultés que moi avec l'autorité. Grande gueule comme moi, il avait la réputation d'agacer beaucoup de monde. Don Weber avait d'ailleurs dû menacer de faire intervenir ses relations politiques pour que Busch soit autorisé à venir à Quantico.

J'ai demandé à voir les photographies prises sur les lieux du crime et j'ai passé plusieurs minutes à les examiner. J'ai posé quelques questions pour savoir où j'allais, puis je leur ai demandé s'ils étaient prêts à m'écouter en ajoutant que ce serait mieux qu'ils m'enregistrent.

Je leur ai d'abord dit que j'avais constaté que lorsque les corps étaient laissés dans de l'eau à l'intérieur d'une maison – dans une baignoire, une douche ou un container –, l'objectif du criminel n'avait pas été de détruire des indices ou des preuves comme dans l'affaire d'Atlanta. Non, c'était une mise en scène destinée à maquiller le crime. J'ai ajouté qu'ils avaient sûrement déjà interrogé le tueur. Il vivait dans le quartier ou juste à côté. C'est toujours un membre de la famille ou un voisin très proche qui est l'auteur de ce genre de meurtre. Les gens ne parcourent pas de grandes distances pour les commettre. Comme il était vraisemblable que le criminel avait reçu des projections de sang sur lui, il lui avait fallu se nettoyer et se débarrasser de ses vêtements tachés à proximité. Notre type savait qu'il ne serait pas dérangé, soit parce qu'il connaissait bien Karla, soit parce qu'il l'avait suffisamment observée pour savoir quelles étaient ses habitudes ainsi que celles de Mark. J'ai ajouté qu'il s'était montré coopératif avec les policiers quand ils lui avaient parlé et qu'ainsi, il avait eu l'impression de garder le contrôle de la situation.

Il n'était pas allé chez Karla dans l'intention de la tuer. Le meurtre était venu après coup. S'il l'avait prévu, il aurait apporté des armes et des instruments (ce que j'ai appelé plus haut le « kit de viol »). La strangulation manuelle et les traumatismes provoqués par des chocs violents indiquaient qu'il avait éprouvé un sentiment de désespoir ou de colère spontanés en réaction au rejet dont il avait été l'objet de la part de la jeune femme. Manipulation, domination et contrôle sont comme je vous l'ai expliqué les maîtres mots du violeur. L'agresseur était probablement venu la voir en lui proposant de l'aider à emménager. Karla avait la réputation d'être sympathique et comme elle le connaissait, elle l'avait laissé entrer. Il avait dû lui faire des avances. Quand elle avait résisté ou quand il avait compris qu'il s'était mis dans de sales draps, il avait décidé que le seul moyen de s'en tirer était de la tuer (comme le tueur de la petite Marie Frances Stoner en Caroline du sud). Il avait dû paniquer et réfléchir à nouveau. Il y avait de l'eau sur le sol et sur le canapé. Après l'avoir étranglée, il avait peut-être tenté de la ranimer en lui jetant de l'eau sur le visage. Quand il s'était aperçu qu'elle ne revenait pas à elle, il s'était dit qu'il devait trouver une solution à cause de ce visage mouillé, alors il avait plongé Karla dans le baril pour faire croire à une espèce de rituel bizarre et brouiller ainsi les pistes. La tête dans l'eau avait également une autre signification : elle l'avait rejeté. C'était désormais son tour de l'humilier. Comme dans tant d'autres affaires, plus le criminel en fait sur les lieux du crime, même si c'est dans l'espoir de tromper la police, plus il lui laisse d'indices et de preuves comportementales à partir desquels elle pourra travailler.

J'ai dit aux policiers que l'inconnu devait être âgé de vingt-cinq à trente ans. Ce n'était manifestement pas un criminel expérimenté. Sa mise en scène était pauvre et indiquait qu'il n'avait jamais tué auparavant. Il avait cependant une personnalité violente et il avait probablement déjà commis des crimes moins graves. S'il avait été marié, il venait de divorcer depuis peu ou son couple traversait des difficultés. Comme beaucoup de tueurs, c'était un paumé qui avait une piètre estime de lui-même. Il pouvait donner l'impression d'avoir de l'assurance, mais tout au fond de lui, il était extrêmement perturbé.

Son QI était moyen, selon moi. Il n'avait pas continué ses études au-delà du bac. L'utilisation de câble pour attacher sa victime m'a fait penser qu'il avait dû suivre un apprentissage technique. Je leur ai dit qu'après le début de l'enquête, il avait dû changer de domicile et/ou de job. Quand la pression était retombée et qu'il n'avait plus risqué d'éveiller les soupçons par son départ, il avait quitté la ville. Il s'était sûrement mis à consommer de la drogue, à boire ou à fumer de manière excessive pour lutter contre le stress. Il était possible d'ailleurs que l'alcool ait joué un rôle dans le crime. Tuer avait été un acte téméraire pour ce type. Il avait peut-être bu pour lever son inhibition, mais il n'était pas soûl quand il l'avait tuée parce que s'il l'avait été, il n'aurait pas pu monter toute cette mise en scène après coup.

Il avait, à mon avis, des troubles du sommeil, des difficultés d'ordre sexuel et il devenait vraisemblablement de plus en plus noctambule. S'il avait un poste stable, il s'était sûrement absenté plusieurs fois de son travail depuis le début de l'enquête. Il avait changé d'apparence. S'il avait eu les cheveux longs et une barbe au moment du meurtre, il se serait rasé depuis. Si, au contraire, il avait été rasé de près, il se serait désormais mis à se laisser pousser la barbe. J'ai dit aux policiers que notre homme n'était pas un étudiant BCBG. D'ordinaire, il était peu soigné de sa personne et tout effort pour être plus net serait une manifestation évidente de contrôle excessif. Il trouverait cet effort épuisant sur le plan physique comme sur le plan mental.

Sa voiture était, selon moi, comme souvent, une Coccinelle. Elle devait être vieille, affreusement mal entretenue et de couleur rouge ou orange.

C'était aussi quelqu'un qui suivrait de près l'enquête policière à travers les médias. Si le chef de la police avait annoncé publiquement qu'il ne tenait pas de nouvelles pistes, le tueur avait dû se sentir soulagé. Il avait probablement réussi l'épreuve du détecteur de mensonges, comme de nombreux criminels. Il fallait absolument que la phase suivante de l'enquête ait pour objectif premier de commencer à l'affoler.

Il existait sûrement de nombreux facteurs de stress. Tous les ans, en juin, le tueur devenait peut-être plus nerveux, de même qu'aux alentours de l'anniversaire de Karla. Je pensais qu'il s'était vraisemblablement rendu sur sa tombe au cimetière de Calvary Hill. Il lui avait envoyé des fleurs ou demandé de lui pardonner.

J'ai alors conseillé aux policiers d'annoncer publiquement qu'ils étaient sur une piste. Il fallait qu'ils fassent croire à notre inconnu que l'affaire était de nouveau au centre de leurs préoccupations. Je leur ai dit de continuer à clamer cela haut et fort. Là encore, le « facteur trouille » devait être le plus intense possible. Je leur ai en outre conseillé de déclarer qu'un « profileur » du FBI travaillait sur le dossier et que ce qu'il leur avait dit collait parfaitement aux nouvelles preuves dont ils disposaient.

À ce moment-là, les policiers m'ont dit que le Dr Levine leur avait recommandé d'exhumer le corps. Ils m'ont demandé ce que j'en pensais. Je leur ai répondu que c'était une idée géniale et que plus il y aurait de battage médiatique autour de cela, mieux cela serait. Weber devrait, avant l'exhumation, annoncer à la télévision que s'il s'avérait que le corps était bien conservé et que si la nouvelle autopsie leur fournissait les preuves qu'ils cherchaient, il ne leur faudrait plus beaucoup de temps pour mettre la main sur le coupable. L'idée était, d'une certaine façon, de faire croire au meurtrier que les policiers étaient en train de « ressusciter » Karla pour qu'elle témoigne sur son propre meurtre.

L'exhumation du corps l'affolerait complètement. Je voulais que Weber affirme publiquement que même s'il lui fallait enquêter encore vingt ans, il finirait par élucider cette affaire. J'ai ajouté que le meurtrier se montrerait préoccupé et qu'il se mettrait à poser des questions. Il téléphonerait peut-être même à la police directement ! J'ai conseillé aux policiers de filmer et de photographier toutes les personnes qui viendraient au cimetière parce qu'il pourrait se trouver parmi eux. Il se demanderait sans cesse dans quel état serait le corps lors de son exhumation. Les policiers annonceraient qu'ils étaient heureux de constater qu'il était bien conservé ce qui perturberait encore un peu plus le meurtrier. Celui-ci deviendrait de plus en plus solitaire et s'isolerait de ses amis s'il en avait. Ce serait le moment de commencer à écouter les gens dans les bars et les endroits de ce genre pour savoir si l'un des habitués avait radicalement changé de comportement depuis peu. Il était possible, selon moi, que pour lutter contre l'angoisse, il se soit converti à une religion ou qu'il soit devenu plus pratiquant. Et pendant que les policiers augmenteraient ainsi la pression, l'un d'eux – ou même moi – ferions paraître un commentaire dans les journaux disant en substance que nous comprenions le tueur. Nous affirmerions que nous savions ce qu'il endurait, qu'il n'avait pas eu l'intention de la tuer et qu'il avait dû porter ce terrible fardeau pendant toutes ces années.

J'ai proposé une stratégie d'interrogatoire comme dans l'affaire du meurtre de la petite Stoner. Si les policiers identifiaient un suspect, il ne fallait pas qu'ils l'appréhendent immédiatement mais qu'ils le laissent mariner une semaine ou plus et qu'ils obtiennent des aveux avant de l'arrêter. Plus ils auraient de preuves, plus ils pourraient dire des choses du style : « Nous savons que tu l'as transportée de tel endroit à tel endroit » ou « Nous savons pour l'eau », et plus ils seraient persuasifs. Je leur ai conseillé de placer, bien en évidence dans la salle d'interrogatoire, un objet ayant joué un rôle dans le meurtre (telle que la pierre dans le cas de la petite Stoner).

Mes cinq visiteurs m'ont écouté attentivement. Ils m'ont demandé comment je pouvais en dire autant en ayant simplement écouté leur récit de l'affaire et consulté les photographies. Je ne suis pas sûr d'avoir une réponse à cette question. Ann Burgess a cependant constaté que j'aimais travailler à partir d'éléments visuels. Elle m'a fait remarquer, et elle a probablement raison, que j'avais tendance à dire « je vois » plutôt que « je pense ». C'est sûrement lié au fait que ne pouvant me rendre sur les lieux des crimes, je dois les « recréer » mentalement. Souvent, quand des policiers me rappelaient longtemps après l'une de mes interventions, il suffisait qu'ils me décrivent la scène pour que je me souvienne de l'affaire et des conseils que je leur avais donnés.

Les enquêteurs m'ont dit qu'ils suspectaient encore deux personnes parmi toutes celles qu'ils avaient interrogées. Il s'agissait de Paul Main et de son ami, John Prante. Ils se trouvaient tous deux à quelques mètres de chez Karla au moment du meurtre et l'un d'eux au moins, Prante, avait bu de la bière. Leurs versions ne collaient pas tout à fait. C'était peut-être parce qu'ils n'étaient pas très intelligents et qu'ils avaient bu ou parce que l'un d'eux mentait tout simplement. Prante avait obtenu de meilleurs résultats au détecteur de mensonges, mais les deux amis correspondaient bien au profil, surtout Prante. Il s'était montré plus coopératif avec la police et quand la pression avait diminué, il avait quitté la ville (j'avais prédit que le tueur ferait cela), puis il était revenu un peu plus tard.

J'ai dit aux policiers que la stratégie que je leur avais décrite pouvait être utilisée avec ces deux suspects. Je pensais que le meurtrier éprouvait des remords et de la culpabilité de manière cyclique. Je leur ai proposé, par exemple, de demander à une femme d'incarner le rôle de Karla et de les appeler tous deux au beau milieu de la nuit en pleurant et en demandant « Pourquoi ? Pourquoi ? Pourquoi ? » Il fallait que ceci coïncide avec la parution d'articles dans les journaux parlant d'une jeune femme nommée Karla et de la tragédie d'une vie arrêtée en pleine fleur de l'âge. J'ai toujours opté pour une touche théâtrale.

Une semaine après le début de cette offensive, les policiers verraient si Main, ou Prante, réagissaient comme je l'avais prévu. Si oui, il faudrait ensuite qu'ils utilisent des informateurs – des amis, des relations ou des collègues – pour essayer de lui soutirer des commentaires sur cette affaire ou des aveux.

L'exhumation du corps, le 1er juin 1982, s'est déroulée comme je l'avais souhaité. Lowell Levine se trouvait sur les lieux ainsi que la télévision et la presse. Weber s'est exprimé avec solennité et optimisme. Il est plus facile d'obtenir la collaboration des journalistes dans les petites villes que dans les grandes où ils ont tendance à croire que l'on essaie de les manipuler et de leur dicter le contenu de leurs articles. Moi, je vois plutôt cela comme un effort de coopération entre la presse et la police qui ne compromet l'intégrité de personne. Je n'ai jamais demandé à un reporter de mentir ou de raconter une histoire incomplète. Mais il m'est arrivé plusieurs fois de fournir des informations à la presse dans l'espoir que le criminel les lirait et y réagirait. Quand les journalistes se montrent coopératifs avec moi, je leur renvoie l'ascenseur. Lorsque certaines affaires où leur aide m'a été précieuse ont été élucidées et qu'il a été possible de les relater en détail, je leur ai donné l'exclusivité.

Le corps de Karla était, heureusement, très bien conservé. La nouvelle autopsie a été réalisée par le Dr Mary Case, un médecin légiste de la ville de Saint Louis. Elle a établi, contrairement à la précédente autopsie, que la cause de la mort était la noyade. Elle a aussi signalé la présence d'une fracture du crâne. Les policiers ont pu obtenir le relevé des marques de morsures dont ils avaient besoin. C'était là le plus important.

La campagne de publicité autour de cette affaire a continué de plus belle. Tom O'Connor de la police d'État et Wayne Watson de l'Unité de Lutte contre la Fraude et les Faux en Matière Financière se sont rendus chez Main au sujet des aides sociales qu'il percevait et auxquelles il n'avait peut-être en fait pas droit. C'était, bien entendu, un prétexte pour le faire parler du meurtre de Karla Brown. Main n'a pas avoué en être l'auteur et a nié toute implication de sa part mais il est clairement apparu qu'il avait suivi de près tout le battage médiatique qui avait été organisé. Il disposait en outre d'informations qui n'avaient pas été divulguées par les autorités. Main a omis Acton Avenue (là où Karla avait été tuée) de la liste de ses précédents domiciles. Il a confié à Watson qu'il avait essayé d'oublier ce lieu qui lui rappelait de mauvais souvenirs. Les policiers l'avaient, selon ses dires, harcelé de questions à cause de cette jeune voisine qui avait été tuée.

Watson lui a alors dit : « C'est celle sur qui l'on a tiré, qui a été étranglée puis noyée dans un baril. »

C'est alors que Main a rétorqué avec véhémence : « Non, non ! On ne lui a pas tiré dessus, on ne lui a pas tiré dessus ! »

À l'époque de l'exhumation, un homme nommé Martin Higdon s'est présenté à la police de Wood River pour déclarer qu'il avait été au lycée avec Karla Brown et que les articles parus dans la presse avaient donné lieu à des discussions à son bureau. Il s'était dit qu'il devait informer la police de ce qu'une de ses collègues de travail affirmait qu'à une soirée, peu de temps après le meurtre, elle avait entendu un homme dire qu'il était allé chez Karla le jour de sa mort.

O'Connor et Rick White ont interrogé cette femme qui s'appelait Vicki White (ils sont sans lien de parenté). Elle a confirmé l'histoire. Elle leur a ainsi raconté que son mari, Mark, et elle étaient allés à une soirée chez Spencer et Roxanne Bond. Elle avait discuté avec un homme qu'elle connaissait depuis l'université. Il lui avait effectivement confié qu'il était allé chez Karla le jour du meurtre. Il savait manifestement où celle-ci avait été retrouvée et il lui avait en outre dit qu'elle avait été mordue à l'épaule. Il avait ajouté qu'il allait devoir quitter la ville parce qu'il craignait d'être le suspect numéro un. À l'époque, elle n'avait pas pris cela au sérieux.

Il s'appelait John Prante.

Comment avait-il su qu'il y avait des marques de morsures si peu de temps après le meurtre alors que la police elle-même ne l'avait appris que deux ans après ? O'Connor et White ont ensuite interrogé l'hôte de la soirée, Spencer Bond, qui a confirmé les dires de Vicki et Mark White. Bond a ajouté que Main lui avait fourni des détails sur la manière dont Karla avait été retrouvée. La question était alors de savoir si Main tenait ces informations de Prante ou si c'était l'inverse. Prante avait obtenu de meilleurs résultats au détecteur de mensonges mais Weber et les policiers pensaient que Main n'était pas assez téméraire pour avoir commis un tel crime et pas assez intelligent pour avoir poussé Prante à le faire.

Bond avait récemment aperçu Prante dans sa vieille camionnette Volkswagen rouge. J'avais vu juste quant à la couleur et à la marque mais je m'étais trompé sur le modèle. Mais c'était significatif en soi. Nous avions commencé à observer, à l'époque, que le véhicule de prédilection des tueurs en série n'était plus la Coccinelle mais la camionnette. Bittaker et Norris en avaient une. Steven Pennell en avait utilisé une, lui aussi. Dans une camionnette, contrairement à une voiture, on peut faire tout ce qu'on veut à l'arrière sans être vu. On dispose d'un lieu de meurtre mobile.

Je n'ai pas été surpris d'apprendre que John Prante s'était laissé pousser la barbe depuis le meurtre. Bond a accepté de parler à Prante de l'affaire en portant un micro dissimulé. Prante n'a pas reconnu le meurtre, mais les policiers ont pu constater à travers son discours qu'il correspondait vraiment au profil. Il avait étudié la soudure à l'université. Il avait quitté la ville après le meurtre. Il était divorcé et éprouvait des difficultés avec les femmes. Il se montrait extrêmement curieux concernant l'enquête en cours.

Le 3 juin, un jeudi, le bureau de Weber a obtenu que Prante soit soumis à un examen dentaire avec prise des empreintes de sa dentition. Le chef Don Greer lui a dit qu'ils essayaient de boucler le dossier et que si les empreintes ne correspondaient pas, il ne serait plus suspecté.

À sa sortie du cabinet du dentiste, Prante a téléphoné à Weber comme je l'avais imaginé. Il voulait savoir où en était l'enquête. Weber a eu la présence d'esprit de demander à son assistant, Keith Jensen, d'écouter la conversation pour ne pas être ensuite considéré comme témoin potentiel et déchargé de l'enquête. Prante a contredit sa précédente version concernant sa venue chez Paul Main. Il s'est montré coopératif, comme je l'avais prévu.

La police a obtenu plus d'informations lors d'une seconde entrevue enregistrée entre Bond et Prante qu'elle n'en a eues en interceptant une conversation téléphonique entre Bond et Main. Prante a dit à Bond qu'il en était arrivé à fumer plusieurs paquets de cigarettes par jour. Main a insinué que Karla avait peut-être énervé Prante en repoussant ses avances. Ceci a conduit la police à interroger Main de nouveau. Il a affirmé qu'il pensait que Prante était l'auteur du meurtre, même s'il s'est ensuite rétracté après une conversation privée avec Prante.

Le mardi suivant, Weber, Rushing et Greer se sont envolés pour Long Island afin de rencontrer le Dr Levine. Ils lui ont apporté les photographies prises lors de la nouvelle autopsie ainsi que les empreintes de la dentition de trois personnes : celles de Main, celles d'un autre suspect et celles de Prante. Levine a tout de suite éliminé les deux premières. Les dents de Prante correspondaient parfaitement aux marques mais il ne pouvait cependant affirmer qu'elles étaient les seules dans ce cas.

Paul Main a été arrêté et inculpé pour entrave au cours de la justice. Prante a été mis en examen pour meurtre et cambriolage dans l'intention de commettre un viol. Son procès a commencé en juin 1983. En juillet, il a été reconnu coupable et condamné à soixante-quinze ans d'emprisonnement.

Grâce aux efforts conjoints de nombreuses personnes dévouées, un tueur a finalement été traîné en justice, même s'il a fallu quatre années pour y arriver. J'ai été heureux de recevoir une copie de la lettre que le substitut du procureur, Keith Jensen, a adressée au directeur du FBI, William Webster. Il lui a écrit : « La communauté se sent enfin en sécurité et la famille a le sentiment que justice a été rendue. Tout cela n'aurait pas pu se faire sans John Douglas. C'est un homme toujours extrêmement occupé et je pense que ses efforts ne doivent pas passer inaperçus. Je le remercie sincèrement. J'aimerais qu'il y ait d'autres John Douglas avec sa compétence, ses capacités et ses dons pour nous aider comme il l'a fait. »

C'étaient vraiment des mots gentils. Heureusement, au cours du mois de janvier précédent, j'avais pu exposer ma requête à Jim McKenzie, l'adjoint du directeur de l'Académie et lui dire que nous avions besoin « d'autres John Douglas ». Il avait obtenu que le quartier général nous envoie du renfort, même si cela signifiait rogner sur les effectifs des autres services. C'est ainsi que j'ai d'abord réussi à faire venir Bill Hagmaier, Jim Horn, Blaine McIlwaine et Ron Walker dans mon unité. Puis cela a été le tour de Jim Wright et de Jud Ray. Leur collaboration s'est très vite avérée extrêmement précieuse.

Malgré les efforts de chacun, il faut parfois des années pour élucider des affaires comme celle de Karla Brown. D'autres, tout aussi compliquées, sont résolues en quelques jours ou en quelques semaines si tout se passe bien.

En voici un exemple. Quand Donna Lynn Vetter, une sténodactylo travaillant pour un bureau du FBI implanté dans le sud-ouest des États-Unis, a été retrouvée violée et tuée dans son appartement au rez-de-chaussée un soir, le Directeur a donné des ordres formels à Roy Hazelwood et Jim Wright : « Rendez-vous là-bas immédiatement et tirez cette affaire au clair. » Nous avions, à cette époque, déjà divisé le territoire des États-Unis en différentes zones de compétence. Cette affaire tombait dans celle de Jim.

On ne s'amuse pas impunément à tuer des membres du personnel du FBI et nous ferons l'impossible pour découvrir le coupable. Voilà le message qui devait être clamé haut et fort. À deux heures, le lendemain, un hélicoptère du Bureau a emmené les deux agents qui avaient fait leurs bagages en quatrième vitesse, de Quantico à la base aérienne d'Andrews dans le Maryland. Là, ils ont sauté dans un jet du FBI. Dès leur arrivée, ils se sont rendus sur les lieux du crime qui avaient été gardés intacts par la police locale.

Vetter était une jeune femme blanche, âgée de vingt-deux ans, qui avait été élevée dans une ferme. Bien qu'ayant travaillé pour le Bureau pendant plus de deux ans, cela ne faisait que huit mois qu'elle avait emménagé en ville. Ignorante des dangers de la vie urbaine, elle avait loué un appartement dans un quartier industriel à majorité noire et hispanique. La gardienne de la résidence, soucieuse des questions de sécurité, avait fait mettre des ampoules blanches sous les porches des habitations occupées par des femmes seules, au lieu des ampoules jaunes habituelles, pour que son personnel et les gardes y prêtent une attention particulière. Ce code n'était pas rendu public et l'intention de la gardienne était louable. Seulement, il était facile à un curieux d'en repérer la signification.

Le service de sécurité avait appelé la police peu après onze heures du soir quand un résident avait remarqué que la moustiquaire de l'appartement avait été déchirée. Le corps dénudé de la victime, couvert de sang, avait été lardé de coups de couteau. Son visage avait été frappé à de multiples reprises. L'autopsie a révélé qu'elle avait été violée.

Son agresseur avait pénétré en brisant la fenêtre de devant, renversant ainsi une grande plante verte sur son passage. Le téléphone avait été débranché. Il y avait de grandes taches de sang sur le tapis de la salle à manger et sur le sol de la cuisine, là où l'attaque principale semblait avoir eu lieu. L'une d'elles (là où le corps était resté pendant un moment), ressemblait étrangement à un ange aux ailes déployées. Des traces de sang indiquaient que le corps avait été traîné dans le salon. Les enquêteurs ont déduit de ses blessures qu'elle était allée dans la cuisine pour prendre un couteau et que son agresseur s'en était emparé pour le retourner contre elle.

Les vêtements tachés de sang de Vetter ont été retrouvés par le SAMU sur le seuil de la cuisine à proximité des cabinets. Ses dessous étaient roulés, ce qui indiquait qu'ils lui avaient été enlevés par son assaillant alors qu'elle gisait sur le sol. Quand les policiers étaient arrivés sur les lieux, il n'y avait aucune lumière dans l'appartement. Ils en avaient déduit que le tueur avait éteint pour gagner du temps dans sa fuite.

Ils ont interrogé les collègues de travail de la jeune femme, sa famille et ses voisins. Ceux-ci leur ont dit qu'elle était timide, honnête et pieuse. Elle avait été élevée dans une famille très stricte sur le plan religieux et elle était encore très pratiquante. Elle n'était absolument pas séductrice et semblait n'avoir aucune vie sociale. Elle ne fréquentait pas d'hommes et ne sortait pas avec ses collègues de travail qui l'ont décrite comme consciencieuse, travailleuse mais « différente ». C'était peut-être lié à son manque de sophistication et au fait qu'elle avait grandi dans un milieu très protégé. Elle ne semblait pas avoir de mauvaises fréquentations ou de comportements illicites. Dans son appartement, il n'y avait pas de drogue, pas d'alcool, pas de cigarettes et pas de pilules contraceptives. Ses parents étaient convaincus de sa chasteté et ont affirmé qu'ils pensaient qu'elle avait tout fait pour protéger sa virginité.

Voici ce que Roy et Jim ont conclu après avoir examiné les lieux du crime. Il y avait du sang partout, mais une tache en particulier a attiré leur attention. Elle se trouvait juste à l'extérieur de la salle de bains. À l'intérieur de la pièce, ils ont remarqué la présence d'urine dans la cuvette des toilettes mais il n'y avait pas de papier au fond.

Ils ont alors immédiatement compris ce qui s'était passé entre l'agresseur et sa victime. Elle devait se trouver dans les toilettes quand elle avait entendu l'effraction. Elle s'était rapidement relevée sans prendre le temps de tirer la chasse d'eau pour voir ce qui se passait. À sa sortie de la salle de bains, l'agresseur l'avait frappée en plein visage pour essayer de la neutraliser. Jim et Roy ont retrouvé l'arme du crime, un couteau de cuisine, caché sous un coussin dans le salon.

L'arme du crime leur a en outre appris que le meurtrier n'était pas entré dans l'appartement dans l'intention de tuer. Comme il n'avait manifestement pas dérobé d'objets de valeur, les enquêteurs se sont dit qu'il n'était pas non plus venu pour commettre un cambriolage. Les preuves matérielles indiquaient que la motivation était le viol. S'il n'avait projeté « que » de la tuer, il n'aurait pas pris la peine de débrancher le téléphone. L'accès facile à l'appartement, la simplicité de la victime, l'attaque surprise avant de lui avoir dit un mot, tout cela indiquait que le meurtrier était un homme en colère, macho, peu intelligent, qui n'avait pas de bagou et qui doutait de sa capacité à pouvoir contrôler quelqu'un d'autre par la parole. Il savait qu'il ne pourrait pas atteindre son but s'il ne terrassait pas immédiatement sa victime.

Il n'avait pas prévu que cette jeune femme timide et calme lui résisterait de cette façon. Pour les enquêteurs, il était évident d'après la personnalité et le passé de celle-ci qu'elle se comporterait comme elle l'avait fait pour défendre son honneur. Mais l'agresseur, lui, ne pouvait pas le savoir. Plus elle s'était débattue, plus il avait risqué de perdre le contrôle et plus sa rage s'était accrue. Dans l'affaire Karla Brown, un viol s'était aussi transformé en meurtre mais là, la rage de l'agresseur avait été secondaire par rapport à son besoin de « gérer » la situation catastrophique dans laquelle il s'était mis. Dans ce meurtre, en revanche, la rage et le besoin de maîtriser la victime étaient apparemment d'importance équivalente. La colère, elle, était permanente. Les traces de sang indiquaient qu'après l'avoir attaquée dans la cuisine, l'agresseur l'avait traînée dans une autre pièce où il l'avait violée alors qu'elle saignait et était mourante.

Roy et Jim ont commencé à dresser le profil du tueur le soir même de leur arrivée. Il fallait rechercher un homme de vingt à vingt-sept ans. Dans les crimes sexuels, on s'attend généralement à ce que l'agresseur soit de la même race que l'agressé. Les agents étaient convaincus que ce meurtre avait commencé par être un viol, aussi les « règles » du viol s'appliquaient-elles dans ce cas. Ce quartier était à majorité noire et hispanique. Plusieurs femmes blanches avaient été violées par des hommes noirs. Il était donc malgré tout très probable que le meurtrier soit noir.

Ils pensaient qu'il n'était pas marié mais qu'il vivait peut-être aux crochets de quelqu'un. S'il avait des relations avec les femmes, c'était toujours avec des personnes plus jeunes, moins expérimentées et facilement influençables. Il lui était impossible, selon eux, d'entretenir des liens durables avec une femme qu'il ne pouvait pas dominer aisément. Bien qu'étant peu intelligent et n'ayant pas fait une scolarité brillante (il avait vraisemblablement eu des problèmes de discipline à l'école), il avait été formé à l'école de la rue et était capable de se défendre dans une bagarre. Il chercherait à imposer une image de gros dur à son entourage et porterait les vêtements les plus élégants qu'il serait en mesure de s'offrir. Il aurait une constitution d'athlète et essaierait de se maintenir en bonne condition physique.

Il habiterait à quelques minutes de marche des lieux du crime, dans un logement bon marché. Il occuperait un emploi peu valorisant et entrerait fréquemment en conflit avec ses collègues et sa hiérarchie. En raison de son caractère explosif, il était très probable qu'il n'ait pas fait l'armée ou qu'il en ait été renvoyé. Roy et Jim pensaient que c'était son premier meurtre et qu'il avait déjà commis des cambriolages et des agressions. Roy Hazelwood, l'un des meilleurs experts dans le domaine des viols et des crimes commis à l'encontre des femmes, était persuadé qu'il avait déjà un passé de viols et d'agressions sexuelles.

Ils ont dit aux policiers qu'après le crime, il s'était sûrement absenté plusieurs fois de son travail. Il s'était mis à boire et à maigrir et son apparence avait changé, comme pour le tueur de Karla Brown. Le plus important était qu'ils pensaient que ce genre d'individu parlerait de son crime ou qu'il se confierait à un membre de sa famille ou à un collègue proche. On pouvait peut-être s'appuyer là-dessus pour mettre au point une stratégie proactive permettant son arrestation.

Comme ils savaient que le meurtrier suivait sûrement les nouvelles, Roy et Jim ont décidé de rendre public le profil qu'ils avaient dressé et d'accorder des interviews à la presse locale. Ils ont volontairement omis d'évoquer le facteur racial. Ils craignaient qu'une erreur sur ce point ne conduise l'enquête sur une fausse piste.

Ils ont, en revanche, affirmé à plusieurs reprises que les personnes auxquelles le tueur avait parlé de son crime couraient désormais un grave danger en raison de ce qu'elles savaient. Si quelqu'un se reconnaissait, il fallait qu'il contacte les autorités de toute urgence avant qu'il ne soit trop tard. Deux semaines et demie s'étaient à peine écoulées quand le complice du tueur dans des braquages a téléphoné à la police. Celui-ci a été appréhendé et inculpé car les empreintes de ses paumes correspondaient à celles trouvées sur les lieux du crime.

Quand nous avons revu le profil après coup, nous avons constaté que Roy et Jim ne s'étaient pas trompés. Le meurtrier était un homme noir âgé de vingt-deux ans, qui vivait à quatre pâtés de maison des lieux du crime. Célibataire, il habitait avec sa sœur dont il dépendait financièrement. À l'époque du meurtre, il était en période de mise à l'épreuve pour viol. Il a été jugé coupable et condamné à la peine de mort. Il a été exécuté il y a peu de temps.

J'ai souvent dit à mes collaborateurs que nous devrions être comme Lucky Luke, qui entre dans une ville, aide à rendre justice, puis repart tranquillement sur son cheval.

Qui étaient ces hommes masqués ? Ils ont laissé cette balle en argent.

Eux ? Oh, ils étaient de Quantico.

Dans cette affaire, Jim et Roy sont repartis tranquillement. Ils avaient été dépêchés sur place à l'aide d'un avion spécial du FBI. Quand leur travail a été terminé, ils sont rentrés chez eux en classe économique dans un avion bondé de vacanciers heureux et de gosses hurlants. Mais nous, et tous ceux auxquels ils avaient laissé des « balles en argent », savions ce qu'ils avaient accompli.

15

QUAND ON FAIT DU MAL À CEUX QUE L'ON AIME

Un jour, alors qu'il parcourait des dossiers dans son bureau sans fenêtres de Quantico, Gregg McCrary a reçu un appel d'un commissariat de police de sa région. C'était un de ces cas angoissants dont on entend trop souvent parler.

Une jeune mère célibataire allait partir faire des courses avec son fils âgé de deux ans, quand juste avant de monter dans sa voiture, elle avait ressenti de violentes crampes d'estomac. Elle avait fait demi-tour, traversé le parking et était entrée dans les toilettes de son immeuble par la porte de derrière. C'était un quartier agréable, où tout le monde se connaissait. Elle avait, en outre, demandé à son petit garçon de rester à l'intérieur de l'immeuble et de jouer calmement jusqu'à son retour.

Je suis sûr que vous imaginez la suite. Quarante-cinq minutes s'étaient écoulées quand elle était enfin sortie des toilettes. L'enfant n'était plus dans le hall. Elle ne s'était pas alarmée immédiatement. Elle était allée voir s'il n'était pas parti faire un petit tour dehors, malgré le froid glacial.

Elle avait soudain trouvé l'une des moufles du petit garçon, par terre, dans le parking. Mais aucun signe de lui. La panique l'avait alors envahie.

Elle était rentrée dans son appartement et avait tout de suite composé le 17. Affolée, elle avait dit à l'opératrice que son fils avait été enlevé. La police était rapidement arrivée et avait passé les lieux au peigne fin. La jeune femme avait paru folle d'angoisse.

Les médias s'étaient emparés de l'histoire. Au micro d'un journaliste, elle avait supplié que le ravisseur lui ramène son enfant. Bien que comprenant sa douleur, les policiers avaient voulu protéger leurs arrières et l'avaient donc soumise à l'épreuve du détecteur de mensonges qu'elle avait bien réussie. Sachant que dans ce genre d'affaire, il ne fallait pas traîner, ils ont appelé Gregg.

Gregg a écouté l'histoire, puis l'enregistrement de la communication téléphonique de la jeune mère avec la police. Quelque chose clochait. Puis, un nouveau rebondissement s'est produit. Elle a reçu un petit paquet par la poste. Il ne contenait que l'autre moufle du petit garçon. Elle s'est effondrée.

Mais là, Gregg a compris. Il a dit aux policiers que le petit garçon était mort et que c'était sa mère qui l'avait tué.

Ils lui ont immédiatement demandé ce qui lui permettait d'avancer cela. Des enfants sont en effet très souvent enlevés par des pervers. Qu'est-ce qui lui faisait penser que ce n'était pas le cas ?

Gregg leur a alors expliqué son raisonnement. D'abord, il y avait le scénario en lui-même. Personne plus qu'une mère ne craint que son enfant ne soit enlevé par un pervers. Pourquoi, alors, avoir laissé son petit garçon sans surveillance pendant si longtemps ? Pourquoi ne pas l'avoir emmené avec elle ou trouvé un autre arrangement ? Il était possible que les choses se soient passées comme elle le prétendait, mais si on considérait la suite, il y avait des éléments qui ne collaient pas.

Sa conversation avec la police avait été enregistrée. Elle avait dit à l'opératrice que quelqu'un avait « enlevé » son enfant. Gregg savait par expérience que les parents refusaient en général d'admettre ce genre d'éventualité insupportable. Dans ce genre de situation, on se serait donc plutôt attendu à ce qu'elle dise sous l'emprise de l'émotion que son enfant avait disparu, qu'il s'était sauvé, qu'elle ne savait pas où il se trouvait ou quelque chose du même style. Le fait qu'elle ait employé le mot « enlevé » à ce moment-là indique qu'elle pensait déjà à l'étape suivante de son scénario.

On ne peut bien sûr pas l'incriminer sous prétexte qu'elle a supplié qu'on lui rende son fils au micro des journalistes même si nous avons tous encore en tête l'image de Susan Smith en Caroline du sud implorant le ravisseur de ses deux très jeunes fils alors que c'était elle qui les avait tués. Les parents qui font des appels à la télévision sont en général de bonne foi. Mais le problème est que ce genre de démonstration publique a tendance à donner une légitimité au petit nombre d'entre eux qui ne le sont pas.

Le retour de la moufle a achevé de convaincre Gregg que son hypothèse était la bonne. Les enfants sont enlevés pour l'une des trois raisons suivantes : par des kidnappeurs pour exiger une rançon, par des pervers pour obtenir des satisfactions sur le plan sexuel ou par des personnes instables et solitaires qui veulent désespérément avoir un enfant à elles. Le kidnappeur devra pouvoir communiquer avec la famille, soit par téléphone, soit par écrit pour lui signifier ses exigences. Les deux autres types de ravisseurs ne veulent pas avoir affaire à la famille. Mais aucun de ces trois types de personnes n'envoie d'objet pour signifier que l'enfant a été enlevé. La famille le sait déjà. Si une preuve du kidnapping doit être fournie, elle sera toujours accompagnée des exigences du ravisseur. Sinon, cela n'a aucun sens.

Gregg en a conclu que la mère avait mis en scène un enlèvement en fonction de l'idée qu'elle se faisait d'un véritable kidnapping. Malheureusement pour elle, elle ignorait la dynamique de ce genre de crime et sa mise en scène n'a trompé personne.

Elle avait eu, à ses yeux, de bonnes raisons de commettre ce meurtre et c'est pourquoi elle avait pu se convaincre qu'elle n'avait rien fait de mal et réussir ainsi l'épreuve du détecteur de mensonges. Mais Gregg n'était pas satisfait. Il a alors fait venir un expert du FBI dans ce domaine pour qu'elle repasse le test, en lui disant cette fois-ci qu'elle était suspectée. Les résultats ont été complètement différents. Après une série de questions directes, elle a reconnu avoir tué son enfant, puis elle a conduit les policiers jusqu'à son cadavre.

Son mobile, banal, était celui que Gregg avait soupçonné dès le début. C'était une jeune mère célibataire qui se sentait coincée par cet enfant qui l'empêchait de profiter de sa jeunesse. Elle avait rencontré un homme qui voulait fonder une famille avec elle. Il lui avait cependant clairement fait comprendre qu'il n'y avait pas de place pour cet enfant dans leur nouvelle vie.

Si la police avait découvert le corps de l'enfant sans qu'il ait été porté disparu, Gregg en serait tout de même arrivé à la même conclusion. L'enfant a été retrouvé enseveli dans les bois, dans son ensemble de ski, enveloppé dans une couverture et complètement recouvert par un épais sac en plastique. Un kidnappeur ou un pervers n'aurait pas pris toute cette peine pour qu'il soit « bien au chaud » et « confortablement » installé. Il n'aurait pas non plus essayé de protéger le corps des éléments. La rage, le mépris et l'hostilité du meurtrier sont souvent évidentes quand on examine les lieux du crime et la victime. Là, c'était autre chose. Cet ensevelissement particulier témoignait de l'amour et de la culpabilité qui habitaient le meurtrier.

On fait du mal à ceux qu'on aime ou que l'on devrait aimer depuis toujours. Alan Burgess, lors de sa première interview télévisée après sa nomination au poste de directeur de l'Unité de Sciences du Comportement, a dit : « La violence existe depuis des générations et des générations. Elle remonte à la Bible, quand *Caïn a tiré sur Abel.* » Les journalistes n'ont heureusement pas relevé cette nouvelle interprétation de la première arme du crime de l'histoire de l'humanité.

Une des affaires les plus célèbres de l'Angleterre du XIXe siècle a aussi impliqué des allégations de violence intrafamiliale. En 1860, Jonathan Whicher, inspecteur à Scotland Yard, a dû se rendre à Frome, un village du Somerset à la suite du meurtre de Francis Kent, un bébé d'une famille de notables de la région. La police locale était persuadée qu'il avait été tué par des gitans. Après avoir mené son enquête, Whicher a été convaincu que le coupable n'était autre que sa sœur, Constance, âgée de seize ans. En raison de la position sociale de la famille et de l'idée selon laquelle une adolescente ne pouvait pas avoir tué son petit frère, les preuves apportées par Whicher ont été rejetées par la cour et Constance a été acquittée des charges qui pesaient contre elle.

Une réaction publique de très grande ampleur a forcé Whicher à démissionner de Scotland Yard. Il a travaillé sur cette affaire, seul, pendant des années, pour prouver qu'il avait eu raison et que cette jeune femme était bien la coupable. Les difficultés financières et des problèmes de santé l'ont finalement contraint à abandonner sa quête de la vérité, une année avant que Constance Kent n'avoue être l'auteur du crime. Elle a été jugée à nouveau et condamnée à la réclusion à perpétuité. Trois ans plus tard, Wilkie Collins s'est inspiré de l'affaire Kent dans son célèbre roman policier, *The Moonstone*.

La clé de ces meurtres intrafamiliaux est la mise en scène. Quand le criminel est un proche de la victime, il doit tenter de brouiller les pistes pour détourner les soupçons. L'une des premières affaires de ce genre que j'ai eue à traiter a été le meurtre de Linda Haney Dover, à Cartersville, en Georgie, le lendemain de Noël, en 1980.

Bien qu'étant séparés, son mari, Larry, et elle entretenaient des relations cordiales. Linda, âgée de vingt-sept ans, venait régulièrement faire le ménage de celui-ci dans la maison qu'ils partageaient auparavant. C'était ce qu'elle avait fait, ce vendredi 26 décembre. Larry, pendant ce temps-là, avait emmené leur fils passer la journée au parc.

Quand ils étaient rentrés de leur promenade, ils avaient constaté qu'elle n'était plus là. La maison, au lieu d'être propre et bien rangée, était sens dessus dessous. Dans la chambre à coucher, les draps et les oreillers avaient été tirés du lit, les tiroirs de la commode étaient à moitié ouverts et des vêtements jonchaient le sol. Il y avait des taches rouges ressemblant à du sang sur le tapis. Larry avait tout de suite téléphoné à la police qui était rapidement arrivée sur les lieux et avait fouillé la maison de fond en comble.

Les policiers avaient retrouvé le corps de Linda, enveloppé dans le duvet du lit, dans l'espace qui se trouvait sous la maison. Seule sa tête dépassait. En enlevant le duvet, ils avaient constaté que sa chemise et son soutien-gorge avaient été remontés au-dessus de sa poitrine, que son jeans était au niveau de ses genoux et que son slip avait été tiré sous son pubis. Elle avait manifestement reçu un choc violent à la tête et au visage et son corps était lardé de coups de couteau. Ces blessures avaient, selon les policiers, été infligées à la victime après que l'agresseur avait remonté son soutien-gorge. Ils pensaient que l'arme employée était un couteau pris dans le tiroir de la cuisine resté ouvert. Mais ils n'avaient pas réussi à mettre la main dessus. Il n'a d'ailleurs jamais été retrouvé. Les éléments de la scène du crime montraient qu'elle avait été agressée dans la chambre puis que son corps avait été transporté jusque sous la maison. La présence de gouttelettes de sang sur ses cuisses indiquait que le tueur avait disposé son corps dans cette position particulière.

Rien dans son histoire ne faisait de Linda Dover une victime à haut risque. Bien que séparée de Larry, elle n'avait pas refait sa vie. Les seuls facteurs de stress inhabituels pouvaient être la période des vacances et ce qui avait conduit à la désintégration de leur mariage.

À partir des photographies prises sur les lieux du crime et des informations que les policiers de Catersville m'ont fournies, j'ai dit à ceux-ci que deux sortes de personnes pouvaient avoir commis ce meurtre. Un jeune homme solitaire, inexpérimenté et perturbé vivant à proximité aurait pu tuer Linda simplement parce que l'occasion s'était présentée. Les policiers m'ont alors confié qu'ils avaient eu des problèmes avec un truand du quartier dont plusieurs résidents avaient peur.

Mais il y avait trop d'éléments de mise en scène dans ce crime, ce qui m'a fait penser que nous avions affaire au deuxième type de meurtrier : c'était, selon moi, quelqu'un qui connaissait bien la victime et qui souhaitait par conséquent détourner les soupçons. Le meurtrier avait éprouvé le besoin de cacher le corps sur les lieux mêmes du crime pour une seule raison : parce que c'était ce que nous appelons un « homicide pour cause personnelle ». Le traumatisme infligé au visage et au cou semblait également très « personnel ».

Mon sentiment était que ce meurtrier était intelligent, mais qu'il n'avait pas poursuivi ses études au-delà du lycée. Il occupait un emploi faisant appel à la force physique. Il avait, selon moi, déjà commis des agressions et il supportait très mal la frustration. Il était sujet à des sautes d'humeur, incapable d'accepter la défaite et il avait probablement été déprimé pour une raison ou une autre au moment du meurtre, peut-être pour des questions d'argent.

La mise en scène avait aussi sa propre logique interne. La personne qui avait agressé Linda ne voulait pas laisser son corps en évidence, là où un autre membre de la famille – et, en particulier, le petit garçon – aurait pu le voir. C'est pourquoi le meurtrier avait pris la peine de l'envelopper et de le transporter sous la maison. Il avait voulu maquiller le meurtre en crime sexuel et c'était la raison pour laquelle il avait remonté le soutien-gorge et abaissé le slip de la victime, même si l'examen du corps n'a pas révélé d'agression sexuelle. Le criminel avait fait tout cela dans l'espoir de brouiller les pistes et il l'avait recouverte d'un duvet parce qu'il était mal à l'aise à l'idée que les policiers la voient nue.

Je leur ai dit qu'au début, le meurtrier se montrerait excessivement coopératif et préoccupé mais qu'il deviendrait arrogant et hostile s'ils remettaient en question son alibi. Depuis le crime, il se serait peut-être mis à boire ou à consommer de la drogue. Il se serait éventuellement tourné vers la religion. Il aurait changé d'apparence, peut-être même de travail et il aurait quitté la région. J'ai conseillé aux policiers de prêter attention à des changements radicaux de personnalité et de comportement.

« Sa manière d'être n'a plus rien à voir avec celle qu'elle était avant le meurtre », leur ai-je dit.

Ce que j'ignorais, en revanche, c'était qu'au moment où la police de Cartersville m'avait demandé de dresser le profil du criminel, elle avait déjà mis Larry Bruce Dover en examen pour le meurtre de sa femme. Les policiers voulaient simplement s'assurer qu'ils étaient sur la bonne piste. Ceci m'a contrarié pour plusieurs raisons. D'abord, j'avais déjà plus de dossiers sur les bras que je ne pouvais en traiter. Mais surtout, cela risquait de mettre le Bureau dans une position fâcheuse. Heureusement pour tout le monde, le profil collait parfaitement au suspect. Comme je l'ai ensuite expliqué au Directeur du bureau d'Atlanta et à son bras droit, un avocat talentueux aurait très bien pu me convoquer en tant que témoin de la défense pour m'obliger à dire que le profil que j'avais dressé en tant qu'expert à la demande de la police disculpait l'accusé sur certains points. Ceci m'a appris à toujours demander aux policiers s'ils tenaient un suspect, même si je ne souhaitais pas savoir à l'avance qui c'était.

Mais au moins, la justice a été rendue dans cette affaire. Le 3 septembre 1981, Larry Bruce Dover a été reconnu coupable du meurtre de Linda Haney Dover et condamné à la réclusion à perpétuité.

Le meurtre d'Elizabeth Jayne Wolsieffer, surnommée Betty, en 1986, a constitué une nouvelle variation sur ce thème.

Dans la matinée du samedi 30 août, juste après sept heures, la police de Wilkes-Barre en Pennsylvanie a été appelée au 75 Birch

Street, au domicile d'un dentiste renommé et de sa famille. À leur arrivée, cinq minutes après, les officiers Dale Minnick et Anthony George ont vu le Dr Edward Glen Wolsieffer qui gisait sur le sol. Celui-ci leur a dit qu'on avait essayé de l'étrangler et qu'il avait également reçu un coup sur la tête. Son frère, Neil, se trouvait à ses côtés. Neil a expliqué qu'il habitait en face, que son frère l'avait appelé et qu'il s'était alors précipité chez lui. Glen était sonné et désorienté. Le seul numéro de téléphone dont il avait pu se souvenir était celui de son frère. Dès que Neil était arrivé sur les lieux, il avait appelé la police.

Les deux hommes ont dit que la femme de Glen, Betty, âgée de trente-deux ans et leur fille de cinq ans, Danielle, se trouvaient à l'étage au-dessus. Chaque fois que Neil s'était apprêté à monter voir si elles allaient bien, Glen s'était évanoui ou remis à gémir, aussi aucun des deux n'était-il encore monté à l'étage. Glen a dit à Neil qu'il craignait que l'intrus ne soit encore présent dans la maison.

Les officiers Minnick et George ont fouillé les lieux. Ils n'ont vu personne, mais ils ont découvert Betty, morte, dans la chambre du couple. Elle était couchée par terre sur le côté, la tête en direction des pieds du lit. Elle avait des bleus sur le cou, de la mousse séchée autour de la bouche et son visage couvert d'hématomes était bleu. Les policiers en ont déduit qu'elle avait été étranglée manuellement. Les draps du lit étaient couverts de sang, mais son visage semblait avoir été nettoyé. Elle ne portait qu'une chemise de nuit qui lui avait été remontée jusqu'à la taille.

Danielle dormait paisiblement dans la chambre d'à côté. Quand elle s'est réveillée, elle a dit aux policiers qu'elle n'avait strictement rien entendu.

Minnick et George sont redescendus et, sans décrire les éléments de la scène de l'étage au-dessus, ils ont demandé ce qui s'était passé au Dr Wolsieffer. Il a répondu qu'il avait été réveillé alors que le jour se levait par un bruit qui ressemblait à une tentative de cambriolage. Il avait pris son pistolet dans sa table de nuit puis il était descendu sans réveiller Betty pour voir ce qu'il en était.

Arrivé près de la porte de la chambre, il avait vu un homme grand en haut des escaliers. L'homme, en revanche, ne paraissait pas l'avoir aperçu. Wolsieffer l'avait suivi jusqu'en bas puis il l'avait perdu de vue. Il s'était alors mis à le chercher au rez-de-chaussée.

Il avait soudain été attaqué par-derrière avec une espèce de corde. Il avait réussi à laisser tomber son arme pour passer la main sous la corde avant que son agresseur ait eu le temps de la serrer davantage. Il lui avait donné un coup de pied en arrière qui avait atteint son attaquant à l'aine et l'avait obligé à relâcher son emprise. Avant d'avoir pu se retourner, Glen avait été frappé à la tête par-derrière et il s'était évanoui. Quand il était revenu à lui, quelque temps plus tard, il avait appelé son frère.

Les blessures du Dr Wolsieffer n'ont pas paru graves aux policiers et aux auxiliaires médicaux dépêchés sur place : il n'avait qu'une contusion derrière la tête, des marques roses sur la nuque et de petites égratignures sur la partie gauche du torse. Mais pour plus de sécurité, ils l'ont emmené aux urgences. Le médecin qui l'a examiné a trouvé qu'il allait bien mais il l'a quand même admis dans son service quand le dentiste lui a dit qu'il s'était évanoui.

Dès le début, les policiers ont douté de l'histoire de Wolsieffer. Il ne leur paraissait pas logique qu'un cambrioleur soit entré en plein jour par une fenêtre située au premier étage. Ils ont trouvé une vieille échelle dehors permettant d'entrer par la fenêtre de la chambre. Mais elle était tellement branlante qu'elle ne pouvait vraisemblablement pas supporter le poids d'une personne de taille normale. En plus, elle était tournée du mauvais côté. Si quelqu'un l'avait utilisée, les montants de l'échelle auraient imprimé leur marque dans la terre meuble, ce qui n'était pas le cas. Il n'y avait pas non plus de traces sur la gouttière en aluminium sur laquelle elle reposait. Les policiers n'ont, en outre, pas retrouvé de traces d'herbe ou de rosée sur les barreaux ou sur le toit, près de la fenêtre, alors qu'il aurait dû y en avoir si quelqu'un avait emprunté l'échelle ce matin-là.

D'autres éléments à l'intérieur de la maison ne collaient pas. Aucun objet de valeur n'avait apparemment été dérobé, pas même les bijoux qui étaient en évidence dans la chambre à coucher. Et si l'intrus avait eu l'intention de tuer, pourquoi avoir laissé, au rez-de-chaussée, un homme inconscient avec une arme à portée de main pour monter ensuite à l'étage et tuer la femme de celui-ci sans l'agresser sexuellement ?

Deux éléments, en particulier, ne coïncidaient pas. Si Glen avait été étranglé au point de s'évanouir, comment se faisait-il qu'il n'avait aucune marque sur le devant du cou ? Et le plus incroyable : ni Glen ni son frère Neil n'étaient montés au premier pour voir si Betty et Danielle étaient saines et sauves.

Pour compliquer encore un peu plus les choses, la version du Dr Wolsieffer a évolué avec le temps. Sa description de l'intrus s'est précisée à mesure que les détails de la matinée lui sont revenus en mémoire. L'homme portait un sweat-shirt foncé et un bas sur le visage et il avait une moustache. Wolsieffer s'est contredit à plusieurs reprises. Il a, en effet, raconté à des membres de sa famille qu'il était sorti tard ce vendredi soir et qu'il avait parlé à sa femme avant de s'endormir, or il avait dit aux policiers qu'il ne l'avait pas réveillée. Il a affirmé au début que mille trois cents dollars avaient été dérobés dans un tiroir, puis il s'est rétracté quand les policiers ont trouvé un bordereau de banque faisant état d'un dépôt d'espèces de ce montant. Lorsque les policiers l'avaient interrogé à leur arrivée sur les lieux, il avait semblé à peine conscient et paru incohérent, or, quand à l'hôpital on lui avait annoncé la mort de sa femme, il s'était souvenu d'avoir entendu la police appeler le coroner.

À mesure que l'enquête a progressé, Glen Wolsieffer a avancé des scénarios de plus en plus élaborés pour expliquer l'attaque. Les intrus sont ensuite passés au nombre de deux. Il a admis avoir eu une liaison avec une assistante dentaire et il a affirmé aux policiers qu'il y avait mis un terme un an auparavant. Un peu plus tard, il a cependant reconnu avoir vu cette femme quelques jours avant le meurtre et avoir eu des relations sexuelles avec elle. Il avait, par ailleurs, omis de dire à la police qu'il entretenait au même moment une autre liaison avec une femme mariée.

Les amis de Betty Wolsieffer ont déclaré aux policiers que celle-ci aimait son mari et faisait en sorte que tout se passe bien entre eux, mais qu'elle était lasse de son comportement et en particulier de ses sorties tardives le vendredi soir, sorties qui étaient devenues une habitude. Quelques jours avant sa mort, Betty avait confié à une amie qu'elle se fâcherait si Glen rentrait encore tard le vendredi suivant.

Après ces premiers interrogatoires chez lui, puis à l'hôpital, Glen a, sur le conseil de son avocat, refusé de s'entretenir à nouveau avec les policiers. Alors ils se sont tournés vers son frère, Neil. Sa version des faits de la matinée paraissait aussi étrange que celle de Glen. Il a refusé de se soumettre à l'épreuve du détecteur de mensonges en prétextant que les résultats étaient souvent peu fiables et qu'il craignait ensuite que cela ne lui porte préjudice. Après des demandes réitérées de la police et de la famille de Betty et suite à la pression exercée par les médias pour qu'il coopère, Neil a pris date avec les enquêteurs pour un interrogatoire au palais de justice, en octobre.

Vers dix heures et quart, un quart d'heure après l'heure fixée pour le rendez-vous, Neil a été tué dans une collision frontale entre sa petite voiture et un gros camion. Il n'était pas sur le chemin du palais, au contraire, il s'en éloignait. Le coroner a conclu à un suicide mais il est apparu un peu plus tard que Neil avait peut-être dépassé un tournant et qu'il s'apprêtait à revenir en arrière à toute vitesse quand il avait été tué. On ne saura jamais la vérité.

Un an après le meurtre, la police de Wilkes-Barre avait enfin recueilli un grand nombre d'indices laissant penser que Glen Wolsieffer était bien le meurtrier de sa femme. Elle n'avait cependant aucune preuve tangible permettant de le mettre en examen. Ses empreintes digitales et des cheveux lui appartenant avaient été retrouvés sur les lieux du crime mais cela ne prouvait rien, car c'était aussi sa chambre. Les policiers se sont dit qu'avant d'appeler son frère, il avait pu jeter ses vêtements tachés de sang et la corde ayant servi à son « étranglement » dans une rivière à proximité. Il fallait qu'ils obtiennent le témoignage d'un expert affirmant que le crime avait été commis par quelqu'un qui connaissait la victime personnellement et qui avait élaboré toute une mise en scène pour égarer les soupçons. C'était le seul moyen pour qu'il soit inculpé et condamné.

En janvier 1988, la police de Wilkes-Barre m'a demandé de procéder à l'analyse du crime. Après avoir passé en revue tous les documents du volumineux dossier, j'en ai rapidement conclu que le meurtre avait effectivement été commis par quelqu'un qui connaissait bien la victime et qui avait échafaudé toute une mise en scène pour détourner les soupçons. Les policiers avaient déjà un suspect, aussi n'ai-je pas voulu dresser de profil contrairement à ce que je faisais habituellement ni accuser formellement le mari. J'ai plutôt essayé de leur fournir des munitions pour les aider à obtenir un mandat d'arrêt.

Pénétrer dans une maison en plein jour pendant un week-end dans ce quartier alors que deux voitures étaient garées dans l'allée était très risqué. C'était ce que j'appellerais un crime à haut risque commis contre des victimes à bas risque. Le scénario du cambriolage ne tenait pas la route.

Cela ne correspondait absolument pas à tout ce que nous avions observé pendant nos années de recherche et d'études de cas. Un intrus ne pénètre pas par la fenêtre d'un premier étage pour se précipiter au rez-de-chaussée sans vérifier qu'il ne se trouve personne dans les chambres.

Rien ne prouvait que l'intrus avait apporté des armes avec lui, aussi le scénario du meurtre prémédité était-il difficilement envisageable. Mme Wolsieffer n'avait pas été violée, ce qui nous a également conduits à écarter l'hypothèse du « viol-qui-a-mal-tourné ». Il n'y avait pas non plus de preuve de tentative de vol, ce qui rendait aussi le scénario du cambriolage peu plausible. Tout ceci a considérablement réduit le nombre de mobiles potentiels.

La manière dont la victime a été tuée – la strangulation manuelle – est un crime que je qualifie de « personnel ». Un inconnu ne choisit pas ce genre de technique, surtout s'il a bien planifié son coup et s'il a fait l'effort de pénétrer par effraction dans la maison.

Les policiers ont continué à monter leur dossier méthodiquement. Ils étaient convaincus de l'identité du coupable, mais ils ne disposaient que d'indices indirects que la cour n'aurait pas retenus. Dans l'intervalle, Glen Wolsieffer a déménagé à Falls Church, en Virginie, près de Washington, où il a rouvert un cabinet dentaire. En 1989, un mandat d'arrêt et une déclaration sous serment indiquant la cause probable du crime ont été rédigés à partir de mon rapport. Le 3 novembre de la même année, trente-huit mois après le meurtre, une équipe composée de policiers de l'État, du comté et du commissariat local est venue arrêter Wolsieffer dans son cabinet dentaire, en Virginie.

Il a dit à l'un des officiers : « Tout s'est passé trop vite. Nous avons été pris dedans. C'était le brouillard. » Il a plus tard affirmé qu'il parlait de l'attaque dont il avait été victime de la part de(s) cambrioleur(s), et non du meurtre de sa femme.

Bien que plusieurs États m'aient reconnu comme « expert en analyse des lieux des crimes », la défense m'a traité de « sorcier » en raison de la manière dont j'avais interprété les différents éléments du dossier. Le juge a finalement décidé de ne pas m'autoriser à témoigner. L'accusation a tout de même utilisé ce que je lui avais dit et s'est également appuyée sur l'excellent travail accompli par les policiers. C'est ainsi qu'elle a pu obtenir une condamnation pour meurtre.

Plusieurs voyants clignotaient dans l'affaire Wolsieffer : l'échelle branlante et posée à l'envers, la mise en scène d'un crime sexuel sans preuve d'agression sexuelle, l'incohérence des blessures au cou de Wolsieffer dues à la prétendue tentative d'étranglement dont il avait été victime, son manque de sollicitude à l'égard de sa femme et de sa fille dont il ne s'était pas soucié et, enfin, le fait que l'enfant n'avait pas été réveillée par du bruit. Mais le plus marquant est l'absence de logique évidente dans le comportement du présumé intrus. Quelqu'un pénétrant dans une maison par effraction dans l'intention de commettre un crime, peu importe lequel, va d'abord neutraliser la personne qui représente la plus grande menace pour lui, en l'occurrence, le père famille (qui mesurait plus d'un mètre quatre-vingt-quatre, pesait cent kilos et possédait une arme). Ce n'est que dans un deuxième temps qu'il s'attaquera à la personne constituant une menace moindre (c'est-à-dire la femme qui n'est pas armée).

Un enquêteur doit toujours repérer ces incohérences. C'est peut-être parce que nous avons vu tant de cas semblables que nous ne nous contentons pas de ce que les gens nous disent et que nous essayons toujours de décoder leur comportement pour voir ce qui se cache réellement derrière.

Nous sommes un peu comme des acteurs qui préparent un rôle. Le comédien lit les mots inscrits sur les pages du script mais ce qu'il veut mettre en acte, c'est le « subtexte », c'est-à-dire ce qui se cache derrière ces mots.

Le meurtre de Carol Stuart en 1989 et l'agression de son mari, Charles, à Boston, illustrent ceci parfaitement. Cette affaire a fait grand bruit et a bien failli déchirer la société américaine en deux.

Un soir, en rentrant en voiture d'une séance de préparation à l'accouchement, Charles et Carol Stuart avaient apparemment été attaqués par un homme noir de grande taille alors qu'ils étaient arrêtés à un feu rouge. L'homme avait tiré sur Carol, trente ans, puis s'en était pris à Charles, vingt-neuf ans, le blessant gravement à l'abdomen. Charles avait dû passer seize heures sur la table d'opération. Les médecins de Brigham et de l'Hôpital des Femmes avaient tout tenté pour sauver Carol, mais celle-ci était morte dans les heures qui avaient suivi. Le bébé qu'elle attendait, Christopher, avait été mis au monde après une césarienne, mais n'avait survécu que quelques semaines. La presse ainsi qu'une foule nombreuse s'étaient pressées aux obsèques de Carol alors que Charles se trouvait toujours à l'hôpital pour se remettre de ses blessures.

La police de Boston s'était lancée à la poursuite du coupable et avait interpellé tous les hommes noirs qu'elle avait pu trouver qui correspondaient à la description que Charles avait faite de son agresseur. Un jour, au commissariat de police, celui-ci avait même identifié son attaquant au milieu d'une rangée de suspects.

Peu de temps après cela, la vérité avait commencé à apparaître. Son frère, Matthew, s'était mis à douter du vol quand Charles lui avait demandé de l'aider à se débarrasser d'un sac contenant les objets soi-disant volés. Le lendemain de sa mise en examen pour meurtre par le procureur, Charles Stuart s'était suicidé en se jetant du haut d'un pont.

La communauté noire avait à juste titre été bouleversée par les accusations qu'il avait injustement portées. Ce n'était pas la première fois que cela se produisait. Six ans auparavant, Susan Smith avait ainsi prétendu qu'un homme noir avait enlevé ses deux enfants. Dans l'affaire Smith, cependant, le shérif local de Caroline du sud avait tout fait pour calmer le jeu. Grâce à sa coopération avec les médias et les autorités fédérales (y compris avec notre agent, Jim Wright), il avait découvert la vérité au bout de quelques jours.

Cela n'avait pas aussi bien marché dans l'affaire Stuart. J'avais le sentiment que cela aurait pourtant pu inciter les policiers à analyser précisément ce que Stuart leur avait raconté pour voir si cela collait bien avec ce qui semblait s'être passé sur les lieux du crime. Peu de gens iront jusqu'à se tirer dessus aussi gravement que ne l'a fait Charles Stuart, pour mettre en scène un meurtre. Mais comme dans l'affaire Wolsieffer, si un agresseur présumé s'en prend d'abord au plus faible – en général, à la femme – il faut qu'il ait une bonne raison pour cela. Un voleur essaiera *toujours* de neutraliser l'adversaire le plus fort en premier. Si ce n'est pas le cas, c'est qu'il y a une autre explication, comme dans l'affaire de David Berkowitz, alias le Fils de Sam, qui s'en prenait aux femmes d'abord et les blessait souvent plus gravement que les hommes parce que c'était elles qu'il visait. L'homme se trouvait simplement au mauvais endroit, au mauvais moment.

Nous avons tendance à éprouver de la sympathie pour les victimes et les survivants. C'est là notre problème. Quand quelqu'un a manifestement l'air désespéré, nous ne demandons qu'à le croire. Si c'est un comédien à peu près convenable et si le crime a une explication qui paraît logique, il se peut que nous n'allions pas chercher plus loin. Nous pouvons, comme des médecins, ressentir de la sympathie pour les victimes mais nous n'aiderons personne si nous perdons toute objectivité.

Quel genre de personne aurait pu commettre une telle atrocité ? Même si la réponse à cette question est parfois douloureuse, nous sommes là pour la trouver.

16

« DIEU VEUT QUE TU REJOIGNES SHARI FAYE »

Shari Faye Smith, une lycéenne jolie et gaie, a été enlevée alors qu'elle s'était arrêtée pour prendre le courrier dans la boîte aux lettres se trouvant devant la maison qu'elle habitait avec sa famille, près de Columbia en Caroline du sud. Elle revenait du centre commercial voisin où elle avait vu son petit ami, Richard, avec qui elle sortait déjà depuis un certain temps. Il était trois heures trente-huit de l'après-midi. Il faisait chaud et le soleil brillait en ce 31 mai 1985. Shari devait chanter l'hymne des États-Unis le surlendemain à l'occasion de la cérémonie de remise des diplômes, à son lycée de Lexington.

Ce n'est que quelques minutes plus tard que son père, Robert, avait trouvé sa voiture à l'entrée de l'allée menant à leur maison. La portière était ouverte, le moteur tournait encore et le sac de Shari était posé sur le siège. Pris de panique, il avait immédiatement appelé le shérif du comté de Lexington.

De telles choses ne pouvaient pas se produire à Columbia, une communauté fière et tranquille qui semblait incarner les « valeurs familiales ». Comment une jeune et jolie blonde sympathique pouvait-elle avoir ainsi disparu devant chez elle ? Quel genre de personne pouvait se trouver impliquer dans une telle affaire ? Le shérif Metts n'en avait aucune idée. Mais il avait le sentiment qu'un drame se préparait. Il a commencé par organiser ce qui est progressivement devenu la plus grande chasse à l'homme de l'histoire de la Caroline du sud. Des policiers d'État et des comtés voisins lui ont prêté main-forte, ainsi qu'un millier de volontaires civils. Metts a ensuite calmement écarté l'éventualité que le père, Robert Smith, qui avait supplié qu'on lui rende sa fille, ait joué un rôle dans cette disparition. Quand une personne à bas risque comme Shari disparaît, on craint toujours qu'elle ait été victime d'un crime et on envisage la possibilité que quelqu'un appartenant à son entourage (c'est-à-dire son conjoint, ses parents et sa famille proche), y soit impliqué.

La famille Smith, terrassée, a attendu un signe, n'importe lequel, même une demande de rançon. Puis elle a reçu un appel. Un homme à la voix bizarrement déformée a affirmé détenir Shari.

« Pour que vous sachiez que ce n'est pas un canular, Shari portait un maillot de bain noir et jaune sous sa chemise et ses shorts. »

La mère de Shari, Hilda, l'a supplié et lui a dit que celle-ci était diabétique et qu'elle avait besoin de se nourrir à heures régulières, de boire de l'eau et de prendre ses médicaments. L'homme n'a pas formulé de demande de rançon. Il a simplement ajouté : « Vous aurez une lettre aujourd'hui. » Cela n'a fait qu'inquiéter davantage la famille et les policiers.

Metts et son adjoint Lewis McCarty avaient été formés à l'Académie Nationale du FBI et ils entretenaient toujours d'excellentes relations avec le Bureau. C'est tout naturellement qu'ils ont pensé à nous contacter. Metts a ainsi appelé Robert Ivey, responsable du bureau de Columbia en Caroline du sud et mon unité à Quantico. Je n'étais pas disponible mais les agents Jim Wright et Ron Walker se sont empressés de lui répondre. Après avoir analysé les circonstances de l'enlèvement, les photographies de la scène et la retranscription de l'appel téléphonique, ils sont tombés d'accord pour dire que l'on avait affaire, là, à un homme extrêmement dangereux et sophistiqué et que la vie de Shari était grandement menacée. Ils craignaient que la jeune femme ne soit déjà morte et que l'inconnu éprouve rapidement le besoin de commettre un nouveau crime de même nature. Ils se sont dit qu'il avait vraisemblablement vu Shari et son petit ami en train de s'embrasser au centre commercial local et qu'il l'avait suivie jusque chez elle après. Si elle ne s'était pas arrêtée devant la boîte aux lettres ou si des voitures étaient passées dans sa rue à ce moment-là, elle n'aurait pas été enlevée. L'équipe du shérif a installé, chez les Smith, un dispositif permettant d'enregistrer les appels téléphoniques au cas où le criminel se manifesterait de nouveau.

Un document extrêmement bouleversant est ensuite arrivé par la poste. Parmi toutes les choses épouvantables et inimaginables que j'ai vues au cours de ma carrière, celle-ci est certainement la plus poignante de toutes. C'était une lettre de deux pages, manuscrite, adressée par Shari à sa famille. La phrase « DIEU EST AMOUR » était écrite le long de la marge à gauche.

Cette lettre me bouleverse toujours autant quand je la relis et témoigne du caractère et du courage extraordinaires dont a fait preuve cette jeune femme. C'est pourquoi je me permets de la retranscrire dans son intégralité.

1/6/85 3 h 10 du matin JE VOUS AIME tous

Dernières Volontés & Testament

Je vous aime maman, papa, Robert, Dawn et Richard et tout le monde et tous les autres amis et la famille. Je serai avec mon père maintenant, alors, je vous en prie, ne vous inquiétez pas ! Rappelez-vous seulement de ma gaieté et des moments extraordinaires que nous avons passés ensemble. Je vous en prie, ne laissez jamais cela gâcher votre vie et continuez à vivre au jour le jour pour Jésus. Quelque chose de bon sortira de cela. Mes pensées seront toujours avec et en *vous* ! Je vous aime tant, *bon Dieu* ! Pardonne-moi papa, j'ai dû jurer pour une fois ! Que Jésus me pardonne. Richard, chéri, je t'ai vraiment aimé. Je t'aimerai et je chérirai toujours nos moments spéciaux. Je te demande une chose seulement. Accepte que Jésus soit ton sauveur. Ma famille est ce qui a eu le plus d'influence sur ma vie. Désolée pour l'argent de la croisière. Un jour, s'il vous plaît, allez-y à ma place.

Je suis désolée si je vous ai jamais déçus d'une façon ou d'une autre. Je voulais seulement que vous soyez fiers de moi parce que j'ai toujours été fière de ma famille. Maman, papa, Robert et Dawn, il y a tant de choses que je veux vous dire que j'aurais dû vous les dire avant. Je vous aime !

Je sais que vous m'aimez tous et que je vais beaucoup vous manquer mais si vous restez soudés comme nous l'avons toujours été, vous *pourrez* tous y arriver !

Je vous en prie, ne devenez pas durs et ne vous inquiétez pas. Tout s'arrange pour le mieux pour ceux qui aiment le Seigneur.

Tout Mon Amour Toujours –

Je Vous Aime tous
De Tout Mon Cœur !

Sharon (Shari) Smith

P.S. : Nana – Je t'aime tant. J'ai toujours eu le sentiment d'être ta préférée. Tu étais à moi !

Je T'Aime Beaucoup

Le shérif Metts a envoyé cette lettre au laboratoire de la police scientifique de Caroline du sud pour une analyse du papier et des empreintes digitales. Après en avoir lu une copie à Quantico, nous nous sommes dit que l'enlèvement avait tourné au meurtre. La famille de Shari, très soudée, et dont la foi se reflétait dans la lettre de la jeune femme, ne voulait pas désespérer. Dans l'après-midi du 3 juin, Hilda Smith a reçu un bref appel lui demandant si la lettre était arrivée.

« Vous me croyez maintenant ?

– Je ne suis pas sûre de vous croire car je n'ai pas parlé avec Shari et j'ai besoin de savoir si elle va bien.

– Vous le saurez dans deux ou trois jours », lui a répondu son interlocuteur sur un ton inquiétant.

Il a ensuite rappelé dans la soirée en disant que Shari était vivante et il a sous-entendu qu'il allait bientôt la relâcher. Malheureusement, plusieurs de ses affirmations nous ont indiqué qu'il en allait autrement en réalité :

« Je veux encore vous dire une chose. Shari fait désormais partie de moi. Physiquement, mentalement, émotionnellement, spirituellement. Nos âmes ne font plus qu'un. »

Quand Mme Smith lui a demandé si sa fille allait bien, il lui a répondu : « Shari est protégée et... elle fait partie de moi maintenant et Dieu veille sur nous tous. »

Les appels provenaient tous de cabines publiques de la région, mais à l'époque, il fallait garder son interlocuteur en ligne pendant un quart d'heure si on voulait localiser son appel, ce qui était bien sûr impossible. Des copies des enregistrements des conversations nous avaient été envoyées par le bureau du FBI local. Wright, Walker et moi avons été frappés par la force de caractère et le contrôle dont a fait preuve Mme Smith en parlant avec ce monstre. Shari avait manifestement de qui tenir.

Espérant qu'il y aurait de nouveaux appels, Metts nous a demandé comment la famille devait, selon nous, se comporter. Jim Wright lui a répondu qu'il fallait qu'elle essaie de réagir comme un négociateur lors d'une prise d'otages : écouter attentivement, reformuler les points importants pour s'assurer qu'elle avait bien compris le message de l'interlocuteur, le pousser à réagir afin d'en apprendre le plus possible sur sa personnalité et sur ses desseins. C'était important pour plusieurs raisons. Cela permettrait d'abord de maintenir le criminel en ligne suffisamment longtemps pour que les autorités puissent localiser son appel. Il croirait ensuite être écouté par des personnes bienveillantes, ce qui l'encouragerait à se confier davantage.

Inutile de le dire, arriver à un tel degré de contrôle de soi était une tâche difficile pour cette famille horrifiée et accablée. Les Smith nous ont surpris par leur capacité à jouer la comédie. Ils nous ont ainsi permis de recueillir de précieuses informations.

Le ravisseur a téléphoné le lendemain soir. Cette fois-là, il a parlé à la sœur de Shari, Dawn, âgée de vingt et un ans. Cela faisait quatre jours que Shari avait disparu. Il lui a donné des détails sur l'enlèvement. Il lui a dit qu'il avait arrêté sa voiture en la voyant devant la boîte aux lettres. Il s'était montré sympathique, avait pris quelques photos d'elle puis il l'avait forcée à monter dans sa voiture sous la menace de son arme. Au cours de cette conversation et de plusieurs autres, il a oscillé entre un comportement amical, une cruelle désinvolture et l'expression de vagues regrets parce que « les choses lui avaient échappé ».

Il a continué son récit : « Bon. À quatre heures cinquante-huit du matin, non pardon. Attendez. À trois heures dix du matin, samedi 1er juin, elle a écrit de sa main ce que vous avez reçu. À quatre heures cinquante-huit, samedi 1er juin, nous n'avons plus fait qu'un.

– Fait qu'un, a répété Dawn.

– Qu'est-ce que cela veut dire ? a demandé Hilda qui se tenait à côté.

– Ne posez pas de question maintenant », a rétorqué leur interlocuteur.

Même s'il nous assurait que « les bénédictions étaient proches » et que Shari serait rendue le lendemain soir, nous, nous savions qu'il en allait autrement. Il a même dit à Dawn d'avoir une ambulance prête à intervenir.

« Vous recevrez des directives pour nous trouver. »

La partie la plus importante était, à nos yeux, son commentaire sur l'heure. Il avait parlé de quatre heures cinquante-huit puis il était revenu à trois heures dix. Nos craintes nous ont été confirmées par l'appel macabre qu'Hilda a reçu à midi le lendemain.

« Écoutez bien. Prenez l'autoroute 378 ouest jusqu'au rond-point. Prenez la sortie Prospérité. Continuez pendant trois kilomètres ; quand vous verrez Moose Lodge numéro 103, tournez à droite, continuez pendant quatre cents mètres, tournez à gauche quand vous verrez une construction peinte en blanc, allez dans le jardin du fond, nous vous attendons six pieds plus bas. Dieu nous a choisis. » Puis il a raccroché.

Le shérif Metts a réécouté la bande enregistrée qui l'a conduit tout droit au cadavre de Shari Smith à une trentaine de kilomètres, dans le comté de Saluda voisin. Elle était vêtue d'un haut jaune et d'un short blanc, ce qu'elle portait quand elle avait été vue pour la dernière fois. L'état de décomposition de son cadavre indiquait qu'elle était déjà morte depuis plusieurs jours, et vraisemblablement depuis le 1er juin à quatre heures cinquante-huit du matin. Il a été impossible au médecin légiste de déterminer comment la jeune femme avait été tuée et si elle avait subi des violences sexuelles.

Jim Wright, Ron Walker et moi-même étions convaincus que le meurtrier de Shari avait mené sa famille en bateau en lui faisant espérer le prompt retour de celle-ci, et ce, suffisamment longtemps pour que son cadavre parvienne à un tel état de décomposition que les médecins légistes ne pourraient plus rien en conclure. Il y avait des résidus de colle de chatterton sur son visage et ses cheveux mais celui-ci avait été enlevé, ce qui prouvait que le meurtrier était organisé. Un tel niveau d'organisation était forcément le fait d'un homme adulte. Nous nous sommes également dit qu'il revenait probablement sur les lieux où il s'était débarrassé du cadavre pour éprouver une satisfaction de nature sexuelle. Ce n'était que lorsque le corps avait atteint un niveau de décomposition ne lui permettant plus aucune « relation » qu'il avait cessé d'y revenir.

L'enlèvement lui même, en plein après-midi dans un quartier rural et résidentiel nécessitait un certain degré de finesse et de sophistication. Nous pensions qu'il devait être âgé de vingt-huit à trente-deux ans environ. Je penchais plutôt vers trente-deux. Les petits jeux sadiques qu'il avait imposés à la famille nous ont conduits à émettre l'hypothèse qu'il avait été marié jeune pendant une courte période et que cela n'avait pas marché. Il vivait désormais seul ou avec ses parents. Il avait sûrement un casier judiciaire faisant état d'agressions contre des femmes ou d'appels téléphoniques obscènes. S'il avait déjà tué, ses victimes avaient été des enfants ou des jeunes filles. Contrairement à de nombreux tueurs en série, ce type-là ne s'en prendrait pas à des prostituées car celles-ci l'intimideraient trop.

Les directives précises qu'il avait données pour retrouver le corps et ses hésitations sur les heures dans sa discussion avec Dawn nous ont aussi bien éclairés. Ses instructions avaient été soigneusement calculées et notées par écrit. Il était même retourné sur les lieux du crime pour prendre des mesures exactes. Quand il avait appelé la famille, il avait relu ses notes. Il savait qu'il devait énoncer son message et raccrocher le plus rapidement possible pour ne pas être localisé. À plusieurs reprises, au téléphone, il avait perdu le fil de ce qu'il était en train de dire parce qu'il avait été interrompu et il avait dû recommencer depuis le début. Il était donc rigide, ordonné et méticuleux. Je pensais qu'il devait prendre des notes de manière compulsive et dresser des listes pour tout. S'il s'égarait dans ses notes, il s'égarait aussi dans sa pensée. Nous savions qu'il avait utilisé une voiture pour enlever Shari. Je me suis dit que d'après ce que je savais de sa personnalité, celle-ci devait être propre, bien entretenue et âgée de trois ans ou moins. Il y avait un conflit interne chez lui entre une arrogance apparente et un mépris pour le monde extérieur, d'un côté et un sentiment d'insécurité et d'anormalité profondément ancré, de l'autre.

Dans ce genre d'affaire, les lieux du crime deviennent psychologiquement une partie du meurtre. Les éléments géographiques de celui-ci nous ont fait penser que le meurtrier devait habiter dans les parages et qu'il y avait passé la plus grande partie si ce n'est la totalité de son existence. Pour ce qu'il avait voulu faire avec Shari, puis avec son cadavre, il lui avait fallu du temps, seul, dans un endroit isolé où personne, il le savait, ne viendrait le déranger. Seul un habitant de la région pouvait connaître ce genre d'endroit.

La section d'ingénierie du FBI nous a appris que la distorsion de la voix avait été réalisée à l'aide d'un appareil spécial. Des demandes d'informations sur les fabricants et les détaillants commercialisant ce type d'instrument ont été envoyées à tous les bureaux du FBI à travers le pays. À la suite des rapports qui nous ont été fournis, nous en avons conclu que le meurtrier avait des bases en électronique et qu'il travaillait peut-être dans le domaine de la construction et de l'amélioration de l'habitat.

Le lendemain, alors que Bob Smith s'occupait des dernières formalités pour l'enterrement de sa fille cadette, le tueur a rappelé, cette fois-ci en PCV et il a demandé à parler à Dawn. Il a dit qu'il se livrerait le lendemain matin et qu'il avait posté les photographies qu'il avait prises de Shari devant la boîte aux lettres. S'apitoyant sur lui-même, il a demandé à Dawn que la famille Smith le pardonne et prie pour lui. Il a aussi sous-entendu qu'au lieu de se rendre, il se suiciderait peut-être et il s'est lamenté en répétant : « Les choses m'ont échappé. Tout ce que je voulais, c'était faire l'amour avec Dawn. Je l'avais observée pendant deux...

– Avec qui ? lui a demandé Dawn.

– Oh ! Pardon, avec Shari. Je l'avais observée pendant deux semaines et les choses m'ont échappé. »

Cela a été la première fois et non la dernière qu'il s'est trompé de nom, ce qui n'est pas étonnant car les deux sœurs, toutes deux de belles blondes sympathiques, se ressemblaient terriblement. La photographie de Dawn avait été diffusée dans la presse et à la télévision, et ce qui avait plu au tueur chez Shari se retrouvait également chez Dawn. Il était impossible de ne pas être révulsé par le sadisme et l'égoïsme de cet homme. Mais, après avoir écouté ces enregistrements, je me suis dit – aussi froid et calculateur que cela puisse paraître – que Dawn pourrait servir d'appât pour le coincer.

Il a téléphoné au présentateur du journal télévisé d'une chaîne locale, Charlie Keyes, et réitéré son intention de se rendre. Il a ajouté qu'il voulait que le célèbre Keyes serve d'intermédiaire et il lui a promis une interview exclusive en échange. Keyes l'a écouté tout en gardant une sage réserve et il ne s'est engagé à rien.

J'ai d'abord dit à Lewis McCarty que le tueur n'avait aucunement l'intention de se livrer ou de se suicider. Il avait dit à Dawn qu'il était un « ami de la famille » et il était suffisamment pervers pour vouloir que les Smith sympathisent avec lui et le comprennent. Nous pensions qu'il ne les connaissait pas et que cette idée faisait plutôt partie de son fantasme selon lequel il était proche de Shari et aimé de celle-ci. Il était totalement narcissique, et plus ceci durerait, ai-je dit à McCarty, plus il obtiendrait de réactions de la part de la famille et moins cette histoire le perturberait. Il tuerait de nouveau. Ce serait une personne ressemblant beaucoup à Shari s'il en trouvait une, ou une victime prise au hasard, dans le cas contraire. Tout ce qu'il faisait était sous-tendu par un besoin de manipulation, de domination et de contrôle.

Dans la soirée suivant les obsèques de Shari, il a de nouveau appelé et parlé à Dawn. Dans un mouvement particulièrement pervers, il a demandé à l'opératrice de dire que c'était un PCV de Shari. Il a de nouveau affirmé qu'il allait se livrer puis il a embrayé en décrivant le meurtre de Shari de manière banale et avec un détachement particulièrement atroce :

« À partir de deux heures du matin environ, à partir du moment où elle a su jusqu'au moment où elle est morte à quatre heures cinquante-huit, nous avons beaucoup parlé et tout et elle a choisi l'heure de son départ. Elle a dit qu'elle était prête pour le grand voyage, que Dieu était prêt à l'accueillir comme un ange. »

Il lui a décrit les rapports sexuels qu'il avait eus avec elle et dit qu'il lui avait donné le choix de sa mort : arme à feu, overdose de drogue ou suffocation. Il a ajouté qu'elle avait choisi la dernière option et qu'il l'avait tuée en lui collant du chatterton sur le nez et la bouche.

« Pourquoi a-t-il fallu que vous la tuiez ? lui a demandé Dawn la voix pleine de larmes.

– Les choses m'ont échappé. J'ai eu peur. Ah, Dieu seul sait, Dawn. Je ne sais pas pourquoi. Que Dieu me pardonne pour cela.

Je l'espère et puis il faut que je me rachète sinon il m'enverra en enfer et j'y serai pour le restant de mes jours mais je n'irai pas en prison ni sur la chaise électrique. »

Dawn et sa mère l'ont toutes deux supplié de se tourner vers Dieu plutôt que de se tuer. Dans mon unité, nous étions bien persuadés qu'il n'avait l'intention de faire ni l'un ni l'autre.

Deux semaines après l'enlèvement de Shari, Debra May Helmick a été kidnappée dans le petit jardin se trouvant devant la caravane immobilisée de ses parents, dans le comté de Richland, à une quarantaine de kilomètres du domicile des Smith. Son père était à l'intérieur, à quelques mètres de là. Un voisin a vu quelqu'un s'arrêter en voiture, sortir et parler à Debra puis l'empoigner, la tirer vivement dans le véhicule et démarrer en trombe. M. Helmick et lui l'ont immédiatement pris en chasse, mais il les a semés. Comme Shari, Debra était une jolie fille blonde aux yeux bleus. Sauf qu'elle n'avait que neuf ans.

Le shérif Metts a de nouveau lancé une campagne pour la retrouver. Les éléments du dossier commençaient à nous parvenir. Dans un travail comme le nôtre, il faut conserver son objectivité et une certaine distance par rapport à ce que l'on voit. Sinon, on risque de devenir fou. Cela avait déjà été difficile lors du meurtre de la jeune Smith mais là, c'est carrément devenu impossible. La petite Debra Helmick n'avait que neuf ans, le même âge que ma fille, Erika, qui était aussi blonde aux yeux bleus. Ma seconde fille, Lauren, n'avait que cinq ans. Le sentiment « que cela aurait pu être ma fille » me tenaillait, mais j'éprouvais en plus l'envie bien compréhensible de ne plus lâcher mes enfants d'une semelle. Quand on a vu ce qu'il m'a été donné de voir dans ma carrière, laisser à ses enfants suffisamment d'espace et de liberté pour vivre est une lutte de tous les instants avec soi-même.

Malgré la différence d'âge entre les deux filles, le « timing », les circonstances et le mode opératoire indiquaient que c'était la même personne qui avait commis les deux crimes. Je sais que le shérif et mon unité étions d'accord sur ce point. C'est en acceptant la triste éventualité qu'ils avaient une affaire de tueur en série sur les bras, que Lewis McCarty est venu à Quantico pour nous apporter tous les éléments du dossier.

Walker et Wright les ont étudiés et ont repris le raisonnement qui les avait conduits à élaborer le profil du tueur communiqué à la police. Les informations supplémentaires fournies par ce deuxième crime ne les ont pas fait changer d'avis sur la personnalité du tueur.

Ces deux crimes étaient de nature sexuelle et avaient été perpétrés par un homme adulte, déséquilibré et peu sûr de lui. Bien qu'il ait transformé sa voix, nous étions persuadés qu'il était blanc. Les deux victimes étaient, en effet, blanches et comme je vous l'ai dit plus haut, il est extrêmement rare dans ce genre de crime que la barrière entre les races soit franchie. Il était, selon moi, poli et timide. Il avait une piètre image de lui-même. Je me disais qu'il était sûrement corpulent et qu'il n'avait pas de succès avec les femmes. Nous avons dit à McCarty qu'il se comporterait désormais de manière encore plus obsessionnelle. Des proches remarqueraient qu'il avait maigri ou qu'il s'était mis à boire de façon excessive. Il ne se raserait plus régulièrement et éprouverait le besoin de parler du meurtre. Quelqu'un de méticuleux comme lui suivrait les reportages télévisés avec avidité et accumulerait des coupures de journaux. Il collectionnerait aussi des photographies pornographiques et en particulier celles représentant des scènes de sadomasochisme ou de bondage. Il savourerait désormais sa célébrité, son sentiment de pouvoir sur ses victimes, sur la société et sur la famille Smith accablée par la douleur qu'il manipulait à sa guise. Comme je le craignais, quand il ne trouvait pas de victime correspondant à ses fantasmes et à ses désirs, il s'attaquait aux personnes les plus vulnérables qu'il rencontrait sur son passage. Il lui avait été facile d'aborder Shari en raison de son âge. Nous pensions qu'il se sentait plutôt coupable d'avoir enlevé la petite Debra Helmick, et nous nous attendions à ce qu'il n'appelle pas sa famille.

McCarty est reparti avec une liste détaillée des caractéristiques du meurtrier. À son arrivée, il a dit à Metts : « Je vois parfaitement quel genre de type c'est. Il ne nous reste plus qu'à trouver son nom. »

La confiance qu'il nous témoignait nous faisait plaisir mais les choses sont rarement aussi simples. Plusieurs équipes de policiers et des agents du bureau de Columbia ont passé la région au peigne fin dans l'espoir de retrouver Debra. Sans succès. Aucune communication, aucune exigence n'est parvenue aux enquêteurs. Ils n'ont découvert aucune preuve. À Quantico, nous attendions de leurs nouvelles en nous préparant à toute éventualité. On est toujours touché par la souffrance de la famille d'un enfant disparu. C'est presque insupportable. À la demande du directeur Ivey et du shérif Metts, j'ai fait mes valises et je suis descendu à Columbia pour leur venir en aide. Ron Walker m'a accompagné. C'était notre premier voyage ensemble depuis que Blaine McIlwain et lui m'avaient sauvé la vie à Seattle.

Lew McCarty nous a accueillis à l'aéroport et nous sommes tout de suite allés voir les lieux où les deux jeunes filles avaient été enlevées. Il faisait chaud et humide, même pour des personnes habituées à vivre en Virginie. Nous n'avons relevé aucune trace de lutte devant les deux domiciles. Il n'y avait rien de particulier non plus à l'endroit où le corps de Shari Smith avait été retrouvé. Le meurtre avait manifestement eu lieu ailleurs. Mais cette visite m'a convaincu que le tueur devait très bien connaître la région. Même s'il avait appelé les Smith de loin à plusieurs reprises, je me disais qu'il habitait dans le coin.

Une réunion avec tous les enquêteurs s'est tenue chez le shérif. Le shérif Metts disposait d'un vaste bureau au plafond élevé. Ses murs étaient tapissés de plaques, de certificats et de souvenirs. Tout ce qu'il avait accompli dans sa vie professionnelle était là, sur ces murs. Cela allait des témoignages de reconnaissance pour avoir élucidé des meurtres à des remerciements des scouts. Il s'est assis derrière son bureau massif face à Bob Ivey, Lew McCarty, Ron et moi.

« Il a arrêté de téléphoner aux Smith, s'est-il lamenté.

– Je vais faire en sorte qu'il appelle de nouveau », lui ai-je répondu.

Je leur ai dit que le profil allait sûrement permettre à l'enquête de progresser et j'ai ajouté que je pensais que nous devions, par ailleurs, forcer notre inconnu à sortir au grand jour. Je leur ai expliqué les quelques techniques proactives que j'avais en tête. Je leur ai ensuite demandé s'ils connaissaient un journaliste local qui coopérerait avec nous. Il n'était pas question pour moi de le censurer ou de lui dicter ce qu'il devait écrire. Non, il fallait que cela soit quelqu'un qui comprendrait ce que nous voulions faire et qui ne chercherait pas à nous fustiger comme c'était malheureusement souvent le cas.

Metts a suggéré de contacter Margaret O'Shea du *Columbia State*. Elle a accepté de nous rencontrer. Ron et moi lui avons expliqué quelle était, selon nous, la personnalité du meurtrier et comment nous pensions qu'il allait réagir.

Il suivrait la presse de près, en particulier les articles dans lesquels il serait question de Dawn. Nous savions d'après nos recherches que ce genre d'individu revenait souvent sur les lieux du crime ou sur les tombes de ses victimes. Je lui ai dit qu'avec une bonne histoire, nous pourrions l'attirer hors de sa cachette et le coincer. Nous espérions au moins le pousser à retéléphoner. Je lui ai dit que la presse avait déjà travaillé en étroite collaboration avec nous lors de l'affaire de l'empoisonnement du Tylenol et que je souhaitais que les choses se passent de la même manière.

O'Shea a accepté de nous donner la couverture que nous demandions. McCarty m'a ensuite emmené chez les Smith et je leur ai expliqué ce que j'attendais d'eux. Mon idée était entre autres d'utiliser Dawn comme appât. Robert Smith, très inquiet, ne voulait pas faire courir le moindre risque à sa dernière fille. J'étais, moi aussi, préoccupé, mais j'avais le sentiment que c'était notre meilleur atout. J'ai rassuré M. Smith en lui disant que le meurtrier de Shari était un poltron et qu'il ne s'en prendrait pas à Dawn en raison de la surveillance dont la famille bénéficiait et de toute la publicité qui entourait l'enquête en cours. De plus, après avoir étudié les enregistrements des conversations téléphoniques, j'ai été convaincu que Dawn était suffisamment intelligente et courageuse pour faire ce que je lui demanderais.

Dawn m'a montré la chambre de Shari qui avait été laissée telle quelle depuis son enlèvement. C'est fréquent dans les familles qui ont perdu un enfant aussi soudainement et de manière tragique. C'est sa collection de koalas en peluche qui m'a frappé en premier. Il y en avait de toutes les tailles, de toutes les sortes et de toutes les couleurs. Dawn m'a dit que cette collection comptait beaucoup pour Shari et que tous ses amis le savaient.

J'ai passé un long moment dans cette chambre pour essayer de me faire une idée de la personnalité de Shari. Son meurtrier pouvait être appréhendé, j'en étais sûr. Il fallait simplement que nous ne nous trompions pas dans nos choix. Au bout d'un moment, j'ai pris un petit koala dont les bras s'ouvraient quand on pressait ses épaules. J'ai expliqué à la famille que quelques jours plus tard – juste assez pour obtenir une couverture médiatique importante – nous organiserions une messe du souvenir à la suite de laquelle Dawn attacherait le petit animal à un bouquet de fleurs qu'elle déposerait sur la tombe de Shari. Je me disais qu'il était très probable que nous réussirions ainsi à attirer le tueur à la messe et à le faire retourner sur la tombe, après la cérémonie, pour s'emparer du koala en souvenir de Shari.

Margaret O'Shea a bien compris le genre d'article qu'il nous fallait et elle a envoyé un photographe à l'église. Comme il n'y avait pas encore de pierre sur la tombe de Shari, nous avons fait fabriquer un lutrin blanc en bois sur lequel figurait sa photographie. Chacun leur tour, les membres de la famille de la jeune fille ont prié pour Shari et Debra devant la tombe. Puis Dawn a pris le petit koala et l'a attaché par les bras à la tige d'une rose provenant d'un des bouquets qui avaient été envoyés au cimetière. Cela a été un moment extrêmement fort. Pendant que les Smith parlaient et qu'un groupe de photographes prenaient des photos pour la presse locale, les hommes de Metts ont discrètement relevé les numéros des plaques minéralogiques de toutes les voitures qui sont passées dans les parages. La tombe était trop proche de la route, c'est ça qui m'ennuyait. Je me disais que ce lieu n'était pas assez isolé et qu'il était très possible que le meurtrier, intimidé, ne s'aventure pas jusque-là et qu'il se contente de regarder la scène depuis la route. Mais nous ne pouvions rien y faire.

Les photographies sont parues dans la presse, le lendemain. Contrairement à toutes nos espérances, le tueur n'est pas venu chercher le koala cette nuit-là. Je me suis dit que la proximité de la route l'avait bel et bien effrayé. Mais il a rappelé. Peu après minuit, Dawn a répondu à un nouvel appel en PCV « de Shari Faye Smith ». Après s'être assuré que c'était bien Dawn qui était en ligne et qu'elle savait que ce n'était pas un canular, il a fait sa déclaration la plus terrifiante jusque-là :

« OK, tu sais que Dieu veut que tu rejoignes Shari Faye. Ce n'est qu'une question de temps. Ce mois-ci, le mois prochain, cette année, l'année prochaine. Tu ne pourras pas être protégée tout le temps. » Puis il lui a demandé si elle avait entendu parler de Debra May Helmick.

« Heu, non, a-t-elle répondu.

– La gamine de dix ans ? H-E-L-M-I-C-K ?

– Heu, dans le comté de Richland ?

– Ouais, c'est ça.

– Oui, oui.

– Alors, écoute-moi bien. Prends l'autoroute 1 vers le nord... puis vers l'ouest, tourne à gauche au niveau de Peach Festival Road ou de Bill's Grill. Tu fais cinq kilomètres et demi à travers Gilbert, tu tournes à droite, c'est le dernier chemin avant d'arriver à un panneau stop au niveau de Two Notch Road. Passe par-dessus la chaîne et le panneau "Interdiction d'entrer" et fais quarante-cinq mètres, puis tu avances de dix mètres sur ta gauche. Debra May attend. Que Dieu nous pardonne tous. »

Il se montrait hardi et prétentieux et n'utilisait plus l'appareil destiné à déguiser sa voix. Malgré la menace qui pesait sur sa vie, Dawn a fait de son mieux pour le garder en ligne le plus longtemps possible. Elle ne s'est pas laissée démonter et a exigé les photographies de sa sœur qu'il lui avait promises et qui ne lui étaient toujours pas parvenues.

« C'est le FBI qui les a, apparemment, a-t-il répondu sur la défensive en montrant par-là qu'il connaissait aussi notre rôle dans cette affaire.

– Non, monsieur, a répliqué Dawn, parce que quand ils ont quelque chose, ils nous le font passer. Allez-vous les envoyer ?

– Heu, oui, a-t-il répondu en gardant toute réserve.

– J'ai l'impression que vous vous fichez de moi parce que vous avez dit qu'elles étaient parties et elles ne sont toujours pas là. »

Nous approchions, mais la responsabilité que j'avais prise en me servant de Dawn pesait lourdement sur mes épaules. Pendant que Ron et moi aidions les autorités locales, les techniciens du laboratoire de la police scientifique de Columbia soumettaient la seule preuve tangible que nous détenions – c'était les dernières volontés et le testament de Shari – à tous les tests possibles et imaginables. Ils avaient été écrits sur un bloc de papier ligné, ce qui a donné une idée à l'un des analystes.

En effet, quand on écrit sur la première feuille d'un bloc, la pression du stylo laisse des traces quasiment imperceptibles sur les feuillets du dessous. On peut détecter celles-ci à l'aide d'un instrument appelé machine Esta. Il a ainsi retrouvé une liste de courses et ce qui lui a semblé être une suite de numéros. Il a finalement réussi à reconstituer neuf numéros parmi une suite de dix :

205-837-13 ? 8.

L'indicatif de l'Alabama est le 205 et celui de Huntsville est le 837. En collaboration avec la compagnie du téléphone, les enquêteurs ont déterminé quels numéros parmi les dix possibilités qui existaient étaient ceux d'abonnés vivant dans la région des comtés de Columbia et de Lexington. L'un d'eux avait reçu plusieurs appels à partir d'un poste se trouvant à seulement vingt-cinq kilomètres du domicile des Smith et ce, quelques semaines avant l'enlèvement de Shari. C'était notre meilleure piste jusqu'alors. L'adresse de l'abonné nous a été communiquée. D'après les registres de la mairie, c'était une maison appartenant à un couple d'une cinquantaine d'années, Ellis et Sharon Sheppard.

Muni de cette information, McCarty, accompagné de plusieurs policiers s'est précipité chez les Sheppard. Ils se sont montrés cordiaux, mais rien chez eux ne correspondait au profil, à part le fait que le mari, Ellis, était électricien. Les Sheppard formaient un couple heureux depuis de nombreuses années et rien dans leur histoire ne collait avec notre profil du tueur. Ils ont reconnu avoir passé les appels pour Huntsville où leur fils était stationné et ajouté qu'ils n'étaient pas dans la région quand les deux meurtres atroces avaient été commis. Nous avions espéré que cette piste nous conduirait quelque part et là, nous avons vraiment été déçus.

McCarty avait passé un temps considérable à travailler sur cette affaire avec nous et était persuadé que notre profil du tueur était exact. Il l'a décrit aux Sheppard puis il leur a demandé s'ils connaissaient quelqu'un qui lui correspondrait.

Ils se sont regardés comme s'ils avaient soudain eu la même idée. Oui, cela devait être Larry Gene Bell.

McCarty les a soigneusement interrogés et ils lui ont raconté tout ce qu'ils savaient sur Bell. Il avait une petite trentaine d'années, il était divorcé et avait un fils qui vivait avec son ex-femme. Timide et costaud, il faisait des installations électriques dans des maisons ainsi que d'autres petits travaux pour Ellis. Méticuleux et organisé, il avait gardé leur maison pendant six semaines en leur absence, après quoi il était retourné habiter chez ses parents chez qui il résidait habituellement. Sharon Sheppard s'est souvenue avoir noté le numéro de téléphone de leur fils sur le bloc-notes pour Gene au cas où quelque chose se serait produit en leur absence. Et puis, maintenant qu'ils y repensaient, quand Gene était venu les chercher à l'aéroport, il n'avait voulu parler que de l'enlèvement et du meurtre de la jeune Smith. Ils avaient été surpris par son changement d'apparence : il avait perdu du poids, il n'était pas rasé et il semblait très agité.

McCarty a demandé à M. Sheppard s'il avait une arme. Ellis a répondu qu'il avait, pour se protéger, un pistolet calibre 38 chargé. À la demande de McCarty, Ellis a obligeamment emmené celui-ci là où il l'avait rangé. Mais le pistolet n'était plus là. Les deux hommes ont fouillé toute la maison et l'ont finalement retrouvé sous le matelas du lit sur lequel Gene avait dormi. Il avait servi et il s'était enrayé. Sous le matelas se trouvait aussi un exemplaire d'un magazine pornographique montrant une superbe blonde attachée dans une posture de crucifixion. Quand McCarty a fait écouter aux Sheppard une partie de l'enregistrement d'une conversation du tueur avec Dawn, Ellis a tout de suite reconnu la voix de Larry Gene Bell. « Pas de doute là-dessus », a-t-il ajouté.

Vers deux heures du matin, Ron Walker a frappé à ma porte pour me tirer du lit. Il venait de recevoir un appel de McCarty qui lui avait fait part de sa découverte. Il fallait que nous le retrouvions au bureau sur-le-champ. Nous avons été surpris de voir à quel point la réalité collait au profil que nous avions dressé. C'était notre homme. Les photos prises par le shérif montraient qu'une voiture appartenant à Bell avait été vue près de la tombe, mais le conducteur n'était pas sorti du véhicule.

Metts avait l'intention d'arrêter Bell quand il partirait travailler le lendemain matin et il voulait que je le conseille sur la manière de mener l'interrogatoire. Derrière le bureau se trouvait une caravane que le département avait obtenue lors d'une enquête sur un trafic de drogue. On s'en servait désormais comme annexe. J'ai suggéré aux policiers d'en faire leur quartier général. Ils ont tapissé les murs de photographies concernant l'affaire en cours et de cartes géographiques où figuraient les lieux des crimes. Ils ont aussi empilé des tonnes de dossiers sur les bureaux. Je leur ai conseillé de remplir la caravane de flics prenant l'air affairé pour donner au tueur l'impression qu'une quantité phénoménale de preuves avait été accumulée contre lui.

Nous les avons prévenus qu'il leur serait difficile d'obtenir des aveux. La peine de mort était toujours en vigueur en Caroline du sud et, au mieux, notre meurtrier pouvait s'attendre à passer de très longues années en prison. De plus, compte tenu des accusations de viols et de meurtres d'enfants qui pesaient sur lui, il ne serait pas vraiment à la fête. La prison, dans ce cas, n'est pas le lieu idéal pour celui qui tient à la vie et à son intégrité physique. Le mieux, je l'espérais, était de lui fournir un scénario lui permettant de sauver la face, en rejetant le blâme sur la victime (aussi insupportable que cela soit pour les enquêteurs) ou en le laissant invoquer l'argument de la démence au moment des faits. Les accusés qui ne voient pas d'autre issue pour s'en sortir s'empressent souvent de plaider l'aliénation mentale, même si, statistiquement, les jurés l'admettent rarement.

Les hommes du shérif ont arrêté Larry Gene Bell, le lendemain matin, tôt, alors qu'il s'apprêtait à quitter le domicile de ses parents pour aller travailler. Jim Metts a soigneusement observé son visage alors qu'on le faisait entrer dans la caravane. « Il est devenu blanc comme un linge », nous a-t-il dit par la suite. Cela a manifestement eu l'impact désiré. On lui a lu ses droits et il a renoncé à celui de se taire en acceptant de répondre aux questions des enquêteurs.

Les policiers l'ont cuisiné pendant presque toute la journée. Ron et moi attendions dans le bureau de Metts. On nous tenait au courant de la progression de l'interrogatoire et nous, nous donnions des conseils au fur et à mesure. Des policiers munis d'un mandat de perquisition ont fouillé son domicile pendant ce temps-là. Comme nous aurions pu le prévoir, ses chaussures étaient parfaitement alignées sous son lit et son bureau était rangé de manière méticuleuse. Même ses outils étaient convenablement disposés dans le coffre de sa voiture qui était âgée de trois ans et bien entretenue. Ils ont retrouvé sur son bureau les directives pour se rendre chez ses parents écrites dans le même style que celles qu'il avait fournies à Dawn pour conduire la police jusqu'aux cadavres des deux jeunes filles. Ils ont également mis la main sur des revues pornographiques où figuraient des scènes de bondage et de sadomasochisme, ce à quoi nous nous attendions. Des techniciens ont retrouvé des cheveux sur son lit qui correspondaient à ceux de Shari. Le timbre commémoratif utilisé pour envoyer les dernières volontés et le testament de celle-ci provenait d'une planche de timbres rangée dans le tiroir de son bureau. Quand sa photographie est passée au journal télévisé, le témoin de l'enlèvement de la petite Debra l'a immédiatement reconnu.

Comme nous l'avions prédit, il avait déjà été impliqué depuis son enfance dans une série d'incidents de nature sexuelle et l'escalade s'était poursuivie jusqu'au jour où, à l'âge de vingt-six ans, il avait essayé de forcer une jeune femme mariée de dix-neuf ans à monter dans sa voiture sous la menace d'un couteau. Pour éviter la prison, il avait accepté de consulter un psychiatre, mais il avait abandonné le traitement au bout de deux séances. Cinq mois plus tard, il avait de nouveau tenté de forcer une étudiante à monter dans sa voiture sous la menace d'une arme à feu. Il avait été condamné à cinq ans d'emprisonnement puis été libéré sur parole vingt et un mois plus tard. Alors qu'il était encore en période de mise à l'épreuve, il avait passé plus de quatre-vingts appels obscènes à une fillette de dix ans. Il avait plaidé coupable à la suite de cela et avait récolté une nouvelle mise à l'épreuve.

Dans la caravane, Bell n'a pas avoué. Il a nié toute implication dans les crimes et a seulement reconnu s'être intéressé à ces affaires. Même quand on lui a fait écouter les cassettes de ses conversations téléphoniques, il n'a toujours rien répondu. Au bout de six heures, il a dit qu'il voulait parler au shérif Metts personnellement. Metts est entré et lui a de nouveau énoncé ses droits mais Bell n'a rien avoué.

À la fin de l'après-midi, Ron et moi nous trouvions encore dans le bureau du shérif quand il est entré accompagné du procureur Don Meyers et de Bell. Meyers était gros et doux. Ron et moi avons tous deux été surpris. Il a dit à Bell avec son accent de Caroline du sud : « Vous savez qui sont ces gars ? Ces gars, ils sont du F-B-I. Vous savez qu'ils ont dressé un profil du tueur et il vous correspond parfaitement ! Ils veulent vous parler un petit moment. » Ils l'ont fait asseoir sur le canapé blanc près du mur, puis ils sont sortis en nous laissant seuls avec lui.

Je me suis assis sur le bord de la table juste devant Bell. Ron se tenait derrière moi. Je portais encore les vêtements que j'avais enfilés juste avant le levé du jour, à savoir une chemise blanche et un pantalon presque assorti. Je l'appelle ma tenue Harry Belafonte [1], mais dans ce contexte, dans cette salle blanche meublée d'un canapé blanc, cela faisait un peu chirurgical. On était presque dans un autre monde.

J'ai expliqué à Bell les recherches que nous avions menées et je lui ai fait comprendre que je connaissais ainsi parfaitement les motivations de l'individu responsable de ces homicides. J'ai ajouté qu'il avait peut-être nié avoir commis ces crimes parce qu'il essayait de réprimer des pensées dont il se sentait coupable.

Je lui ai dit : « Nous avons découvert une chose en allant interviewer tous ces sujets incarcérés en prison. C'est que tous les détails de leur passé ne leur reviennent pas à l'esprit. Et en général, quand un crime comme celui-là se produit, c'est un cauchemar pour celui qui le commet. Il traverse des épreuves particulièrement dures à ce moment-là : il a des difficultés financières, des problèmes avec sa femme ou avec sa petite amie. » Et pendant que je parlais, il a acquiescé, comme s'il vivait tout cela.

J'ai ensuite ajouté : « Le problème pour nous, Larry, est que lorsque tu vas passer en jugement, ton avocat ne voudra pas que tu témoignes. Tu n'auras donc jamais la possibilité de t'expliquer. On ne connaîtra que tes mauvais côtés, aucune de tes qualités. On saura seulement que tu es un tueur de sang-froid. Et comme je viens de te le dire, nous avons constaté que très souvent, les personnes qui faisaient ce genre de choses avaient l'impression de vivre un cauchemar. Quand elles se réveillent le lendemain, elles n'arrivent pas à croire qu'elles ont vraiment commis ce crime. »

Bell n'a pas cessé d'acquiescer pendant que je lui parlais.

Je ne lui ai pas demandé à ce moment-là s'il avait commis ces crimes parce que je savais qu'il me répondrait que non. Alors je me suis penché vers lui en lui demandant : « Quand as-tu commencé à te sentir coupable de ce crime, Larry ?

– Quand j'ai vu une photographie et que j'ai lu un article dans un journal parlant de la famille qui priait au cimetière », m'a-t-il répondu.

---

1. *N.d.T.* Acteur et chanteur américain.

Puis j'ai ajouté : « Larry, maintenant que tu es assis ici, est-ce que c'est toi qui as fait ça ? Est-ce que tu pourrais l'avoir fait ? » Dans cette phase-là, nous essayons de ne pas employer de termes accusateurs ou qui pourraient mettre le feu aux poudres, tels que *tuer, crime* et *meurtre*.

Il m'a regardé les yeux baignés de larmes et m'a répondu : « Tout ce que je sais, c'est que le Larry Gene Bell assis ici n'aurait pas pu faire ça, mais que le mauvais Larry Gene Bell aurait pu le faire. »

Je savais qu'il n'en dirait pas plus. Mais Don Meyers voulait que nous tentions encore une chose et j'ai accepté. Il pensait que nous pourrions peut-être obtenir une réaction instantanée de Bell si nous le confrontions à la mère et à la sœur de Shari.

Hilda et Dawn ont accepté et je leur ai expliqué comment je voulais qu'elles se comportent et ce que je souhaitais qu'elles disent. L'entretien a eu lieu dans le bureau de Metts. Il était assis derrière son énorme table de travail, Ron Walker et moi nous tenions chacun à un bout de la pièce et nous formions ainsi un triangle. Bell est entré et on l'a fait asseoir au milieu, face à la porte. Puis Hilda et Dawn sont arrivées et on a demandé à Bell de dire quelque chose. Il est resté tête baissée, comme s'il lui était impossible de les regarder.

Dawn l'a fixé des yeux en lui disant comme je le lui avais demandé : « C'est vous ! Je sais que c'est vous ! Je reconnais votre voix. »

Il ne l'a pas nié et ne l'a pas non plus admis. Il s'est mis à leur répéter les propos que je lui avais tenus pour le faire parler. Il leur a ainsi dit que le Larry Gene Bell qui était assis là ne pouvait pas avoir fait ça, etc. J'espérais encore qu'il saisirait l'occasion de plaider l'aliénation mentale et qu'il leur cracherait le morceau.

Tout ceci a duré un moment. Mme Smith a continué à lui poser des questions pour le pousser aux aveux. Je me disais que cette discussion devait rendre tout le monde malade.

Tout d'un coup, j'ai été pris de panique en me demandant si Dawn ou Hilda étaient armées. Avait-on vérifié qu'elles n'étaient pas armées ? Je n'avais vu personne les fouiller. À partir de ce moment-là, je suis resté assis sur le bord de mon siège, prêt à bondir pour désarmer l'une ou l'autre si elle commençait à fouiller dans son sac. Je savais ce que j'aurais voulu faire si on avait tué l'un de mes enfants et de nombreux parents auraient éprouvé la même chose. C'était le moment rêvé pour tuer ce type et aucun jury au monde ne les aurait condamnées.

Heureusement, Dawn et Hilda n'avaient pas dissimulé d'arme dans leur sac. À leur place, je n'aurais pas eu autant de retenue et de confiance dans le système. Ron a vérifié après coup. Elles n'avaient effectivement pas été fouillées.

Larry Gene Bell a été jugé pour le meurtre de Shari Faye Smith à la fin du mois de janvier suivant. En raison de l'énorme battage médiatique entourant ce procès, celui-ci s'est finalement tenu dans le comté de Berkeley, près de Charleston. Don Meyers m'a demandé de témoigner en tant qu'expert dans le domaine des profils psychologiques et d'exposer la manière dont j'avais interrogé l'accusé.

Bell n'est pas allé à la barre et n'a jamais reconnu ce dont il était accusé. Il n'en a pas dit plus que ce qu'il m'avait avoué dans le bureau du shérif. Il a passé la plupart de son procès à prendre des notes de manière compulsive sur un bloc du même genre que celui sur lequel Shari Faye avait rédigé ses dernières volontés. L'accusation a été plutôt convaincante. Après près d'un mois de dépositions, il n'a fallu aux jurés que quarante-sept minutes pour rendre leur verdict. Larry Gene Bell a été reconnu coupable d'enlèvement et de meurtre prémédité. Quatre jours plus tard, après une nouvelle délibération, il a été condamné à la peine de mort par électrocution. Il est ensuite repassé en jugement, cette fois-ci pour l'enlèvement et le meurtre de la petite Debra May Helmick. Il n'a guère fallu plus de temps au jury pour rendre le même verdict assorti de la même condamnation.

Dans l'affaire Larry Gene Bell, la coopération entre de nombreuses agences relevant du comté, de l'État et de l'État fédéral a été excellente. Nous avons été aidés par deux familles héroïques et une symbiose parfaite a existé entre d'un côté, les techniques d'analyse du crime et du profil du meurtrier, et de l'autre, celles plus traditionnelles de l'investigation policière et scientifique. C'est grâce à cette étroite collaboration qu'il a été possible d'arrêter un dangereux tueur en série au début de sa « carrière ». J'aimerais que cette affaire constitue un modèle pour de futures enquêtes.

Dawn a réalisé de grands projets par la suite. Un an après le procès, elle a gagné le titre de Miss Caroline du sud. Elle s'est présentée au concours de Miss America et a été élue première dauphine. Elle s'est mariée et a poursuivi ses ambitions musicales. C'est ainsi qu'elle est devenue chanteuse de *country music* et de gospel. Il m'arrive de la voir de temps en temps à la télévision.

À l'heure où j'écris ces lignes, Larry Gene Bell est toujours dans le couloir de la mort d'une prison de Caroline du sud. Sa cellule est extrêmement propre et bien rangée. Les policiers le soupçonnent d'être l'auteur d'autres meurtres de fillettes et de jeunes femmes en Caroline du sud et en Caroline du nord. D'après l'expérience que j'ai acquise et les recherches que nous avons menées, je crois qu'il est impossible de réinsérer ce genre d'individu dans la société. Si jamais on le relâche, il tuera de nouveau. Et à ceux qui disent qu'une telle attente dans le couloir de la mort constitue une punition cruelle et injuste, je réponds que je suis d'accord jusqu'à un certain point. Retarder l'exécution de la peine ultime est cruel et injuste pour les familles Smith et Helmick, pour tous ceux qui connaissaient et aimaient ces deux jeunes filles et pour tous ceux qui, comme nous, souhaitent que justice soit faite.

17

PERSONNE N'EST À L'ABRI

Le 1er juin 1989, un pêcheur a repéré trois « flotteurs » dans la baie de Tampa en Floride. Il a appelé les garde-côtes et la police de Saint-Petersburg qui ont sorti trois corps décomposés de l'eau. C'étaient toutes des femmes, leurs poignets étaient liés à leurs chevilles à l'aide de corde en plastique jaune et de corde blanche normale. Un bloc de vingt-cinq kilos était attaché au cou de chacune d'elles. Du chatterton argenté recouvrait leurs bouches et d'après les résidus de colle retrouvés sur leurs visages, les policiers en ont déduit qu'on leur en avait également mis sur les yeux avant de les jeter à l'eau. Elles portaient toutes un T-shirt et un haut de maillot de bain. Le bas manquait, laissant penser que le crime avait une composante sexuelle. L'état avancé de décomposition des corps n'a pas permis de déterminer si ces femmes avaient été agressées sexuellement.

Une voiture retrouvée sur le rivage a rendu possible l'identification des cadavres. L'un était celui de Joan Rogers, trente-huit ans et les deux autres étaient ceux de ses filles, Michelle, dix-sept ans et Christie, quinze ans. Elles habitaient une ferme dans l'Ohio et c'était là leurs premières vraies vacances. Elles avaient déjà visité Disney World et comptaient passer encore quelques jours dans une auberge de Saint-Petersburg avant de rentrer chez elles. M. Rogers, le père, n'avait pas voulu quitter la ferme, aussi n'avait-il pas accompagné sa femme et ses filles.

L'examen du contenu de l'estomac des victimes et l'interrogatoire des serveuses travaillant à l'auberge a permis de déterminer qu'elles étaient mortes depuis quarante-huit heures environ. Un morceau de papier sur lequel étaient griffonnées les directives pour se rendre de l'auberge jusqu'à l'endroit où la voiture avait été retrouvée était le seul élément tangible dont disposaient les enquêteurs. Au verso de celui-ci, une carte dessinée à la main montrait le chemin à emprunter pour se rendre de Dale Mabry, une rue commerçante de Saint-Petersburg, jusqu'à l'auberge.

Cette affaire a immédiatement fait la une des journaux locaux et les polices de Saint-Petersburg et de Tampa ainsi que le département du shérif du comté de Hillsborough l'ont prise en main. L'opinion publique était sous le choc. Si ces trois touristes innocentes de l'Ohio pouvaient être tuées comme cela, alors c'est que personne n'était à l'abri.

Les policiers ont suivi la piste de la note griffonnée. Ils ont comparé son écriture à celle des employés de l'hôtel et à celle d'autres personnes travaillant dans des boutiques ou des bureaux autour de Dale Mabry, la rue d'où partaient les directives pour se rendre à l'hôtel. Mais ils n'ont rien trouvé. La nature sexuelle et brutale des meurtres était cependant inquiétante. Le bureau du shérif de Hillsborough a contacté le FBI de Tampa en lui disant qu'il était possible qu'ils aient une affaire de tueur en série sur les bras. La coopération entre la police et le FBI n'a cependant pas fait progresser le dossier de manière significative.

Jana Monroe était un agent spécial du bureau de Tampa. Officier de police avant d'entrer au FBI, elle avait été chargée d'enquêter sur des homicides en Californie. En septembre 1990, Jim Wright et moi avions eu un entretien avec elle parce qu'un poste se libérait dans notre unité. À la suite de cela, nous avions demandé sa mutation à Quantico. Jana avait été coordinatrice pour l'établissement des profils à Tampa. Quand elle est entrée à l'unité, l'affaire Rogers a été l'une des premières qu'elle a supervisées pour nous.

Des représentants de la police de Saint-Petersburg sont venus à Quantico pour présenter les éléments du dossier à Jana, Larry Ankrom, Steve Etter, Bill Hagmaier et Steve Mardigian. Ceux-ci ont ensuite dressé un profil du meurtrier : c'était un homme blanc, âgé de trente-cinq à quarante-cinq ans. Il était, selon eux, homme à tout faire et il avait interrompu sa scolarité très tôt. Il avait déjà commis des agressions physiques et sexuelles. Des facteurs précipitants étaient certainement survenus juste avant le triple meurtre. Dès que la pression avait baissé, il avait quitté la région, mais comme John Prante dans l'affaire Karla Brown, il était peut-être revenu par la suite.

Les agents étaient convaincus que leur profil du tueur était exact, mais celui-ci n'a conduit à aucune arrestation. L'enquête piétinait. Une technique proactive était nécessaire, aussi Jana est-elle passée à la télévision lors de l'émission *Mystères non élucidés*. Ce genre de programme a souvent permis la localisation et l'identification de meurtriers. L'émission en question a fourni des milliers de pistes aux enquêteurs mais elles n'ont rien donné.

Je dis toujours à mes collaborateurs que lorsqu'une technique n'a pas marché, il faut tenter autre chose, même si cela n'a jamais été fait auparavant. Jana a suivi ce conseil. La note griffonnée semblait le seul élément liant les victimes au meurtrier mais on n'en avait rien tiré jusqu'alors. Comme l'affaire était bien connue des habitants de la région de Tampa, Jana a eu l'idée de faire procéder à un agrandissement du texte et de l'afficher pour voir si quelqu'un en reconnaissait l'écriture. Nous savons que la plupart des gens n'identifient en général que l'écriture des membres de leur famille et de leurs amis proches, mais Jana s'est dit qu'une personne (la femme ou la petite amie de l'inconnu, par exemple) pourrait se manifester, surtout si celui-ci s'était montré brutal envers elle et si elle cherchait une raison de le dénoncer.

Des entreprises locales ont accepté d'offrir de l'espace sur des panneaux publicitaires. La note a alors été reproduite et affichée afin que tout le monde la voie. Deux jours plus tard, trois personnes qui ne se connaissaient pas ont téléphoné à la police pour signaler que cette écriture était celle d'Oba Chandler, un homme blanc d'une quarantaine d'années. Il posait des panneaux en aluminium. Il avait été attaqué en justice par chacune de ces trois personnes quand des panneaux s'étaient détachés dès la première pluie violente. Elles étaient sûres d'elles, car elles avaient toutes une copie manuscrite des réponses qu'il avait données à leurs accusations.

Outre son âge et sa profession, il correspondait aussi parfaitement au profil dans d'autres domaines essentiels. Il avait déjà un casier judiciaire pour atteinte à la propriété, agression et voies de fait et agression sexuelle. Il avait quitté les lieux quand la pression avait baissé, sans pourtant éprouver le besoin de changer de région. Sa femme actuelle venait de mettre un enfant au monde dont il ne voulait pas. C'était ça qui avait joué le rôle de facteur précipitant.

Comme c'est souvent le cas quand on commence à avancer dans une affaire, une autre victime s'est présentée après avoir entendu le récit des détails du meurtre. Cette femme et une de ses amies avaient rencontré un homme correspondant à la description de Chandler. Il avait voulu les emmener sur son bateau dans la baie de Tampa. L'amie ayant eu un mauvais pressentiment avait décliné l'invitation. Cette femme y était donc allée seule.

Au milieu de la baie, il avait essayé de la violer. Alors qu'elle se débattait, il lui avait dit : « Ne hurle pas, sinon je te collerai du chatterton sur la bouche, je t'attacherai à un bloc et je te jetterai pardessus bord. »

Oba Chandler a été arrêté, jugé et condamné à la peine de mort pour les meurtres avec préméditation de Joan, Michelle et Christie Rogers.

Ses victimes étaient des personnes ordinaires et confiantes qu'il avait quasiment choisies au hasard. Cette sélection se fait parfois de manière complètement fortuite, confirmant ainsi l'assertion terrifiante selon laquelle *personne* n'est à l'abri. Et dans des situations comme celles-ci, les techniques proactives ont une importance capitale.

Fin 1982, des personnes sont soudain mortes de manière mystérieuse dans la région de Chicago. La police a très vite établi un lien entre les décès et en a trouvé la cause : les victimes avaient toutes avalé des gélules de Tylenol [1] empoisonnées au cyanure. Une fois la gélule dissoute dans l'estomac, la mort était rapidement survenue.

1. *N.d.T.* Médicament destiné au traitement symptomatique des affections douloureuses et des affections fébriles. Aux États-Unis, certains médicaments sont vendus en libre-service. C'est ainsi que l'empoisonneur a pu introduire le cyanure.

Ed Hagarty, le directeur du bureau de Chicago, m'a demandé de participer à l'enquête. Je n'avais jamais travaillé sur des affaires de ce genre mais en y réfléchissant, je me suis dit que l'expérience que j'avais acquise en étant confronté à toutes sortes de délinquants serait utile, là aussi. Cette affaire a pris pour nom de code « Tymurs ».

Notre premier problème était que la sélection des victimes s'était faite complètement au hasard. Comme le criminel ne visait personne en particulier et n'était pas non plus présent sur les lieux du crime, l'analyse que nous faisons généralement ne nous aurait rien apporté.

Aucun mobile classique tel que l'amour, la jalousie, la convoitise ou la vengeance ne semblait sous-tendre ces homicides. L'empoisonneur visait peut-être Johnson & Johnson, le fabricant du médicament ou une des boutiques qui le vendaient au détail ou encore, la société dans son ensemble.

Pour moi, ces empoisonnements étaient du même ordre que la pose de bombes dans des endroits publics ou le jet de pierres sur des voitures, du haut d'un pont. Le criminel ne voyait jamais le visage de ses victimes. J'imaginais que notre inconnu cherchait avant tout à exprimer sa colère plutôt qu'à s'en prendre à un certain type de personne en particulier, un peu comme David Berkowitz quand il tirait sur des voitures arrêtées. S'il avait vu le visage de ses victimes, il aurait peut-être changé d'avis ou fait preuve de remords.

En comparant cette affaire à d'autres meurtres lâches, commis au hasard, je me suis fait ma petite idée sur l'auteur de ces empoisonnements. Même si la nature de ce crime était différente de ceux-là, le profil nous était familier sur bien des points. Nous avons constaté au cours de nos études que les sujets qui tuaient aveuglément et sans rechercher la notoriété y étaient généralement poussés par la colère. Selon moi, notre inconnu devait traverser des périodes de dépression intense, être inadapté et désespéré et avoir subi de nombreux échecs dans sa vie scolaire, professionnelle et amoureuse.

Il devait correspondre au type même de l'assassin : c'était un homme blanc, âgé de vingt-huit à trente-deux ans environ, noctambule et solitaire. Il était allé, selon moi, chez les victimes ou sur leur tombe et y avait peut-être déposé quelque chose de symbolique. Je m'attendais à ce qu'il occupe un poste lui permettant de satisfaire au maximum son besoin de pouvoir et d'autorité et ce, dans la limite de ses capacités. Je le voyais très bien, par exemple, conducteur d'ambulance, agent de sécurité ou de surveillance dans un magasin, ou policier auxiliaire. Il avait probablement une expérience militaire dans l'armée de terre ou chez les Marines.

Je me disais qu'il avait déjà sûrement suivi un traitement psychiatrique et pris des médicaments prescrits par un médecin pour faire face à ses difficultés. Sa voiture avait au moins cinq ans, était mal entretenue mais elle représentait le pouvoir et l'autorité. C'était, par exemple, un modèle de chez Ford également utilisé par la police. Peu avant le premier empoisonnement, c'est-à-dire autour du 28 ou 29 septembre, il avait probablement subi un stress particulier dont il avait dû rendre la société responsable, ce qui avait alimenté sa colère. Une fois l'affaire des empoisonnements rendue publique, il s'était sûrement mis à en parler à tous ceux qui avaient accepté de l'écouter dans des bars et des drugstores. Il en avait peut-être même discuté avec des policiers. Le sentiment de pouvoir qu'il avait éprouvé en commettant ces crimes avait dû flatter son ego ce qui me laissait penser qu'il avait probablement tenu un journal ou conservé des coupures de presse relatant ses crimes.

J'ai dit aux policiers qu'il était très possible qu'il ait écrit à des personnalités – le Président, le directeur du FBI, le gouverneur de l'État, le maire – pour se plaindre de dommages qu'il avait, selon lui, subis. Il aurait signé ses premières lettres. Le temps aurait passé sans qu'il ait reçu de réponse le satisfaisant. Il se serait ainsi senti ignoré et sa rage se serait accumulée. Ces meurtres commis au hasard pouvaient être ainsi, pour lui, un moyen de régler ses comptes avec tous ceux qui ne l'avaient pas pris au sérieux.

Il ne fallait pas chercher d'explication compliquée au choix du Tylenol comme moyen d'empoisonnement, ai-je expliqué aux enquêteurs. C'était là une opération bâclée. Le Tylenol était un médicament courant et les gélules faciles à ouvrir. Le criminel avait peut-être également apprécié son conditionnement. Cette hypothèse me semblait au moins aussi plausible que celle consistant à dire qu'il avait nourri une haine particulière à l'encontre de son fabricant.

Comme dans le cas des incendiaires et des poseurs de bombes dans des lieux publics, de nombreuses personnes, dans une ville de la taille de Chicago, pouvaient correspondre au profil. Aussi était-il important de recourir à des techniques proactives comme nous l'avions fait dans l'affaire Rogers. Il fallait que les policiers maintiennent la pression sur le meurtrier pour qu'il ne puisse plus gérer la situation. L'un de ces moyens consistait à ne tenir que des propos positifs. Je leur ai conseillé, en même temps, de ne pas le provoquer en le traitant de « forcené », ce qui avait, malheureusement, déjà été fait.

Le plus important était d'encourager la presse à publier des articles humanisant les victimes puisque la nature de ces crimes tendait justement à les déshumaniser dans l'esprit du meurtrier. Je pensais qu'il commencerait à éprouver de la culpabilité si on lui montrait des photographies d'une fillette de douze ans qui était morte suite à l'absorption du poison. Nous pouvions, selon moi, l'atteindre ainsi.

Un peu comme dans l'affaire d'Atlanta et dans celle du meurtre de Shari Smith, j'ai suggéré de poster un vigile de nuit près de la tombe de certaines victimes en me disant qu'il s'y rendrait peut-être. Pensant que le meurtrier se sentait coupable, j'ai aussi encouragé la presse à bien insister sur les dates anniversaires de ces crimes.

Je me disais que l'on pouvait également le pousser à se rendre dans certains magasins plutôt que dans d'autres comme nous l'avions fait avec les braqueurs de banques à Milwaukee et à Détroit, et être ainsi prêts à l'accueillir. Les policiers pouvaient, par exemple, laisser filtrer l'information selon laquelle tout avait été prévu pour protéger la clientèle dans une boutique particulière. Je pensais que notre inconnu éprouverait alors le besoin irrésistible d'aller constater par lui-même ce que ses actes avaient provoqué. On pouvait aussi publier un article dans lequel un directeur de magasin affirmerait avoir une confiance absolue dans la sécurité de son établissement. Il clamerait qu'il serait absolument impossible à l'empoisonneur d'ouvrir les produits se trouvant sur ses rayonnages. Une variante de ce stratagème était de faire croire au meurtrier que la police et les agents du FBI avaient pris des mesures particulières parce qu'ils avaient reçu un tuyau intéressant concernant tel magasin. Ce serait finalement une fausse alerte. Mais le responsable de la police dirait aux caméras de télévision dépêchées sur les lieux que son service de renseignement était tellement efficace que l'inconnu avait finalement changé d'avis et n'avait pas introduit le poison. L'idée était de provoquer ainsi le tueur en sachant pertinemment qu'il aurait bien du mal à ne pas relever ce défi.

Nous pouvions aussi demander à un psychiatre de donner une interview dans laquelle il manifesterait son soutien au criminel en déclarant que celui-ci était une victime de la société. Il fallait fournir au tueur un scénario lui permettant de sauver la face. Il téléphonerait sûrement ensuite au cabinet du médecin ou passerait devant et nous serions prêts à le coincer ou à le suivre.

Je pensais également que si les autorités annonçaient la mise en place d'un numéro vert destiné à recueillir toutes les informations concernant cette affaire, notre inconnu proposerait très certainement de se joindre au groupe de volontaires civils qui répondraient au téléphone. Si nous avions pu mettre au point un tel système à Atlanta comme je l'avais souhaité, je pense que Wayne Williams y aurait sûrement participé. Ted Bundy s'était d'ailleurs porté volontaire lors de la création d'un centre de crise à la suite des viols qu'il avait commis à Seattle.

La police a toujours quelques réticences à l'idée de travailler avec les médias ou de les utiliser. Je l'ai observé à plusieurs reprises au cours de ma carrière. Au début des années 1980, quand le programme d'établissement de profils en était encore à ses balbutiements, j'ai été convoqué par le quartier général pour rencontrer les membres de la Division d'Enquêtes Criminelles et le conseiller juridique du Bureau afin de leur expliquer certaines de mes techniques proactives.

« John, vous ne mentez pas à la presse, n'est-ce pas ? » m'ont-ils demandé.

Je leur ai répondu en leur exposant l'une des affaires récentes au cours de laquelle nous avions utilisé les médias avec succès. À San Diego, le corps d'une jeune femme avait été découvert dans les collines. Elle avait été étranglée et violée et elle portait un collier pour chien autour du cou ainsi qu'une laisse. Sa voiture avait été retrouvée sur le bas-côté d'une autoroute. Elle était apparemment tombée en panne d'essence et son meurtrier l'avait prise dans sa voiture, soit en jouant les Bons Samaritains, soit en la forçant, puis il l'avait conduite là où son corps avait été découvert.

J'avais suggéré à la police de révéler les informations à la presse dans un ordre particulier. Il fallait d'abord que les journalistes décrivent le crime et notre analyse de celui-ci, puis qu'ils insistent sur l'implication totale du FBI au côté des autorités locales et de celles de l'État, en citant les propos d'un officier en charge de l'affaire : « Même si nous devons y passer vingt ans, nous mettrons la main sur celui qui a fait ça ! » Sur une route passante comme celle-là, quelqu'un avait sûrement vu quelque chose. J'ai donc voulu que la presse annonce ensuite que des personnes avaient signalé la présence d'un individu ou d'éléments suspects à l'heure de l'enlèvement et que la police demandait aux témoins de se manifester.

Mon idée était que si le tueur pensait que quelqu'un l'avait vu (ce qui était vraisemblablement le cas), il se dirait qu'il fallait le prendre de vitesse en allant lui-même trouver les policiers pour justifier sa présence sur les lieux. Il leur raconterait, par exemple, ceci : « Je passais par là en voiture et j'ai vu qu'elle était en panne. Je me suis arrêté et je lui ai demandé si je pouvais l'aider mais elle m'a répondu que tout allait bien, alors je suis reparti. »

Les policiers s'efforcent toujours d'obtenir l'aide du public à travers les médias. Mais trop souvent, ils ne considèrent pas cela comme une technique proactive. Je me demande combien de criminels sont déjà allés les trouver mais leur ont finalement filé entre les doigts simplement parce qu'ils ignoraient ce qu'ils devaient rechercher. Attention, je ne veux pas dire par là que les vrais témoins doivent se garder de se présenter à la police ! Vous ne deviendrez pas suspect si vous le faites. Bien au contraire. Votre intervention pourrait sûrement permettre ainsi l'arrestation d'un criminel.

Dans l'affaire de San Diego, la technique a porté ses fruits comme je l'avais espéré. Le tueur s'est immiscé dans l'enquête et a été appréhendé.

« OK, Douglas, nous voyons à quoi vous voulez en venir », m'ont répondu les membres du quartier général à contrecœur. « Tenez-nous informés quand vous aurez l'intention d'utiliser cette technique. » La nouveauté effraie souvent les bureaucraties.

J'espérais que, d'une manière ou d'une autre, la presse nous aiderait à faire sortir l'empoisonneur de sa cachette. Bob Greene, le chroniqueur célèbre du *Chicago Tribune*, a rencontré les policiers et le FBI. Il a ensuite écrit un article touchant sur la petite Mary Kellerman, âgée de douze ans, qui était la plus jeune victime de l'empoisonneur et l'enfant unique d'un couple qui ne pouvait plus en concevoir d'autres. Quand l'histoire est parue, les policiers et les agents du FBI se sont postés à proximité du domicile des parents de l'enfant et de la tombe de celle-ci pour les surveiller. Je pense que la plupart des personnes chargées de cette planque pensaient que c'était inutile et que les criminels rongés par le remords et/ou prenant plaisir à évoquer les meurtres qu'ils avaient commis ne se rendaient pas sur les tombes. Mais je les ai suppliées de tenter l'expérience pendant une semaine.

J'étais encore à Chicago quand les policiers ont quadrillé le cimetière. Je savais que je devrais faire face à leur courroux si cela ne donnait rien. Planquer est déjà un travail ennuyeux et inconfortable quand on le fait dans de bonnes circonstances, alors dans un cimetière, de nuit...

Rien ne s'est produit la première nuit. Tout a été calme et paisible. Mais au cours de la deuxième, les membres de l'équipe de surveillance ont eu l'impression d'avoir entendu quelque chose. Ils se sont approchés de la tombe en veillant à rester suffisamment à distance. Ils ont entendu la voix d'un homme dont l'âge correspondait à celui mentionné dans le profil.

L'homme était éploré, il sanglotait presque. Il a dit : « Je suis désolé. Je ne voulais pas ça. C'était un accident ! » Il suppliait la fillette décédée de le pardonner.

« Mon Dieu, ont-ils dû se dire, Douglas avait raison ! » Ils se sont jetés sur lui. Ce n'est qu'après qu'ils se sont aperçus qu'il avait prononcé un autre nom que celui de Mary !

L'homme a eu la peur de sa vie. Les policiers se sont alors rendu compte qu'il se tenait sur la tombe *voisine* de celle de Mary.

La personne enterrée là avait été victime d'un accident de la route. Le chauffard qui l'avait tuée avait pris la fuite. Il était revenu sur sa tombe pour avouer son crime.

Quatre ou cinq ans plus tard, les policiers de Chicago ont utilisé le même stratagème dans une affaire de meurtre non élucidée.

Poussés par un coordinateur de formations du FBI, Bob Sagowski, ils ont commencé à divulguer des informations aux journaux aux alentours de la date anniversaire du crime. Quand ils ont finalement appréhendé le meurtrier sur la tombe de sa victime, celui-ci leur a simplement dit : « Je me demandais ce que vous fabriquiez. »

Nous n'avons pas capturé l'empoisonneur du Tylenol de cette façon. En fait, nous n'avons arrêté personne. Un suspect a été appréhendé et condamné pour du racket lié aux meurtres mais il n'y avait pas assez de preuves pour le juger pour les meurtres eux-mêmes. Il correspondait au profil mais il n'était pas dans la région de Chicago lorsque la police avait surveillé le cimetière. Après son incarcération, les empoisonnements ont cependant cessé.

Comme il n'y a pas eu de procès, nous ne pouvons pas affirmer avec certitude que c'était bien notre homme. Mais il est clair qu'un certain nombre de criminels en série se font appréhender pour d'autres infractions et ce, à l'insu des policiers qui enquêtent sur les affaires non élucidées dans lesquelles ils sont impliqués. Trois raisons expliquent qu'un tueur actif s'arrête soudain de tuer, en dehors, bien entendu, de sa décision de prendre sa « retraite ». La première est qu'il s'est suicidé, ce qui arrive parfois avec certains types de personnalités. La seconde, c'est qu'il a quitté la région et qu'il exerce ailleurs. Le FBI a mis au point à cet effet un programme informatique permettant à tous les services de police du pays d'échanger rapidement des informations, ce qui facilite ainsi la traque des criminels. La troisième explication est que le meurtrier est incarcéré pour une autre infraction moins grave – généralement pour cambriolage, vol ou agression – sans que les autorités aient établi un lien entre lui et ces crimes en série.

Depuis l'affaire du Tylenol, de nombreux autres empoisonnements ont eu lieu mais pour des motifs beaucoup plus classiques. Il est arrivé que des personnes tuent leur conjoint et élaborent toute une mise en scène pour faire croire que l'empoisonneur du Tylenol avait frappé de nouveau et égarer ainsi les soupçons. Les policiers confrontés à ce genre d'affaires doivent prendre en compte le nombre d'empoisonnements survenus, leur localisation ou leur dispersion, voir si le produit a été consommé à proximité du lieu où l'on a manifestement introduit le poison, et s'intéresser à la nature de la relation entre la victime et la personne qui a signalé le crime. Comme dans tous les meurtres où l'on soupçonne un proche, ils devront rechercher l'existence de conflits antérieurs et recueillir toutes les informations possibles sur le comportement des suspects avant et après le meurtre.

Il arrive parfois que l'on croie à tort que personne en particulier n'était visé. Ce qui peut apparaître comme un crime provoqué par la colère et la frustration et dirigé contre la société en général peut parfaitement avoir des motivations plus « classiques », comme la volonté d'en finir « proprement » avec son mariage, de toucher l'argent d'une assurance-vie ou d'hériter. À la suite de l'affaire du Tylenol, une femme a assassiné son mari après avoir empoisonné ce médicament, en croyant que ce nouveau meurtre serait attribué à l'empoisonneur du Tylenol. La mise en scène était évidente et les différences entre ces deux affaires étaient suffisamment patentes pour que personne ne soit dupe. Les analyses scientifiques sont déterminantes et permettent d'établir des liens entre les crimes commis par un même meurtrier parce qu'il existe des caractéristiques communes à ceux-ci. Les laboratoires peuvent, par exemple, déterminer la provenance du cyanure ou d'autres poisons.

Ce genre d'analyse permet facilement aux enquêteurs de savoir si quelqu'un a délibérément saboté un produit – en plaçant, par exemple, une souris morte dans un flacon de sauce pour spaghetti, un rat dans une canette de limonade ou une aiguille dans une barre chocolatée – dans l'intention de poursuivre en justice les fabricants afin d'obtenir des dommages et intérêts. Ces derniers souhaitent souvent signer rapidement une transaction pour éviter toute publicité fâcheuse et un procès. Si une entreprise soupçonne un sabotage, refuse une transaction et contacte le FBI, il est plus que probable que le criminel sera appréhendé et inculpé car les techniques de police scientifique ont considérablement progressé. De la même façon, un enquêteur expérimenté reconnaîtra des actes de mise en scène d'héroïsme, c'est-à-dire des scénarios montés de toutes pièces par un individu pour obtenir la reconnaissance de ses pairs ou du public.

L'affaire du Tylenol, en dépit de toute son horreur, avait quelque chose d'anormal. Cela ne ressemblait pas à du racket. Pour qu'un racketteur obtienne ce qu'il exige, il faut qu'il montre qu'il peut mettre ses menaces à exécution. Les racketteurs qui menacent d'empoisonner un produit contamineront, en général, une bouteille ou un paquet de celui-ci, le marqueront ensuite d'une certaine façon et feront connaître leurs exigences par un appel téléphonique ou une lettre. L'empoisonneur du Tylenol, lui, n'a pas commencé par proférer des menaces. Il s'est tout de suite mis à tuer.

Notre inconnu n'était pas très sophistiqué, contrairement aux racketteurs classiques. Son travail était bâclé (à la suite de ces meurtres, Johnson & Johnson a dépensé une fortune pour mettre au point un conditionnement résistant) et j'en ai déduit que ce type n'était pas très organisé. Mais pour déterminer si ceux qui profèrent des menaces d'empoisonnement sont vraiment dangereux et capables de mettre celles-ci à exécution, on peut appliquer les mêmes principes que dans le cas de menaces visant des personnalités ou des pays.

Ceci est également vrai pour les poseurs de bombes. Les menaces d'attentat sont toujours prises au sérieux. Les autorités doivent cependant déterminer rapidement si la menace est réelle, car la vie doit reprendre son cours. Les poseurs de bombes et les racketteurs emploient toujours le « nous » dans leurs communications pour sous-entendre qu'ils forment un grand groupe tapi dans l'ombre. En réalité, ce sont plutôt des solitaires qui ne se fient à personne.

Il existe trois sortes de poseurs de bombes. Il y a ceux qui recherchent le pouvoir et qui sont fascinés par la destruction, ceux qui aiment l'idée de mener à bien une mission et qui prennent un vif plaisir à concevoir, réaliser et placer l'engin explosif et, enfin, il y a les techniciens qui éprouvent un sentiment de satisfaction intense en considérant leurs réalisations et l'intelligence dont ils ont fait preuve pour créer le dispositif en question. Quant aux mobiles, ils vont du racket au suicide, en passant par les litiges professionnels et la vengeance.

Nos recherches nous ont permis de dégager un profil commun. Ce sont généralement des hommes blancs. On détermine leur âge en considérant la nature des victimes ou des cibles qu'ils ont choisies. Ils sont d'intelligence moyenne ou supérieure le plus souvent, mais leur réussite est loin d'être à la mesure de leurs capacités intellectuelles. Ils sont ordonnés et méticuleux. Ils planifient soigneusement ce qu'ils entreprennent, fuient les conflits et ne sont ni sportifs, ni hardis. Ils sont déséquilibrés. C'est en évaluant la nature de leur cible ou de leur victime et celle de l'engin utilisé (explosif ou incendiaire, par exemple) que nous pouvons dresser le profil du poseur de bombes comme nous le faisons pour les tueurs en série quand nous nous appuyons sur les éléments de la scène du crime. Nous examinons les facteurs de risque associés à la victime et au criminel, nous essayons de savoir si elle a été choisie au hasard, si elle était accessible, à quel moment de la journée l'attaque a eu lieu et le mode de transport de l'engin (par la poste, par exemple). Nous cherchons à voir s'il y a des particularités dans les composants ou dans le montage de la bombe.

Au début de ma carrière, j'ai tracé le premier profil du désormais célèbre Unabomber (le nom de code que le FBI avait donné à son affaire était Unabomb) qui avait été surnommé ainsi parce qu'il visait des universités et des professeurs.

C'est à travers leurs communications que nous en apprenons le plus sur les poseurs de bombes. Quand Unabomber s'est décidé à correspondre avec le public à travers des lettres aux journaux et des manifestes extrêmement longs, il avait déjà tué trois personnes et il en avait blessé vingt-trois, sur une période de dix-sept ans. Il avait réussi entre autres à ralentir momentanément toute l'industrie du trafic aérien en annonçant qu'une bombe exploserait dans l'aéroport international de Los Angeles.

Comme la plupart des poseurs de bombes, il prétendait appartenir à un groupe (le « FC » pour « Freedom Club [1] ») commanditant ses actions terroristes. En fait, nous sommes presque sûrs qu'il correspondait au type solitaire que je viens de décrire.

Ce profil a, depuis lors, fait l'objet d'abondantes publications et je n'ai pas vu de raisons de changer de point de vue. Malheureusement, malgré l'avancée majeure constituée par les travaux du Dr Brussel sur l'affaire du Poseur de Bombes fou, quand Unabomber, lui, a frappé pour la première fois, la police et la justice n'étaient pas encore formées à notre type d'analyse. La plupart de ces criminels peuvent être appréhendés au début de leur « carrière ». Leurs premier et deuxième crimes sont les plus significatifs en termes de comporte-

---

1. *N.d.T.* Club de la liberté.

ment, de localisation et de cible. Il faut les coincer à ce moment-là, avant qu'ils ne se mettent à perfectionner leur technique et à frapper ailleurs dans le pays. À mesure que les années passent, leur idéologie première se développe et dépasse la simple rancœur à l'égard de la société qui les animait jusque-là. Je pense que si, en 1979, nous en avions été là où nous en sommes actuellement dans le domaine des profils, Unabomber aurait pu être appréhendé beaucoup plus tôt.

La plupart du temps, les menaces d'attentat sont un moyen de racketter un individu ou un groupe particulier. Au milieu des années 70, le président d'une banque du Texas a reçu une menace de bombe par téléphone.

Son interlocuteur lui a expliqué que quelques jours auparavant, quand la compagnie de téléphone avait envoyé des techniciens à la banque, c'étaient en fait ses hommes qui s'étaient présentés. Ils avaient, lui a-t-il dit, posé une bombe qu'il pouvait faire exploser à distance grâce à un détonateur à ondes ultra-courtes. Il ne le ferait pas si le président accédait à ses exigences.

C'est ensuite que vient la partie la plus angoissante. L'inconnu a affirmé détenir en otage Louise, la femme du président. Il lui a dit qu'elle conduisait une Cadillac, qu'elle était allée à tel endroit dans la matinée puis à tel autre, etc. Paniqué, le président a demandé à sa secrétaire d'appeler chez lui sur une autre ligne parce qu'il savait que sa femme devait s'y trouver. Personne n'a répondu. Il s'est alors dit que son interlocuteur ne mentait pas.

Ce dernier lui a posé ses exigences : des coupures usagées de dix à cent dollars. Ne contacter personne. Ne pas avertir la police. « Ils » pouvaient facilement, a-t-il dit, repérer leurs voitures banalisées. Le banquier devait, en outre, avertir sa secrétaire qu'il allait s'absenter pendant quarante-cinq minutes. « Avant de sortir de votre bureau, allumez et éteignez la lumière trois fois. Mes hommes seront postés dehors et verront le signal. Laissez l'argent dans la voiture », a ajouté le ravisseur. Il fallait que le banquier la gare sur le côté d'une avenue particulièrement passante, que le contact soit mis et que les phares restent allumés.

Aucune bombe n'avait été placée et personne n'avait été enlevé. C'était simplement un racketteur qui s'en était pris à une proie facile. Il avait bien préparé son coup. Ayant appris que la compagnie du téléphone avait opéré dans la banque les jours précédents, il a fait passer les employés de celle-ci pour ses poseurs de bombes. Tout le monde sait que les techniciens du téléphone font un travail auquel personne ne comprend rien et ne prête attention, aussi pouvait-on très bien imaginer qu'ils aient réellement été des imposteurs.

Sachant que le président de la banque téléphonerait chez lui pour parler à sa femme, le racketteur avait appelé celle-ci le matin même en se présentant comme un employé de la compagnie du téléphone. Il lui avait dit qu'ils avaient reçu un certain nombre de plaintes suite à des appels téléphoniques obscènes dans le quartier et qu'ils essayaient de localiser celui qui les passait. Aussi lui avait-il demandé de ne pas répondre au téléphone ce jour-là entre midi et une heure moins le quart, car la compagnie tenterait de localiser le pervers à ce moment-là.

La suite du scénario, consistant à exiger du directeur qu'il laisse l'argent dans la voiture tous phares allumés et contact mis, est probablement la partie la plus ingénieuse du stratagème. Le président a pensé que les phares allumés étaient un signal alors qu'ils avaient une autre fonction. Le racketteur savait pertinemment que la victime appellerait la police malgré ses injonctions et que la phase la plus risquée pour lui était donc celle de la remise de l'argent. Si, par malchance, la police mettait la main sur lui à ce moment-là, il pourrait ainsi raconter qu'il marchait le long de cette avenue passante et qu'il avait vu cette voiture tous phares allumés, le moteur tournant et qu'il avait décidé de jouer les Bons Samaritains en coupant le contact. Si la police l'appréhendait là, elle ne pourrait rien contre lui, et ce, même s'il avait déjà pris l'argent, car il avait une raison justifiant sa présence dans cette voiture. Il pouvait ajouter qu'il avait trouvé ce sac sur le siège et qu'il s'apprêtait à le remettre aux autorités.

Pour le racketteur, c'est un jeu peu risqué. Il a les grandes lignes de son script et il ne lui reste plus qu'à peaufiner les détails à chaque fois. Si sa victime du jour ne tombe pas dans le panneau, il tentera le coup avec quelqu'un d'autre le lendemain. Il y en aura toujours un pour gober l'hameçon et grâce auquel il se retrouvera avec un joli paquet de billets sans avoir eu à commettre d'enlèvement et à poser de bombe. Dans ce genre d'affaire, le script est souvent une preuve capitale pour les enquêteurs. Le criminel le conserve en effet précieusement, en sachant qu'il lui sera utile à nouveau, car avec un peu de préparation, n'importe qui peut être sa victime.

Quand les autorités ont compris son système, le racketteur a été appréhendé, jugé et condamné. C'était un ancien disc-jockey qui avait décidé de se servir de son bagou à des fins plus lucratives.

Quelle est la différence entre ce genre d'individu et un véritable kidnappeur ? Ils recherchent tous deux à soutirer de l'argent et aucun d'eux ne souhaite être vu par la victime, car le meurtre ne fait pas partie de leur programme. Les différences importantes entre eux deux sont, en revanche, que le kidnappeur a besoin de l'aide d'une autre personne pour mener à bien son affaire. Alors que le racketteur est un malfaiteur intelligent, le kidnappeur, lui, est un psychopathe. Tuer sa victime n'est pas dans ses projets, mais il le fera si c'est nécessaire pour atteindre son but.

Steve Mardigian a participé à l'enquête sur l'enlèvement d'un vice-président de la société Exxon devant chez lui dans le New Jersey. Celui-ci s'était débattu et son ravisseur lui avait alors tiré dans le bras par accident. Ceci n'avait pas pour autant arrêté ce dernier, un ancien gardien de la société et sa femme. Ils avaient ensuite mis leur otage dans une boîte sans tenir compte de sa blessure et de sa maladie de cœur. Il en était mort. L'idée de la boîte ou de son équivalent est d'éviter tout contact avec la victime, ce qui permet de la dépersonnaliser. Dans ce cas précis, les kidnappeurs ont ensuite prétendu avoir des remords et ils ont affirmé que c'était le désespoir qui les avait conduits à commettre cet enlèvement. Il n'en demeure pas moins qu'ils ont mené leur plan comme prévu sans hésiter une seconde. Ils étaient tout à fait prêts à ce que quelqu'un meure pour satisfaire leurs ambitions égoïstes et cela, c'est ce que l'on appelle un comportement psychopathique.

Aussi terrifiant que cela soit, contrairement à d'autres crimes graves, il est difficile pour les ravisseurs de s'en sortir, aussi les policiers doivent-ils considérer les enlèvements avec prudence et scepticisme et étudier la personnalité de la victime et le comportement de celle-ci avant son kidnapping. Et tout en reconnaissant que personne n'est à l'abri de cela, l'enquêteur doit pouvoir répondre à la question suivante : pourquoi cette victime a-t-elle été choisie en particulier ?

Vous allez maintenant voir pourquoi je dis cela. Voici quelques années, j'ai reçu un appel urgent une nuit, chez moi. Un policier de l'Oregon, m'a raconté l'histoire d'une jeune femme scolarisée dans son district. Un inconnu l'avait suivie pendant plusieurs semaines, mais personne, pas même elle, n'était arrivé à savoir qui c'était. Elle l'avait aperçu dans les bois qui entouraient sa maison mais à chaque fois que son père ou son petit ami étaient sortis pour inspecter les lieux, ils n'avaient vu personne. L'inconnu appelait à la maison mais toujours quand elle était seule. La jeune femme avait commencé à paniquer. Quelques semaines s'étaient écoulées ainsi. Un soir, alors qu'elle se trouvait au restaurant avec son petit ami, elle s'était levée de table pour aller aux toilettes et en revenant, elle avait été empoignée et traînée jusqu'au parking. Son agresseur avait brutalement introduit son pistolet dans son vagin tout en menaçant de la tuer si elle en parlait à la police. Il l'avait finalement laissée partir. Elle en avait été complètement traumatisée et n'avait pas pu fournir de description précise de son agresseur.

Le temps avait passé. Un soir, elle avait apparemment été enlevée alors qu'elle quittait la bibliothèque. On avait retrouvé sa voiture sur le parking. Le ravisseur n'avait pas fait connaître ses exigences et les choses commençaient à prendre une mauvaise tournure. C'est à ce moment-là que le policier m'a téléphoné.

Je lui ai demandé de me parler de la victime. C'était une belle fille qui avait toujours obtenu de bons résultats scolaires. Mais l'année d'avant, elle avait mis au monde un bébé et ses parents (son père surtout) et elle s'étaient querellés pour des questions d'argent. Ses notes s'étaient effondrées depuis quelque temps, notamment depuis qu'elle était suivie.

J'ai conseillé au policier de ne pas dire au père de la jeune fille que, selon moi, c'était un faux enlèvement, car je pouvais toujours me tromper et il n'était pas impossible qu'elle soit morte. Qui aurait bien pu la suivre ? Elle avait une relation stable avec son petit ami et ils ne s'étaient pas disputés récemment. Quand une personne qui n'est pas célèbre est suivie, c'est généralement par quelqu'un qu'elle connaît plus ou moins. Ce genre de « guetteur » étant rarement prudent, il était pour le moins curieux que ni son père ni son petit ami ne l'aient jamais aperçu. À chaque fois qu'il avait appelé, personne d'autre que la jeune femme ne s'était trouvé là, comme par hasard. Et quand la police avait mis la ligne sur écoute, les appels avaient soudain cessé. De plus, l'enlèvement avait eu lieu peu de temps avant les examens de fin d'année, ce qui ne m'a pas semblé une coïncidence !

J'ai suggéré aux policiers d'employer une technique proactive. Il fallait que le père soit interviewé par les médias. Il insisterait sur la bonne relation qu'il avait avec sa fille et dirait combien il l'aimait. Il exprimerait le souhait qu'elle revienne rapidement en suppliant le ravisseur de la libérer. Si j'avais raison, elle réapparaîtrait dans les deux jours, sale et couverte de bleus. Elle raconterait qu'elle avait été enlevée, violée puis jetée d'une voiture sur le bas-côté d'une route.

C'est exactement ce qui s'est produit. Elle était vraiment sale et couverte de bleus à son retour et elle a raconté une histoire d'enlèvement. J'ai dit que l'interrogatoire – qui prendrait plutôt la forme d'un débriefing – devrait s'attacher à ce qui s'était réellement passé selon nous. Il ne fallait pas porter d'accusations mais reconnaître qu'elle rencontrait de grosses difficultés avec ses parents et qu'elle était en proie à une grande souffrance et à un stress important. Elle était paniquée par ses examens et avait cherché une échappatoire. Les policiers devaient ensuite ajouter qu'elle n'avait pas besoin d'être punie mais qu'elle avait, en revanche, besoin d'être aidée et comprise et qu'on ferait le nécessaire pour cela. C'est ainsi qu'ils ont procédé. Elle a alors fini par avouer la vérité.

Ce genre d'affaire nous cause de gros soucis parce que si nous nous trompons, les conséquences peuvent être désastreuses. En effet, quand l'enlèvement est réel, il peut mal tourner et se transformer en crime atroce.

Que les personnes soient célèbres ou inconnues, c'est presque toujours l'amour ou l'admiration qui poussent quelqu'un à les suivre. John Hinckley était « amoureux » de Jodie Foster et voulait qu'elle lui rende son amour. Seulement, elle était une splendide actrice inscrite à l'Université de Yale et lui n'était qu'un pauvre type. Il s'est dit que pour arriver au niveau de celle-ci et l'impressionner, il fallait qu'il accomplisse quelque chose. Et qu'est-ce qui pouvait être plus « impressionnant » que l'assassinat du Président des États-Unis ? Dans ses moments de lucidité, il devait bien se rendre compte que son rêve d'une vie heureuse à deux, avec elle, pour toujours, ne se réaliserait jamais. Mais à travers son acte, il a finalement atteint l'un des buts qu'il s'était fixés. Il est devenu célèbre et d'une façon perverse, il sera toujours associé à Jodie Foster dans l'esprit du public.

Comme dans la plupart de ces affaires, on retrouve aussi, dans celle de Hinckley, un facteur déclencheur immédiat. Il a tiré sur le Président Reagan peu de temps après que son père lui a posé un ultimatum lui enjoignant de se trouver un travail et de se débrouiller tout seul financièrement.

L'agent Ken Baker des Services Secrets a interrogé l'assassin de John Lennon, Mark David Chapman, en prison. Chapman se sentait très lié à l'ancien Beatle et, sur un plan superficiel, avait essayé de lui ressembler. Il collectionnait toutes les chansons de Lennon et était même sorti avec une série de jeunes femmes asiatiques pour imiter le mariage de Lennon avec Yoko Ono. Mais comme toujours avec ce genre d'individu, il avait fini par être submergé par ses troubles psychologiques. Il n'avait plus été en mesure de supporter les différences réelles qui existaient entre son héros et lui-même alors il l'avait tué. Il est inquiétant de constater que c'est justement l'exemple de Chapman qui a incité Hinckley, en quête de notoriété, à tirer sur le Président Reagan.

J'ai interrogé Arthur Bremmen qui avait suivi puis tenté d'assassiner le gouverneur de l'Alabama, George Wallace, alors que celui-ci faisait campagne dans le Maryland pour devenir Président des États-Unis. Wallace était désormais paralysé et souffrirait de douleurs chroniques pour le restant de ses jours. Bremmer ne détestait pas Wallace. Avant de tirer sur lui, il avait suivi le Président Nixon pendant plusieurs semaines mais n'avait pas pu l'approcher suffisamment. Poussé par le désespoir et le besoin de montrer au monde entier ce dont il était capable, il s'était alors attaqué à Wallace parce que celui-ci était plus accessible : en deux mots, Wallace était une de ces victimes qui s'étaient trouvées au mauvais endroit, au mauvais moment.

Les traques qui se transforment ainsi en assassinats sont légion. Quand les victimes sont des personnalités politiques, le criminel s'invente toujours une « cause » justifiant le meurtre. Mais en réalité, c'est un pauvre type gravement perturbé qui crève d'envie de devenir quelqu'un. Cette excuse a encore moins de sens lorsque les victimes sont des vedettes de cinéma ou des célébrités comme John Lennon. L'une des affaires les plus tragiques de ce genre a été le meurtre de Rebecca Schaeffer, âgée de vingt et un ans, devant son appartement à Los Angeles en 1989. Cette jeune actrice talentueuse et belle qui devait sa renommée à son rôle dans la série *My Sister Sam* a reçu une balle en ouvrant sa porte à Robert John Bardo, un jeune homme sans emploi de dix-neuf ans. Il avait auparavant été homme de ménage dans un fast-food et vivait à Tucson. Bardo avait commencé, comme Chapman, par être un simple fan. Son adoration s'était transformée en obsession et il s'était vraisemblablement dit que s'il ne pouvait avoir de relation « normale » avec la jeune actrice, il faudrait qu'il la « possède » d'une autre manière.

Comme nous le savons désormais, les célébrités ne sont pas les seules à être traquées. Il est fréquent qu'une personne soit épiée par son ex-conjoint(e) ou son ex-petit(e) ami(e). Le drame survient quand ce dernier/cette dernière se dit finalement que s'il ne peut pas « l'avoir », alors personne d'autre ne l'aura. Jim Wright, le spécialiste de notre unité dans ce domaine, souligne que tous ceux qui ont affaire au public courent ce risque et, en particulier, les femmes. En d'autres termes, l'objet du désir du « traqueur » n'a pas besoin de passer à la télévision ou au cinéma. Cela peut très bien être la serveuse du restaurant du coin, une caissière dans une banque ou même une collègue.

C'est ce qui est arrivé à Kris Welles, une jeune femme qui travaillait dans une entreprise de meubles à Missoula dans le Montana. Compétente et respectée, elle avait gravi un à un les échelons de la hiérarchie. Elle était d'abord devenue directrice des ventes puis gérante, en 1985.

Un homme nommé Wayne Nance travaillait à l'entrepôt. Il était réservé mais semblait apprécier Kris qui se montrait toujours cordiale et sympathique avec lui. Wayne était cependant imprévisible et Kris craignait la colère qu'elle devinait en lui. Personne cependant ne se plaignait des habitudes de travail de Wayne. C'était tout le temps lui qui en faisait le plus à l'entrepôt.

Ni Kris, ni son mari, Doug, un armurier local, ne savaient qu'elle obsédait Wayne Nance. Il l'observait sans cesse et possédait toute une boîte remplie de photographies d'elle, de notes qu'elle avait écrites au bureau et d'objets lui appartenant.

Il y avait encore autre chose que les Welles et la police de Missoula ignoraient. C'était que Wayne Nance était un meurtrier. En 1974, il avait violenté et poignardé une fillette de cinq ans. On a découvert plus tard qu'il avait aussi tué par balles plusieurs femmes, y compris la mère de son meilleur ami après les avoir attachées et bâillonnées. Il est effrayant de constater que tous ces crimes avaient été commis dans des comtés voisins de son lieu de résidence. Et pourtant dans cette région peu peuplée des États-Unis qu'est le Montana, un service de police n'avait aucune idée des actes criminels survenus dans un comté voisin.

Kris Welles ignorait tout cela jusqu'au soir où Nance a pénétré par effraction dans la maison qu'elle occupait avec son mari à l'extérieur de la ville. Ils avaient un gros chien, un retriever couleur sable qui ne lui a opposé aucune résistance. Nance a tiré sur Doug avec une arme de poing puis il l'a ligoté dans la cave. Il a ensuite forcé Kris à monter dans la chambre qui se trouvait au premier étage. Il l'a attachée au lit pour la violer. Elle l'a manifestement reconnu et il n'a pas tenté de dissimuler son identité.

Pendant ce temps-là, Doug a réussi à se libérer de ses liens. Affaibli par l'hémorragie et par la douleur et à peine conscient, il a marché d'un pas chancelant jusqu'à une table où était posé un chargeur de fusil provenant de son magasin. Il a réussi à introduire une cartouche dans le canon, puis, rassemblant toutes les forces qui lui restaient, il s'est traîné jusqu'au rez-de-chaussée puis jusqu'au premier, en faisant le moins de bruit possible. Il est arrivé dans le couloir. Il avait la vue troublée. N'ayant qu'une cartouche, il fallait qu'il touche Nance du premier coup et ce, avant que celui-ci ne l'aperçoive et n'attrape son arme. Nance, lui, n'était pas blessé et avait encore des cartouches. Il ne le raterait pas.

Il a pressé sur la détente. Il a atteint Nance qui a été projeté en arrière. Nance s'est relevé pour se précipiter sur lui. Une cartouche n'avait pas suffi. Doug ne savait pas où aller et ne pouvait pas abandonner Kris. Alors, il a chargé en se servant de son fusil vide comme d'un club. Il a frappé le puissant Nance jusqu'à ce que Kris puisse se dégager et venir l'aider.

L'affaire Welles est encore aujourd'hui une des rares affaires dans lesquelles des victimes d'un tueur en série ont réussi à se libérer et à tuer leur agresseur en état de légitime défense. Leur histoire est tellement miraculeuse que nous leur avons demandé à plusieurs reprises de venir en parler à nos étudiants, à Quantico. Ces êtres discrets qui sont allés en enfer cette nuit-là puis en sont revenus sont devenus des héros qui nous ont beaucoup appris sur le point de vue des victimes. Ils se montrent incroyablement chaleureux, sensibles et très proches l'un de l'autre.

À la fin d'un de leurs exposés à Quantico, un policier leur a demandé : « Si Wayne Nance avait survécu et si la peine de mort avait été abolie – en d'autres termes, s'il vivait toujours dans le même monde que vous –, seriez-vous aussi équilibrés ? »

Ils se sont tournés l'un vers l'autre et sans échanger une parole, ils sont tombés d'accord. « Sûrement pas », a répondu Doug Welles.

18

LA BATAILLE DES PSYS

Quel genre de personne aurait pu commettre une telle atrocité ?

Bob Ressler et moi nous trouvions à Joliet, dans l'Illinois, après avoir interrogé Richard Speck, quand de retour dans ma chambre d'hôtel, j'ai vu Dan Rather [1] à la télévision qui interviewait un autre meurtrier, Thomas Vanda, également incarcéré dans le pénitencier de Joliet. Vanda avait été condamné pour avoir tué une femme de plusieurs coups de poignard. Il avait passé la plus grande partie de sa vie à entrer et sortir d'hôpitaux psychiatriques. Chaque fois qu'il avait été déclaré « guéri » et qu'il avait été libéré, il avait de nouveau commis un crime. Il avait déjà tué quelqu'un avant le meurtre pour lequel il était incarcéré.

J'ai appelé Ressler pour lui dire que nous devions le rencontrer. D'après ce que j'avais vu pendant son interview à la télévision, c'était le type même du gars inadapté. Il aurait aussi bien pu être incendiaire. Et s'il avait eu les outils et les compétences, il aurait pu commettre des attentats à la bombe.

Nous sommes retournés à la prison le lendemain. Vanda a accepté de nous parler. Il était curieux de savoir ce que nous faisions et il

1. *N.d.T.* Journaliste célèbre à la télévision américaine.

recevait peu de visites. Avant de le rencontrer, nous avons soigneusement relu son dossier.

Vanda était blanc, mesurait un mètre soixante-dix environ et avait dans les vingt-cinq ans. Il avait l'air doux et bizarre et souriait beaucoup. Même quand il souriait, il avait toujours ce *look* inquiétant : ses yeux étaient tout le temps en mouvement, il était animé de crispations nerveuses et il se frottait les mains. Je ne me serais pas risqué à lui tourner le dos. Il a d'abord voulu savoir ce que je pensais de sa prestation télévisée. Quand je lui ai répondu qu'il avait été bien, il a ri et s'est détendu. Il nous a entre autres dit qu'il participait désormais à un groupe d'étude de la Bible et que cela l'avait, selon lui, beaucoup aidé. C'est possible. Mais j'ai vu bon nombre de types comme lui, qui avant de passer devant la commission chargée des libérations sur parole, avaient soudain adhéré à des groupes religieux pour montrer qu'ils étaient revenus sur le droit chemin et qu'ils pouvaient donc être libérés.

On pouvait discuter pour savoir si sa place était en prison dans un quartier de haute-sécurité ou dans un hôpital psychiatrique sous bonne garde. Après notre entretien, je suis allé voir le psychiatre qui s'occupait de lui. Je lui ai demandé ce qu'il pensait de Vanda.

Le psychiatre, âgé d'une cinquantaine d'années, m'a dit que « Vanda répondait bien aux médicaments et à la thérapie ». Il a mentionné l'appartenance de celui-ci au groupe d'étude de la Bible et ajouté que si Vanda continuait à progresser ainsi, il serait bientôt prêt à être libéré sur parole.

Je lui ai demandé s'il connaissait les détails des crimes que Vanda avait commis. Il m'a répondu qu'il ne voulait pas les connaître et qu'étant donné le nombre de détenus dont il avait la charge, il n'avait pas le temps de se pencher là-dessus. Il a ensuite ajouté qu'il ne souhaitait pas que cela interfère dans sa relation avec son patient.

« Eh bien, docteur, permettez-moi de vous dire ce que Thomas Vanda a fait. » Avant qu'il ne puisse protester, je lui ai raconté comment cet individu solitaire et asocial s'était joint à un groupe religieux. Un jour, une réunion s'était tenue chez une des membres du groupe. Après le départ de tout le monde, il lui avait fait des avances. Elle l'avait éconduit, ce que Vanda n'avait pas franchement apprécié. Les types comme lui n'aiment pas ça. Il l'avait jetée par terre puis il était allé à la cuisine pour prendre un couteau.

Il l'avait ensuite poignardée à plusieurs reprises. Alors qu'elle gisait à terre à l'agonie, il avait introduit son pénis dans une des plaies béantes de son abdomen et il avait éjaculé.

Je dois dire que je trouve cela incroyable. Elle n'était plus qu'une espèce de poupée molle. Son corps était chaud, elle saignait et il devait avoir du sang sur lui. Il n'avait pas pu la dépersonnaliser et pourtant, il avait réussi à avoir une érection et à éjaculer. Vous voyez désormais pourquoi je dis que ces crimes sont des crimes de rage et non des crimes sexuels. Il n'était pas habité par des fantasmes sexuels mais par la colère et la rage.

C'est pourquoi il ne sert à rien de castrer les violeurs récidivistes, bien que cette idée séduise un grand nombre d'entre nous. Le problème est que cela ne les arrêtera pas, ni sur le plan physique, ni sur le plan psychologique. Il est clair que le viol est un crime alimenté par la colère et si vous castrez un type, vous ne ferez que relâcher un enragé dans la nature.

Quand j'ai terminé mon récit concernant Vanda, le psychiatre m'a répondu : « Vous êtes dégueulasse, Douglas ! Sortez de mon bureau !

– Ah oui ? Je suis dégueulasse ? Vous allez raconter à la commission que Vanda progresse en thérapie et qu'il pourrait être libéré alors que vous n'avez pas la moindre idée de qui sont vraiment ces détenus avec lesquels vous vous entretenez. Comment pouvez-vous les comprendre si vous n'avez pas consulté les rapports, les photos prises sur les lieux des crimes et les comptes rendus d'autopsie ? Avez-vous vu comment le crime a été commis ? Savez-vous s'il a été prémédité ? Est-ce que vous comprenez le comportement qui l'a amené à cela ? Savez-vous comment il a laissé les lieux du crime en partant ? Savez-vous s'il a essayé de s'en tirer à bon compte ? A-t-il essayé de se forger un alibi ? *Qu'est-ce qui, diable, vous permet de savoir s'il est dangereux ou non ?* »

Il ne m'a rien répondu et je ne pense pas avoir convaincu quelqu'un ce jour-là mais c'est un sujet qui me tient vraiment à cœur. C'est la base même de ce que nous faisons dans mon unité. Le dilemme, comme je vous l'ai dit plus haut, est qu'une grande partie de la thérapie en matière psychiatrique s'appuie sur ce que dit le patient et sur son auto-évaluation. Un patient qui consulte un thérapeute dans des circonstances normales a tout intérêt à lui exposer ses pensées et ses sentiments véritables. Un condamné souhaitant une prompte libération a, en revanche, tout intérêt à dire au thérapeute ce que celui-ci veut entendre. Le thérapeute prend souvent cela pour argent comptant sans le replacer dans le contexte des autres informations concernant le condamné. Cela peut entraîner une vraie catastrophe. Ed Kemper et Monte Rissell, pour n'en citer que deux, ont commis des crimes alors qu'ils étaient en thérapie et ils ont réussi à ne pas se faire repérer. Ils « progressaient » même, selon leur psychiatre.

Le problème, je pense, est que les jeunes psychiatres, les psychologues et les assistantes sociales sont idéalistes, car on leur a dit à l'université qu'ils pouvaient faire changer les choses. Puis ils rencontrent ces types en prison et ils ont envie de croire qu'ils les ont fait progresser. Souvent, ils ne comprennent pas qu'ils essaient d'évaluer des détenus qui sont eux-mêmes experts es-évaluation ! Ceux-ci sauront très vite si le médecin a lu leur dossier et si ce n'est pas le cas, ils minimiseront leurs actes et l'impact de ceux-ci sur leurs victimes. Peu de criminels évoqueront les détails scabreux de leurs crimes devant quelqu'un qui ne les connaît pas déjà. C'est pourquoi, lors de notre étude, nous avons dû préparer soigneusement nos entretiens.

Souvent, les professionnels de la santé mentale, comme le psychiatre de Thomas Vanda, ne veulent pas connaître les détails épouvantables des crimes commis par leurs patients afin de ne pas être influencés par cela. Mais comme je le dis toujours à mes collaborateurs, si vous voulez comprendre Picasso, vous devez étudier son art. De la même façon, si vous voulez comprendre la personnalité d'un criminel, vous devez étudier ses crimes.

Les professionnels de la santé mentale partent de la personnalité et en infèrent le comportement. Nous, nous partons, au contraire, du comportement et nous en inférons la personnalité du criminel.

Différents points de vue coexistent concernant la responsabilité en matière pénale. Stanton Samenow, psychologue, a collaboré à une étude pionnière sur le comportement criminel menée à l'Hôpital Sainte-Elizabeth de Washington avec un psychiatre, le Dr Samuel Yochelson. Après des années de recherches qui lui ont ôté la plupart de ses idées préconçues, Samenow a conclu dans son ouvrage passionnant *Inside the Criminal Mind*[1] que « les criminels pensaient différemment des personnes responsables ». Selon lui, le comportement criminel n'est pas une affaire de maladie mentale mais de trouble du caractère.

Le Dr Park Dietz qui travaille souvent avec nous a affirmé : « Aucun des tueurs en série que j'ai eu l'occasion d'examiner ou d'étudier n'était dément, mais aucun d'eux n'était normal pour autant. Ils souffraient tous de troubles mentaux. Mais, malgré ces troubles qui ont un rapport avec leurs intérêts sexuels et leur caractère, ils avaient tous été conscients de ce qu'ils faisaient, ils savaient tous que c'était mal, mais ils avaient quand même choisi de le faire. »

Il est important de garder à l'esprit ici que la démence est un concept juridique et non un terme psychiatrique ou médical. Cela ne renvoie pas à la notion de maladie mais à celle de responsabilité. La question n'est pas : « Cette personne inculpée est-elle malade ? » mais « Est-elle responsable de ses actes ? »

Maintenant, que vous pensiez que quelqu'un comme Thomas Vanda est dément, très bien. Je pense que c'est défendable. Mais une fois que nous aurons examiné toutes les données à fond, je pense que nous devrons bien admettre que, quel que soit ce dont souffrent tous les Thomas Vanda du monde, il se peut que cela ne soit pas curable. Si nous acceptions cet état de fait, ils ne seraient pas libérés aussi vite et ils ne recommenceraient pas à commettre les crimes qu'ils ont déjà commis à maintes reprises. Rappelez-vous que Vanda n'en était pas à son premier meurtre.

De nombreuses discussions relatives au concept de démence ont eu lieu récemment et ce n'est pas nouveau. Il y a quelques centaines d'années déjà, au XVIe siècle, dans la jurisprudence anglo-américaine, William Lambard en parlait dans *Eirenarcha* ou « Des tribunaux des juges de paix ».

La première fois que l'argument formel de la démence a été soulevé comme moyen de défense contre des chefs d'inculpation remonte à l'arrêt M'Naghten (que l'on écrit parfois McNaughten ou McNaghten). M'Naghten avait essayé de tuer le Premier ministre britannique Sir Robert Peel et il avait réussi à tirer sur son

1. *N.d.T.* « À l'intérieur de l'esprit criminel. »

secrétaire particulier. Je vous signale au passage que c'est Peel qui a organisé les forces de police londoniennes, c'est pourquoi, en son honneur, les policiers londoniens sont encore familièrement appelés des *bobbies*.

Après l'acquittement de M'Naghten, l'opinion publique avait été tellement scandalisée que le Lord Président du Banc de la Reine avait été convoqué par la Chambre des lords pour expliquer le raisonnement qui avait conduit à cette décision. Les principes fondamentaux prévoient qu'un accusé n'est pas coupable si son état mental l'a privé de la capacité de percevoir le caractère délictueux de ses actes ou de comprendre leur nature et leur qualité. En d'autres termes, l'accusé connaissait-il la différence entre le bien et le mal ?

La doctrine de la démence a évolué au cours des années jusqu'à la notion de « conditions de l'impulsion irrésistible » selon laquelle un accusé n'est pas coupable si, en raison d'une maladie mentale, il a été incapable de contrôler ses actes ou de soumettre son comportement à ce que dicte la loi.

Elle a été complètement revue en 1954, quand l'arrêt *Durham contre États-Unis* a été rendu par le juge David Bazelon, arrêt qui pose la règle de droit selon laquelle un accusé est considéré comme irresponsable pénalement si le crime qu'il a commis a été « le produit d'une maladie mentale ou d'un trouble » et s'il ne l'aurait pas commis sans cela.

L'arrêt *Durham* qui permettait une grande latitude d'interprétation et qui ne s'occupait pas de la distinction que l'accusé faisait ou non entre le bien et le mal était peu apprécié des policiers, de nombreux juges et procureurs. En 1972, au cours d'une autre affaire en appel, *États-Unis contre Brawner*, cette position a été abandonnée en faveur des principes préconisés par le code pénal modèle de l'American Law Institute, qui est revenu sur l'affaire M'Naghten et la notion de pulsion irrésistible. Il fallait désormais que le trouble mental rende l'accusé incapable d'apprécier le caractère délictueux de ses actes ou de soumettre son comportement aux exigences de la loi. Sous une forme ou une autre, le standard préconisé par l'American Law Institute a joui d'une popularité croissante dans les différentes cours de justice.

Cette discussion sur la démence finit souvent par se transformer en pinaillage. Je pense pour ma part que l'essentiel, ici, est la notion de *dangerosité*.

Un des grands classiques de la lutte interminable entre les psys a été le procès d'Arthur J. Shawcross, à Rochester, dans l'État de New York en 1990. Shawcross était accusé du meurtre de plusieurs prostituées et SDF. Les corps avaient été retrouvés dans des lieux boisés à proximité de la gorge de la rivière Genesee ainsi que dans la rivière elle-même. Les meurtres avaient été commis sur une période d'un an. Les derniers corps montraient que les victimes avaient été mutilées après leur décès.

Après avoir dressé un profil détaillé – qui s'est avéré tout à fait exact par la suite – Gregg McCrary a étudié l'évolution du comportement du tueur. Quand la police a découvert un corps mutilé, Gregg a compris que celui-ci revenait sur les lieux où il s'était débarrassé des cadavres pour passer du temps avec ses victimes. Il a donc recommandé aux policiers de fouiller les bois de fond en comble pour retrouver le corps d'une femme toujours portée disparue. Une fois qu'ils l'auraient localisé, ils pourraient se poster à proximité et mettre la main sur le tueur quand il reviendrait sur les lieux.

Au bout de quelques jours de surveillance aérienne, la police de New York a découvert un corps à Salmon Creek près de la route nationale 31. Au même moment, l'inspecteur John McCaffrey a repéré une voiture garée sur un pont avec un homme à l'intérieur. Les policiers qui se trouvaient au sol ont été avertis. Ils l'ont suivi puis arrêté. L'homme s'appelait Arthur Shawcross.

Pendant son interrogatoire mené par Dennis Blythe de la police d'État et Leonard Boriello de la police de Rochester, Shawcross a avoué une partie des crimes. Il a été inculpé pour le meurtre de dix personnes et la question clé lors de son procès a été de savoir s'il était en état de démence au moment des faits.

La défense a fait témoigner le Dr Dorothy Lewis, une psychiatre renommée de l'Hôpital Bellevue de New York, qui avait beaucoup travaillé sur les effets de la violence sur les enfants. Lewis était convaincue que la plupart, si ce n'est la totalité des comportements criminels violents, avaient pour origine des sévices subis dans l'enfance ou un traumatisme, associé à une maladie physique ou organique telle que l'épilepsie, une lésion, un kyste ou une tumeur cérébrale. Il y a bien entendu le cas de Charles Whitman, ce jeune homme de vingt-cinq ans, étudiant en ingénierie qui a grimpé tout en haut de la tour de l'horloge de l'Université du Texas, à Austin, en 1966 et ouvert le feu sur les passants qui se trouvaient en bas. Il a tué seize hommes et femmes et en a blessé trente avant que les policiers ne cernent la tour et ne le tuent une heure et demie plus tard. Avant le drame, Whitman s'était plaint de rages meurtrières périodiques. Quand les médecins ont procédé à l'autopsie de son cadavre, ils ont découvert une tumeur cérébrale dans le lobe temporal.

La tumeur de Whitman a-t-elle été la cause de son comportement meurtrier ? Il est impossible de le savoir. Mais Lewis voulait montrer aux jurés qu'en raison d'un kyste bénin dans le lobe temporal (kyste qui avait été détecté lors d'un examen utilisant l'imagerie par résonance magnétique), d'une forme d'épilepsie qu'elle qualifiait « d'état partiel de crise complexe », de stress post-traumatiques attribués à la guerre du Vietnam et de graves sévices physiques et d'abus sexuels qui lui avaient été infligés par sa mère, Arthur Shawcross n'était pas responsable de ces épisodes d'extrême violence. Elle a affirmé qu'il se trouvait dans un état second quand il avait tué chaque femme. Sa mémoire des faits était brouillée ou inexistante.

Seulement, Shawcross s'était montré parfaitement capable de relater les détails de ces meurtres à Boriello et Blythe, des semaines voire des mois après leur survenue. Dans certains cas, il les avait même emmenés là où il s'était débarrassé de certains cadavres que la police n'avait pas retrouvés. Il avait probablement entretenu de nombreux fantasmes autour de ses crimes et c'est pourquoi tout cela était resté très frais dans son esprit.

Il avait même détruit certaines preuves pour que la police ne puisse pas l'appréhender. Après son arrestation, il avait écrit une lettre très « analytique » à sa petite amie (il avait aussi une femme), lui disant qu'il espérait pouvoir plaider la démence parce qu'il valait mieux être incarcéré dans un hôpital psychiatrique que dans une prison.

Shawcross savait très bien de quoi il parlait. Ses problèmes avec la loi avaient commencé en 1969 quand il avait été condamné pour cambriolage et incendie volontaire à Watertown au nord de Syracuse.

Moins d'un an plus tard, il avait de nouveau été arrêté et il avait reconnu avoir étranglé un petit garçon et une petite fille. La fillette avait également été violée. Pour ces deux crimes, Shawcross avait été condamné à vingt-cinq années d'emprisonnement puis il avait été libéré sur parole quinze ans plus tard. C'est la raison pour laquelle, si vous vous en souvenez, Gregg McCrary s'était trompé sur son âge. Les quinze années que Shawcross avait passées en prison n'avaient servi qu'à l'interrompre pendant un temps dans son élan meurtrier.

Reprenons les choses point par point. D'abord, si vous voulez mon avis et si vous interrogez les milliers de flics, de procureurs et d'agents fédéraux avec lesquels j'ai travaillé tout au long de ma carrière, vous obtiendrez un consensus général sur le fait que récolter vingt-cinq années de prison pour avoir ôté la vie à deux enfants, c'est vraiment peu. Ensuite, pour libérer ce type, vous devez partir du principe que l'une de ces deux affirmations contraires est vraie.

Affirmation numéro un : malgré son histoire chargée, sa famille perturbée, les sévices dont il prétend avoir été victime, son faible niveau scolaire, son passé de violence, et tout le reste, la prison s'est avérée une expérience merveilleuse et enrichissante ainsi qu'une révélation ayant permis à Shawcross d'entrevoir la lumière et de prendre conscience de ses erreurs. De plus, grâce à la bonne influence que la prison a eu sur lui, il a désormais décidé de tourner la page et de devenir un bon citoyen respectueux des lois.

D'accord si vous n'acceptez pas cette idée. Voyons maintenant ce que vous pensez de la seconde affirmation : chaque jour passé en prison a été un tel supplice, un tel traumatisme et une telle punition de tous les instants que, malgré son passé chargé et son désir encore tenace de tuer et de violer des enfants, il a décidé de ne jamais y remettre les pieds et de tout faire pour ne pas y retourner.

Je suis d'accord que ça aussi, c'est peu probable. Mais si vous n'acceptez aucune de ces deux affirmations, comment en arrivez-vous à libérer quelqu'un comme cela sans prendre en compte la probabilité très élevée qu'il tuera de nouveau ?

Il est clair que certains types de tueurs risquent plus que d'autres de recommencer. Mais en ce qui concerne les tueurs en série violents poussés par des désirs sexuels, je suis du même avis que le Dr Park Dietz quand il affirme qu'il « est difficile d'imaginer une raison justifiant qu'ils soient relâchés dans la société ». Ed Kemper, qui est nettement plus intelligent et plus fin que la plupart des tueurs que j'ai rencontrés, reconnaît lui-même avec candeur qu'il ne doit pas être remis en liberté.

Il se produit trop de drames atroces. J'ai interrogé Richard Marquette qui, avant l'âge de vingt ans, avait déjà commis une tentative de viol, des agressions et des voies de fait, en Oregon. Puis cela avait été l'escalade. Il avait abordé une femme dans un bar de Portland et après une expérience sexuelle insatisfaisante avec elle, il l'avait violée, tuée et mutilée. Ayant fui la région, il avait été placé sur la liste de ceux que le FBI recherchait le plus activement. À la suite de cela, il avait été arrêté en Californie, puis condamné à la réclusion à perpétuité pour meurtre avec préméditation. Après sa libération sur parole douze ans plus tard, il avait tué et disséqué deux autres femmes avant d'être à nouveau appréhendé. Qu'est-ce qui, diable, a conduit le juge d'application des peines à penser que ce type n'était plus dangereux ?

Je ne peux pas parler au nom du FBI, du département de la justice ou de quiconque. Mais, je préfère personnellement me dire qu'un meurtrier potentiellement dangereux et qui pourrait ne jamais tuer de nouveau passera le restant de ses jours en prison plutôt que d'avoir sur la conscience la mort d'un homme, d'une femme ou d'un enfant innocents suite à la libération de cet individu.

Les choses vont s'arranger, elles peuvent être améliorées et nous pouvons accomplir tout ce que nous avons décidé. Voilà ce que nous, les Américains, nous avons tendance à penser. Mais plus j'en vois et plus je deviens pessimiste quant à la réinsertion de certains types de criminels. Ce qu'ils ont vécu enfants est souvent atroce. Mais cela ne signifie malheureusement pas pour autant que les dégâts commis pourront être réparés par la suite. Et contrairement à ce que les juges, les avocats et les professionnels de la santé mentale veulent croire, une bonne conduite en prison n'est pas un bon indicateur de ce que sera le comportement du détenu une fois libéré.

Shawcross s'était montré un prisonnier modèle à tous égards. Il était calme, réservé, il faisait ce qu'on lui demandait et il ne dérangeait personne. Mes collègues et moi avons découvert puis essayé de faire comprendre au monde de la justice que la *dangerosité du criminel était fonction de la situation.* Si vous pouvez maintenir un criminel dans un cadre dans lequel il n'a pas de décision à prendre, tout peut très bien se passer. Mais remettez-le dans l'environnement où il a déjà commis des actes répréhensibles et son comportement risque de changer dramatiquement.

Prenez, par exemple, le cas de Jack Henry Abbot, le meurtrier qui a écrit *In the Belly of the Beast*, un récit poignant de la vie en prison. Constatant son talent exceptionnel d'écrivain et croyant fermement que quelqu'un d'aussi sensible et fin devait être réinséré dans la société, des écrivains aussi prestigieux que Norman Mailer ont fait campagne pour qu'Abbot soit libéré sur parole. Il est rapidement devenu la coqueluche de New York. Mais quelques mois après sa libération, une dispute avec un serveur à Greenwich Village a mal tourné et il l'a tué.

Comme l'a dit Al Brantley, un ancien instructeur de l'Unité de Sciences du Comportement désormais membre de l'Unité d'Aide aux Enquêtes : « Le meilleur indicateur du comportement futur ou de futurs passages à l'acte violent est le passé de violence du sujet. »

Personne ne dirait qu'Arthur Shawcross est aussi intelligent et talentueux que Jack Henry Abbot. Mais il a quand même réussi à convaincre une commission de libération sur parole qu'il ne constituait plus une menace pour la société. Après sa libération, Shawcross s'est d'abord installé à Binghamton. Mais une campagne menée contre lui par le voisinage l'a contraint à déménager deux mois plus tard. Il est parti vivre ailleurs dans une métropole plus grande où personne ne connaissait son passé. Il a trouvé un emploi comme préparateur de salades dans une société de distribution alimentaire. Un an après son arrivée, il a recommencé à tuer.

Quand elle a examiné Shawcross, Dorothy Lewis l'a mis sous hypnose à plusieurs reprises et l'a fait « régresser » à des phases antérieures de sa vie. Il a raconté des épisodes de sévices et en particulier celui au cours duquel sa mère lui aurait enfoncé le manche d'un balai dans le rectum. Pendant ces séances qui ont été enregistrées, on le voit endosser d'autres personnalités, y compris celle de sa mère, dans une scène qui rappelle étrangement le film *Psychose*. (La mère de Shawcross a cependant nié avoir maltraité son fils et a ajouté qu'il mentait.)

Dans ses recherches menées à l'Hôpital Bellevue, Lewis a relevé de nombreux cas de personnalités multiples [1] chez des enfants qui avaient été maltraités. Ils étaient si jeunes qu'il est difficile d'imaginer qu'ils aient pu jouer la comédie. Mais comme l'a montré Lewis, les très rares cas de troubles dissociatifs de l'identité trouvent leur origine dans la très petite enfance, souvent avant l'acquisition du langage. Chez les adultes, on n'entend parler de ce genre de pathologie que lorsque quelqu'un est inculpé pour meurtre, mais jamais avant ! Kenneth Bianchi, qui a commis plusieurs meurtres avec son cousin, à Los Angeles, dans les années 70, a aussi affirmé souffrir d'un problème de personnalités multiples juste après son arrestation ! John Wayne Gacy a tenté la même défense.

Je dis souvent en plaisantant que si l'on est confronté à un criminel qui a plusieurs personnalités, je relâcherai ses personnalités innocentes si je peux emprisonner la coupable.

Lors du procès Shawcross, le procureur Charles Siragusa a fait de l'excellent travail. Il a demandé à Park Dietz de témoigner pour l'accusation. Celui-ci avait examiné Shawcross avec autant de soin que Lewis. Shawcross lui avait relaté de nombreux détails relatifs aux meurtres. Dietz ne s'est pas prononcé sur la véracité des affirmations de celui-ci concernant les sévices dont il prétendait avoir été l'objet. Il a estimé qu'il était possible qu'il ait réellement subi cela. Il ne pensait pas que Shawcross était délirant et il n'a pas trouvé d'éléments attestant de pertes de conscience ou de trous de mémoire, ni de lien entre le comportement de celui-ci et des lésions neurologiques. Il a conclu que quels qu'aient été les troubles mentaux ou émotionnels de Shawcross, celui-ci avait perçu la différence entre le bien et le mal et avait été capable de décider ou non de tuer. Et en dix occasions au moins et peut-être davantage, il avait décidé de le faire.

Quand Len Boriello lui a demandé pourquoi il avait tué ces femmes, Shawcross lui a simplement répondu : « Je faisais mon boulot. »

Les véritables psychotiques (c'est-à-dire ceux qui ont perdu le contact avec la réalité) commettent rarement des crimes graves. Et

---

1. *N.d.T.* On parle aujourd'hui de trouble dissociatif de l'identité (cf. *DSM* IV, Masson).

quand ils en commettent, ils sont tellement désorganisés et en font si peu pour brouiller les pistes qu'ils sont en général assez vite arrêtés. Richard Trenton Chase, qui a tué des femmes parce qu'il croyait avoir besoin de leur sang pour rester en vie, était psychotique. S'il ne trouvait pas de sang humain, il se rabattait sur ce qui lui tombait sous la main. Quand Chase a été placé dans un hôpital psychiatrique, il a continué à capturer des lapins qu'il saignait pour s'injecter leur sang dans le bras. Il attrapait aussi des petits oiseaux, il leur tranchait la tête avec ses dents, puis il buvait leur sang. Lui, il ne faisait pas du cinéma. Mais quand un meurtrier qui a tué dix personnes parvient à ne pas se faire prendre, c'est qu'il est plutôt expert en la matière. Ne faites pas l'erreur de confondre un psychopathe avec un psychotique.

Durant son procès, Shawcross a adopté face aux jurés une attitude stoïque, immobile et presque catatonique. Il paraissait en transe, incapable de comprendre ce qui se passait autour de lui. Les policiers chargés de le surveiller et de l'escorter ont rapporté que dès qu'il se trouvait suffisamment loin pour ne plus être vu ni entendu des jurés, il se détendait, se mettait à bavarder et parfois à plaisanter. Il savait qu'il jouait gros en plaidant la démence.

L'un des criminels les plus intelligents et les plus malins – et je dois l'avouer l'un des plus charmants – qu'il m'ait été donné d'étudier et d'interviewer était Gary Trapnell. Il avait passé la majeure partie de sa vie à entrer et sortir de prison et il avait même réussi une fois à convaincre une jeune femme de faire atterrir un hélicoptère au beau milieu d'une cour de prison pour qu'il puisse s'évader. Lors du détournement d'un avion au début des années 70 – l'un de ses crimes les plus célèbres –, alors qu'il se trouvait dans l'avion posé au sol en train de négocier les termes de sa fuite, il a crié « Libérez Angela Davis ! » en levant le poing suffisamment haut pour que les caméras puissent le filmer.

« Libérez Angela Davis ? Mais qu'est-ce que cela vient faire là ? » se sont demandés les policiers. Rien dans l'histoire de Trapnell ne montrait qu'il soutenait la cause radicale de ce jeune professeur noir californien. Rien ne laissait penser qu'il avait un mobile politique et voilà qu'il demandait la libération d'Angela Davis. Ce type devait être fou à lier. C'était la seule explication logique.

Plus tard, après sa reddition et sa condamnation, quand je l'ai rencontré dans le pénitencier de Marion dans l'Illinois, je l'ai interrogé sur les exigences qu'il avait formulées alors.

Il m'a répondu quelque chose du style : « Quand j'ai su que je ne pourrais pas m'en tirer, je me suis dit que j'allais passer un très mauvais moment en taule et que si les grands Blacks pensaient que j'étais un prisonnier politique, je risquerais moins de me faire sodomiser dans les douches. »

Non seulement Trapnell avait été en pleine possession de ses moyens à ce moment-là, mais en plus il avait fait des calculs en prévision de l'avenir, ce qui est tout le contraire de la folie. Il a d'ailleurs publié ses mémoires dans un ouvrage intitulé *The Fox Is Crazy, Too*. Cette information – une véritable pépite ! – nous a considérablement aidés par la suite lors de négociations. Nous savons désormais que si une exigence complètement farfelue surgit tout d'un coup, cela signifie souvent que le criminel est déjà passé à l'étape suivante et que le négociateur peut agir en conséquence.

Trapnell m'a aussi fait part d'une chose très intéressante de mon point de vue. Il m'a dit que si je lui donnais un exemplaire du *DSM*, le *Manuel diagnostique et statistique des troubles mentaux* et que je choisissais n'importe quelle pathologie décrite dedans, il pourrait le lendemain convaincre n'importe quel psychiatre qu'il était atteint de la pathologie en question. Là encore, Trapnell est beaucoup plus futé que Shawcross. Mais il n'est pas nécessaire d'être un génie pour savoir que vous aurez plus de chances d'obtenir votre libération sur parole si vous dites au psy que vous vous sentez beaucoup mieux et que vous n'avez plus du tout envie de violer des petits garçons. De même, il est évident que l'argument de l'état second marchera mieux si les jurés peuvent vous voir dans une espèce de transe.

Pendant très longtemps le monde de la police et de la justice a essayé de s'appuyer sur le *DSM* pour déterminer ce qui relevait ou non d'un trouble mental grave. La plupart d'entre nous pensaient cependant que cet outil ne s'appliquait pas à ce que nous faisions. C'est une des raisons qui nous a conduits à concevoir le *Crime Classification Manual* [1] qui a été publié en 1992. Le livre s'appuie

1. *N.d.T.* Manuel de classification des crimes.

sur les éléments de ma thèse de doctorat. Ressler, Ann Burgess et son mari, Allen, un professeur de gestion à Boston, en sont les co-auteurs. D'autres membres de l'Unité d'Aide aux Enquêtes et de l'Unité de Sciences du Comportement, tels que Greg Cooper, Roy Hazelwood, Ken Lanning, Gregg McCrary, Jud Ray, Pete Smerick et Jim Wright nous ont apporté leur concours.

Notre but avec le *CCM* était d'organiser et de classer les différents crimes graves en fonction de leurs caractéristiques comportementales et de les expliquer en utilisant une approche différente de celle du *DSM* qui, elle, est strictement psychologique. Vous ne trouverez pas, par exemple, l'explication du scénario du meurtre dont a été accusé O.J. Simpson dans le *DSM* ; en revanche, vous la lirez dans le *CCM*. Notre objectif était d'aider les policiers et le monde de la justice à se focaliser sur les preuves comportementales et à déterminer quels étaient les éléments importants pour l'enquête.

L'accusé et ses avocats invoqueront tout ce qu'ils pourront pour qu'il ne soit pas reconnu responsable de ses actes. Ce n'est pas étonnant. Les défenseurs de Shawcross ont, entre autres, essayé de suggérer que sa folie était due à un stress post-traumatique induit par la guerre du Vietnam. L'enquête a montré que Shawcross n'était jamais allé au feu. Cet argument n'était pas nouveau. Duane Samples, qui avait éventré deux femmes, à Silverton, dans l'Oregon, dans la nuit du 9 décembre 1975, avait aussi essayé de l'utiliser dans sa défense. Seule l'une des deux femmes était morte. J'ai vu les photographies prises sur les lieux du crime : on aurait dit deux autopsies. Robert Ressler a aussi découvert que Samples n'avait pas non plus pris part au combat, malgré ses dires. La veille de l'agression, Samples avait, en revanche, décrit dans une lettre un fantasme dans lequel il éventrait une jolie femme nue, fantasme qui l'habitait déjà depuis longtemps.

En 1981, le gouverneur a souhaité accéder à la demande de Samples en lui accordant sa liberté sur parole. Ressler s'est alors rendu en Oregon pour aider les procureurs à convaincre le gouverneur de ne pas le faire. Leurs arguments ont porté leurs fruits mais Samples a quand même été libéré sur parole dix ans plus tard.

Samples est-il fou ? Était-il momentanément sous l'emprise de la démence quand il a découpé ces deux femmes ? On a tous tendance à dire qu'il faut vraiment être malade pour commettre des actes aussi atroces et pervers. Je ne prétends pas le contraire. Mais Samples savait-il que ce qu'il était en train de faire était mal ? Et a-t-il choisi de le faire quand même ? Voilà, selon moi, les questions importantes que l'on doit se poser.

Le procès d'Arthur Shawcross au palais de justice de Rochester a duré plus de cinq semaines au cours desquelles le procureur Siragusa a fait preuve d'une connaissance précise de la psychiatrie légale et d'une compréhension de celle-ci que j'ai rarement observées, même chez des médecins. Ce procès, dont chaque minute a été télévisée, a fait de lui un héros local. Après la remise des conclusions, il n'a fallu aux jurés qu'une journée pour déclarer l'accusé coupable de meurtres. Le juge s'est assuré que Shawcross n'aurait pas l'occasion de recommencer et l'a pour cela condamné à la réclusion criminelle à perpétuité et à une peine d'emprisonnement incompressible de deux cent cinquante ans.

Ceci me conduit à évoquer un des autres aspects de l'argument de la démence comme moyen de défense. Peu de gens savent que les jurés ne l'apprécient guère et l'admettent rarement.

Il y a deux raisons à cela, selon moi. D'abord, l'on a du mal à croire que des tueurs en série sont sous l'emprise d'une pulsion qui ne leur laisse pas le choix et qui les force ainsi à commettre ces meurtres. Je n'ai jamais vu l'un d'eux éprouver un tel besoin impérieux de tuer qu'il lui ait fallu le faire devant un agent de police en uniforme !

La seconde raison est plus terre à terre. Une fois que les arguments psychiatriques, légaux et académiques ont été passés en revue et que les jurés doivent se prononcer sur le destin de l'accusé, ceux-ci prennent instinctivement conscience de la *dangerosité* de ce genre de type. Quelle qu'ait été l'opinion des jurés de Milwaukee concernant la santé mentale de Jeffrey Dahmer, je pense qu'ils n'ont pas souhaité confier l'avenir de celui-ci (et par conséquent celui de leur communauté) à un hôpital psychiatrique car ils ne pouvaient être sûrs qu'il y serait bien gardé et que les responsables de l'institution chargés de le faire ne finiraient pas, un jour, par le libérer. En prison, au moins, il serait constamment surveillé.

Je ne veux pas dire par là que les psychiatres ou les professionnels de la santé mentale ont envie de relâcher des criminels dangereux dans la nature pour les remettre dans des situations où ils pourront recommencer à tuer. Je crois, en revanche, d'après mon expérience, que ces personnes n'ont pas vu ce à quoi nous sommes confrontés chaque jour dans notre métier et qu'elles ne sont donc pas en mesure d'avoir un jugement éclairé dans ce domaine. Même quand elles ont une expérience légale, celle-ci est souvent limitée à une sphère particulière et elles ont alors tendance à s'y référer systématiquement.

L'une des premières affaires que j'ai eue à traiter comme « profileur » a été celle du meurtre d'une femme âgée, Anna Berliner, à son domicile dans l'Oregon. La police locale avait consulté un psychologue clinicien pour savoir quel genre d'individu elle devait rechercher. Parmi toutes les blessures relevées sur le corps de la victime, les policiers avaient noté la présence de quatre plaies profondes dans la poitrine, manifestement infligées à l'aide d'un crayon. Avant cette affaire, le psychologue avait interrogé une cinquantaine d'hommes inculpés ou condamnés pour meurtre. La plupart de ces examens avaient eu lieu en prison. Selon lui, il n'y avait qu'en prison qu'un crayon bien taillé était considéré comme une arme meurtrière. Il en avait alors tout simplement conclu que le criminel recherché avait déjà été incarcéré et que c'était peut-être un dealer. Un individu n'ayant jamais été emprisonné n'aurait pas, d'après lui, songé à utiliser un banal crayon pour attaquer quelqu'un.

Quand les policiers m'ont contacté, je leur ai donné un avis contraire. L'attaque en plein jour, l'âge de la victime et sa vulnérabilité, l'acharnement de l'agresseur sur celle-ci (il l'avait, en effet, poignardée beaucoup plus qu'il n'était nécessaire pour la tuer) et le fait qu'aucun objet de valeur n'avait été dérobé m'ont fait penser que nous avions affaire à un jeune sans expérience. Il n'avait, selon moi, pas prévu de se servir du crayon pour l'attaquer. Celui-ci s'était simplement trouvé là et il l'avait utilisé. Le tueur était en fait un adolescent inexpérimenté de seize ans, qui s'était rendu chez la vieille dame afin de lui demander une participation financière à un marathon auquel il ne s'était en réalité pas inscrit.

J'ai déduit de toutes ces preuves comportementales que le criminel manquait d'assurance. À sa place, un ancien détenu se serait montré plus sûr de lui. Un élément de preuve seul (comme le cheveu appartenant à quelqu'un de race noire dans le meurtre de Francine Elveson ou le crayon dans ce cas précis) ne permet pas de conclure. Pire, dans cette affaire, cela aurait pu nous induire totalement en erreur.

La question la plus difficile que nous devons nous poser est celle de la dangerosité future de l'individu. Les psychiatres la formulent ainsi : « Le sujet constitue-t-il une menace pour lui-même ou pour la société ? »

Vers 1986, le FBI a été contacté au sujet d'un rouleau de film envoyé du Colorado à un laboratoire pour être développé. Sur les photographies, on voyait un homme âgé de vingt-huit à trente-deux ans environ, vêtu d'un treillis. Il posait à l'arrière de son 4x4 avec son fusil et une poupée Barbie à laquelle il avait manifestement fait subir une série de « tortures » et de mutilations. Il n'avait pas violé la loi en faisant cela. Je pensais d'ailleurs que ce type n'avait pas de casier judiciaire. Mais j'ai aussi mis en garde ceux qui m'avaient appelé en leur disant qu'étant donné son âge, le passage à l'acte de son fantasme de mutilation sur la poupée ne lui suffirait bientôt plus. Cela évoluerait. Je ne savais pas jusqu'où il irait mais vu la peine qu'il s'était donnée, cela devait avoir une signification importante pour lui. Je leur ai conseillé de l'interroger et de le surveiller parce qu'il me semblait potentiellement dangereux. Je ne suis pas convaincu que la plupart des psychiatres auraient pensé la même chose que moi.

Aussi curieux que cet incident puisse paraître, plusieurs cas similaires de « poupées Barbie » impliquant toujours des hommes adultes m'ont été soumis au cours des années. Un autre individu n'avait pas laissé un millimètre carré de sa Barbie sans y planter une épingle et il l'avait abandonnée dans la cour d'un hôpital psychiatrique local. On observe cela de temps en temps avec les cultes sataniques, les vaudous ou chez ceux qui s'essaient à la sorcellerie mais là, c'était autre chose. Il n'avait pas donné de nom à la poupée, ce qui indiquait qu'il ne visait personne en particulier. Cela reflétait donc plutôt une tendance sadique générale caractéristique d'un problème réel avec les femmes.

Que pouvions-nous dire d'autre sur notre homme en treillis ? Il était probable qu'il avait déjà torturé de petits animaux et qu'il continuait peut-être à le faire régulièrement. Il éprouvait des difficultés avec les personnes de son âge, hommes et femmes. Enfant, il avait dû malmener les plus jeunes et se montrer sadique envers eux. Je pensais qu'il avait déjà atteint ou qu'il allait bientôt atteindre le stade où il ne se contenterait plus de passer son fantasme à l'acte sur une poupée. On pouvait discuter pendant des heures pour savoir si ce genre d'individu était « malade » ou non mais l'essentiel, là, était qu'il était vraisemblablement dangereux.

Quand risquait-il de passer réellement à l'acte ? Ce type était un paumé. Il avait sûrement le sentiment que tout le monde lui en voulait et que personne ne reconnaissait ses qualités. Si les facteurs de stress devenaient un jour insupportables, il franchirait une étape supplémentaire dans le passage à l'acte. Et pour quelqu'un qui mutile des poupées, l'étape suivante n'est pas de s'en prendre à une personne de son âge. Non, c'est de s'attaquer à quelqu'un de plus jeune, de plus faible ou de physiquement diminué. Comme c'était un peureux, il n'agresserait pas un de ses pairs.

Cela ne signifie pas pour autant qu'il s'en prendrait nécessairement à des enfants. Barbie représente une femme adulte et non une petite fille. Ce que recherchait ce type, même s'il était complètement désaxé, c'était le contact avec une femme adulte. S'il avait, en revanche, mutilé une poupée représentant un bébé, alors là, nous aurions eu un autre problème sur les bras.

Le type qui plante des épingles dans la poupée et la laisse dans la cour de l'hôpital psychiatrique, lui aussi, est déséquilibré. Mais lui, il n'a pas de permis de conduire et les gens le remarquent. Celui qui porte un treillis est, en revanche, beaucoup plus dangereux. Il a un emploi puisqu'il a eu les moyens de s'acheter un fusil, une voiture et un appareil photo. Il peut circuler et fonctionner « normalement » dans la société. À la minute où il disjonctera, quelqu'un courra un grand danger. Je crains malheureusement que la plupart des psychiatres et des professionnels de la santé mentale ne sachent pas faire la différence entre ces deux types de personnes. Ils n'ont pas la formation ni la tournure d'esprit nécessaires pour cela. Ils n'ont pas vérifié leurs conclusions.

L'un des points essentiels de notre étude sur les tueurs en série a été de vérifier ce que les criminels nous disaient en le comparant aux preuves tangibles dont nous disposions. Si vous ne le faites pas, vous vous reposerez uniquement sur ses affirmations qui seront forcément incomplètes, au mieux, et non valables sur le plan scientifique, au pire.

L'évaluation de la dangerosité d'un criminel a de nombreuses applications. Le vendredi 16 avril 1982, des agents des Services Secrets des États-Unis et moi nous sommes rencontrés suite à une série de lettres écrites par la même personne et menaçant la vie du Président (la première visait Jimmy Carter et les autres, Ronald Reagan) ainsi que celle d'autres personnalités politiques.

Elles avaient commencé en février 1979. La première avait été adressée aux Services Secrets à New York et était signée « Seul et Déprimé ». Cette lettre de deux pages avait été écrite sur des feuillets arrachés d'un cahier. Son auteur menaçait de « tirer sur le Président Carter ou sur quelqu'un d'autre occupant un poste haut placé pour les tuer ».

Huit autres lettres étaient arrivées entre juillet 1981 et février 1982. Trois d'entre elles avaient été adressées aux Services Secrets à New York, une au FBI de New York, une au FBI de Washington, une au journal *Philadelphia Daily News* et deux avaient directement été envoyées à la Maison Blanche. L'écriture était la même que celle de la première lettre mais elles étaient, cette fois, signées « C.A.T. ». Elles avaient été postées de New York, de Philadelphie et de Washington. Elles exprimaient l'intention de tuer le Président Reagan qui était traité de « mal de Dieu » ou de « Diable ». D'autres hommes politiques qui lui apportaient leur soutien étaient également menacés. L'auteur des lettres se référait à John Hinckley et promettait de mener à bien la mission que celui-ci n'avait pu achever.

D'autres lettres avaient suivi. La liste des destinataires s'était allongée et le membre du Congrès Jack Kemp et le sénateur Alfonse D'Amato en avaient aussi reçu. Les Services Secrets étaient surtout inquiets parce que C.A.T. avait joint à ses lettres des photographies du sénateur D'Amato et du membre du Congrès Raymond McGrath de New York. Prises de près, elles prouvaient qu'il était en mesure de s'approcher suffisamment de ceux-ci pour pouvoir mettre ses menaces à exécution.

Enfin, le 14 juin 1982, une quatorzième lettre était parvenue au rédacteur du *New York Post*. Son auteur déclarait qu'il révélerait son identité quand il en aurait fini avec le Président qu'il traitait de « Diable ». Il affirmait que personne ne l'écoutait et que tout le monde se moquait de lui, ce qui ne m'a pas surpris.

Dans sa lettre, il donnait également la « permission » au journal de lui parler une fois qu'il aurait achevé sa mission historique. C'était l'ouverture que nous attendions. C.A.T. était désireux, voire impatient, de s'engager dans un dialogue avec un rédacteur. Nous allions lui en fournir un.

J'ai déduit du style de ses lettres, de leur provenance et de leur destinataire que notre inconnu était de New York. C'était, selon moi, un homme blanc âgé de vingt-cinq à trente-cinq ans environ. New-Yorkais de souche, il vivait probablement seul, en banlieue. D'intelligence moyenne, il devait avoir le bac et peut-être un diplôme en sciences politiques ou en littérature. Il était fils unique ou le benjamin de sa famille. Je pensais qu'il avait sûrement pris de la drogue et/ou de l'alcool en grande quantité dans le passé et qu'il en consommait désormais occasionnellement. N'ayant jamais réalisé les rêves que ses parents ou d'autres personnes avaient conçus pour lui et sa vie étant une succession d'échecs et de projets inachevés, il se considérait comme un raté. Vers les vingt ans, il avait dû être ébranlé par un événement stressant qu'il n'avait pas pu juguler, lié, par exemple, à son service militaire, à un divorce, à une maladie ou au décès d'un membre de sa famille.

On a beaucoup spéculé sur la signification des trois lettres « C.A.T. ». J'ai conseillé aux Services Secrets de ne pas s'attarder là-dessus parce que cela ne voulait peut-être rien dire du tout. On a souvent tendance à chercher ce qui se cache derrière chaque détail. Il se pouvait, tout simplement, que l'inconnu ait choisi ce nom parce qu'il en aimait le son ou le graphisme.

La question cruciale qui se posait aux Services Secrets était comme toujours de savoir si ce type était vraiment dangereux. De nombreuses personnes ayant, en effet, proféré des menaces par lettres interposées et fait des déclarations tonitruantes ne les mettent finalement jamais à exécution. Je leur ai dit que ce genre de personnalité recherchait toujours quelque chose. Ces personnes se tournent vers des organisations politiques et des religions mais ne le trouvent toujours pas. Les autres pensent qu'elles sont bizarres et ne les prennent pas au sérieux, aussi le problème de celles-ci empire-t-il avec le temps. Elles se focalisent alors sur une mission pour donner un semblant de sens à leur vie. C'était la première fois, selon moi, que notre inconnu avait éprouvé un sentiment de maîtrise. Ayant apprécié cela, il recommencerait probablement et prendrait alors des risques plus importants. Or les gens qui prennent des risques sont dangereux.

Je pensais qu'il connaissait bien les armes et préférerait attaquer de près même s'il savait qu'il serait ensuite arrêté. Comme sa mission serait suicidaire, il tenait déjà sans doute un journal pour la postérité, pour que tout le monde apprenne son histoire. Contrairement à l'empoisonneur du Tylenol, C.A.T. ne voudrait pas demeurer dans l'anonymat. Quand sa crainte de la vie deviendrait plus intense que celle de la mort, il commettrait son acte de violence. Il paraîtrait très calme juste avant. Il se fondrait dans l'entourage de sa future victime. Il bavarderait avec la police et les agents des Services Secrets se trouvant à proximité et il passerait pour un citoyen ordinaire ne représentant aucun danger.

Il ressemblait d'une certaine façon beaucoup à John Hinckley dont l'affaire et le procès étaient largement médiatisés à l'époque. On aurait dit d'ailleurs qu'il faisait une fixation sur lui. Je me suis dit qu'il voudrait peut-être entendre le verdict du procès ou la condamnation et j'ai donc suggéré aux Services Secrets de se rendre à ce moment-là au Ford's Theatre, à Washington, là où Abraham Lincoln avait été tué et où Hinckley était allé avant de tirer sur le Président Reagan. Je leur ai aussi conseillé de surveiller l'hôtel voisin où Hinckley avait séjourné. Si une personne réclamait la chambre qu'il avait occupée, cela pouvait très bien être notre homme.

L'hôtel a signalé que quelqu'un avait effectivement demandé cette chambre en particulier. Les agents des Services Secrets ont fait une descente et sont tombés sur un couple âgé qui avait passé sa nuit de noces dans cette chambre et y était retourné à maintes reprises depuis lors.

Au mois d'août, les Services Secrets ont reçu deux autres lettres signées « C.A.T. » qui étaient adressées au « Bureau du Président, Washington, DC » Le tampon de la poste qui figurait dessus était celui de Bakersfield en Californie. Comme de nombreux assassins parcourent le pays en suivant leur proie, nous nous sommes inquiétés en nous disant qu'il circulait peut-être à droite et à gauche. Dans ses lettres, il disait : « Étant Sain de Corps et d'esprit (je) prend [1] sur moi d'organiser autant de Citoyens des États-Unis que je le peux, pour porter les armes et exterminer de mon pays, les ennemis de l'intérieur. »

Dans de longues élucubrations paranoïaques, il a évoqué la « torture et (l')Enfer » qu'il avait traversés et reconnu la possibilité qu'il pourrait être tué « dans ma tentative d'amener en Justice les rebuts qui sont tout en haut ».

J'ai soigneusement examiné ces lettres et j'en ai conclu que nous avions affaire à un usurpateur. Celles-ci étaient en effet écrites en minuscules alors que les premières l'avaient été en majuscules. Le Président Reagan y était surnommé « Ron » plutôt que « le Diable » ou « le Vieux ». J'ai pensé que leur auteur était une femme. Même si les sentiments et les menaces exprimés dans ces lettres étaient pour le moins déplaisants, il me semblait qu'elle n'était pas dangereuse.

Le vrai C.A.T., c'était une tout autre histoire. Je pensais que nous devions « jouer la montre » et le pousser à s'engager dans un dialogue jusqu'à ce nous puissions le localiser. Nous avons demandé à un agent des Services Secrets de se faire passer pour le rédacteur d'un journal et nous l'avons briefé sur la manière dont il fallait qu'il se comporte et sur ce qu'il devait dire. Je lui ai surtout conseillé d'encourager C.A.T. à se confier à lui en lui expliquant qu'ainsi il serait en mesure de relater « toute l'histoire ». Une fois que C.A.T. commencerait à se fier à lui, il faudrait que « le rédacteur » lui propose de le rencontrer quelque part, tard, la nuit, dans un lieu peu fréquenté, parce qu'il prétendrait vouloir, encore plus que C.A.T., que tout cela demeure secret.

Nous avons passé une petite annonce soigneusement libellée dans le *New York Post* à laquelle C.A.T. a répondu. Il a commencé à s'entretenir régulièrement avec notre homme. Je pensais qu'il appellerait d'un lieu public comme la gare de Grand Central, celle de Pennsylvania, une bibliothèque ou un musée.

À peu près au même moment, le FBI a reçu un autre rapport émanant de Murray Miron, un expert renommé en psycholinguis-

1. *N.d.T.* Le texte américain comporte également une faute d'orthographe.

tique de l'Université de Syracuse. Murray et moi avions travaillé ensemble sur des recherches et des articles traitant de l'évaluation des menaces et il était, selon moi, l'un des meilleurs dans ce domaine. Après le début des conversations téléphoniques entre C.A.T. et le « rédacteur », Murray a estimé qu'il n'était plus dangereux mais que c'était un individu en quête de publicité qui prenait son pied en manipulant des gens importants. Murray considérait qu'il fallait bien entendu l'appréhender, mais que celui-ci ne constituait pas une menace réelle, contrairement à ce que je pensais.

Nous avons peu à peu réussi à le garder en ligne suffisamment longtemps pour le localiser et le coincer. Le 21 octobre 1982, une équipe composée d'agents des Services Secrets et du FBI l'a arrêté dans une cabine téléphonique de Pennsylvania Station alors qu'il était en train de parler au « rédacteur ». Il s'appelait Alphonse Amodio Jr. C'était un homme blanc, âgé de vingt-sept ans, de niveau bac et new-yorkais de souche.

Les agents du FBI et des Services Secrets se sont rendus à son minuscule appartement infesté de cancrelats de Floral Park. Sa famille leur a paru perturbée et quand ils ont interrogé Mme Amodio, la description qu'elle a faite de son fils collait au profil que nous avions dressé. « Il le déteste (le monde) et il a l'impression d'en être détesté aussi », a-t-elle dit aux agents. Elle a décrit ses violentes sautes d'humeur. Cela faisait déjà des années qu'il découpait des journaux et il avait rempli deux meubles entiers de dossiers portant les noms de différents hommes politiques. Enfant, il bégayait tellement que cela l'avait empêché d'entrer à l'école. Il avait été incorporé à l'armée puis avait déserté après avoir fait ses classes. Les agents n'ont pu trouver aucune signification au surnom qu'il s'était donné si ce n'est quelques passages dans son journal où il se comparait à un « chat de gouttière ».

Amodio a été enfermé dans le service de psychiatrie de l'Hôpital Bellevue. Avant son procès, le juge David Edelstein a demandé qu'un travailleur social en psychiatrie l'examine. Celui-ci a trouvé que l'accusé était gravement perturbé sur le plan psychologique et qu'il représentait donc un danger sérieux pour la sécurité du Président et des autres membres du gouvernement.

Amodio a reconnu être C.A.T. Les agents qui l'ont interrogé ont constaté que ses propos n'avaient rien de politique. Il avait fait tout cela uniquement pour attirer l'attention et éprouver un sentiment de pouvoir.

Il n'est désormais plus interné. Ce genre d'individu est-il toujours dangereux ? Je ne pense pas qu'il constitue une menace immédiate, mais si les facteurs stressants s'accumulaient de nouveau et s'il ne pouvait plus y faire face, je recommencerais à m'inquiéter.

Que dois-je rechercher ? L'un des éléments clés est le ton. Quand, dans une série de lettres adressées à un homme politique, une vedette de cinéma, un athlète, ou à n'importe quelle autre célébrité, j'observe que le ton de leur auteur devient de plus en plus rigide et pressant (« Vous ne répondez pas à mes lettres ! » par exemple), je prends cela au sérieux. Il est épuisant sur le plan mental comme sur le plan physique de maintenir une telle rigidité obsessionnelle et l'auteur des lettres finira par s'effondrer. Là encore, on peut parler de maladie mentale, mais moi, ce qui m'intéresse, c'est la *dangerosité* de celui-ci.

Nous avons interrogé quelques femmes qui avaient commis des tentatives d'assassinat et des membres de la famille Manson comme Lynette « Squeaky » Fromme et Sarah Jane Moore, mais l'enquête qui a été publiée à la suite de notre étude ne portait que sur des hommes. Il existe quelques rares cas de tueuses en série mais vous constaterez que toutes les affaires de meurtres ou de crimes sexuels que j'ai mentionnées ici ne concernaient que des hommes. Notre recherche a montré que tous les tueurs en série provenaient de familles gravement déséquilibrées, où l'alcool ou la drogue tenaient une grande place, avec tous les problèmes que cela pouvait entraîner. Ils avaient également subi des abus sexuels ou des sévices physiques. Des femmes naissent aussi, bien entendu, dans ce genre de famille. Il faut bien reconnaître, d'ailleurs, que les filles font encore plus l'objet d'abus sexuels et de brutalités que les garçons. Alors pourquoi y a-t-il si peu de femmes qui commettent les mêmes crimes que les hommes ? Aileen Wuornos, une femme suspectée d'avoir tué plusieurs hommes sur des autoroutes, en Floride, constitue un phénomène si rare qu'il mérite d'être signalé.

Il est difficile de répondre à cette question parce qu'aucune recherche n'a été menée dans ce domaine. Certains ont émis l'hypothèse que la quantité de testostérone dans le sang aurait un rôle capital et que tout cela dépendrait donc de facteurs hormonaux et chimiques. La seule chose que nous puissions dire de manière sûre est que les femmes ont tendance à garder les choses à l'intérieur. Plutôt que de s'en prendre aux autres, elles se punissent en devenant alcooliques ou droguées, en se prostituant ou en commettant des tentatives de suicide. Certaines peuvent aussi reproduire au sein de leur propre famille les sévices physiques ou psychologiques qu'elles ont subis étant enfants, comme la mère d'Ed Kemper semble l'avoir fait. Tout ceci peut causer de très gros dégâts sur le plan de la santé mentale. Mais le fait demeure que les femmes ne tuent pas de la même façon et qu'il n'y a surtout rien de comparable avec les hommes dans le nombre de victimes qu'elles engendrent.

Que peut-on faire au sujet de la dangerosité ? Comment intervenir dans le cas d'instabilité mentale ou de troubles du caractère avant qu'il ne soit trop tard ? Très souvent, les familles démissionnent et c'est alors la police et la justice qui sont chargées d'enseigner l'ordre et la discipline. C'est une situation à haut risque pour la société, car quand nous intervenons, c'est déjà trop tard. Nous pouvons, au mieux, éviter que davantage de crimes ne soient commis.

Si vous attendez que l'école soit la solution, vous en demandez trop. Une institutrice surchargée de travail n'est pas en mesure de compenser en sept heures de classe quotidienne l'influence négative que peut avoir la famille d'un enfant sur lui. Et les dix-sept autres heures ?

On nous demande souvent si, à la suite de nos recherches et de l'expérience que nous avons acquise, nous pouvons prédire quels enfants sont susceptibles de devenir dangereux plus tard. La réponse de Roy Hazelwood est la suivante : « Oui, mais une bonne institutrice en est tout aussi capable. » Et si nous pouvons obtenir que ces enfants en difficulté reçoivent un traitement suffisamment intensif le plus tôt possible, alors leur évolution sera peut-être différente. La présence, pendant le développement de l'enfant, d'un adulte stable jouant le rôle de modèle identificatoire pourra radicalement transformer le cours des choses.

Bill Tafoya, l'agent spécial qui est notre « visionnaire » à

Quantico considère qu'il faudrait débloquer une aide financière et en personnel s'étalant sur un minimum de dix ans, et équivalente à celle mise en place lors de la guerre du Golfe. Il appelle à la remise en route du Projet Head Start qui a été, parmi les programmes destinés à combattre le crime, l'un des plus efficaces à long terme. Il ne pense pas qu'augmenter les effectifs de police soit la solution mais il préconise de faire intervenir une « armée de travailleurs sociaux » qui apporteraient une aide aux femmes battues et aux familles SDF et qui trouveraient de bons foyers d'accueil pour les enfants. Et il financerait tout cela grâce à des incitations fiscales.

Je ne suis pas sûr que cela résoudrait tout mais ce serait sûrement un excellent début. Parce que la triste réalité est que, même si les psys se démènent et même si mes collaborateurs et moi utilisons la psychologie et les sciences du comportement pour permettre l'arrestation des criminels, quand nous arrivons, les uns comme les autres, les gros dégâts ont déjà été commis.

19

PARFOIS LE DRAGON GAGNE

Quand le corps d'une jeune fille de seize ans a été repêché dans la Green River près de Seattle en juillet 1982, personne n'y a vraiment prêté attention. La rivière reliant le Mont Rainier à Puget Sound était une décharge sauvage illégale, très fréquentée, et la victime était une jeune prostituée. Ce n'est que plus tard, au cours de l'été, que cette découverte a pris tout son sens, quand une autre femme a été retrouvée morte dans la rivière le 12 août, puis, lorsque trois autres l'ont été trois jours plus tard. Les victimes étaient d'âges et de races différents. Elles étaient toutes mortes étouffées. On avait lesté le cadavre de certaines d'entre elles afin qu'il ne remonte pas à la surface. Elles étaient nues. Des petits cailloux ont été retrouvés à l'intérieur du vagin de deux d'entre elles.

C'était clairement une nouvelle série de crimes qui en rappelait une autre, tout aussi terrifiante, survenue quelques années auparavant à Seattle. À l'époque, huit femmes, au moins, avaient été enlevées puis assassinées, dans la région, en 1974, par un individu connu seulement sous le nom de « Ted ». Cette affaire avait été élucidée quatre ans plus tard, le jour où un jeune homme beau et distingué nommé Theodore Robert Bundy avait été arrêté à la suite d'une série de meurtres atroces commis dans des cercles d'étudiantes, en Floride. Entre-temps, il avait traversé le pays et tué vingt-trois autres jeunes femmes, s'octroyant ainsi une place permanente dans la galerie des horreurs de notre psyché collective.

Le major Richard Kraske, de la Division des Enquêtes Criminelles du comté de King, a été chargé de l'investigation et, voulant mettre en pratique ce qu'il avait appris, il s'est immédiatement tourné vers le FBI pour que nous l'aidions à dresser le profil psychologique du Tueur de Green River. Certains enquêteurs de la force d'intervention créée pour l'occasion pensaient que tous ces crimes n'étaient pas liés entre eux. Ils avaient cependant un point commun évident : toutes ces femmes décédées étaient des prostituées qui travaillaient le long de la bande Seattle-Tacoma et sur l'autoroute parallèle à la côte, près de l'Aéroport International de Seattle-Tacoma. D'autres jeunes femmes ont à leur tour été portées disparues.

En septembre, Allen Whitaker, le directeur du bureau de Seattle, est venu à Quantico pour nous consulter et nous montrer tous les éléments des dossiers des cinq premiers meurtres. Comme souvent lorsque je voulais me concentrer sans être dérangé par mes collaborateurs et par le téléphone, je suis allé m'enfermer au dernier étage de la bibliothèque, là où je pouvais me retrouver seul, regarder par la fenêtre (c'était bien agréable pour ceux d'entre nous qui travaillaient sous terre) et pénétrer dans l'esprit des criminels et de leurs victimes. J'ai passé une journée environ à examiner tous les documents, les rapports et les photographies prises sur les lieux des crimes, les comptes rendus d'autopsies et les descriptions des victimes. Elles étaient de races et d'âges différents et le mode opératoire du tueur n'avait pas été le même à chaque fois. Pourtant, les similitudes entre ces meurtres étaient suffisamment importantes pour dire qu'ils avaient tous été commis par la même personne.

J'ai dressé un profil détaillé du tueur. C'était, selon moi, un homme blanc, déséquilibré, doté d'une grande force physique et sous-employé. Il connaissait bien la rivière et n'éprouvait aucun remords. Bien au contraire. Ayant été humilié par des femmes, il s'était donné pour mission d'en punir le plus grand nombre possible parmi celles qu'il méprisait le plus. J'ai expliqué aux policiers qu'en raison de la nature des crimes et des victimes, une foule de personnes pourraient correspondre au profil. Ce type n'était pas un cerveau, contrairement à quelqu'un comme Ed Kemper. Ces crimes étaient peu sophistiqués et il avait pris de gros risques en les commettant. Il fallait recourir à une technique proactive qui l'inciterait à entrer en contact avec la police. Whitaker a emporté le profil avec lui en quittant Quantico.

Un peu plus tard au cours du même mois, le corps gravement décomposé d'une autre jeune femme a été retrouvé au milieu d'un ensemble de maisons condamnées, près de l'aéroport. Elle était nue et avait une paire de chaussettes d'homme, de couleur noire, attachée autour du cou. Le médecin légiste a déterminé qu'elle avait été tuée à peu près au même moment que les précédentes victimes jetées dans la rivière. Le meurtrier avait peut-être changé de mode opératoire après avoir appris que la rivière était surveillée.

Comme il est relaté en détail dans *The Search for the Green River Killer* [1] – un récit très documenté écrit par Carlton Smith et Thomas Guillen –, le suspect numéro un était un chauffeur de taxi de quarante-quatre ans qui correspondait en tous points au profil. Il s'était immiscé dans l'enquête dès le début en téléphonant à la police pour lui fournir des tuyaux et en lui conseillant de rechercher d'autres chauffeurs de taxi. Il passait beaucoup de temps avec des prostituées et des SDF le long de la bande Seattle-Tacoma. Il était noctambule et circulait sans cesse à droite et à gauche. Il fumait et buvait comme nous l'avions prédit et affectait de se soucier de la sécurité des prostituées. Il avait grandi près de la rivière et il avait divorcé à cinq reprises. Il vivait avec son père désormais veuf et possédait une vieille voiture de modèle classique qui était mal entretenue. De plus, il suivait la presse de près.

Les policiers avaient prévu de l'interroger en septembre et m'ont appelé pour que je les aide à mettre au point une stratégie. Je voyageais sans arrêt à cette époque pour me tenir au courant de l'évolution de mes dossiers, aussi étais-je absent quand ils m'ont téléphoné. Ils se sont entretenus avec Roger Depue, le chef de l'unité, qui leur a dit que je serais de retour quelques jours plus tard. Il leur a vivement recommandé de m'attendre pour interroger leur suspect. Jusqu'alors, celui-ci s'était montré coopératif et il n'avait pas prévu de quitter la région.

---

1. *N.d.T.* « L'Affaire du Tueur de Green River. »

Mais les policiers l'ont quand même convoqué. L'interrogatoire a duré toute une journée et a tourné à la confrontation. Avec le recul, je me dis que cette enquête aurait pu être menée différemment. Les résultats du suspect au détecteur de mensonges étaient ambigus. Bien que la police l'ait mis sous surveillance étroite vingt-quatre heures sur vingt-quatre et qu'elle ait continué à recueillir un certain nombre d'indices contre lui, elle n'en a jamais eu suffisamment pour obtenir son inculpation.

N'ayant pas personnellement été impliqué dans cette phase de l'investigation, il m'est impossible de dire si ce suspect était vraiment intéressant. Il est certain, néanmoins, que ce manque de coordination et de focalisation a grandement entravé le cours de l'enquête à son début, là où le criminel est en général le plus vulnérable. En effet, il est préoccupé, il ne sait pas à quoi s'attendre et le « facteur trouille » est donc à son maximum. À mesure que le temps passe et qu'il s'aperçoit qu'il arrive à s'en tirer, il prend de l'assurance. Il se calme tout en peaufinant son mode opératoire.

Au commencement de cette affaire, les policiers n'avaient même pas d'ordinateur. Et quand l'enquête s'est étendue, compte tenu de la vitesse avec laquelle ils exploraient les différentes pistes, il leur aurait fallu cinquante ans pour évaluer convenablement tous les éléments qu'ils avaient recueillis. Si une enquête de la même envergure était déclenchée aujourd'hui, j'espère et je pense que l'organisation de départ serait plus efficace et la stratégie mieux définie. La tâche n'en demeurerait pas moins considérable. Les prostituées de cette région mènent une vie nomade. Quand l'une d'elles est portée disparue par son souteneur ou son petit ami, c'est souvent elle qui a décidé de disparaître ou de partir simplement s'installer ailleurs le long de la côte. Nombre d'entre elles utilisent des noms d'emprunt ce qui a rendu difficile l'identification des corps des victimes et a transformé l'enquête en véritable cauchemar. Il n'a pas non plus été aisé de retrouver leurs dossiers médicaux et dentaires. De plus, les relations entre les autorités et les prostituées ont toujours été ténues, au mieux...

En mai 1983, une jeune prostituée a été retrouvée morte toute habillée dans une posture soigneusement étudiée : un poisson était posé en travers de sa gorge, un autre était placé sur son sein gauche et il y avait une bouteille de vin entre ses jambes. Elle avait été étranglée à l'aide d'une ficelle ou d'une corde fine. Les policiers ont ajouté ce meurtre à la liste de ceux déjà attribués au Tueur de Green River. Je pensais qu'il avait tué la précédente victime retrouvée sur la terre ferme, mais pas celle-là. La colère était trop présente dans ce crime pour que la victime ait été choisie au hasard. Non, le tueur la connaissait bien.

Vers la fin de l'année 1983, on en était arrivé à douze meurtres non élucidés et à sept disparitions supplémentaires. L'une des victimes était enceinte de huit mois. L'équipe chargée de l'enquête m'a demandé de venir l'aider sur place. J'essayais à l'époque de superviser la progression de nombreuses affaires. Il y avait parmi elles, celles de Wayne Williams à Atlanta, de Robert Hansen à Anchorage, du Tueur au Calibre 22 à Buffalo, du Tueur des Sentiers à San Francisco, et d'un incendiaire en série antisémite à Hartford ainsi qu'une centaine d'autres dossiers. Le seul moyen d'y arriver était pour moi de me forcer à en rêver la nuit. Je n'ignorais pas que j'étais en train de m'épuiser. Mais je ne me rendais pas compte à quel point. Et quand les policiers en charge de l'affaire de Green River m'ont sollicité, je me suis dit qu'il faudrait bien que j'arrive aussi à caser cette affaire dans mon planning.

J'étais sûr que mon profil correspondrait au tueur mais je savais aussi que bon nombre de gens pourraient coller à cette description. Il n'était désormais peut-être plus seul. Plus le temps passerait, plus il y aurait de meurtriers impliqués dans cette série, soit parce que certains individus se mettraient à imiter le premier tueur, soit parce que la région Seattle-Tacoma était propice au meurtre et le type de victime choisi facile à trouver. Si on a envie de tuer, c'est le genre d'endroit dans lequel on se rend. Comme beaucoup de prostituées faisaient la navette sur la côte ouest de Vancouver, au nord, jusqu'à San Diego, au sud, quand l'une d'elles disparaissait, souvent personne ne s'en apercevait.

Je pensais que le recours à des techniques proactives était plus important que jamais dans cette affaire. Différentes possibilités s'offraient aux enquêteurs : on pouvait, par exemple, organiser des réunions sur ces meurtres dans des écoles rurales, puis faire circuler des feuilles sur lesquelles les personnes qui y assisteraient inscriraient leur nom. On relèverait ensuite les numéros de leurs plaques minéralogiques. On pouvait aussi utiliser les médias pour mettre en avant un enquêteur qui jouerait le rôle de « super-flic », ce qui inciterait le tueur à prendre contact avec la police, ou encore demander à des journalistes d'écrire des articles sur la victime qui était enceinte de huit mois afin de susciter des remords chez son meurtrier qui serait alors tenté de revenir sur les lieux du crime. On pouvait également surveiller les endroits dont la presse n'avait pas parlé et où le tueur s'était débarrassé des corps ou utiliser des femmes policiers comme appât, etc.

Blaine McIlwain et Ron Walker, deux des nouveaux « profileurs » de l'équipe, m'ont accompagné dans mon voyage à Seattle. Je me disais que ce serait pour eux une bonne occasion d'acquérir de l'expérience sur le terrain. J'ai été bien inspiré, comme si Dieu ou un ordre cosmique avaient prévu ce qui allait m'arriver : ils m'ont sauvé la vie.

Quand ils ont défoncé la porte verrouillée de ma chambre d'hôtel et qu'ils m'ont trouvé inconscient, gisant par terre, en proie à des convulsions, j'étais sur le point de mourir de la fièvre qui avait envahi mon cerveau.

Lorsque j'ai finalement repris mon travail en mai 1984, le Tueur de Green River était toujours en liberté et il l'est encore à l'heure où j'écris ces lignes, dix ans plus tard. J'ai continué à conseiller l'équipe en charge de l'enquête qui s'est agrandie et a mené l'une des plus grandes chasses à l'homme de toute l'histoire des États-Unis. L'enquête s'est prolongée et le nombre des victimes a continué de croître. Je suis devenu de plus en plus persuadé que plusieurs tueurs étaient à l'œuvre et qu'ils avaient des traits en commun mais que chacun d'eux opérait de son côté. Des policiers de Spokane et de Portland m'ont signalé des séries de meurtres et de disparitions de prostituées mais il n'y avait aucun lien, selon moi, avec les meurtres de Seattle. La police de San Diego a pensé qu'une autre série de meurtres et de disparitions dans sa ville pouvait avoir un rapport avec notre affaire. L'équipe en charge de cette dernière a ainsi enquêté sur plus de cinquante meurtres. Nous sommes passés de mille deux cents suspects à quatre-vingts environ. La liste allait des petits amis et des souteneurs des victimes à un client de l'une d'elles qui avait menacé celle-ci de tortures (elle avait heureusement réussi à s'échapper) en passant par un trappeur basé à Seattle. À certains moments, des policiers ont même été suspectés. Mais nous n'avions pas assez d'éléments pour conclure quoi que ce soit. Je suis désormais convaincu qu'il y avait au moins trois tueurs. Peut-être même davantage.

La dernière tentative proactive a eu lieu en décembre 1988, lors de l'émission *Manhunt Live* [1] présentée par Patrick Duffy, l'une des vedettes du feuilleton *Dallas*. Il a repris les éléments de l'enquête puis fait un appel à témoins. Une foule de numéros verts a été créée à cet effet. Je me suis rendu à Seattle pour passer dans l'émission et pour montrer aux policiers comment filtrer les appels et poser rapidement les questions pertinentes.

Dans la semaine qui a suivi, la compagnie du téléphone a estimé que plus de cent mille personnes avaient essayé de joindre le standard de ces numéros verts mais que moins de dix mille d'entre elles y étaient effectivement parvenues. Au bout de trois semaines, les fonds et les volontaires ont manqué et l'opération a dû être arrêtée. Cet épisode est typique de cette affaire de Green River où tant de personnes dévouées ont entrepris des efforts colossaux, mais c'était à chaque fois toujours trop peu et trop tard.

Pendant des années, une bande dessinée sur laquelle figurait un dragon qui soufflait sur un chevalier agenouillé est restée placardée sur le mur du bureau de Gregg McCrary. Dans la bulle, il était simplement écrit : « Parfois le dragon gagne. »

C'est une réalité qu'aucun de nous ne peut éluder. Nous n'attrapons pas tous les criminels et puisque ceux que nous appréhendons ont déjà tué, violé, bombardé, incendié ou mutilé, aucun d'eux n'est jamais coincé assez tôt. C'est vrai aujourd'hui comme cela l'était déjà il y a plus de cent ans quand Jack l'Éventreur est devenu le premier tueur en série à hanter les imaginations.

Ironie de l'histoire, bien que *Manhunt Live* n'ait rien donné pour l'affaire Green River, je suis passé la même année dans une autre émission nationale du même genre au cours de laquelle j'ai dressé le profil puis déterminé l'identité probable de ce tueur tristement célèbre. Elle devait coïncider avec le centième anniversaire des meurtres de Whitechapel perpétrés par l'Éventreur. Autant dire que mon profil est arrivé cent ans trop tard !

Entre le 31 août et le 9 novembre 1888, Jack a sauvagement

1. *N.d.T.* « Chasse à l'homme en direct. »

assassiné des prostituées dans les rues et les allées accidentées et grouillantes de monde de l'East End de Londres. Il y a eu une escalade dans la barbarie des meurtres et des mutilations infligées aux victimes une fois décédées. Très tôt dans la matinée du 30 septembre, Jack a tué deux femmes en l'espace d'une heure ou deux, ce qui ne s'était apparemment jamais produit auparavant. Les policiers ont reçu plusieurs lettres injurieuses qui ont été publiées dans les journaux. C'est ainsi que ces atrocités sont devenues un événement médiatique majeur. L'Éventreur n'a jamais été arrêté en dépit des efforts colossaux déployés par Scotland Yard et l'identité réelle de celui-ci est encore un sujet de spéculation. Comme la « véritable » identité de William Shakespeare, le choix des suspects en dit souvent plus long sur ceux qui spéculent que sur le mystère en lui-même.

Parmi ces suspects se trouvaient, et c'est là le plus fascinant, le prince Albert Victor, duc de Clarence, petit-fils aîné de la reine Victoria, puis venait son père, Edward, prince de Galles (qui est devenu Edward VII après la mort de la reine Victoria en 1901), le premier prétendant au trône. Il est dit que le duc de Clarence est mort au cours de la grande épidémie de grippe de 1892, mais de nombreux spécialistes affirment que c'est la syphilis qui l'a emporté ou qu'il a été empoisonné par un médecin de la famille royale pour sauver l'honneur de celle-ci. C'est une éventualité des plus intéressantes.

Il y avait également d'autres suspects importants. Parmi eux se trouvaient Montague John Druit, un enseignant dans une école de garçons qui correspondait aux descriptions faites par les témoins oculaires, mais aussi le Dr William Gull, médecin royal en chef, Aaron Kosminski, un immigrant polonais pauvre qui avait passé son temps à entrer et à sortir d'hôpitaux psychiatriques dans le quartier et enfin Roslyn D'Onstan, une journaliste connue pour l'intérêt qu'elle portait à la magie noire.

Le fait que les meurtres de l'Éventreur se soient arrêtés soudainement a donné lieu à de nombreuses interprétations. Certains ont pensé qu'il s'était suicidé, que le duc de Clarence avait été expédié en voyage, ou que l'un des autres suspects était mort. D'après l'expérience que j'ai acquise dans ce domaine, il me semble tout aussi probable qu'il ait simplement été appréhendé pour un délit mineur, comme cela arrive souvent. Un autre élément essentiel était l'éventration en elle-même. Les enquêteurs s'étaient focalisés sur des personnes ayant une formation médicale en raison du degré de sophistication des dernières éventrations.

L'émission *The Secret Identity of Jack the Ripper* [1], diffusée sur l'ensemble du territoire en octobre 1988, avait pour objectif d'exposer toutes les preuves dont nous disposions puis de demander à des experts dans différents domaines d'analyser la personnalité de Jack afin de tirer au clair, « une fois pour toutes », cette énigme vieille de cent ans. Roy Hazelwood et moi avons été invités à y participer. Le FBI a pensé que ce serait là l'occasion de montrer comment nous travaillions sans divulguer d'informations concernant des enquêtes et des procès en cours. L'émission a duré deux heures, en direct et été présentée par Peter Ustinov, le célèbre comédien, écrivain et réalisateur britannique. Il s'est vraiment plongé dans l'histoire.

Un exercice de ce genre obéit aux mêmes règles qu'une enquête classique. En d'autres termes, la qualité de notre profil dépendra des preuves et des données à partir desquelles nous travaillerons. Les techniques d'investigation dont disposaient les policiers il y a un siècle nous paraissent à présent bien rudimentaires. Je pensais cependant que compte tenu de ce que nous savions sur les meurtres commis par l'Éventreur, si une affaire semblable nous était soumise aujourd'hui, nous pourrions tout à fait la résoudre. J'ai donc décidé de me lancer. Nous n'avons jamais droit à l'erreur dans notre travail. J'étais donc pour une fois moins sous pression, car le pire qui pouvait m'arriver était de passer pour un imbécile à la télévision nationale !

Avant l'émission, j'ai dressé un profil avec un titre comme je l'aurais fait lors d'une véritable enquête :

INCONNU ; ALIAS JACK L'ÉVENTREUR
SÉRIE D'HOMICIDES
LONDRES, ANGLETERRE
1888
NCAVC – HOMICIDE (ANALYSE d'INVESTIGATION CRIMINELLE)

1. *N.d.T.* « L'identité secrète de Jack l'Éventreur. »

La dernière ligne, NCAVC, renvoie au National Center for the Analysis of Violent Crime [1], le programme général instauré à Quantico, en 1985, qui comprend les Unités de Sciences du Comportement et d'Aide aux Enquêtes, le VICAP (qui est une base de données informatisées) ainsi que d'autres équipes et unités de réaction rapide.

Comme lors d'une « consultation » réelle, une fois que j'ai dressé le profil, on m'a dit quels étaient les suspects possibles. D'un point de vue dramatique, le duc de Clarence aurait fait un coupable intéressant, mais après avoir analysé toutes les preuves dont nous disposions, Roy et moi avons conclu chacun de notre côté qu'Aaron Kosminski était le suspect numéro un.

Comme dans l'affaire de l'Éventreur du Yorkshire quatre-vingt-dix ans plus tard, nous étions convaincus que les lettres d'injures adressées à la police avaient été écrites par un imposteur, quelqu'un qui n'était pas le « véritable » Jack. L'individu qui avait commis ces crimes n'était pas du genre à défier publiquement la police. Les mutilations prouvaient que c'était une personne gravement perturbée sur le plan mental et sexuel et ayant accumulé une rage intense contre les femmes. L'attaque surprise et rapide dans tous ces meurtres indiquait qu'il était complètement inadapté. Ce n'était pas un beau parleur. Les preuves matérielles nous ont montré que c'était quelqu'un qui pouvait se fondre dans la population environnante sans éveiller de soupçons et de craintes chez les prostituées. C'était un solitaire et non un boucher macho, qui rôdait dans les rues de nuit et retournait sur les lieux de ses crimes. La police l'avait sûrement interrogé au cours de son enquête. Parmi tous les suspects possibles, c'était vraiment Kosminski qui correspondait le plus au profil. En ce qui concerne les soi-disant connaissances médicales nécessaires pour réaliser les dissections et mutilations infligées aux cadavres, il suffisait en fait, selon moi, d'avoir quelques connaissances élémentaires dans le domaine de la boucherie. Nous savons depuis déjà longtemps que les tueurs en série n'ont besoin que de volonté pour infliger à un corps toutes les atrocités qu'ils souhaitent lui faire subir. Ed Gein, Ed Kemper, Jeffrey Dahmer, Richard Marquette – pour n'en citer que quelques-uns – n'ont été gênés en rien par leur manque de formation médicale.

---

1. *N.d.T.* Centre National d'Analyse des Crimes Violents.

Après avoir présenté cette analyse, j'ai tout de même dû émettre quelques réserves. En effet, je n'étais pas sûr qu'Aaron Kosminski soit le coupable. Il faisait simplement partie de la liste des suspects que l'on nous avait fournie. Ce que je peux, en revanche, affirmer avec certitude, c'est que Jack l'Éventreur *ressemblait* à Kosminski. Si cette enquête criminelle était menée aujourd'hui, nos conseils pourraient aider la police et Scotland Yard à réduire considérablement leur liste de suspects et à découvrir ainsi l'identité du coupable. C'est la raison pour laquelle j'ai dit que d'après ce que nous savions aujourd'hui, cette affaire pourrait tout à fait être résolue.

Dans certaines enquêtes, nos méthodes nous permettent de dire quel genre de personne aurait pu commettre le crime en question, mais les preuves nous font parfois défaut pour obtenir une arrestation et une condamnation. C'est ce qui s'est passé dans celle de l'Étrangleur BTK dont je vous ai parlé plus haut, à Wichita dans le Kansas, au milieu des années soixante-dix.

Tout a commencé le 15 janvier 1974 avec le meurtre de la famille Otero. Joseph Otero, trente-huit ans, et sa femme Julie ont été attachés puis étranglés avec un cordon de stores vénitiens. Leur fils, âgé de neuf ans, Joseph, a été retrouvé dans sa chambre, attaché, un sac en plastique sur la tête. Leur fille, Josephine, onze ans, pendait par le cou à un tuyau du plafond dans le sous-sol et ne portait qu'un sweat-shirt et des chaussettes. Tous les éléments relevés sur les lieux indiquaient que ceci n'avait pas été un acte impulsif. Les lignes de téléphone avaient en effet été coupées et le cordon de store avait été apporté par le tueur.

Dix mois plus tard, le rédacteur d'un journal local a reçu un appel anonyme lui disant de consulter un livre particulier à la bibliothèque. À l'intérieur de l'ouvrage se trouvait une note de notre inconnu affirmant être l'auteur du meurtre de la famille Otero et promettant qu'il y en aurait d'autres. Il disait : « mon nom de code sera : « Bind them, Torture them, Kill them [1]. »

D'autres meurtres, de jeunes femmes cette fois-ci, ont été perpétrés au cours des trois années qui ont suivi, puis une lettre a été adressée à la télévision locale. Elle nous en a appris beaucoup sur

1. *N.d.T.* « Les attacher, les torturer, les tuer. »

le fonctionnement psychique de notre inconnu qui s'était lui-même surnommé l'Étrangleur BTK. Il demandait, en effet, dans son courrier : « Combien faudra-t-il que j'en tue encore pour avoir mon nom dans le journal ou pour que l'opinion publique s'intéresse à moi ? »

Dans l'une de ses communications qui a été publiée, il s'est comparé à Jack l'Éventreur, au Fils de Sam et à l'Étrangleur des Collines. Tous ces types étaient d'obscurs paumés qui avaient fait la une des journaux « grâce » à leurs crimes. Il attribuait ses actes à un « démon » et à un « facteur X », ce qui a conduit la presse à de longues spéculations sur sa personnalité.

Il a aussi inséré des dessins de femmes nues qui étaient attachées et en train d'être violées ou torturées. Ces dessins atroces n'ont pas été publiés mais ils m'ont permis de me faire une idée précise du genre de type que nous devions rechercher. À partir de là, il ne nous restait plus qu'à réduire progressivement le nombre de suspects.

Comme les meurtres de son héros Jack l'Éventreur, ceux de BTK ont soudainement cessé. Je pense que les policiers l'avaient déjà interrogé et qu'il se doutait que ceux-ci allaient bientôt le coincer. Il a été suffisamment intelligent et sophistiqué pour s'arrêter avant qu'ils ne recueillent assez de preuves pour l'inculper. J'espère que nous avons au moins réussi à le neutraliser. Mais il arrive, parfois, que le dragon gagne.

Il gagne parfois aussi dans notre vie privée. Quand un meurtrier tue quelqu'un, il fait plusieurs victimes. Je ne suis pas le seul dans mon unité à avoir été malade à cause du stress. Bien loin de là. De plus, les problèmes familiaux et les différends conjugaux entraînés par notre profession sont trop nombreux pour que nous ne nous en inquiétions pas.

En 1993, Pam et moi avons divorcé après vingt-deux ans de mariage. Nous avons sûrement chacun une interprétation différente de ce qui s'est passé entre nous, mais certaines choses demeurent indéniables. J'ai été trop souvent absent pendant l'enfance de nos deux filles Erika et Lauren. Et quand j'étais là, j'étais trop absorbé par mon travail. Pam avait l'impression d'être mère célibataire. C'était elle, en effet, qui devait s'occuper de la maison, payer les factures, emmener les enfants à l'école, voir les professeurs, s'assurer que les devoirs avaient été faits tout en continuant à enseigner de son côté. Quand notre fils Jed est né en janvier 1987, j'avais d'autres « profileurs » qui travaillaient avec moi et j'étais donc moins souvent sur les routes. Je dois admettre que j'ai trois enfants intelligents, aimants et merveilleux, mais je crois que je ne les ai vraiment découverts que peu de temps avant ma retraite du Bureau. J'ai consacré tellement d'énergie à l'étude des enfants victimes de meurtres que je n'en ai pas assez appris sur les miens qui étaient pourtant bien vivants.

Quand Pam venait me voir pour me faire part d'un petit problème concernant l'un d'eux (il s'était coupé ou écorché en tombant de bicyclette, par exemple), j'étais tellement sous pression dans mon travail que j'explosais souvent en lui décrivant tous les corps d'enfants mutilés du même âge que j'avais vus et j'embrayais en lui demandant si elle se rendait compte que tomber de vélo était normal et qu'il n'y avait franchement pas de quoi s'affoler.

Nous nous efforçons de ne pas devenir complètement insensibles aux horreurs que nous voyons, mais nous développons une espèce d'immunité contre tout « ce qui est moins horrible ». Un soir, alors que j'étais à table avec les enfants et que Pam ouvrait un paquet avec un couteau dans la cuisine, celui-ci lui a échappé des mains et elle s'est coupée gravement. Elle a hurlé et nous nous sommes tous précipités pour voir ce qui se passait. Mais dès que j'ai constaté que sa vie n'était pas en danger et qu'elle ne risquait pas non plus de perdre sa main, je me rappelle avoir trouvé la projection de sang intéressante. J'ai mentalement commencé à établir des liens entre celle-ci et d'autres projections de sang que j'avais vues, là où des crimes avaient été commis. J'ai plaisanté pour essayer de calmer tout le monde. Je me vois encore en train de leur expliquer que l'on observait une éclaboussure différente à chaque fois qu'elle bougeait la main et que c'était l'un des moyens qui nous permettaient de déterminer ce qui s'était réellement passé entre un agresseur et sa victime. Je ne pense pas que Pam et les enfants aient pris cela avec la même désinvolture.

Nous essayons tous de développer des mécanismes de défense pour faire face à ce qu'il nous est donné de voir dans notre travail. Le problème, c'est qu'on risque très vite de passer pour un être froid et détestable. Si votre famille et votre couple vont bien, vous pourrez supporter beaucoup de choses dans ce genre de job. Mais si vous avez des problèmes familiaux, le stress pourra décupler tout cela, comme c'est le cas pour les criminels que nous poursuivons.

Pam et moi avons fini par avoir des amis différents. Comme je ne pouvais pas parler de ce que je faisais avec les siens, j'ai fini par éprouver le besoin de me retrouver parmi les miens. Quand nous sortions hors du monde de la police et de la justice, je m'ennuyais terriblement. Aussi froid que cela puisse paraître, quand vous passez votre vie à pénétrer dans l'esprit des tueurs, vous vous moquez pas mal de l'endroit où votre voisin dépose sa poubelle et de la nouvelle couleur de sa barrière.

Je suis heureux de constater qu'après une période difficile sur le plan psychologique pour chacun de nous, nous sommes devenus bons amis. Les enfants vivent avec moi (Erika est partie pour l'université). Pam et moi nous voyons tout le temps et nous assumons désormais chacun notre rôle de parent. Je suis content que Lauren et Jed soient encore suffisamment jeunes pour que je puisse éprouver le bonheur de les voir grandir.

Au début des années quatre-vingt, j'étais seul au FBI à tra vailler à plein temps à l'établissement des profils. Roy Hazelwood, Bill Hagmaier et quelques autres me prêtaient main-forte quand leur emploi du temps le leur permettait. Puis l'unité s'est développée, passant à plus de dix personnes. Cet effectif ne suffit toujours pas à gérer l'ensemble des affaires qui nous sont soumises mais s'il augmentait, l'ambiance changerait sûrement, car nous n'aurions plus autant de contacts ni les uns avec les autres ni avec les départements locaux. Ce contact humain est d'ailleurs devenu la caractéristique de notre propre mode opératoire. Les nombreux enquêteurs et commissaires de police qui nous appellent nous ont souvent rencontrés à l'Académie Nationale quand ils ont assisté à nos cours. Le shérif Jim Metts m'a demandé de l'aider à trouver l'assassin de Shari Smith et de Debra Helmick et le capitaine Lynde Johnston a sollicité Gregg McCrary lors de son enquête sur les meurtres de prostituées à Rochester parce qu'ils étaient tous deux diplômés de l'Académie Nationale.

Au milieu des années quatre-vingt, une scission s'est produite au sein des Sciences du Comportement pour donner l'Unité d'Enseignement et de Recherche en Sciences du Comportement et l'Unité d'Aide aux Enquêtes en Sciences du Comportement, dans laquelle je travaillais en tant que directeur du programme d'établissement des profils criminels. Les deux autres départements clés en dehors du mien étaient le VICAP (la base de données informatisées dont je vous ai parlé plus haut) dont Jim Wright avait pris la direction après Bob Ressler et les Services d'Ingénierie. Roger Depue dirigeait l'Enseignement et la Recherche et Alan Burgess, surnommé Smokey, était à la tête de l'Aide aux Enquêtes. (Il n'a aucun lien de parenté avec Ann Burgess, dont le mari, Allen Burgess, a participé à la rédaction du *Crime Classification Manual*.)

Mon travail avait constitué un défi permanent sur plusieurs plans. J'avais réussi à mener une belle carrière qui m'avait en outre procuré de grandes satisfactions. J'étais heureusement parvenu à éviter l'étape que tous ceux qui veulent monter dans la hiérarchie doivent franchir : l'administration. Cela a changé au printemps de l'année 1990. Au cours d'une réunion, Smokey Burgess a annoncé qu'il prenait sa retraite de son poste de chef de l'unité. Un peu plus tard, le nouveau directeur adjoint, Dave Kohl, qui avait été mon chef quand j'étais à Milwaukee et un compagnon au SWAT m'a appelé dans son bureau pour me demander quelles étaient mes intentions.

Je lui ai dit que j'étais tellement épuisé et las de tout que je songeais à solliciter un poste de gratte-papier dans le domaine du crime violent et à terminer ainsi ma carrière.

« Ne faites pas ça, m'a dit Kohl, vous allez gâcher vos potentialités. Vous nous serez beaucoup plus utile comme chef de l'unité.

– Je ne suis pas sûr d'avoir envie de le devenir », lui ai-je répondu. Je remplissais déjà de nombreuses fonctions normalement dévolues au chef de l'unité et j'étais aussi la mémoire de l'institution parce que cela faisait longtemps que j'étais là. Mais parvenu à cette étape de ma carrière, je ne voulais pas me retrouver écrasé sous les tâches administratives. Burgess avait été un excellent administrateur, habitué à gérer les problèmes, ce qu'il faisait d'ailleurs très bien. Ceux d'entre nous qui travaillions pour lui pouvions ainsi faire notre boulot de manière beaucoup plus efficace.

« Je veux que vous deveniez chef de l'unité », Kohl m'a-t-il annoncé. C'est un type dynamique et extrêmement volontaire.

Je lui ai répondu que je voulais continuer à suivre des dossiers, à participer à la préparation des procès, à témoigner et à parler en public. C'était dans ces domaines-là que je me trouvais bon. Kohl m'a assuré que je pourrais poursuivre ces activités et m'a confié le poste.

La première chose que j'ai entreprise a été, comme je l'ai dit plus haut, de me débarrasser de tout le fatras qui encombrait alors les Sciences du Comportement et de changer le nom de l'unité qui s'appelait alors Unité d'Aide aux Enquêtes en Sciences du Comportement. Elle a tout simplement pris le nom d'Unité d'Aide aux Enquêtes. Je voulais que les polices locales qui faisaient appel à nos services ainsi que le reste du FBI sachent clairement qui nous étions.

Grâce au soutien sans failles de Roberta Beadle, responsable du personnel, j'ai obtenu que l'équipe du VICAP passe de quatre à seize personnes. Le reste de l'unité s'est également développé et quarante personnes supplémentaires ont finalement été mutées chez nous. Pour alléger la charge administrative entraînée par notre nouvel effectif, j'ai institué une gestion régionale. Chaque agent était désormais responsable d'une partie du territoire national.

Je pensais que tous mes collaborateurs méritaient de passer GS 14, mais le quartier général n'était disposé à nous accorder que quatre ou cinq montées en grade. Alors j'ai passé un accord avec lui. Dès que l'un de mes assistants suivrait une formation spécialisée de deux ans, il serait automatiquement considéré comme expert et traité sur le même plan que les agents spéciaux superviseurs. Il atteindrait donc le même échelon et toucherait le même salaire. Cette formation comprenait tous les cours dispensés par l'Unité de Sciences du Comportement de l'Académie Nationale et deux cours proposés par l'Institut de Pathologie des Forces Armées. Il fallait aussi étudier la psychiatrie et le droit à l'Université de Virginie (Park Dietz s'y trouvait à cette époque), participer aux investigations entreprises à la suite de meurtres avec le Bureau du Médecin Légiste de Baltimore, aller à l'école de formation à l'interrogatoire de John Reed, suivre sur le terrain les unités spécialisées dans les homicides de la police de New York et enfin, rédiger des profils sous la supervision d'un des responsables régionaux.

Nous opérions plus que jamais sur le plan international. L'année précédant ma retraite, par exemple, Gregg McCrary a travaillé sur des affaires de meurtres en série au Canada et en Autriche.

Sur le plan fonctionnel, l'unité marchait bien. Administrativement, c'était plutôt la pagaille, mais je suis comme ça. Quand je voyais que quelqu'un était à bout, je contournais le règlement en le mettant en arrêt ou en lui disant de prendre quelques jours de repos. Mes collaborateurs se montraient ensuite beaucoup plus efficaces que si j'avais appliqué celui-ci à la lettre. Quand vous travaillez avec des personnes de grande qualité et que vous ne pouvez pas les récompenser financièrement, vous devez essayer de les aider autrement.

Je m'entendais bien aussi avec les membres du personnel administratif et quand j'ai pris ma retraite, ils ont semblé tristes de me voir partir. Cela remonte probablement à l'époque où j'étais dans l'armée de l'air. De nombreux dirigeants du Bureau étant d'anciens officiers (et beaucoup d'entre eux, comme mon dernier chef Robin Montgomery, avaient maintes fois été décorés sur le champ de bataille), ils avaient une approche des choses plus militaire que la mienne. Il n'y a rien de mal à cela et les grands organismes fonctionneraient moins bien si la plupart des administrateurs étaient comme moi. Mais comme j'avais été un appelé, j'étais plus proche du personnel administratif. J'obtenais ainsi plus facilement l'aide dont j'avais besoin que la plupart des autres directeurs.

On a tendance à considérer le FBI un peu comme l'on considérait IBM autrefois : on imagine un énorme organisme bureaucratique rempli d'hommes et de femmes brillants et accomplis, bien qu'interchangeables, sans humour, portant chemise blanche et costume sombre. J'ai eu la chance d'appartenir à un petit groupe d'individus véritablement uniques. À mesure que les sciences du comportement ont pris une part plus grande dans le domaine de la police et de la justice, chacun d'entre nous s'est tout naturellement tourné vers ce qui l'intéressait le plus et est ainsi devenu expert dans ce domaine.

Dès le début de notre étude, Bob Ressler a continué ses recherches pendant que je me consacrais à l'aspect opérationnel des choses. Roy Hazelwood est l'expert en viol et crimes sexuels. Ken Lanning est le spécialiste reconnu des crimes commis à l'encontre des enfants. Jim Reese a commencé par être « profileur » puis il a énormément travaillé sur la gestion du stress. Il a un doctorat et il a beaucoup publié dans ce domaine. La communauté de la police et de la justice fait d'ailleurs souvent appel à lui. Quand il est entré à l'unité, Jim Wright a non seulement pris en charge la formation des nouveaux « profileurs », mais il est aussi devenu l'un des experts dans le domaine de la « traque » qui est parmi les crimes graves, l'un de ceux dont la fréquence croît le plus actuellement. Chacun d'entre nous a noué de nombreuses relations personnelles avec les agents des bureaux locaux du FBI, les policiers et les fonctionnaires des bureaux des shérifs et des agences d'État à travers tout le pays. Aussi ceux qui nous sollicitent nous connaissent-ils et se fient-ils à nous.

Les nouveaux arrivants dans notre unité sont souvent intimidés par les « vedettes » que nous sommes devenues après la sortie du film *Le Silence des Agneaux* qui a rencontré un vif succès auprès du public. Mais nous nous efforçons de les rassurer en leur disant qu'ils ont été sélectionnés parce que nous pensions qu'ils possédaient les qualités requises pour devenir des membres du groupe à part entière. Ils ont tous une solide expérience dans le domaine de l'investigation criminelle et quand ils se retrouvent parmi nous, nous leur faisons suivre une formation de deux ans sur le terrain. Ajoutez à cela leur intelligence, leur intuition, leur diligence, leur intégrité et leur assurance ainsi que leur capacité à écouter et à évaluer le point de vue des autres. L'une des choses qui, selon moi, a fait de l'Académie du FBI la première institution au monde dans son genre est la diversité des individus qui la composent. Chacun s'intéresse à un domaine particulier et fait partager aux autres le fruit de ses recherches tout en les encourageant à se réaliser eux-mêmes. J'espère et je crois que le système collégial d'entraide que nous avons instauré dans l'unité nous survivra quand nous prendrons notre retraite.

Lors du dîner donné en mon honneur, à Quantico, lorsque j'ai pris la mienne en juin 1995, de nombreuses personnes ont fait mon éloge, ce que j'ai trouvé extrêmement touchant. Je dois avouer que je m'attendais à en prendre plein la figure et j'imaginais que mes collaborateurs saisiraient cette dernière occasion officielle pour me balancer tout ce qu'ils avaient sur le cœur. J'ai croisé Jud Ray aux toilettes un peu plus tard et il m'a dit regretter de s'être retenu. Ils avaient raté l'occasion et quand est venu mon tour de parler, ne me sentant personnellement pas obligé de me réprimer, j'ai lâché toutes les petites phrases assassines que j'avais préparées en réponse à ce que je pensais qu'ils me diraient. Je n'avais pas de conseil important à leur offrir ce soir-là. J'espère seulement avoir réussi à leur faire passer mon message à travers l'exemple que j'ai essayé de leur donner.

Depuis lors, je suis retourné à Quantico pour enseigner et donner des consultations. Mes collègues savent que je serai toujours disponible pour eux. Je continue à animer des conférences comme je l'ai toujours fait, avec le recul des vingt-cinq années que j'ai passées à me plonger dans l'esprit des criminels. Bien qu'ayant pris ma retraite du FBI, je ne pense pas être réellement en mesure de m'arrêter un jour de faire ce pour quoi j'ai été formé. La « branche » dans laquelle nous travaillons est malheureusement en plein essor et nous ne manquerons jamais de clients.

On me demande souvent comment faire baisser les statistiques des crimes violents, qui sont effrayantes. Il y a bien entendu un certain nombre de choses sur le plan pratique qui peuvent et doivent être réalisées. Mais je pense aussi que la résolution de ce problème dépend de la volonté des gens. Plus de police, plus de tribunaux, plus de prisons et de meilleures techniques d'investigation, c'est bien. Mais si nous voulons que les crimes diminuent vraiment, nous devons tous commencer par ne plus les accepter ni les tolérer au sein de nos familles, chez nos amis et nos collaborateurs. C'est la leçon que nous donnent d'autres nations qui ont des taux de criminalité bien inférieurs au nôtre. S'attaquer au mal à la racine est la seule solution efficace à mes yeux. Le crime est un problème moral qui ne pourra donc être résolu qu'à ce niveau-là.

Au cours de toutes les années que j'ai passées à enquêter et à rencontrer des criminels violents, je n'en ai jamais vus qui provenaient de ce que je considère être une famille soutenante et structurée. Je pense que la grande majorité de ceux-ci sont responsables de leurs actes, qu'ils ont fait leur choix et qu'ils doivent donc affronter les conséquences de leurs actes. Il est ridicule de dire que quelqu'un n'a pas pu évaluer la gravité des siens parce qu'il n'avait que quatorze ou quinze ans. Mon fils, Jed, qui a huit ans, sait déjà depuis des années la différence qui existe entre le bien et le mal.

Mes vingt-cinq années d'observations m'ont aussi montré que les criminels étaient plutôt « devenus » criminels que « nés » ainsi, ce qui signifie qu'à un moment ou un autre, quelqu'un qui a exercé sur eux une influence profondément néfaste aurait pu, à la place, en exercer une profondément positive. Ma conviction est qu'en plus des moyens financiers et policiers, ce dont nous avons le plus besoin, c'est d'amour. Ce que je vous dis là n'est pas simpliste. C'est le cœur du problème.

Il n'y a pas très longtemps, j'ai été invité à participer à une conférence de la section new-yorkaise de l'Association Américaine des Écrivains de Romans Policiers. L'auditoire était nombreux et la réception chaleureuse et cordiale. Ces hommes et ces femmes qui gagnaient leur vie en écrivant des histoires de meurtres et de mutilations étaient impatients d'écouter quelqu'un qui avait travaillé sur des milliers de cas réels. Depuis Thomas Harris et *Le Silence des Agneaux*, des écrivains, des journalistes et des réalisateurs de films sont venus nous voir pour connaître « la vraie histoire ».

À mesure que je relatais les détails de certaines des affaires les plus intéressantes que j'avais traitées, je me suis rapidement rendu compte que de nombreuses personnes décrochaient dans l'auditoire. Elles étaient profondément dégoûtées par les descriptions de ce que mes collaborateurs et moi voyons tous les jours. J'ai ainsi constaté que les détails ne les passionnaient pas. Je pense que c'est aussi à ce moment-là qu'elles ont pris conscience qu'elles ne voulaient pas relater les choses telles qu'elles étaient en réalité. Pourquoi pas ? Nous avons chacun une clientèle différente.

Le dragon ne gagne pas toujours et nous faisons tout notre possible pour qu'il gagne de moins en moins souvent. Mais le mal qu'il représente, tout ce que j'ai vu au cours de ma carrière ne va pas disparaître et quelqu'un doit raconter les faits tels qu'ils sont. C'est ce que je me suis efforcé de faire ici.

TABLE

Cet ouvrage a été réalisé par la
SOCIÉTÉ NOUVELLE FIRMIN-DIDOT
Mesnil-sur-l'Estrée
pour le compte des Éditions du Rocher
en octobre 1997

Éditions du Rocher
28, rue Comte-Félix-Gastaldi
Monaco

Imprimé en France
Dépôt légal : octobre 1997
CNE section commerce et industrie Monaco : 19023
N° d'impression : 40367